黎锦熙先生在工作中

黎锦熙先生著作书影（之一）

黎锦熙先生著作书影（之二）

它係成了不言而喻的自然規範。這種規範必須從現代
通行的語文資料中歸納一些大綱和節目出來，再就初級學
校受教育者的語文程度，逐步順序推以訓練，讓他們的作文
說話節節升高而都沒有錯。最重要的就是錯與不錯的標
準，也就是通与不通的標準。而且絕對不可離在這條路線上
進行工作，對於他第二第三兩條路線，絕對不可牽涉太
多，糾纏不清，使他們目迷五色，反忽略了達到標準的切
要訓練。而且這種訓練，也不是另外一套東西，其資料仍不能離開他們自己的作
文說話，或者是他們作文說話的範本，就着資料，指點規
範，拿住規範，糾察並宣示他們自己的錯誤。如是，文法

黎锦熙先生手迹

语文教育学术论丛

第一辑

叶圣陶语文教育文集

吕叔湘语文教育论集

张志公语文教育论集

黎锦熙语文教育论集

刘国正语文教育论集

黄光硕语文教育论集

顾黄初语文教育论集

章　熊语文教育论集

庄文中语文教育论集

顾振彪语文教育论集

编 委 会

本册编者：黎泽渝　马啸风　李乐毅

观念的变革促使人们去研究，去思考，去改变现状，去焕发新的生机。教材设计的创新、教学课堂的转变，就是观念的转变带来的成果。

但是，改革并不总是体现为除旧布新，割断传统，在适当的时候，回眸凝望，方能真正健步前行。静下心来审视当下的种种新观念、新提法，我们会发现，语言、思维、审美、文化，整合、实践、情境、任务，学生主体、教师引导……诸如此类的观念，在老一辈语文教育家那里都有过深入而朴素的思考，在老一代名师那里都进行过切实而有效的教学探索。语文教育的改革不能只是观念的替代、模式的迭代，更不应该动辄从头开始，反复“重启”，而应该尊重规律，守正出新。知“己”才能知彼，知“史”方能行远。认真学习语文教育的历史，领悟大家、名家的语文教育思想，汲取、借鉴前人智慧与经验，从而继承和发扬语文教育的优良传统，只有这样，我们才能踏着前人开辟的道路稳健前行，我们的改革才能具有中国气象、中国特色。

基于以上考虑，我们将过去出版的语文教育论著重新编选，再行组合，并纳入一些新世纪以来在语文界有影响的大家的论著，整合为“语文教育学术论丛”，分辑出版，力图从新时代的视角，展现我国语文教育的现状，呈现历史，盘清“家底”，以期引发进一步的思考与行动。

这是一套开放性的丛书，第一辑包括十位老一辈语文教育家的论著，基本是在已往著作基础上，根据新时代语文教育发展和个人著述的情况，略作增删而成，尤其是增加一些较新发表的文章。将来我们还会陆续推出第二辑、第三辑……，展示更多的语文名家在语文教育研究和实践上的思考和探索。热诚欢迎国内语文同仁参与到这套论丛的编选中来，为丛书的出版贡献智慧！

本套丛书的出版得到了论著作者或其后人的大力支持，业界很多专家学者也给予了热情的帮助，中学语文编辑室的编辑花费大量时间参与编选，承担编辑、审稿工作，设计人员在版式、封面设计上也几易方案，优中选优。在此一并致谢！

“语文教育学术论丛”编委会

2021 年 4 月

前　言

伴随着改革开放的脚步，教育的春天到来，语文教育的园地中百花渐开，硕果渐成。坚持“三个面向”，解放思想，革除积弊，回应吕叔湘先生“少慢差费”的批评，语文教育在课程建设、教材编写、教学改革、学科研究等方面都迈出了坚实的脚步。

20 世纪 90 年代前后，为撷取语文教育的春光，人民教育出版社中学语文编辑室在繁忙的教材编写工作之余，陆续编辑出版了诸多名家的语文教育论著，如《叶圣陶教育文集》《张志公语文教育论集》《实和活——刘国正语文教育文选》《黎锦熙语文教育论集》《于漪语文教育论集》《构建语文教育的立交桥——庄文中语文教育论集》，以及周有光《中国语文纵横谈》、顾黄初《语文教育论稿》、朱绍禹《中学语文教材概观》等，这些论著广泛触及语文教育的各个方面，奠定了具有本土特色的语文课程、教材、教学理论的基础。此外，还出版了钱梦龙《导读的艺术》、蔡澄清《中学语文点拨教学法》等，主要从课堂教学实践层面探讨语文教学改革及如何提升语文教学效率的问题。出版这些著作，既是为了展示改革开放以来语文教育的最新研究成果，也是为了引导语文教育改革的主流方向，让语文教育能够在守正的基础上追求创新发展。

进入 21 世纪以来，在工具性与人文性统一的课程思想指导下，语文教育开始从知识、能力中心向素养立意转型，语文教育观念也发生了重大转变。例如，四大核心素养的提出，学习任务群的设计，学科教学内容的更新，大单元、大任务、大情境教学方式的推广，整本书阅读的推进，等等。

图书在版编目(CIP)数据

黎锦熙语文教育论集/黎锦熙著. —北京：人民教育出版社，2022.10

(语文教育学术论丛)

ISBN 978-7-107-36678-9

Ⅰ.①黎… Ⅱ.①黎… Ⅲ.①语文教学—教学研究—文集 Ⅳ.①H19-53

中国版本图书馆 CIP 数据核字（2022）第 184592 号

黎锦熙语文教育论集 LIJINXI YUWEN JIAOYU LUNJI

责任编辑 胡 晓
书籍设计 王 喆

出版发行 人民教育出版社
（北京市海淀区中关村南大街 17 号院 1 号楼 邮编：100081）
网 址 http://www.pep.com.cn
经 销 全国新华书店
印 刷 北京盛通印刷股份有限公司
版 次 2022 年 10 月第 1 版
印 次 2022 年 10 月第 1 次印刷
开 本 787 毫米×1 092 毫米 1/16
印 张 35
字 数 508 千字
定 价 98.00元

黎锦熙语文教育论集

语文教育学术论丛

黎锦熙 著

人民教育出版社
·北京·

选编前言

黎锦熙先生（1890—1978），字劭西，湖南湘潭人，是我国现代史上的文化巨子之一，蜚声中外的语言文字学家，著名的语文教育家和社会活动家。

进步学者光辉的一生

黎先生幼年在家乡读书，在传统文化方面打下了广博而坚实的基础。15岁考取清末最后一届秀才。随即在实业救国思潮影响下，考入北京铁路专修科，又转入湖南优级师范史地部。毕业后，先后任湖南编译局编译员和湖南省立第一师范教员，1915年应聘到北京任教育部教科书特约编纂员。1920年起一直担任北京高师（后多次更名，即今北京师范大学的前身）国文系教授，并兼任过北京大学、北京女子师范大学、燕京大学的国文系教授。同时，长期担任中国大辞典编纂处总主任，还兼任过上海中华书局编辑所临时所长。抗日战争时期，随北师大西迁西安，辗转至汉中和兰州，先后担任西安临时大学、西北联合大学、西北师范学院教授、系主任、院长等职。抗战胜利后，北平师大复校，继任国文系主任兼文学院长，又借聘于湖南大学。新中国成立后，一直是北京师大教授，研究生导师，曾任中文系主任，校务委员会主席（相当于校长）等职，也曾任中国人民大学兼职教授。还曾被聘为中国科学院哲学社会科学学部委员，中国文字改革委员会委员。

黎先生是20世纪初期较早接受和传播民主进步思想的杰出知识分子之一。16岁那一年，凭着弱龄青年的勇气，在长沙发起组织“德育会”，以

“牺牲个人，努力救国”为号召，不久遭当局打击，逃匿还乡。辛亥革命前后，曾主笔《长沙日报》，总编《湖南日报》，鼓吹各省反清独立，实行民治，受到当局查办。后与杨怀中（昌济）、徐特立、方维夏等同仁组织创办“宏文图书编译社”，附办《公言》期刊，又组织哲学小组，湖南一师的学生毛泽东、陈昌、蔡和森等常到社研讨，由此加深了与毛泽东的友谊。他秘密保存1915—1920年毛泽东给他的六封亲笔书信和毛泽东主编的刊物等珍贵的革命文献，新中国成立后献给了中央档案馆。1916年参与发起国语研究会，推进国语运动，这个运动成为“五四”新文化运动的一个组成部分。1925年任北京女师大国文系代主任时，与鲁迅站在一起，发表声明，揭露校长杨荫榆对学生的迫害。同年，公开上书司法总长兼教育总长，反对小学复古“读经”。次年参与发动东南三省焚烧小学文言教科书的运动，与封建文化作坚决的斗争，其声势震动一时。“九一八事变”和“卢沟桥事变”后，黎先生作诗抨击讽刺政府当局“攘外必先安内”的不抵抗主义，后结集为《国难集》《流浪集》。1938年，在城固西北师院收到毛泽东从延安寄赠的《论持久战》，当即约集同仁阅读研讨。1946年，在重庆，黎先生与许德珩、潘菽、李公朴等人发起组织“九三学社”，团结了一批有影响的知识分子，为解放全中国作出了贡献。1948年黎先生在北平（今北京）积极支持反饥饿、反内战的游行。国民党反动派逃离大陆时，企图劫走部分知名教授，给黎先生送来了飞往台湾的机票，他严正地予以拒绝，并满怀激情地迎接解放军进京入城。新中国成立后，在党和人民政府的领导下，黎先生平生第一次参加了国家的政权工作，先后当选为第一、第二、第三届全国人民代表大会代表并参加主席团，第一、第二、第五届全国人民政治协商会议代表，同时，任九三学社中央委员和常务理事，一直受到党中央、毛泽东主席、周恩来总理无微不至的关怀，是共产党肝胆相照的朋友。

黎先生从事语言文字学研究和语文教学活动近70年，涉及的领域有语法学、修辞学、音韵学、训诂学、目录学、辞书学、教育学、方志学、史学、文学、哲学、佛学、文字改革以及少数民族语文等，广博精深，著述等身，共撰有700余种论著，其中论文500余篇，专著百余种。黎先生与时俱进，锐意创新，坚韧不拔，奋斗不息。89岁高龄时，仍致函党中央，建议在繁荣自然科学的同时，尽快发展社会科学。临终前几小时，在病床上输液时，仍逐字逐句审订由泽渝记录整理的在北京地区语言学科规划会上的书面发言稿，为社会主义文化教育事业和学术研究的发展，鞠躬尽瘁，死而后已。

语文改革和建设事业的先驱

八十年前，黎先生已经成为国语运动的中坚。国语运动是“五四”新文化运动的组成部分，是在白话文运动蓬勃发展的背景下产生的，又反过来促进了白话文运动。它有一个全国性的组织，形成了一定的规模和声势，有相应的科学研究成果作后盾，取得了较大的成功，其间，黎先生发挥了重大作用。他与同人早在1916年倡建了国语研究会，推蔡元培为会长，黎先生从中做了大量的组织和宣传工作。他解释国语研究会的两个宗旨：一是“国语统一”，“就是要整理改良中国特有的语言，使它统一而易于普及”，而“国语的范围，是包括这‘国音’‘词类’‘语法’三大部，是缺一不可的”；① 二是“言文一致”，即书面语用白话文代替文言文，使口头语和书面语一致起来。此外，他还提出自己和一些同人的理想：“国语运动最高的企图、最终的目的，乃是建设中国的新文字。”② 从事宣传的同时，他脚踏实地开展具体工作，如调查各地方言，开办国语讲习所，审查白话教材，出版有关书刊等。黎先生会同国语研究会成员取得的成果和科学研究实绩，是相当丰硕的。

在推广国语和改革汉字方面：黎先生等人促成北洋政府于1918年公布了注音字母（后改称注音符号），他又创制了带有注音字母注音的各种型号的汉字铜模，以排印书刊；1922年与钱玄同等联名提出《减省现行汉字笔画案》；1923年提出“词类连书”的原则，要求以词而不是以字为单位来拼写现代汉语；同年起与钱玄同、赵元任等致力“国语罗马字拼音法式”的研制，1928年该方案由教育部作为注音字母的第二式予以公布，成为第一个得到政府承认的罗马字母拼音方案；1941年提出了《边疆教科书及通俗读

① 引自《何谓国语教育》。

② 引自《钱玄同先生传》。

物，概用注音符号互注读音，以利推行而便得传习案》；1944 年倡导创办了为台湾光复后推行国语训练人才的国语专修科，其后 100 多名“黎门弟子”赴台推广国语，台湾地区借助“注音汉字”用了 10 多年时间就普及了国语。

在提倡白话文方面：1915 年即力主把小学“国文科”（沿用清末“中国文学科”之称）改为“国语科”，1920 年，北洋政府教育部终于训令国民学校改“国文科”为“国语科”，次年又确定初等小学四年间教材纯用语体文；20 世纪 20 年代和 30 年代中期，“复古家”们掀起恢复“读经”的逆流，黎先生挺身而出，作了针锋相对的斗争；在“五四”白话文学兴起之际，黎先生撰文表示支持，认为使用白话文进行创作，也就是“国语文学”。

在语法研究方面：“五四”以后白话文取得了胜利，但被国粹派攻击为有“文”无“法”。黎先生则搜集大量白话文的“活语言”材料，进行创造性的归纳和研究，力求揭示出现代汉语的语法规律，1920 年他首次开出“国语文法”课，1924 年又出版了划时代的《新著国语文法》，有力地回击了国粹派，捍卫了新文化，该书以后修订了四次，在国内已印行达 25 版之多，不愧为现代汉语语法的奠基之作，影响至深。正如著名语言学家郭绍虞所评赞的，“文法之学，肇自《文通》（指研究古汉语语法的《马氏文通》）；语法之学，建于黎翁”。1933 年，黎先生又出版了《比较文法》一书。

在辞书编纂方面：为了规范语音、语词，1917 年即倡议编订《国语辞典》；1923 年促成“国语辞典编纂处”的建立，1928 年更名为“中国大辞典编纂处”，黎先生主持工作前后达 30 年之久；20 世纪 30 年代初期开始着手编写，后来印出了《中国大辞典样本稿》，出版了《国音常用字汇》《国语辞典》《中华新韵》等十多种辞书，上述三种被当时政府颁定为全国读音标准、诗词用韵标准的“官书”。此外搜集整理了卡片 300 余万张，积累了编纂辞书的宝贵经验。黎先生认为：“要对中国文字作一番根本的大改革，因而不能不给 4000 年来的语言文字和它所表现的一切文化学术等算一个详密的总账，以资保障而便因革，则具体化的工作，唯在‘辞典’，唯在‘大’辞典！”①

至于黎先生在语文教育学方面的开创性贡献，也是人们所公认的。

---

① 引自《国语运动史纲》。

在新中国成立前的三十多年里，黎先生致力于语文改革和建设工作，他的思想言行完全符合中国共产党在新民主主义革命时期所提倡的建立“民族的科学的大众的文化”的方向。他对语言文字所作的研究非常深入，注意理论联系实际，结论大都比较系统、细致、全面，并能揭示客观事物的规律，反映了时代进步的要求。他前期的学术研究，正值西学东渐，因此他在构筑自己的理论框架时，迅捷而有选择地吸收了不少西方语言学先进的科学的成果，同时他又十分注重立足本民族的历史文化、语言实际和传统的实践经验，因而他所创建的理论带有本民族的鲜明特色。再则，他的语言科学和语文教育是真正为人民大众服务的，不仅嘉惠青少年学生，而且为各阶层人民首先是工农劳苦民众送去了精神财富。毛泽东在《新民主主义论》里敦促进步的文化工作者接近民众，指出，“为达此目的，文字必须在一定条件下加以改革，言语必须接近民众”，而黎先生的一生恰恰是专门从事这方面工作的，符合毛泽东的这一教导。

在北洋政府和国民党政府统治时期，黎先生坚持不懈地战斗在语文战线的前列，其思想基础在于强烈的爱国主义。他明明知道自己从事的文教工作特别是普及性工作艰难困苦又不易见效，正如 1945 年在兰州写给友人信中所述那样，“扫盲工作，历年办理，大都虚应故事，并无实效可言”，其“政治的原因”是“政府方面并无诚意，真正扫盲启智，实于官僚政治无利益，故提倡不出自内心，推行徒具其形式”；① 然而他仍然不屈不挠地、扎扎实实地去做，义无反顾，不达目的决不罢休。这背后，全靠振兴中华的信念在支撑。他深知，只有统一语言，改革文字，才能有利于国家的统一，促进全民族文化素质的提高，从而实现国家富强，促进民主革新。

新中国的诞生，社会主义建设的全面展开，为科学、文化、教育事业的繁荣发展开辟了无限广阔的天地，我国的语文工作也进入了一个崭新的开拓发展的新阶段。国家制定了有关的政策，如推广普及以北京语音为标准音、以北方话为基础方言、以典范的现代白话文著作为语法规范的普通话，促进现代汉语汉字的规范化和标准化，制订、推行并进一步完善汉语拼音方案

---

① 引自《论师范教育之中心工作》。

等，其任务和要求显然是对国语运动的继承和发展。黎先生一如既往，再接再厉，在语文改革和建设方面作了大量工作。如参与组建文字改革协会，参与研制《汉语拼音方案》，方案公布前与吴玉章合写《六十年来中国人民创造汉语拼音字母的总结》一文，影响深远；探讨检字法，多有发明创新；晚年还研究汉语"双拼"方案，对电子计算机的汉字拼音输入法有启发意义；继续编纂出版了一批辞书字典，并倡议编纂大百科全书；在《新著国语文法》的基础上，予以"提高化、理论化、科学化"，又编写出版了150万字的《汉语语法教材》（与刘世儒合著）；另外出版了《中国文字与语言》《文字改革论丛》《字母与注音》《汉语规范化论丛》等著作，为汉语规范化殚精竭虑，勋劳卓著。他革故鼎新，绝不保守，奋力开拓，永不停滞。黎先生的光辉业绩，在中国语文建设的史册上留下了不可磨灭的一页。

为创建语文教育学开辟先路

黎先生也是我国现代语文教育学的开创者之一。

我国传统的语文教学和语文研究历史悠久，积聚了相当丰富的经验，但到封建社会后期，日益显现出严重的弊端。其一，它没有独立的地位，是经学和理学的附庸，科举考试的敲门砖，内容和方法上充斥着大量封建糟粕和陈腐落后的东西。其二，在语言现象与语言理论、文字与语言、书面语言与口头语言、古代语言与当代语言等诸多关系上，重视前者，忽视乃至排斥后者，未能发展成为严格意义上的科学体系。1903年，清政府规定"中国文学"（简称"国文"）单独设科，从此有了语文学科。与此同时，随着西方近代学校的兴起，学科教育学应运而生，随之传入了中国。"五四"运动前后，不少教育家已讨论师范院校如何进行学科教授法的教学问题，经过几十年的变迁，各科教学法极大地拓宽和延伸了研究对象，今天已经发展成为较完善的学科教育学。当年，黎先生从"国文科"改为"国语科"，白话文进入小学教材的现实出发，总结了自己丰富的语文教学实践经验，结合教育学、心理学等方面的知识，于1924年出版了《新著国语教学法》一书，这是现代史上我国第一部系统的语文教学法的专著，1950年，又将三四十年代的教法著作结集为《新国文教学法》出版，筚路蓝缕，功不可没。

黎先生在语文教育方面的贡献可概括为六个方面。

一、提出了关于语文教育的性质、目的、任务等一系列新的观点

黎先生在《新著国语教学法》中说："语言的用处，一是表情达意，二是人类共同生活的唯一媒介物。""文字和语言，都是代表事物和思想的符号。文字这种符号，是用手写、用眼看的；语言这种符号，是用口说、用耳听的：不过我们运用的官能有不同罢了。"接着，他列表阐述了语文教学几个带有根本性的问题。

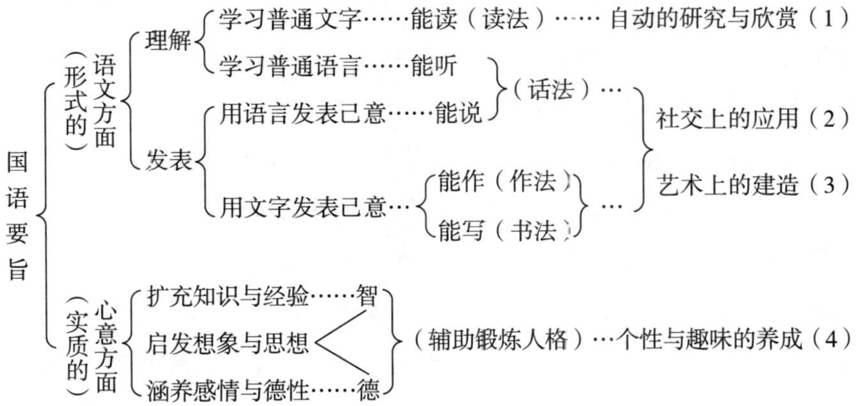

上表归纳出了语文教学的四大目的，其中以自动的研究与欣赏、社交上的应用、艺术上的建造等三项为主，这就明确了语文教学的最大价值在于工具性；但由于语文是一种"表情达意"的工具，又应注意通过它养成个性与趣味，以求在锻炼人格上起到辅助作用。黎先生认为，二者的地位不宜颠倒，又不能有所偏废，既要重在培养语文能力，也不忽视陶冶情操和提高智力。至于语文教学的具体要求有五项，即能读、能听、能说、能作、能写，从而第一次把听、说两项摆在了重要的位置上。为了达到这些目标，黎先生主张通过读法、话法、作法、书法，加强基本训练。

上述简明、严密又富于辩证精神的概括，比较科学地揭示了语文教育学科自身的规律和特点，回顾我国语文教学所走过的曲折路程，对黎先生70年前达到的认识水平，不能不感到钦敬。

二、深入实践，为各级各类语文教育设计了教学方案或课程纲要

教学方案集中地落实了教学内容和培养模式。黎先生起草的这类文件，不仅凝聚了他作为一名语文教师所付出的心血，而且体现了他作为一位学者和教育家的广阔视野与深谋远虑。例如，他拟定的一些中小学语文教学方案，贯穿着革新精神，又合乎国情，很重效益。又如，当时不论哪种门类的大学，第一学年都开设“大学国文”课，而效果多不理想，他则坚持维护这一举措，作了改进教学、提高质量的周密规划，其基本思路对今天的“大学语文”课仍有借鉴意义。他主张大学“一年级不分系，设置共同必修的科目”，打好文、史、哲的共同基础，拓宽知识面。而且要求中文系科学生必须修习目录学，以掌握检索、利用资料的能力，为日后自学进修准备条件。在《师大改进的工作重点——课程》一文里，对几十年来争论不休的关于师范院校是否单独建制，“师范性”和“学术性”的关系等问题作了高度概括，指出，为了满足国家对师资的需求，师大必须重点改进课程，从编制、师资、教材、教法上入手。《中国近代语研究法》是“近代语”课的教学计划，指出研究的目的是把从古代语到现代语的过渡时期的真相考究明白，从而了解现今标准国语的基础，知道现今方言分布的原因；方法则是先汇集，次整理，又次比较归纳，于是达到穷源（隋唐以前）竟流（国语和方言）。从提出问题到解决问题，黎先生作了高屋建瓴的剖析，这是研究性课程指导的一个范例。

三、大力从事语文教材的建设和改革

教材是教学内容的载体，教学活动的主要依据。黎先生认为教材优劣关乎教育成败：“所谓根本问题者奈何？曰：我国教育久无效果，原因虽多，而总原因实为教材之不适宜。……而其中又以国文一科为最，尤以初等小学所授之国文为最。……上之既无优美之趣，不足树文学之根柢，下之又违应用之旨，无救于国民之聋盲。”① 这是指斥旧国文教材内容陈旧，远离时代潮流。另外，小学生用文言教材也不利于他们的成长。“从教育原理、社会生活上看来，义务教育的国民学校，用这种古体的文言，实在毫无道理。”“从前女子用布来缠足，我们可怜她伤害了天然的体肤，不得不设法解放她；现在儿童用文言来‘缠脑’，我们可怜他伤害了天然的性灵，所以也要设法解救他。”② 由此可见改革教材在他心目中的重要位置。

---

① 引自《论教育之根本问题》。
② 引自《国语教育上应当解决的问题》。

黎先生的教育生涯是伴随着编审教材开始的。1914 年他与友人一起开办编译社并编写了中小学国文教材。人们可以从中发现，黎先生是怎样匠心独运地通过语文教科书来陶冶学生的灵魂，向他们输入有关知识，并发展其智力的。1915 年黎先生被特约到教育部编审教材后，仅中学国文教材就参与审查了一百多套，《三十年来中学国文选本书目提要》一书，记录了这些实绩。黎先生主张：国语教材在“小学以‘儿童文学’为主”；“进至初中，则教材以选读古今名著为主，而辅以实用文”；“高中教材亦以名著为主，唯程度较进，分量较增，更宜支配以文学史的系统，使知古今各体文学之相当位置。此外则本国文字、音韵、文法及国故之类，亦当使知其大凡焉”；“专科及大学，……亦于一二年级设立共同必修之普通国文，……而各大学或别选语体文艺为补充教材焉”。① 他对教材编写还有不少真知灼见，如为适应各地发展不平衡，可以设正副两种读本，各层次学校间的教材要统筹衔接等，但相比之下，黎先生做的实际工作则更多，所编教材从平民识字到大学课程无所不有，数量难以计数。

四、通过实验，全面改革语文教学法

传统的语文教学有合理的东西，而弊端也很突出，如灌输式、教学组织单一化、考查成绩时鼓励死记硬背等。黎先生在推出新教材的同时，潜心探索教法，总结出很多成功的办法。在《新著国语教学法》和《新国文教学法》中，黎先生把语文教学的基本训练归并为四种，每种又有各自的合理程序。

关于“话法”(说话)。目的在于训练儿童“学习普通语言”，达到“能听”，并且“用语言发表己意”即“能说”。② 黎先生指出：“说话教学，以前殊不重视。”“在学习之正当过程上，不复能徒持眼看、手写，必须兼作口说、耳听之训练，故说话一项，实已为本国语文教学之中心。”他认为说话教学“必先有一种客观的标准语”，但也要“因地制宜，不能一律”，并别开生面地提出：“说话教材如用文字记载，用汉字不如用注音符号拼写”，也可

---

① 引自《本国语文教学法提要》。

② 引自《新著国语教学法》。

以用国语罗马字来拼写。①

关于“读法”。目的在于使儿童“学习普通文字”，做到“能读”；并与说话结合起来，达到“理解”，从而实现“自动的研究与欣赏”。② 当时在阅读教学上，有偏重语言文字的训练（“形式主义”）和偏重内容实质探究（“实质主义”）的两派，各有偏失。黎先生则认为要根据教材性质和学生程度而灵活处理，具体对待，提出“自动主义的形式教段”，即在教师指导下，使学生由理解（经过预习、整理）到练习（进行比较、应用）再到发展（进而创作、活用）。③20 世纪 40 年代中期，又发展为预习、整理、总结深究或练习、发展与应用四个教段，④ 力求更符合阅读的阶段性和连续性的内在要求。

由于初中以上国文课程有文言、白话两种文体，教法上的混同常导致教学失败，黎先生提出必须严格区别白话文和文言文的两种教法。要点是：“白话文须与语言训练相联系”，先要“耳治”，即用耳听而不急于目视，注重“朗读”，有“疏解”“论理”“审美”的种种朗读法；“文言文须与外国语同比例”，必须熟读成诵，直至“背诵”下来，将注释对照本文，反复揣摩，实行彻底的“翻译”。⑤

关于“作法”（“缀法”，作文，写作）。目的在于“用文字表达己意”，既是“社交上的应用”，又是“艺术上的建造”。⑥ 作文要循序渐进。初小前两年“以简单语言之记录发表为主”；初小后两年可练习“实用文、记叙文、说明文诸体”；高小“则可进而间作抒情、议论之文”；中学以上“其应习之文体，大致亦不外此数种；至于诗词等纯文艺作品，及古体的美文，可随个性，自由拟作，不加限制，亦非必修”。对作文总的要求是“以事理真切、下笔迅速、文法正确为三大要素”。⑦

黎先生把作文训练分为前后两个阶段：先求“通”，再求“美”。他十分重视“改错”的环节，提倡在教师指导下，由学生自行订正，填写字体、文

---

①⑦ 引自《本国语文教学法提要》。

②③⑥ 引自《新著国语教学法》。

④⑤ 引自《新国文教学法》。

法、事实、思想四种“错误表”。① 黎先生早在20世纪20年代初就说过：“作文簿的批评、订正，是最耗教师的精神和光阴的苦事，而于儿童又实在无甚益处，因为他们只注意等第、分数，或圈点、评语；……而且每级学生数十人，每周卷子数十本，事实上哪能批改得精细，恐怕有时还要‘师不必贤于弟子’呢！”② 因此，他倡导采取由学生自己改错并记录的方法，这样做完全符合启发式的教学原则，解决了困扰作文教学的一大痼疾。

关于“书法”（写字，习字）。黎先生建议幼稚生及初小低年级，可利用玩具，“先熟练四十个注音符号之间架，进而练习注音符号楷体之笔法”，也就熟悉了汉字的各种基本笔式和简单的结构；到学生年级渐高，则临摹汉字的“中楷与小楷”，“参习行书及简体字，以迅速使用为第一目标”（这里提倡简体字，也富于果敢精神）；“至高小及中学以上，可以临帖，篆隶行草，随性所宜”，不过这已属于艺术，无关于书法的应用了。③

黎先生的教学法专著为我国语文教育学学科体系的形成作出了重要贡献。他取得成绩的原因，首先在于他极为重视实践，从中国的语文教育状况出发，他几十年来亲自在教学活动中进行实验，即使担任学校领导，也坚持讲课，即使早为大学名教授，也兼任中学课程，并利用假期参加小学教学或成人扫盲工作，在教学实践中，不断地总结、改进、提高，当然他也吸纳了同时代语文教学改革的新成果。再者，他注重继承并发展了传统语文教学的经验，取其精华，加以熔铸，如既注重读写，也注重听说，既提倡诵读，却不因循守旧，盲目照搬旧法。还有一个方面则是广泛借鉴了外国教育家的科学理论和外国学校的经验。黎先生研究了19世纪以来西方的教育哲学、教育学、心理学、语言学、伦理学的成果，消化吸收，力争以当时较为科学的认识论和方法论解释和研究我国的语文教学实践，逐步形成自己独特的理论体系，而避免生吞活剥。以上种种因素，使黎先生的教学法研究不仅在20世纪20年代至40年代处于该学科的前列地位，直到今天，仍有很强的借鉴意义。如他提出的“写作重于讲读”“改错先于求美”“日札优于作文”的

① 引自《新国文教学法》。
② 引自《新著国语教学法》。
③ 引自《本国语文教学法提要》。

“三原则”等，的确富于生命力，能够启发引导人们在探求语言规律和教育规律的基础上去掌握语文这一工具。

五、在语法教学、拼音教学等领域不断探索，卓有建树

1920年黎先生首次在我国开设并亲自讲授国语文法课。在近半个世纪，他一直战斗在现代汉语语法教学的第一线，桃李满天下。他撰写发表了数以百计的语法论著，其中大部分属于语法教材或语法教学参考书，丰富了我国语法教材的宝库，形成了黎派语法体系，对我国传统语法各家影响深远。他积几十年教学和研究语法的经验，从理论上总结出：语法教学体系和科学体系在内容和形式上虽有种种不同，但是它们的关系是“迭相改善”的，这两体系都要不断更新，不断发展，相互促进。科学研究的发明创造要能够指导实践，在实践中得到检验；教学体系则是要把自己研究而认为较好的理论、方法运用于实践，它同样也是要有所发明和创造的。好的教学体系是要建立在先进的科学体系之上的，并根据教学需要进行“加工”，所以两体系是相互促进，同进并举，“迭相改善”的。

（一）创立了具有民族性的“句本位”教学法

他认识到汉语的本质是“国语的用词组句，偏重结构略于形态”，只讲词类的语法教学，对写作起不了作用，于是他打破了“词本位”的语法教学体系，主张把词类和句子融会贯通起来，并且以句子为纲，带动词类教学。因此“句本位”教学法的一个重要原则是从造句讲到用词，拿句法控制词类。五十多年间他对词类划分的标准尽管有所变化，而词法和句法有密切关系的观点始终未变，始终认为词法和句法虽是构成语法的不同的两个部门，但它们是相互依赖的，不是对立起来的，而句法成分是汉语语法的核心。“句本位”教学法的另一个原则是“以章法控制句法”，在《新著国语文法》中还提出“综合前后而并观”的方法，即把句子放在句组、段落、篇章之中去，“综合并观”。《汉语语法教材》三大编更从科学体系和学科体系上阐明了语法综合教学的内容、方法和意义。黎氏语法体系中的句法成分的“活看”、词类的“活看”，就具体体现了这“综合前后而并观”的原则。

（二）提倡语法的综合教学法

从教学研究的对象说，不限于字、词、语、句而要扩大到句群、段落和篇章；从教学的内容方法说，不限于所谓的“纯语法”，而应结合语音、词汇、逻辑、修辞、写作等学科的教学。如讲词类时结合语音学；讲成分省略时结合逻辑、修辞；讲标点时结合语法和修辞；讲句式时结合文章体裁；等等。这种教学法可以活看语法的死规范，从而正确认识和描写语言的客观实际，反映出作者的“完整的思想表达”。把“纯语法”和修辞、写作等结合起来，才能使学习者对选词造句不仅“知其然”，还能进一步“知其所以然”，这样才能有效地达到提高学习者阅读、写作能力的教学目的。

（三）创造出汉语语法教学工具——“图解法”

他认识到汉语主要依靠语序来表达语义，况且汉语的造句又多奇诡的变化，于是他在 20 世纪 20 年代就创造出“图解法”。此后又进行了八次改进，使其更加完善。

在教学上使用图解法的优点：①形象化的线号图解，有助于直观教学，学习者通过图像便于理解“活句的全体”。尤其可帮助教师把对于复杂结构的理解，明白清楚地表达出来。②“严式”图解要求字字上线，因而可以鞭策学习者对文句作委曲深邃的探究，从而既可考验自己是否真正正确理解了复杂结构的原义，又可检查旁人写的是否是“病句”。③借助图解，可提高学习语法的兴趣，养成分析语言的习惯，贯彻理论联系实际的原则，在实践中逐步提高运用语言的能力，可以改革光讲不练、孤立无用的语法教学。④“总图解”是综合教学法的得力工具，它能具体描绘出古今作品的字、词、语句、段落、篇章和主题思想，作一番综合性的分析，使了解、欣赏和评鉴都能全部落实。它主要是要求在师资的提高研究中进行的，它是非常精细的，如同现代尖端科学的制图一样，绝非烦琐。

总之正确运用图解工具可以提高学习者听、说、读、写语言的能力，有助于智力的开发，以达到语法教学的目的。

在拼音教学方面，黎先生一贯倡导注音识字，包括从注音符号、国语罗马字到汉语拼音的几个时期，都是如此。早在 20 世纪 30 年代，他就提出了“先读书，后识字”“忘其字，写其音”的口号，即在小学语文教学和扫盲识字教学中，先教小学生和文盲熟练地掌握拼音，使他们在阅读和写话时能克服汉字的障碍，早日掌握文化知识。50 年代，他又积极支持新的“速成识字法”和以山西省万荣县为代表的“注音识字扫盲”运动，热情地予以指导，并把群众的实践提高到理论的高度。直到晚年，还念念不忘地研究注音汉字印刷书刊的问题，令人十分敬佩和感动。

60年代之后，黎先生又继续深入研究小学语文课的拼音教学法，提出了许多改进的建议。例如，他提出了“声介结合拼写音节”法，采用“声介合母”（也叫“结合声母”，如把bian〔边〕音节里的bi当作一个“准声母”）的拼法，克服一些教师反映的“音节拼写规则太琐碎，变化太多”的困难；又如，在他历来主张的“先综合，后分析”的教学法的基础上，提出了“新综合教学法”，把汉语音节形式（字母、拼音）和内容（语词、语义）综合起来，使形、音、义同时并举，综合教学，然后直接阅读适合学习者智力发展的注音汉字排印的各种课本书刊。这些都促进了汉语拼音教学改革的进程。

黎先生还提倡在书刊上推广“难字注音”，以便群众节省查字典的时间和减少误读的现象，有利于正音和推广普通话。

黎先生不只深入拼音教学实践，而且写了不少有关拼音教学的论著，丰富了这方面的理论。

六、高度重视语文师资的培养

几十年来，黎先生一直从事师范教育工作，直接为基础教育培养语文教师。他除了为学生开设专业课外，还注重育人，使莘莘学子终生获益，为祖国培育了大批人才。

首先，黎先生坚持德育。他认为，“教育是德智体美都要兼顾的”。① 早在1915年他就在《戒欺篇》中倡导在学校中树立一种诚实不欺的校风，又赋予“戒欺”以新的内涵，要求把培养“诚挚的爱国心”、“勇猛精进”的精神、“对于历史人物之崇敬仿效心”、“爱校心”等纳入“戒欺”教育的范畴之中。他现身说法，引导学生认识语文教育的重大意义。1918年他在《论教育之根本问题》中说：“共和回复之后，不图其本，一任大多数之国民，聋盲如故，则‘民意’二字，又将为少数人所僭夺，真正之共和政治，亦终

① 引自《大学国文之统筹与救济》。

不可得见。此其机括，悉在义务教育之四年，悉在此四年间所学之本国文字能应用与否而已。”① 在当时的社会条件下，他从这样的高度启发学生敬业，令人难忘。抗日战争期间，黎先生在西北师院任教时，有学生对他这样的名教授搞扫盲从事国语运动不理解，而黎先生说，国语运动关系到千千万万老百姓，我国文盲多，应该去做这件启蒙工作，为大多数人谋利益，这样人生才有意义。一席话使学生们的思想境界顿时开阔。

其次，黎先生鼓励师范生在学术上高标准要求自己，纠正那种认为师范生用不着有多大学问的错误认识。在《广博与专精，提高与普及》一文中，他提出师范教育要做到广博与专精结合，提高与普及结合，因为二者“虽相反，而实相成。不广博，即无以培植专精的基础；非提高，即不能创立普及的方术。倒过来说，不专精，即无以发挥广博的效用；非普及，即不能适应提高的目标（因为一切高深的学术和思想，为的都是‘最大多数的最大幸福’）”。在他的引导下，很多学生毕业后，自觉地把语文教学工作和语言科学等的研究结合起来，相当一批人成了专家学者或知名教师。

再有，他强调加强实践。语文学科工具性强，要掌握它就离不开大量实践；语文教学的提高，也有赖于长期的教学实验。黎先生诚然是做学问的学者，但他的活动天地广阔，既当教师，又当刊物编辑，还做教材编审；推广国语运动时，不辞辛劳，到全国各地开展调查和讲学；出版国语周刊二十多年如一日不曾间断，编纂辞书，制作了大量卡片；每到一地，就组织学生考察方言和民情，了解中小学教育和扫盲的情况。他的学生们说，黎先生带领大家走的是一条理论联系实际的成功道路。

最后，黎先生还谆谆鼓励学生们在严谨治学的基础上勇于创新。他勤奋治学，博采众长，从不拒绝借鉴古人和洋人，从不忽视不同学派的观点，而这一切的目的都在于创新。他的一生，凡所涉猎的领域，几乎都有所发明，有所创造，年既老而不衰减。他总结自己的语法研究的经验，指出：“中国语法教程要针对现实需要，简明，有用。”“中国语法的本身，应当是从本国人民的语言中归纳整理出来的，不应当沿袭外国语法。”② 又说：“偶忆王船

① 引自《论教育之根本问题》。

② 引自《新著国语文法·今序》。

山《俟解》中有句话‘不迷其所同，而不失其所以异’，真可用为比较文法研究的铁则。一脚踢开拉丁文法而欲另建中华文法者，是‘迷其所同’也；一手把住拉丁文法而遂挪作中华文法者，又是‘失其所以异’也。”①

黎先生热爱语文教育事业，因此热爱并用全副身心支持师范教育。他告诫人们，千万不要降低师范专业的标准，如果“只是造就一些‘教书匠’，管理员，或者教育机关的公务员，陈陈相因，碌碌没世，对于文化的‘普及’的效率是不能多所增进的”。他认为师范院校的教学内容比普通大学还应更多一些，因为，师范学校的学生，也即未来的教师，“更要‘提高’，养成‘通材的专家’，能够在教育上有革命性的大主张，有创造性的大设计，有怎样贯彻这个主张与实现这个设计之方法与技术上的大发明”。② 这是黎先生对师范生包括未来的语文教师的期许，其实也正是他自身的写照。黎先生不愧为语文改革和建设事业的先驱，语文教育的前导，语文工作者和语文教师的杰出楷模！

为了推动语文教学的改革，给广大的语文教育工作者、各级各类学校语文教师和师范院校中文系学生在研究语文教育发展历程和进行语文教学实践时提供参考，我们把黎先生在语文教育方面的论著予以精选，编辑成册，使先生的优秀研究成果发扬光大；另外，这部选集的出版，也寄托了我们对黎先生的敬意与怀思。

关于本书的编选，作几点说明。

一、选录原则

1. 仅收录黎锦熙先生语文教育方面的论著，一般语文教材和不涉及语文教学的学术著作不予收录。

2. 选材兼顾黎著的史料价值和学术价值、历史意义和现实作用，带有开创性的成果，尽先选用。

3. 所收黎著，多数是过去公开出版过的，也有未正式出版的手稿。

4. 同一论著，尽可能选取黎先生最后修订的版本。

---

① 引自《比较文法·自序》。

② 引自《广博与专精　提高与普及》。

二、编辑原则

1. 保持黎著原貌，对极个别有变动删节之处，加按语说明。

2. 本书分上下两编。上编专收论文或专著的序跋。该编又分综述类和分论类两部分：综述类内容包括论语文教育的性质、目的、任务，论语文教育的历史、现状、改革，语文教材教法通论等；分论类包括中小学语文教学，高等学校的语文教学，注音及拼音教学，语法教学等。同一类别的论著，按发表或撰写时间排序。下编收两部语文教学法专著。

3. 每篇（部）论著的题目下作脚注，一般注明该篇（部）的写作时间，首次发表的时间和刊物名称，本选集所收该论著的出处。

三、对原著的技术性处理

1. 参照有关版本或手稿校勘，文字歧异之处择善而从，不作校注说明。

2. 改竖排为横排，改繁体字和异体字为相应的简体字和通行的规范字，改旧式标点为新式标点。

3. 原作中常用不同型号、不同字体的铅字排印或行文旁标有着重号，尽可能保持原貌。

4. 论著原件个别字迹模糊难辨处，姑暂存疑，用“□□”号标示；原件印刷中有明显错讹之处，已作更正。

在编辑过程中，我们学习了语言学界、语文教育学界时贤的许多论述。还得到黎先生生前好友廖序东、张志公、张清常等诸公的指点和鼓励；人民教育出版社编审庄文中先生给予了大力支持和具体的帮助，还任本书的责任编辑；首都师大的有关部门和我们的师友也十分关心，在此谨向他们致以衷心的感谢。此外，首都师大高教研究室的曹薇和殷琳茹同志，黎先生的外孙女张黎熹同志，在编辑期间协同作了很多收集资料、审核校对、打字复印的工作，我们一并表示谢意。

面对作为一代宗师的黎先生如此宏富的著述和精深的学术，我们深感自己的水平有限。本书的编选和《前言》中的观点，难免有疏漏之处，敬请专家学者和广大语文工作者、语文系科师生、中小学语文教师等读者批评指正。

黎泽渝　马啸风　李乐毅
1994.11.

目　录

高等院校语文教学

注音、拼音和识字教学

上编

总论

论教育之根本问题*

窃观近来教育界，沉冥之象，日甚一日。欲其昭苏，殆非行政方面所能为力。盖所谓教育经费不足，地方自治未兴，乃至三数年间，政府之轻视教育，官吏之摧残学校，种种现象，都未足为教育前途障。其大足为障者，则国民对于此种教育，鲜不怀疑，而终莫得其所以然之故，与所以释疑之道。尝见缙绅之士，身自办学，而子弟则有别延师授之诵读者，谓此种教育，躬所审验，必不足以造就人才也。食力之家，送其子弟入学，仅欲其略识文字，适于谋生，亦往往不符所期。然则学校之无信用，故不得专咎社会风气之未开，亦不当徒责政府之提倡不力也。根本问题，悬而未决，所谓热心教育者，亦姑为是冥行而已。及今不图，即将来义务教育实行，实效能有几许？人才教育，更不必论。总之我国人之思想界，向病鹘突。事之本末，初不审虑；病象既呈，受病之处安在，又往往惮于深求。论者谓数年来之政象，波谲云诡，所谓以国家供试验之用也。何图二十年来之教育，亦不过以儿童供试验之用；而试验所得之成绩，至今尚未能发表，不亦哀哉！

所谓根本问题者奈何？曰：我国教育，久无效果，原因虽多，而总原因实为教材之不适宜。教材者，指各教科所用之材料而言也。不适宜之教材，以本国固有之各学科，如国文、修身、本国历史、地理等为最；而其中又以国文一科为最；尤以初等小学所授之国文为最。彼缙绅之士之所致疑，与食力之家之所不满意者，大抵皆原于此。此问题不解决，窃恐实行义务教育，

---

* 选自1918年国语研究会印《关于国语教育之杂录》。本文部分内容后又收入1934年12月出版的《国语运动史纲》，商务印书馆。

不过使全国儿童，虚掷四载光阴；国家与各地方，徒耗巨万经费。进而论人才教育，则悠悠后生，下笔陋劣，展卷茫然，将何以深造而自得乎？故初小国文，实可谓一切教育问题之根本问题也。

请申论之。我国自初小以逮中学，凡课程中其教材因袭他邦者，大都有定法，有系统。独本国故有之数科，如国文、修身、本国历史、地理者，分量程序，原无规定；教授旨趣，民族特长，都未深喻；头绪纷复，学说庞杂，曾无具教育眼光者起而董理之；教师取舍，徒凭私臆，坊间课本，苟简成书。以故设学以来，他种科学，成绩优良者，生徒中尚不乏人；独此国民精神所系之数科，大有江河日下之势。当此国势不竞，强邻环逼之秋，共和政治，又首重民德，为国民者，独缺此精神上之陶冶，事之至险，孰过于此？而国文一科，更为输入一切常识，精求专科学理之关键。今之受中等教育者，根柢不立，必难精进。一般国民，无以抒意见，通情愫，不知读书，不能阅报，为聋为哑，更无俟言。是初等小学之国文一科，上之既无优美之趣，不足树文学之根柢；下之又违应用之旨，无救于国民之聋盲。我国教育宗旨中，所谓实用主义、美感教育者，于此盖两失之。其弊之尤甚者，大多数国民，以不通文义之故，于国家政治，绝无所知。一二人操纵之，虽有亡国败家之祸，弗能喻也。犹幸是非利害，人类尚有直觉之本能，真正民意，终难湮没。然共和回复之后，不图其本，一任大多数之国民，聋盲如故，则“民意”二字，又将为少数人所僭夺，真正之共和政治，亦终不可得而见。此其机括，悉在义务教育之四年，悉在此四年间所学之本国文字能应用与否而已。夫初小国文之重要如此，而窳败无用则如彼，乃因循迄今，不闻有起而谋更张者，将遂使国人皆擿埴索涂以终古耶？斯实教育界之耻也！

然则初小国文一科，其必整理之，改革之。视高小以上之国文，尤为当务之急。仆于此事，盖当集资立社，思纂成一种新式之国文读本以救其弊。顾欲从根本上谋改革，必先从事于调查研究，造端过大，程功匪易，谋之两年，亦遂停滞。数年以来，颇谓初小四年毕业之儿童，如欲其粗解文义，肆应社会，但有适宜之教科书，原非难事。唯欲编此种教科书，今尚绝无凭藉。盖实质方面，必斟酌国民应备之常识，量儿童心力以配列之，而此尚非至难，难莫难于文字方面矣。第一则生字也，非先将应用各字，彻底研究，于形、声、义三者之组织及变迁，剖析至明，以定此四年间之分量程序，则其纠纷终不可得而理也。第二则文法也，我国文法，向无系统，浸润既久，豁然贯通，此必不可责诸初小四年间之儿童也。则又当彻底研究，著为定范，而后此四年间之文法，乃能使之循序演进，不躐等，不逆节，而应用之体式略备也。此二者诚有把握，则兹科之收效，必当迥异前时。而曾受国民教育者，纵不必所做文字皆能从顺，要足免于聋盲之诮矣。虽然此种理想，究竟能实现与否，证以最近数月间之经验，又自觉不能无疑。原我国语文既歧，文体又杂，欲以四年之力，令十龄上下之儿童，通其大概，措诸实用，诚恐责望太奢。若明知其为儿童所不能任，而强为尝试，则虽有具系统组织之良教科书，其效用终与无系统无组织之书等。儿童读之，亦终与读经等而已。何者？非其心力之所能受，又与所谓儿童生活者，太不相适故也。夫语言有发表思想感情之用，儿童之所能也；若以文字直接记述之，读之而朗朗上口，声入心通，必为儿童所易晓，此就儿童心理方面言之也。社会之小说，期于通行；官府之文告，欲其下逮，皆多用白话体。盖不识字之人，听之而能通其意；略识字之人，读之而能审其义。倘能于受义务教育之四年间，取文字之能直接记述语言者，诵读之，练习之，以之通书札，读报章，较今日之咬文嚼字，费尽心力，而终于文理不通、白字连篇者不远胜乎？此就社会生活方面言之也。至于高小以上，则当离语言而进肄高等之文字矣。然今日高小生徒，国文之进步极濡缓，中学生徒，且多不免于文理不通白字连篇之诮者。细查其因半在教材与教授之不完善，半在初小四年中语法教授之不讲求。盖文从字顺，其关键全在虚字运用之得宜。而普通虚字之意义与用法，非以口语与之对照，必难明了。语法既未尝讲求，则抑扬之度，抗坠之情，凡虚字中所含者，皆无所藉以为解释，任其自喻，质鲁者亦终莫名其妙而已。故欲立高小以上国文之基础，亦必先通有条理有法则之语言，此又就国文根柢方面言之者也。总是三方面而观之，可知初小之国文一科，不可不谋根本上之更张。更张之道，在改用语文相接近者，以为教材而已。革去旧名，当称“国语”。

或谓既用语文对照之方法，语与文同时教授，不亦可乎？何必变更文言，强就口语乎？不知仆数年来之主张，盖即如此。今且在实行中，所虑者儿童脑力薄弱，各处方言不同，若语文并授，则文为一事，语为一事，其本土方言又为一事，是授一字几成三字矣。儿童之记忆力、辨别力，未必遽能胜此。兹举一例证之，如疑问代名词“何”字，为初学年不能不授者，以口语释之，则为“什么”。而各处方言，多不一致。苏音则读“什么”为“啥”，是又当以“啥”释口语之“什么”矣。非授一字几成三字乎？曷若明定程序，语先于文。彼名静动各词，语文原鲜歧异；状词以下诸虚字，为数无多，其必须释以口语者，择要分配于第四学年足矣。且语法先通，以证文言，转易明晓。如前例“什么”二字，读写用法，均已纯熟，再授“何”字。则一比照间，即明其意义而能运用。视同时提出两种生字，必辗转解释而始明者，不已事半功倍乎？故苟初小读本改用国语，则教授上应用上种种困难，均得解免。兹之所举，特其一端耳。

既曰国语，必其能为全国之标准者，即将来语言统一之基也。则非合全国学者多方讨论不为功。且用为初等小学之读本，则必适于通俗，而后能应用。又必远于鄙俗，而后得与文相接近。二者之间，斟酌权衡，宜求尽善，则其成功亦非旦暮所可期。夫今日国家建设之问题多矣；大命所关，实在教育。教育上应研究之问题多矣，根本所在，必先国语。大抵冷静沉着之事，人恒忽之。然苟国人之聪明才力，徒消费于浮夸奔突之中，绝不计国家根本问题，尚有悬于极冷静沉着之专业者，其必终无救于危亡，审矣。夫岂仅国语一端，为今人之所忽之耶？

何谓国语教育*

▲误解国语为注音字母的四大危险

▲词类的三大关系——进化、统一、息争

▲现在小学校的国文全是外国文

近百余年来浙江的文化和学术，常在中国占了优胜。兄弟企慕已久，所以此次来浙，虽是专为调查国语教育，实在也想考察些文化和学术。浙江近年的学术和现在国语问题，确有重大关系。就劳玉初先生一人而论，已经有许多贡献了。今天讲的题目是《何谓国语教育》。此题分作两层说：先说明国语的范围与目的，再讲到国语教育。

一、何谓国语

教育部自从民国七年（1918）冬天颁布注音字母以来，对于国语上各种问题，一天一天地讨论进行，已近二年了。但是一般人还不免误认那三十九字母就是国语的全部。这样根本的大错误，实在是国语前途的大大危险。须知注音字母不过占国语全部六分之一；其余六分之五，属于别的问题。换一句话：注音字母仅占国音的一部分；国音又不过国语的一部分。若就国语的全部内容说，系包括“国音”“词类”“语法”三大纲而言。国音是什么呢？国音是集合全国中最占多数之音而定的标准音。从地图一看，凡直隶、山东、山西、河南、陕西、甘肃、新疆和东三省，以及安徽、江苏之北部，这

* 选自1921年3月出版的《黎锦熙的国语讲坛》，中华书局。

些地方的发音，大致相同。流传到湖北、四川、贵州、云南、广西各省，和湖南、江西的一部分，以及南京、杭州，其音也大致相同。我们叫它为官话区域。这个区域实占了中国的大部分，所以把它作为全国的标准音；使全国少数人弃其不普通的方音，服从全国中大多数相同的国音。这种国音，以北京为总汇，故北京音实足为国音的代表。

有了标准音，必须要用一种东西来表示它；这种东西就是“注音字母”。“注音字母”，是从国音中分析出来的元素，所以可称为“音素”。譬如水，可以分为氢和氧两种元素；一个字音也可如此分析。学过三十九个注音字母，正如学了化学中八十多种元素一般。元素的化合作用，本有种种很复杂的方程式；假使说学过注音字母的，就算学过国语，正如说懂得物质元素的，就算深通化学，能乎不能？所以此种误解，是不合理的，并且易发生几种危险的事实：

（一）现在一般老先生听说教育部改小学国文为国语，又听说国语就是注音字母，于是大起恐慌，以为这是把中国文字废弃了。因此误会，便起而反对；实在可惜。照教育部的小学校令看来，明明是说“教授注音字母，正其发音”。注音字母是代从前反切之用的，是从反切改良的一套工具。反切在中国行了千余年，现在不过把它改头换面，和汉字的存废有何关系！

（二）误认国语就是注音字母，所以各省办的国语讲习所，大都课程不完全，只能算是注音字母传习所。养成的教员只懂得国语的一小部分；儿童拿注音字母当经书读，机械地记着字旁边ㄅㄆㄇ：这种不完全的国语，真是与“国语教育”的本旨大相刺谬。

（三）误认国语为注音字母，就有许多国民学校因为没有能教注音字母的教员，便连国文教科书也不改换。不知本年部令是说“国民学校一二年级，从本年秋季始业起，一律改国文为语体文”。只要改用了语体文；就暂用本地的方音来读，又有何妨！

（四）讲通俗教育的人，也有照劳玉初先生“简字”的办法，将注音字母单行独用编成白话，使不识字的人，因声音而得意义；这原是权宜变通的好法子。但若误以为国语除开声音以外，便没有别的讲究，那单行独用的法子，一定完全要失败的。劳先生的简字，何以终究不能通行呢？原因虽多，这也是一种。

若要解释以上的误会，使大家知道真正而完全的国语，便须讲到词类和语法了。

前边说，“注音字母只能作改良反切的一种工具，不能代表国语”，这是什么理由呢？因为注音字母单行独用时，若是词类不相连，语法不合式，仍旧不能使人理会。试把一篇最浅显的语体文，一字一音地翻成注音字母，并且每字都用四声点好，请一位熟习国音的朋友来看；他一定不能读得脱口而出，和看原文一样。其中稍长的句子，恐怕还不能十分懂得。这是因为中国文字一音一义，音有限而义无穷；所以同音异义的字很多。然而说话作文所用的词类，都是一个字要连合几个音。这相连的几个音，万不能随便分开合并。即如“浙江公立法政专门学校”十个字，实在没有十个字，只有五个字。因为都是用两个字来代表一个观念；所以一定要支配为五部分，才能明了。假使把“浙”字读断，把“江公”“立法”“政专”“门学”连类而读，还有人懂得吗！山西推行注音字母最早最力。它出了一种国语报，常常把注音字母独用；我们读起来，觉得很有些难懂；就是因为他不懂得词类连写的缘故。还有一层：中国高深的文字，向来把那一字数义的单用，所以字义含糊，文理晦涩；非但不易明了，并且容易误解。譬如“一”字本是个数量形容词；然如古书上所说的“道生于一”的“一”字，乃是用作一种含有哲理的抽象名词了。其实普通人说话作文，这种单用的习惯已经改变；这倒是中国文字语言的进化。变单音字为复音字，何以称它为进化呢？因为中国同音的字太多，写在纸上，固然有形可凭，说话时极易误会。譬如用注音字母“丨”来注的字，有“衣”“依”“医”“椅”“意”……单用时极易混杂。然在说话时，必定合成为“衣裳”“依靠”“椅子”“医生”“意思”……便声入心通，容易分别了。所以由事实上看来：中国的语言，早已由单音语变为复音语；从古文的单行字，变为今日的叠用字；从古人所用简而含混的词，变成现在所用繁而分明的词：这就是中国国语进化之迹。这进化是自然而然的；不是强迫的。现在还有些外国语言学家，以为中国的语言，至今还是单节语。这是因他为文字形体所误，没有研究我们说话和作文的实际，所以错了。

以上所讲，是就注音字母的独用法，推论到中国语言的进化。进而说到统一语言，那么于词类更有关系了。因为国语之不统一，由于方音分歧者是小部分；由于词类不同者倒是大部分。据音韵学家的考证，周秦古音，虽则保留于福建广东，魏晋六朝的古音，虽则沿用于江浙，但是参伍错综之处很多。倘依发音机关循类推测，大抵喉舌唇齿，各有统一的部居，还不算十分歧异。须知方言异趣，就在词类不同。譬如说“桌子”，全国大多数人可以明白的；若是说“台子”，懂的人怕只有江浙的一部分了。又譬如“篮子”，是普通人都明白的；若是说“筐子”，恐怕有些地方的人要认作别种东西了。调味所用辛辣的一种植物，有“辣椒”“番椒”“斑椒”“青椒”“秦椒”种种名称；一个人南北东西易地，在菜馆里叫菜，便生出许多困难。我到此地已经一星期了。对于杭州方音，已可照注音字母比较有无异同，按类而推；但是不知道杭州方言中特有的词类，所以不能讲杭州话。依我看来：要统一国语，一定先要统一词类；要定标准语，一定先要定标准词类。那定标准词类的办法，就是调查古今四方同一意义的多数词类，于其中选择一个最普通而且近于文的，公认为标准，就完事了。这件事教育部正在进行中，就是预备编成一部“国语词典”。

这种“国语词典”，一方面可以统一语言；一方面还有一种“正名辨物”的大效用。从前老先生听见说“平等”，以为这是教儿子打起老子来了；听见说“自由”，便说女子如果自由，还成个体统吗！请问“自由”“平等”，就是这样的定义吗？近来新思潮里边的新名词，流行于青年的口头的，和反射于旧人物眼中的，都各有极端的解释。其实全不是他的真相。因为没有词典可查，所以各方面都望文生义；名之不正，便闹成新旧两思潮的大冲突。我们谈国语的，这也是应负的责任。——以上是说词类的三大关系。

什么叫作语法？这是很容易明白的，但也是最容易忽略的。我在北京，曾经参观外国人办的华语学校，无论何国的男女，都可以去学；教员是请的不识外国语的中国人。我看见一个西洋女人，她学了一句中国话，就拿英文法上的“名词”“动词”“主语”“宾语”等名称注在底下。我料她是预备触类旁通；学得一句，可以推到许多句。我们说话作文，语句的组织，都是从习惯上练习得来，不曾归纳成种种的公式和规则。所以说话对不对，下笔通不通，教的人固然觉得自己确有把握，但是说不出所以然，学的人也就莫名其妙了。文法书现在固然也有几种，但适用的还不多；学生学文，得他的益处很少。语法更是要草创的，在国语教育上，和词典一样的重要。

国语的范围，是包括这“国音”“词类”“语法”三大部，是缺一不可的。知道它的范围，才可以知道它的目的；它的目的，就是要整理改良中国特有的语言，使它统一而易于普及。

二、何谓国语教育

国语的定义既明，然后可以适用到教育上。讲到国语教育，在上面所说的三大部分里边，都有种种应当讨论解决的问题，——在杭州或者更有特别的问题；且等兄弟调查几天，在下次讲演时发表。也请诸位随所感想，自由提出，以便共同讨论。现在且略谈一点概论。

小学教育，原是以儿童为主体的；所以无论如何有价值如何可尊贵的材料，总要适切儿童心理，并且要合于儿童生活。我看现在国民学校所教的国文，不是中国文，乃是外国文，何以呢？因为教员的讲解，学生的练习，都是做翻译功夫。譬如教“饥则思食”一句，“饥”是“肚子饿了”，“则”是“就”，“思”是“想”，“食”是“吃饭”。一个一个字翻来覆去地讲解练习，试问除语文互相翻译之外，还有什么事情！并且儿童日常运用的只有语言，不比我们已经有了几十年运用文字的习惯；所以他学这种东西，要呆呆地记忆，定是觉得很苦闷很繁难的，和我们记外国文的生字一样。要知道一个生字的意义是很丰富的，是很容易引起儿童的兴味的。现在外国小学教国语，遇着生字，讲解得很动听，因之儿童也不难记忆；从没有像中国这种“翻译式”的。不从文字的实质上，多灌输一些事物常识给儿童；而要这样的“故为艰深”，“迂回曲折”，到了毕业，只落得做一场翻译工夫。要看这四年的光阴也太可惜了，儿童的脑力也白糟蹋了。

有人说：“国文固然不合儿童心理，但是为他将来在社会上应用计，还是比较语体文好些。”这话全与事实不符。教育部所以毅然改国文为国语，就是根据各方面的考察与统计，知道八九岁的儿童，学了四年工夫的国文，无论什么好资质，总是半通不通，决难应用。若学四年的语体文，至少也可以看白话书报，通俗讲稿。并且高深的学理，近来也通行语体文的著述；受了四年义务教育的人，既没有“文字障”，他纵不能再受高等普通教育，也容易力图上进，博览群书：这才是真合于平民教育的精神。我尝说中国的教育，向来是普及的；办了学校，倒不见得普及了。试看从前的农人子弟，商店学徒，都要在乡村市镇的私塾念几年书。他所用的课本，是《百家姓》，《备用杂字》等实用教科书；的确有一部分的实用。现在的小学国文教科书，前一二本是些不文不白的废话，后几本也是些科场抄袭的滥调。高一点讲文学，何不就读四书五经！低一点讲实用，何不就读《百家姓》《备用杂字》！要记了这些“废话”“滥调”做什么？

所以下次讨论问题，大家要先定一个“水平线”：就是无论国音国语是否完成，国民学校的语体文，总是要照改的。至于语体文怎样教法？可否不用国音？国音教授有何困难？这些问题，都在水平线以上；我很愿意同诸君商榷，决定一个妥善的办法。

国语教育上应当解决的问题*

现在有四个问题应当从速解决。

一、“先改国文为语体文”之解释

这个问题，关系极重要。按民国九年（1920）一月教育部通令，“定本年秋季起，凡国民学校一二年级先改国文为语体文”，这是因为国语的三大部分——国音，词类和语法——现在只完成了国音一部，其余两部不能在短期间内完成；又不能待全部完成后，方改国文为国语；所以出此权宜应急的办法。我的朋友，也有许多曾对于国语怀疑的，以为教育部还没有将标准语颁布全国，国语语法和国语词典都没有一定的标准；乃骤然改用国语，好比坐在黄鹤楼上看翻船的一样。其实部中这种应急的办法，完全是按照公意；其中动机，纯系出于社会方面。因为这两年来语体文的书报，在社会上流行甚广，东西洋的新学理，凭它传播不少；——这还不大相干：第一是从教育原理社会生活上看来，义务教育的国民学校，用这种古体的文言，实在毫无道理。故民国八年（1919）全国教育联合会，因社会生活之需求，世界潮流之相迫，将议决的改用国语案，向部中呈请采择施行。在部中未尝不知待国语全部就绪，再事施行；不过时势既迫，势难苟缓。故为立定步骤逐渐改进计，乃就已成的注音字母，已通行的语体文，先在国民学校一二年级实行。且部中也颇知道国音教员一时不易养成。我们试把部令中“先改语体文”数字来玩味：何以不说“国语”而说“语体文”呢？因为国语是要用国音教授

---

* 本文选自1921年3月出版的《黎锦熙的国语讲坛》，中华书局。

的；部中恐怕乡村小学，一时没有国音教员，便不妨将本地的方音来读语体教科书。所以第一个权宜的法子，便是暂不一定要拿国音来教授国语，此其一。我们再看他的步骤：语体文之应用，初不限于低年级的学生；教育部不明令国民三四年级的国文，同时改为语体文，只要一二年级先改；就是为了三四年级的学生，已经读惯了文言，恐怕一时改换，未免发生困难。而三四年级应用的国语教科书，一时也来不及；草率审定，未免贻害。瞻前顾后，所以第二个渐进的法子，就是三四年级在本年内，连改用语体文也不妨暂缓，此其二。这种进行计划，总可算十分稳健了。但是一般人还不免生出误会。前几天有汤溪县的劝学所长，和几位参观学校的教员，到我那里讨论国语问题。他们说："我们汤溪地方，一时间还找不到的确懂得国音的教员，所以未敢将国文轻改国语；恐怕用乡音或不正确的国音来教授国语，有背'国语统一'之本意。"我才知道一般教育界的人，原来把国语教育全部的精神，都看作读音统一一部分的事情；把改用语体文之目的，看作单为统一语言起见的一回事：这就未免将轻重缓急弄颠倒了。所以我现在且把先行改用语体文的本意解释一下，至于国语全部内容的解释，我在前回已经略有贡献，现在不重提了。

（一）救济儿童　这"救济"二字，就是现在很时行的"解放"二字的意思。怎样说法呢？因为现在一般小学生所习的国文，中了唐宋时代的经义诗赋，明清时代的八股策论之毒，仍脱不了一千年来科举教育文章教育的精神的腔调。就教育原理说来，既不合于儿童心理，又不适于儿童生活。本来国文科的教授，文字和书本，不过是一种教具；——教育的器具——他的本旨，原是要多提出书本以外的事物，以引起儿童之兴味；增加儿童之智识。便就文字方面而论，也是要使儿童熟练日常应用的言语，及书写言语于纸上的技能。但是现在的教授国文，用了这些不合语言的文章；若是要儿童了解，第一就要下翻译功夫，使儿童呆记那一字作那样解，这两字作这样解。把教授时间，儿童脑力，尽消费在文语对译。对于实质上的推究，书本以外事物的引证比较，以及文艺上的自然趣味，哪里还能顾到！苦脑筋，无兴味，这不是显然不合于儿童心理吗？教育的要旨，本来重在使儿童能够应付环境。现在的国文教科，为了"采择雅词""避讳俗名"起见，往往迁就词类，口吻失真。明明是坐在椅子上写给父母看的信，偏要说“父母亲大人膝下”；明明是叮当叮当打铁的声音，偏要用“铮铮”“铊铊”一类字来表示它。另外还有许多说话中所有，雅词中所无的字，虽则在儿童生活上需要用的，也只得弃之如敝帚；或借用貌似实非的一些词来代替它。即如儿童自小叫他的母亲作“妈妈”；念过了四年书，并没有发现一个“妈”字。这种不适合于儿童生活的国文课本，还要奉以为金科玉律，不敢变通，岂不可笑吗？至于毕业之后，毫无实用，我前次讲演已经说过了。有些人说：“中国几千年来的文明精神，存于文言。假使把语体文来教授儿童，那便没有人来保持中国固有的文化。文献无征，岂非一场大祸！”不知保持文化，断非四年义务教育所应负的责任，也非靠着几本小学国文教科书所能奏效的事。并且保持文化，也不专靠文学。就使要从文学上保持文化，自有文学专科。这种研究文学专科的人，未始不可从先学语体文中的儿童造就出来；现在专读国文教科书的儿童，也未见得个个都可以专门研究文学，担当保持文化的责任。就使保持文化，单靠着一般文学专家，而文学专家，又非先从国文教科书读起不可。试问为了造就几个保持文化的文学专家，把全国数千万的儿童，当作试验品；不管合不合于他们的心理，适宜不适宜于他们的生活：这种无理的牺牲，反乎人道的手段，还不是与从前的科举政策一样吗？这还能够算是教育吗？所以我对于改用语体文之解释，说是救济儿童，也可以说是解放儿童。因为数千万的儿童枉受了无理的牺牲，非人道的待遇，所以要说救济。因为儿童的家庭，中了两千年来科举的遗毒；父兄师保，奉这相传的文章教育为神圣，强迫子弟读这种不合心理不适生活之古体的国文，所以要说解放。从前女子用布来缠足，我们可怜她伤害了天然的体肤，不得不设法解放她；现在儿童用文言文来“缠脑”，我们可怜他伤害了天然的性灵，所以也要设法解放他。放足和“放脑”是同一样的用意；天足与“天脑”也是同一样的性质。放足自前清末年起，一般慈善家公认为一种救怜妇女的善举；放脑自现在起，我们这些教育家也应该公认为救济儿童的责任。反对改用语体文的人，他的神经和从前反对放足的一般麻木；他的智识和现在反对剪辫的一样顽固。大凡一种制度，行之国中，经过百年，便成“心习”；若经过了千年以上，便成一种遗传的种性。这是稍微习过“群学”的人都知道的。放足、剪辫、改用语体文，都是改制度移风俗的事；凡是遗传性深的，一定要起而反对。因为他对于这些制度，习与性成，既不自知其非，也不能言之成理；开口闭口，只拿“灭绝文化，自亡其国”等话来骂提倡改革的人。但他也不是故意把这些话来骇人听闻，实在是他所受于社会的遗传性，不知不觉地发作了。我们不要愤怒他，只要怜悯他。但是近来还有一班人，把改用语体文看作一切新文化运动的前驱，以为语体文通行以后，如所谓过激主义，共产主义……都从此布满国中；将来的“洪水猛兽”便从此发轫了。这是把新文化运动和小学改用语体文两件事混为一谈。我们只要问他：从前反对放足的人说，“女儿放了足，她就要私奔了”；先生承认这话是有理由吗？假使现在有一家人家的丫头，跟着人跑了；他家主人叹道：“唉！当初何不替她缠足！”先生也佩服他的高见吗？我想经了这一问，他们也无词回答了。总而言之：国民学校改用语体文，是划除科举时代文章教育的余习；——与上古六艺之教却能相合——我们要认为一种“救济儿童的天职”。这种改革，是根据全世界公认的教育原理而来的，不管什么新文化与旧文化！

（二）预备统一　我前面既经说过：“九年一月部令的明文，要我们先改用语体文。依我的解释，语体文也不必定用国音。”这话从表面上看来，似乎与统一读音的本意有些违背；实则全国小学，倘使都能够练习语体文，作为基础，将来要统一读音，倒是极易。我记得前回已讲过：国语之不统一，由于方音分歧者是小部分；由于词类不同者，倒是大部分。因为读音的不同，可按类而推；词类的变化，却没有一定的规则。假使词类统一以后，全国人的读音——除了闽粤以外——不难彼此通晓。反面说来：不管词类和语法的分歧，单求读音统一，就是达到目的，也是徒然。所以我今奉告列位：列位的学校中，如已改用语体文，虽则暂用方音教授，仍不背预备统一之本意；万不可因噎废食，因为没有教员懂得国音，便连语体文都不敢采用了。我现在对于第一个问题的解释，已经说完，且把它作一个总束。就是：

甲、改用语体文，兼用国音教授，自是正当办法。

乙、与其用国音来注国文，不如用方音来读语体文。——因为用语体文来教授，是根据教育原理、合于救济儿童的主旨，而又不背乎预备统一国语的本意。用国音来读国文，不免近于装饰；是沿用科举时代主用正音正韵，以防失叶被贴的余习。在师范学校中学校练习国音，固可以用此法；即在小学的其他科目也可以用此法；唯小学的国语科，若不改用语体文，而用国音来读国文，就完全失了国语的第一个主旨了。

二、现在语体文是否有标准语

现在有一般人对于国语教育，并不反对；但是以为教育部应当先定标准语，然后再用国语。否则一切词类语法，都无所取准，舍了自己的方言，仍然采用人家的方言，这是个“朝三暮四”的办法。前几天报上登着张士一君反对注音字母的演说，也就是为这个问题。看张君的意思，并不反对音标，并且也是竭力主张语体文的。不过以为标准语未定以前，不能有统一的语体文，更不能有注音字母；有了也是不能承认的。这种主张，初看似乎有理；其实标准语一项，谁也不能定的！谁也不配定的！无论什么地方的话，都不能定为标准语；无论什么地方的话，也都有一部分具有标准语的资格。试考欧洲各国语言的历史，哪一国的国语，是先由政府定了标准才发生的？哪一国不是先有了“五方羼杂”的国语，然后有所谓“标准”的？要知道标准语须由社会所公认的一种普通话自然产出。把本国地图一看，凡是我前次所讲的，包括北部中部西南各省，占了全国最大部分的官话区域，他们所说的大同小异的普通官话，都可以算是标准语。我且把标准语的条件，分别说来：

（一）是全国大多数通行的方言。——方言并不是与标准语对待的。无论何处的方言，只要通行了，便是标准语。

（二）和文学相接近。——且不远引《水浒传》《西游记》《红楼梦》《儒林外史》等旧小说，只问这几年上海新出的几种著名白话小说，它那语体文，有谁看不懂？凡是大家看得懂而富有通俗文学价值的语体文，尽管其中有些“文不文”“白不白”，“南不南”“北不北”的话，都是标准语。

（三）能随交通机关而吸收各地的方言。——标准语以自身为中坚；到一处地方，它就把这一地方所有特别优良的方言吸收去了。北京话随着京汉路到汉口，自然而然地要吸收一些汉口土白。

（四）有变更各地方言的势力。——它能吸收各地方言的优点，所以就有一种同化力。各地方言中应淘汰的土话，往往跟着它慢慢地变更。这也是因为它有通俗文学为后盾的缘故。

我敢说，中国大部分地方现在通行的话，具有上列四条的资格，就可以算是标准语。

现在的小学国语教科书，它也是随着普通习惯，采用了这种标准语。它是拿现在已经通行的白话文告，通俗书报，明、清以来名家小说作根据的。诸君且不要疑心这种语体文不是标准语；要知道除开这种语体文，没有人可以指定一种绝对的标准语出来。

有人主张要把北京本地人受过中等教育的所说的话，作为全国标准语。这话原来不错；不过他将标准语的“语”字太看成狭义了。何以呢？北京受过中等教育的人，他说话并不是另外一种北京语，就是我所说全国大部分通行的标准语；不过比南方人的腔调不同：就是语态的抑扬、语调的轻重，北京人有北京人的习惯罢了。爱听北京话的，便不妨学他这种腔调；但是所用的词句，就是南北相同的标准语，也就是现在儿童所读的语体文。标准语是广义的。语可以包括腔调；欢喜“京腔”“京调”，便可以拿北京话来作“标准腔调”。但照论理学讲来，绝不可将标准语中一部分的“标准腔调”当作标准语。

杭州小学有要拿京话来作标准腔调的，也有要保全杭州固有的腔调的——就是要用杭音的清浊七声——我看都行。但不可说现在的语体文没有标准语。

三、方音与国音

上面既说国语问题，重在改用语体文；又说语体文的“标准腔调”是随便的；那么这国音问题，似乎关系微末，尽可“存而不论”。这却不然！国音原是国语统一的利器。语体文虽是现成的，大致统一的；但是语音分歧，也是我们中国一个大缺点。要统一语音，最好是把国音来做工具。我劝那些请不到国音教习的地方先要快改用语体文，这是个“从权”的办法。假使有懂得国音的人才，自然要劝他用国音来教语体文。譬之因噎废食，固属不可；但是有了防噎免噎的方法，自然应该拿来应用。进一层说：进食所以营养身体，防噎所以免除障碍；养生是目的，除碍是求达目的之方法。果真没有工具可以助我们的方法，只好因陋就简，笨一点儿去达目的；现在用来达统一语音的目的之工具，已经产出了。置而不顾，哪有此理呢！

杭州的学校有实行用杭音字母来教授儿童的。外县到省城学注音字母的，有些学了杭音字母回去，便与在北京南京所学的音不对，他们就怀疑起来，说："国音也可以这样'人自为政'的吗？那还讲什么统一呢？"汤溪县的几位，就是这样来质问的。我现在且把我对于杭音和国音的意见，分条一说：

（一）杭州原是官话系统的区域，所以杭音和国音相差不多，说到异点，不过数端：如凡遇着送气的声母，就是"ㄆㄈㄊㄎㄏㄑㄒㄘㄙ"九个声母（ㄔㄕ也属此种，但杭音没有）所拼成的字，在杭音概无阳平声（并无浊音），此其一。杭音无舌叶音，把"ㄓㄔㄕㄖ"读作"ㄗㄘㄙㄙ′"（这ㄙ′母不送气而读浊音），此其二。杭音的"ㄗㄧ""ㄘㄧ""ㄙㄧ"和京音一样，发音不在舌尖而渐向舌央部，近于国音的ㄐㄑㄒ，此其三。这不过举三个例，照此类推，可知杭州人要用国音，只须改变数系的字音，便合国音正规，又何必独标异帜！

（二）各县学习杭音，和国音同一困难。因为浙省方音，统系不同。约略说来：浙西的杭属和嘉湖是苏系；浙东的宁绍是淮苏系；金衢严是徽系；温台处是闽系；唯有杭州是官话系；其区域好像一个插花地。所以杭音字母，只能适用于杭州；别县学习，便多困难。我也曾问过别县人："你们地方学杭音，是不是和学国音一样？"他说："只稍微容易一点。"因为杭州是省会，各属和省会的人，常常交接；所以杭音比较国音，不过多听过几回罢了。

（三）就杭音的趋势看来，因交通上的关系，实在变迁得很厉害。现在的杭音，已经不是真杭音了。真杭音在杭州城的西北约二十里的留下镇。游西湖的北山，到了西溪一带，才可以听到真杭音。杭州城里的人，倒说他是乡下音；其实杭音受了四面苏系语音的包围，早就渐渐地"苏化"了。——唯有读书的字音，改变的还少——自从沪杭铁路告成以来，从他处来杭的客商，多半受了上海语音的"洗礼"；所以近年的杭音更渐渐地受了"上海化”。将来浙赣铁路告成，西通江西，遥连汉口；杭音又将成“汉口化”。到了全国交通大盛的时候，杭音终究要成“国语化”的。所以为将来计，与其用偏于一隅的暂行字母，不如用通行各地的长久国音。

（四）为儿童生活计，十年二十年后，他们都要在社会上服务的。那时杭州定是海陆交通频繁的地方；他们绝不能终老家乡，须预备其服务四方，作东西南北之人。既须必学国音，何必先教杭音字母，多此周折。

这四条理由，就是我劝杭州学校里不要用杭音字母的意见。至于儿童学习国音，是否比杭音困难？只就上面说的第一条看来，便可推定。并且我在杭州女子师范的附属小学参观过二次；其他完全用国音教授的小学也有几处；看他们教授国音，并不发生困难。列位有暇，一去参观，就可以证明我的话不错了。

但是我还有一句话“杭州闰音字母”，在音理上是应该造一副的。造了之后，在目前的通俗教育上，也未尝不可适用；但是在学校的普通教育，便不应多此一番周折。至于制造闰母的方法，第一，不可把国音字母的音来改读；因为改读惯了，后来要回复国音的原读，是很困难的。第二，非万不得已时，必不可另造字母；唯有就国音中音相近的字母，加上一个符号，是最好的法子。因为去了符号，便成国音；加上符号，便一望而知是一个相近的闰音。至于符号种类，和加添的法子，改日另行商榷。

四、四声教授问题

四声在北京只有阴平（即清平）阳平（即浊平）上去；后来因为国音中有一个入声点号，他们就加上一个入声，名曰“五声”。杭州是由平上去入四清声，加了平去入三浊声，合为“七声”。但在音韵学上的普通称呼，无论四声，五声，七声，总称“四声”。我对于字母和拼法，主张完全用国音；对于四声读法，主张暂听各地之便。因为统一语音，是声母和韵母问题。若是用国音字母来注音，用本地四声来读声，不过说话的“腔调”不同罢了；对于读音统一，初无妨碍。就反面说：四声本是一件变化无方之物；不但随时随地不同，并且随说话的语气而不同。北京和保定，保定和天津，已经大有出入。杭属嘉湖的范围，总算是狭小了，语音也算是接近了；要他们念起四声来，便大有差异。至于同一个字，因语气不同，而四声也不同的，如北京同一个字的“上声”就有三种读法。唯其如此，所以国音中虽定了五声，但不过是纸片上的“点法”，并没有定实际上的标准。国音的五声，既是捉摸不定，所以现在传习国音的，多把北京四声来做标准。其实是要学完全的京话，便要完全依着他的“腔调”，才能相像。就语言上说，谓之“腔调”。在字音上说，就谓之“四声”。腔调就是四声；四声就是腔调。我前段所说主张以北京语为标准的，他是把“语”字里边所包含的词类，语法，声韵等都打了开除；他的意思实在是偏重在“腔调”。他主张以北京语为“标准腔调”，就是主张以北京四声为“标准四声”。这件事原来可以自由；依着他的主张，本来是合理的。也许是将来要因大势所趋，而成为“全国一致之标准”的。不过南方四声，和北京四声太差远了；初学的，一定觉得“诘屈聱牙”。并且要亲到北京去学，或者请一位北京人来教；传习起来，方得其真。若要用别种工具表示出来，除留声机片以外，便须用五线谱的音符来配合。现在我有一位朋友正在实验，将来或者是很适用的。至于写在纸上的字，要点出四声来，那么受了历史上科举时代统一叶韵的遗传，倒是全国一律。知道四声的人，没有一个会点错的。但是请他用口一读，就彼此异样了。所以除开“活人”“机片”“乐谱”以外，纸上点的四声，是完全靠不住的。我现在且用一个简单的法子，把北京和杭州的四声，开出一个对照的公式如下：

杭	阴平（衣）	清去（意）	浊去（异）	清上（椅）
	‖	‖	‖	‖
京	阴平（衣）	阳平（移）	上（椅）	去（意）
				入（无）

照上表，你若是学北京的四声，拿“衣”字来读“衣移椅意”，许久还学不会；你就可以改变法子，照杭音读“衣意异椅”，便是北京的“衣移椅意”了。这个简单公式，虽然不很精密，但是要用北京的四声教授的人，只就这公式去演绎，便不难触类旁通，慢慢地可以“打京腔”了。

可是就这公式看来，便足证明四声确无一定标准。北京人明明念了一个阳平声，在杭州人听起来，却仿佛是念的清去声。北京人明明念了一个去声的字，在杭州人听起来，却的确是一个清上声。阳平的标准究竟怎样？去声的标准究竟怎样？杭州人一定要说北京人错；北京人偏要说“我们是天地自然之正音”。然而写在纸上，“移”是阳平，“意”是去声。彼此便不谋而合，无所争执了。所以诸君要研究四声，或是要教授四声，若是“活人”“机片”“乐谱”这三样都没有，那么与其用“模糊影响”的北京四声，倒不如暂用“习与性成”的本地四声。所以我讲这一段，可以作两条总括。就是：

甲、必用国音字母来读音。

乙、暂用本地四声来辨声。——能用北京四声，固然很好；但是教的要十分精通京话，总不要弄成“非京非杭”的调子！

我对于四个问题的解决办法，已经说完。现在把它总束起来，就教授实际上重申一遍。

（一）国民学校改用语体文，是“救济儿童”“统一语言”的第一要着。假使现在不将这种“已死了”的国文，快快改为“正活着”的语体文，作为一般平民的交通情意灌输智识之具；将来不但本国文字难于保存，就是本国语言也都不能保存。试看华侨不能说普通话的，他就把英语作彼此交谈的国语了；这不是国文和国语一概牺牲了吗？就今日世界大势和中国现状而论，倘不从小学起，改用语体文；在教育上、文化上、交通上、国民的团结上，都有大大的阻碍；实易陷国家于危险。故此事关系重大；万一在三四年级，不免种种困难，也必须先从一二年级改起。

（二）国语教科书，凡是经过教育部审定的，请放心采用。因为一国的标准语，是自然产生的；不能够坐待政府下令来颁布。但是教授语体文，要注意教授法有和从前大不相同之处。第一，现在的语体教科书，已和语言接近，用不着“翻译式”地讲解了。其中有和本地方言不同的，固可彼此对照，讲解一番；但是大多数的词句，若仍照老法子逐句轮讲；不过是逐句复读一遍罢了。我看见的很多；试问这有什么意味？何不留着这可宝贵的时间，多从实质上灌输儿童一点生活上的知识呢？第二，读法也要注意。向来温读国文，还是上承八股时代“摇头摆脑”的余习。语体文就是说话，尽可照着课文的语气来“表演”。若是把从前读文章的调子来读，那就变成了“唱曲儿”。

（三）凡有国音教员的学校，必须用国音教授，不可另用杭音字母，多费周折。若嫌国音和日常语言的字音不同，这是不合情理之论。向来读书的字音，和讲话的字音，多半是两样的。你就不用国音而用杭音，又何尝个个字合于平常的语音呢？苏州上海人说话，“大”读为“ㄉㄛ”；但是念起书来，“大学之道”，绝不会读为“ㄉㄛ学之道”：可以为证。所以读书的字音，向来有统一的趋势，现在不过因势利导罢了。这一点尽可保守向来的习惯，不要凭空怀疑起来。并且儿童现在读的字音，就是将来交通大盛时说话的字音；现在纵有不同，将来必归一致。

（四）用了国音字母来注音，已经做了读音统一的第一步功夫；再进一步，才能说到四声。四声既是说话时声音高低长短轻重的问题，那么要学京腔，便用北京的四声。只要学“蓝青官话”，就用杭州的四声，也可以的。不过教一年级的儿童，总以不点四声为宜。譬如“我”“鹅”二字，注音同为“ㄫㄛ”；只看上下语气，便可分辨出来。一只“ㄫㄛ”，绝不致误为一只“我”；因为语法习惯上，从来没有称“我”为一只的。并且“我”“鹅”两字，声音高低，无论杭州北京，都有一定的习惯；儿童“牙牙学语”，即能辨之，用不着四角上的圆点儿来分别——照《国音字典》所注的平上去入点声，是要上当的。因为“浊上”的字，大都应该点去声。不明白等韵及声音变迁的，往往弄错——就是要点，也要当它一种机械的符号；不要教儿童以平上去入的名称。且等他们程度渐高，再行归纳。至于注音字母之教法，应与实物教授并合。把注音字母来表事物，使儿童由实物而认识字母的音：这是事半功倍的法子，与汉字绝无妨碍。若是人家疑心我们废弃汉字，也只得不管了。

改学校国文科为国语科*

这件事是比公布注音字母更难办到的事。民元二（1913）间，比清末倒退了一步：清末朝野已提倡国语统一，而民元（1912）设会，只敢定名为“读音统一”，正如民四（1915）王璞请颁注音字母的呈文中所述怀疑派的意见，是怕“文告示谕必须变更文体”，文告示谕且然，何况学校课本？“读音”者，读古文之音也，则守旧者何疑之有？故读音统一会闭幕时所议决的“请教育部将初小国文科改作国语”一条，当时简直无人齿及。记得民三四间，教育部设处编纂国定小学教科书，主编者熊崇煦及陈润霖、李步青、黎锦熙等，每主张国文宜改为国语，闻者但微笑，后来只把第一册勉强用些言文接近的句子；第二册将“的”“么”“这”“那”等字附在课后，以与课文中“之”“乎”“彼”“此”对照，但终于被删去。过了民五（1916），空气稍稍新鲜，国语研究会即发起鼓吹改国文为国语，而民六（1917）的第三届全国教育会联合会呈部请推行注音字母议决案中，亦始有“以为将来小学改国文科为国语科之预备”之文。这句话还是参取湖南省教育会代表的提案，原案却主张得痛快些：

> 注音字母洵统一字音之方便法，然非从事于语法改良，虽有注音，亦难奏效。……莫如改国民学校之国文科为国语科，将国文程度改浅，国语程度提高，仿语录及说部书之形式，俾文与语之距离渐相接近，成一种普通国语。

---

* 选自1934年12月出版的《国语运动史纲》，商务印书馆。

这年经了国语研究会的国语运动和《新青年》的新文学运动两大鼓吹，到民七（1918），报纸杂志上论政谈学之文渐多用白话了；第一个是胡适用白话编《中国哲学史大纲》，大学校的讲义也居然用白话了，小学教科书改为白话更不必自惭形秽了。

那时北京的孔德学校，首先采用注音字母并自编国语读本；江南的小学教育界向称得风气之先，也有几校自编活页教材的。到民八（1919）“统一会”第一次大会，刘复、周作人、胡适、朱希祖、钱玄同、马裕藻等提出《国语统一进行方法》的议案，其“第三件事”为“改编小学课本”，说明云：

> 统一国语既然要从小学校入手，就应当把小学校所用的各种课本看作传布国语的大本营；其中国文一项，尤为重要。如今打算把“国文读本”改作“国语读本”，国民学校全用国语，不杂文言；高等小学酌加文言，仍以国语为主体，“国语”科以外，别种科目的课本，也该一致改用国语编辑。（同时朱文熊亦提出《拟请教育部推行国语教育办法五条案》，主张略同，唯须于前四年培养师资，第五年检定教员，到第六年后，才改全国国民学校国文为国语；高小及乙种实业学校，以国文功课二分之一教授国语；中学及甲种实业，以三分之一教授国语；其他各学科亦得用语体文。）

此案通过，并组织委员会整理呈部施行，民九（1920）一月，教育部遂训令全国各国民学校先将一二年级国文改为语体文：

> 案据全国教育会联合会呈送该会议决《推行国语以期言文一致案》，请予采择施行；又据国语统一筹备会函请将小学国文科改授国语，迅予议行各等因到部。查吾国以文言分歧，影响所及，学校教育固感受进步迟滞之痛苦，即人事社会亦欠具统一精神之利器。若不急使言文一致，欲图文化之发展，其道无由。本部年来对于筹备统一国语一事，既积极进行，现在全国教育界舆论趋向，又咸以国民学校国文科宜改授国语为

言；体察情形，提倡国语教育实难再缓。兹定自本年秋季起，凡国民学校一二年级，先改国文为语体文，以期收言文一致之效。合亟令行该□转令遵照办理可也。

又以部令修改学校法规：

教育部令第七号

兹修正《国民学校令》第十三条第十五条，公布之。此令。

第十三条第十五条“国文”均改为“国语”

中华民国九年一月二十四日 教育次长代理部务傅岳棻

教育部令第八号

兹修正《国民学校令施行细则》第四条第十二条并第一号表第三号表，公布之。此令。

第四条　国语要旨，在使儿童学习普通语言文字，养成发表思想之能力，兼以启发其德智。首宜教授注音字母，正其发音，次授以简单语词语句之读法，书法，作法。渐授以篇章之构成。并采用表演，问答，谈话，辩论诸法，使练习语言。

读本宜取普通语体文，避用土语，并注重语法之程序。其材料，择其适应儿童心理并生活上所必需者用之。

国语作法，宜就读本及其他科目已授事项，或儿童日常闻见与处世所必需者，令记述之，以明敏正确为主。

书法所用字体，为楷书及行书。

凡语言文字，在教授其他科目时，亦宜注意练习。

遇书写文字，务使端正敏捷，不宜潦草。

第十二条第三项（国文）改（国语）。

第一号表第二栏

国语	一〇	〔发音〕简单语词语句及短篇语体文之读法书法作法	一二	语词语句及短篇语体文之读法书法作法	一四	语词语句及短篇语体文之读法书法作法	一四	语词语句及短篇语体文之读法书法作法

第三号表学业成绩栏（国文）改（国语）。

中华民国九年一月二十四日　教育次长代理部务傅岳棻

照这《第一号表》看来，是国民学校第三四年级，法规上已确定为“语体文”，那么，初等小学四年间纯用语体文，而正其科目名称为“国语”，就在民九（1920）完全定局了。

中国的教科书制度，清末曾采用过“国定制”，但还是与“审定制”并行；民国以来，完全是用的“审定制”。[民四（1915）部编小学教科书稿本未出全，于民五六曾通令将《国文》《修身》两种稿本试用，旋因改制作罢。] 审定制者，由民间自由编辑，送请教育部审定；合用的，就在《政府公报》上公布；过时要修改的，也逐年通告他们。不经审定，不准发行，学校也不得采用。当时坊间所出的小学教科书，还没有一本用语体文的；若不把那些已审定的文言教科书分期作废，禁止采用，则语体文教科书断难发达，故四月间教育部又发一个通告：

国民学校国文科改为国语科，业经本部将《国民学校令》及《国民学校令施行细则》修正，以部令第七号第八号公布在案；并通行各省区定自本年秋季起，凡国民学校一二年级，先改国文为语体文，以期收言文一致之效。查本部《审查教科图书规程》第二条：“审定图书，系认为合于部令学科程度及教则之旨趣，堪供教科之用者。”现在坊间出版国民学校所用各种教科书，曾经本部审定者，自经此次部令公布以后，其教材程度，即不免多所不符。兹特依据部令，酌定办法如下：凡照旧制编辑之国民学校国文教科书，其供第一第二两学年用者，一律作废。第三学年用书，秋季始业者，准用至民国十年夏季为止；春季始业者，准用至民国十年冬季为止；第四学年用书，秋季始业者，准用至民国十一年夏季为止；春季始业者，准用至十一年冬季为止。至于修身算术唱歌等科，所有学生用书，其文体自应与国语科之程度相应；凡照旧制编辑之修身教科书，其第一学年全用图画者，暂准通用。第二学年所用文体，与国语科程度不合者，应即作废。第三第四两学年用书，均照国文教科书例，分期作废。算术教科书，在未改编以前，准就现行之本，于教授时将例题说明等修改为语体文，一律用至民国十一年冬季为止。唱歌教本，均应一律参改语体文。恐未周知，特此通告。

那时中央教育行政机关能实行这种断然的急进的改革，颇使社会上有出人意表之感。（教育部部务照例是分司主办的，那时普通教育司司长是张继煦，就是“统一会”的总干事；主管师范教育的第一科科长张邦华，主管小学教育的第三科科长是钱家治，都是“统一会”的会员。修改法令是要经由参事室和秘书处的，那时三参事汤中、蒋维乔、邓萃英和秘书陈任中，也都是“统一会”的会员。）这几道命令的效果，和当时外间的批评，以及我们的宗旨步骤，只引了胡适的《国语讲习所同学录序》的几段话，就可以看明白：

……这个命令是几十年来第一件大事。他的影响和结果，我们现在很难预先计算。但我们可以说：这一道命令，把中国教育的革新，至少提早了二十年。

现在有许多人很怪教育部太鲁莽了，不应该这么早就行这样重要一桩大改革。这些人的意思并不是反对国语，不过他们总觉得教育部应该先定国语的标准和进行的手续，然后可以逐渐推行。例如最近某杂志说：“教育部应该定个标准，颁布全国：怎样是文，怎样是语，哪个是文体绝对不用的，哪个是语体绝对不用的：把它区别出来。国语文法，国语话法，国语字典，国语词典，应该怎样编法？发音学是怎样讲？言语学是怎样讲？自己还没有指导人家，空空洞洞登个广告，叫人家把著作物送去审查，凭着极少数人的眼光来批评他，却没有怎样办法发表出来。种种手续没有定妥，就把学校的国文科改掉。这不是‘坐在黄鹤楼上看翻船’的主义吗？”这种批评初看了很像有理，其实是错的！国语的标准，决不是教育部定得出来的，也决不是少数研究国语的团体定得出来的，更不是在一个短时期内定得出来的。我们如果考察欧洲近世各国国语的历史，我们应该知道，没有一种国语是先定了标准才发生的；

没有一国不是先有了国语然后有所谓“标准”的。凡是国语的发生，必是先有了一种方言比较的通行最远，比较的产生了最多的活文学，可以采用作国语的中坚分子；这个中坚分子的方言，逐渐推行出去，随时吸收各地方言的特别贡献，同时便逐渐变换各地的土话：这便是国语的成立。有了国语，有了国语的文学，然后有些学者起来研究这种国语的文法，发音法等；然后有字典，词典，文典，言语学等出来：这才是国语标准的成立。（参见我的《建设的文学革命论》，《新青年》四卷四号。）

我们现在提倡的国语，也有一个中坚分子。这个中坚分子就是从东三省到四川、云南、贵州，从长城到长江流域，最通行的一种大同小异的普通话。这种普通话在这七八百年中已产生了一些有价值的文学，已成了通俗文学——从《水浒传》《西游记》直到《老残游记》——的利器。它的势力，借着小说和戏曲的力量，加上官场和商人的需要，早已侵入那些在国语区域以外的许多地方了。（我的国语，大半是在上海学校里学的，一小半是白话小说教我的，还有一小部分是在上海戏园里听得来的。）现在把这种已很通行又已产生文学的普通话认为国语，推行出去，使它成为全国学校教科书的用语，使它成为全国报纸杂志的文字，使它成为现代和将来的文学用语：——这是建立国语的唯一方法。

推行国语就是定国语标准的第一步。古人说：“未有学养子而后嫁者也。”这话初看了，好像很滑稽，其实是很有理的。我们很可以说：“决没有先定了国语标准而后采用国语的。”嫁了自然会养儿子，有了国语自然会有国语标准。若等到教育部定出了标准的时候，方才敢说国语，方才敢做国语文字，不要说十年二十年，只怕等到二三百年后还没有国语成立的希望哩！

出版界是真能得风气之先的：第一部小学国语教科书竟赶在这个教育部通告之前出版了，就是商务印书馆的——

国民学校用《新体国语教科书》八册。

跟着七月间又出了一种《新法国语教科书》，于第一册前另编首册，是照部章“先教注音字母”的；十二月间中华书局的《新教育国语读本》也出版了，第一册上半本也是“先教注音字母”的——以后出版的可不多叙了。

初小既改国文为国语，儿童读的纯是语体文，则高小以上不能不受其影响，当然，出版界总是得风气之先的，第一部中学国语教科书也赶在民九（1920）那一年出版了，就是商务印书馆的——

中等学校用《白话文范》四册。

这书虽因急于出版，内容欠精（只审定作参考书），但总算是第一部纯采语体文，全用新式标点符号并提行分段的中学教科书了。民十（1921）三月，教育部又训令各省：凡师范学校及高等师范，均应酌减国文钟点，加授国语。因此这种中等学校通用的国语文选本需要更多，如《国语文类选》（中华书局出版）之类，渐次蜂起。“统一会”第三次大会，廖立勋、宫廷璋、王应伟都提出请部规定中等以上学校国语课程的议案，议决函部，部中正在改革学制，故于次年（1922）复一公函：

> 径复者，案准函开：“自大部实施国语教育以来，国语的需要，日见重要；国语的传布，日益普遍。但是大部明令所规定的，仅仅国民学校应改国文为国语，师范学校应该酌减国文钟点改授关于国语的各科目。如此部分的办法，那效验是很缓的。上年及本年，本会开常年大会，各会员意见，都以为国语教育不应该专限于国民学校。现在汇集各员意见，将它的理由和办法，录请大部鉴核。如蒙采择，那么详细的办法，还要请大部主管各机关，会同本会拟订，呈请核定施行。”查所拟办法：“第一条，高等小学校，乙种实业学校，国文科应改为国语科，教授应以国语为主。”自属可行。“第二条，师范学校，中学校，甲种实业学校，国文科讲读，文言文与语体文并重，作文以语体文为主。”应改为讲读作文、文言文与语体文并重。唯“第三条，大学校及各高等师范学校特设国语专科”一节，现无特别规定之必要。至详细办法，应俟新学制公布后改订课程标准时，再行酌定，俾臻妥协。此致
>
> 国语统一筹备会　　　教育部启　十一年十月二十一日

那年十一月，《学校系统改革令》已用大总统令公布（时国务总理王宠

惠，教育总长汤尔和），小学中学都采三三制。但教育部从这年起，专门闹穷，课程标准之改订，无法进行，于是全国教育会联合会（第八届）组织一“新学制课程标准起草委员会”，于民十二（1923）六月将所拟订之《中小学各科课程纲要》刊布，其关于国语的要点：

（一）小学及初中，高中，一律定名为“国语科”。

（二）小学读本，取材以“儿童文学”（包含文学化的实用教材）为主。

（三）初中读本，第一年语体约占四分之三，第二年四分之二，第三年四分之一。

（四）高中“目的”之第三项为“继续发展语体文的技术”。

（五）《略读书目举例》，初中首列《西游记》《三国志演义》；高中首列《水浒传》《儒林外史》《镜花缘》。

这个《纲要》虽没有经过教育部公布，但教育界试行一直到民十六（1927）国民政府公布《大学院组织法》的时候。

不过《小学国语课程纲要》，只在初级的“毕业最低限度的标准”项下，载明“并能使用注音字母”一语，并未在“程序”项下载明从第几学年教起。当时京师学务局北京教育会曾组织一个“京师新学制课程纲要研究会”，加以修正；又教育部、师大、女高师所组织之“北京小学教育研究会”也另议定一个《新制小学课程标准》，都把注音字母规定在第一学年。民十二（1923）“统一会”第五次大会，黎锦熙、沈颐提出《修正〈小学国语课程纲要〉案》，于第一学年之第三项，增“国音字母之熟练”一语，通过。（同时中华教育改进社第二届年会亦通过此案。）于是民九（1920）教育部修正之《小学校令施行细则》中“首宜教授注音字母”的规定，才不至于发生动摇。[民十二（1923）《新学制课程纲要》关于国语科的全案，均见《新著国语教学法》的附录，商务馆出版。]

据历届“统一会”审查工作的报告，民九（1920）审定的国语教科书凡一百七十三册，民十（1921）凡一百十八册，民十一（1922）约一百册。民十（1921）以后几年间，各书坊竞出儿童课外读物，种类很多，还不在教育部审定范围之内。大抵“儿童文学”这一股潮流，自周作人等提倡以来，在民十一（1922）新学制公布时达到最高点，如这年商务馆出版的《新学制国语教科书》，初小用的，几乎是完全采用儿歌、童话、民谣、寓言之类作材料，教育部给审定了，并有嘉奖的批语，后来竟被旧派大骂为“猫狗教育”“贼夫人之子”！（因清末小学课本，第一课大都是“天地日月”；民初到此时，第一课总是“人”；这书第一课是“狗，大狗，小狗”，第二课是“大狗叫，小狗跳，大狗，小狗，叫一叫，跳两跳”也。）初中用的（胡适、顾颉刚、叶绍钧、吴研因等编，民十二出版），也依了《新学制课程标准》，将语体文与文言文合编；文言文中所采从来不给中学生读的新材料也颇不少，（如王充、崔述之文，从此才入选本）于是乎教科书大改观了。

旧派的反动，也就在这时候潜滋暗长，民十三（1924）以后，遂起了轩然大波，此是后话，下期分解。

国语研究调查之进行计划书*

我国文字语言，久为教育界一大问题。盖现制国民学校，期限不过四年，所授国民应具之知识，至为有限。唯赖文字语言，足以应用，庶毕业后得藉以吸收各种之常识，通达彼此之情意。譬如屋有基础，室有门户，所谓四年之国民教育，不过为儿童筑此基础，辟此门户而已。是则国文一科，关系极重，而语气文法，本相关联，故学文必先习语。部定国民学校课程表，即将语法列为国文科项目之一。是国语之重，亦已为教育家所公认。然我国各种教科之中，其在教授上最无系统无条理者，即莫国文一科若。大都循例传习，究莫知其如何而始能获实用，如何而后能谋教授上之改良。且言文既歧，雅俗异趣，国文之外，辄不知有所谓国语。方言万殊，情意隔阂，既阻民智之开通，复碍国家之统一。长此不变，即将来厉行强迫教育，而所以致普及者无其具，则实效恐亦难期。近年以来，国中言教育者，稍自觉悟，遂有倡“言文一致”与“国语统一”之说者。然而议论杂出，骛新者遂欲废弃汉文，笃旧者又必墨守故法，大抵奋其私人之意见，徒有偏至之主张，广泛之理论，其不能具一种切实可行、详密有条之计划，则一也。夫我国文字，自有特征；语文虽歧，本源则一。国语与国文之问题，须作一串解决，不能尽效欧美，亦不能悉循旧章。因革之间，权衡至当，则非有精确之研究调查不能也。援列为进行计划若干条如下：

一、我国语文二者，昔本一致，后渐分歧。自分歧以来，文字则全国渐趋统一，语言则各地日以不同。故今欲对于千余年来未经整理之语言，而加

---

* 选自1919年出版的《国语学讲义》，商务印书馆。

以研究调查，仍须以已经统一且与语言同源之国文为基础。除高等文学之修辞法、文章法等，别属之专门研究外，所有单字形义及词性、文法等，在我国现今，尚无一定之系统条理。而语言实以此为之基，应均列入研究范围之内。

二、区国语之内容事项为三部，并本前条之旨趣，各附以基本研究之事项如下：

（1）音韵部　以字母及今韵为基本研究。

（2）词类部　以单字形义及词性为基本研究。

（3）语法部　以文法为基本研究。

三、音韵部进行事项如下：

（1）关于现今国民学校国文科发音教授者。

（说明）查“国民学校令施行细则”第四条，称国文教授，首宜正其发音。唯以标准未定之故，似国中各校，均未注意此点。实则统一方音，非一蹴可几之事。于未统一之先，教授读音，应根据已经制定之注音字母及其所注之国音，定一有系统之方法，下列各项，即先就国民学校国文科发音一事，拟定一种教授方法，以供目前师范学校之研习，及小学教员之应用者也。

甲　定发音教授法纲要。本国各国民学校中，有已试行发音教授者，应调查其方法，以供参考。

乙　编订读本字音表。部编国文读本稿已有字音表样本。（序例附印于后。）

丙　造发音图。以字音表之音类为主，仿外国字母发音图例为之。（如日本寻常小学读本、教授书中，列有发音时口器动作部位图。）

（2）关于国音统一之筹备。

（说明）民国二年（1913）读音统一会所议定之注音字母三十九，已由教育部公布。但此项字母，本为制定国音而设，故不能概括众音。此后当作进一步之调查研究，以次列其办法如下：

丁　拟定完备之音标。以注音字母为准，其有不足，则参考旧音韵并查方音之必不可缺者，就原定之三十九字扩充之。（或设闰音，或用复拼法。）

俾成一种能概括众音之音标。

戊　制定全国方音调查条例及表式。既有完全之音标，即可分别纲目，定此表式。

己　调查全国方音。即照前条例表式为之。唯调查之机关与方法当另议。（见后第七条）〇调查完竣再合制总表。

庚　定标准音。以调查所得，综合讨论，即用注音字母，仿前代国家所颁韵书及国音检字之编制，由政府颁行一书，以标准音为纲，字以类从，使各地咸知各字正音之读法。（现已由教育部编定国音字典，先行颁布，作统一之第一步。）

辛　作各地方音分布图。仿日本音韵分布图例，分省区制成此图。或更加详细，分道或县为之。用以考知何种音流行最广，何种音最狭，以便施行统一之方策。

（3）属于音韵学专门研究者。

（说明）本项计划，系考古与声韵学之范围，兹附及之。

壬　编纂中国语音源流变迁考。由今韵上溯古韵，解决古韵分部问题，并确知其读法，用音标注明之。（有为现今音标所无者，不妨特制。）

癸　改良旧书反切法。加用音标，使人人能读。

子　世界语音之比较。此为声音学及言语学之一部（见语法部庚项。）

四、词类部进行事项如下：

（1）单字形义之分析研究。

（说明）我国文字，主形不主音。自教育上言之，一方面见为教授之障碍；他一方面则见此种文字，颇具特别之优点。盖一字之构成合形声义三者而一以贯之，于理解上、记忆上、兴味上，均有莫大之便利。今国语所研究者，为音韵、为语言，对于字体，尚不能有所改易。故凡单字之形声义类，必先有以寻其条理，定其系统；然后进而调查方言，考订词类，方具基础也。

甲　选字。将常用特用间用罕用不用之字，及省笔古体俗字，分等列表，名曰国语选字表。（现已着手编辑。）

乙　编订单字形体声类表。以形与声为两大纲，参酌“六书”之例，分别列成，以明制字之源及其组织。同时将现行楷体，不合《说文》之例者，别为说明。为识字之便利起见，凡可以助理解便记忆者，如郑樵、王安石之《字说》等，虽属臆造，不妨兼采。盖本表之用，一方面对于字形无改者，则为疏析字源；一方面对于篆隶体殊者，但使便认识与书写而已。（现已着手预备材料。）

丙　**考查字义之变迁，及诸义应用之广狭。**以单字为主，先准照前项之表定其字之本义；次依"六书"转注、假借之例，说明其义之变迁；终乃将此字诸义查明，孰为日常应用所必备，孰为专家考古所宜知，孰为新兴之训，孰为已废之诂，以便定教授之程序，为编辑教科书及词典之预备。

丁　**区别各单字之词品。**前项手续既竣，再将每字之词品，依义细为分析，并各举例明之，以为编定文典语法之基础。〇此项当在词品分类之后为之，见后语法部甲项。

（2）词类及方言之搜集及调查。

（说明）谓我国语言不统一，其言犹失于笼统。必分析言之，则一为读音不统一，二为词类不统一。词类之不统一，又可分为两方面：一曰言文不同，二曰方言歧异。读音之谋统一，既由音韵部任之矣。兹则以单字为基，进而整理词类，先就文籍，集成大观，旁及通行之俗语，再进而调查各地之方言。夫《尔雅》者，近正之谓，大多数所用，必为近正者无疑，至是而后标准语可制定也。

戊　**搜集古今词类。**凡联绵两字，或以双声叠韵之关系合为一称者，依前选字表之类序，用辞典体例搜集之。（现已着手。）

己　**搜集古今成语。**合前项同时搜集之。〇词类以两字或三字合成之词为限（其简者即 Word，稍复者略似英语之 Phrase.）成语则三字以上，雅俗所习用者，如"水落石出""吹毛求疵"之类属之。（略似英语之 Clause）〇成语有联缀成谣谚者别存之。（现已有编纂成书者。）

庚　**制定全国方言调查条例及表式。**方言之异，大抵即由所用词类之不同。盖口语所用之词类，既不尽合于文言，又随地而殊异，较之方音，尤难整理。兹拟以单字为纲，以文中所用及已通行之词类及成语为目，制成表式，分地调查。不论属何词性，以详备为主，其诸有音无字之词，及语尾语气等，概用音标表之。

辛　调查全国方言。依前条例及表式为之。各地汇齐，再作总表。或其他之统计图说，如日本口语法分布图之例。

壬　定标准语。依调查总表，就各词类及成语中，选其流行较广及接近文言者，定为标准语。〇我国语句之构成，即所谓语法者，全国颇称一致。故只须词类成语，定为标准，复于标准语注以标准音。则全国语言，自趋统一，于语法无甚关系也。惟语法之整理亦为要事，详后语法部。

(3) 国语辞典之编辑。

(说明) 国语所用，既以联绵之词为多，则单字之后，必继以词类。故辞典即以单字建首，毋庸别编字典矣。

癸　改良字典部首。以便检查为主，搜集各方面之主张，斟酌定之。(并以本条乙项所定为基础。)

子　排列单字。根据本条甲至丁项所预备者为之，即字典也。

丑　排列词类及成语。根据本条戊至壬项所预备者为之，以壬项所定之标准语为主。〇以前项之单字提纲，依序列入，即成完备之辞典。

寅　编定普通辞典。完备之辞典，卷帙必多，宜根据前甲项选字表，别为约编，以供普通社会之用。

卯　编定学生辞典。专备小学校学生之用，俟国语读本编成后，方可为之。(见后语法部。)

五、语法部进行事项如下：

(1) 关于文法者

(说明) 我国语文之歧，大抵由乎所用词类之繁简单复不一，而不系乎句之构成，前既言之矣。唯句之构成，语言亦间有不同之点。而语势之轻重，语意之疑决，及一切抑扬抗坠之情，表诸语言，相习而能喻；形之楮墨，则文易而语难。要其大体组织，则语文固无殊也。故欲规定语法，须先整理文法。

甲　定词性之系统。依旧法分“实字”“虚字”为两大类。复参酌欧西及日本文法，分别词品，制成精确之系统表。〇前部中编辑国文读本时，已备有实字性格表，及虚字系统检查表二种。

乙　编写虚字用法分析表。于每一虚字之用法，详为剖析，上溯古义，下逮俗语，旁及他国同类之词，务以极详明无漏义为主。〇已有样本。

丙　编定国文典。我国文词，全以虚字为之本枢纽。有上两项之预备，则本项自易着手。大约可参酌《马氏文通》及坊间近出各种文典文法为之，以不失我国文词之本质而又合于世界文法之通规为主。

（2）关于语法者

（说明）文法既定，则语法之大部分亦定。再就语与文组织不同之点，详为区别，则语法成矣。语法全国本已大概一致，故不须别事调查。然发言巧拙不同，故必须规定方式，以为练习之标准。欲适用此方式于教育，则必编纂国语教科书，至是而国语事可告成一段落矣。

丁　区别语句与文辞构成之异点。专就词句之组织言之，其异点甚少，可制表以概括之。

戊　编定国语法。以国文典为基础，参以前项研究所制成之表，编成有系统之国语法。其中运用词类，则概以前条壬项所定之标准语为准。

己　编定国民学校国语读本。根据国语法为之。字旁注以标准音，最后一年，则渐及浅近之文辞。

庚　编纂国语学。从比较言语学上，定国语之价值，及其地位关系。但此当属诸专门研究。附识于此。

辛　随时调查本国各地语言之变迁，并翻译关于外国整理改良其国语国字等之近况。此项系三部共同必要之事，且当继续永久行之。附识于此。

六、上系三部之完全计划，各就其一定之程序言之。如欲应社会之急需，不妨将事项之列于后者斟酌提前办理。

七、国语调查及编审之机关，即仿日本文部省国语调查会之例，于教育部设国语统一筹备会。其章程另定之。再逐渐分段调查机关于各省区以至各道县各自治区，其章程办法均另定之。调查前后一切讨论编订之事，由教育部及其他国语研究机关任之。关于审定颁行之事，则由教育部行之。

八、标准音、国语辞典、国语文法及读本，三项既经编定，即可将小学国文科改为国语科。唯本篇计划，只以研究调查为范围。其一切推行统一之法，当由国语统一筹备会别拟具计划，兹姑不赘。

中国国语教育进行概况*

一、注音字母

民国二年（1913），教育部召集全国二十二省，蒙古、西藏地区，及华侨各代表，并聘请音韵学专家，合共会员七十九人，在北京开读音统一会，审定七千二百个普通汉字的音为法定国音。（其中有六百余字是近今通行的俗字，和科学上的新字，古来韵书和字典上所没有的。）又将从国音中分析出来的音素，定为三十九个。采用笔画最简，而发音各与音素相似的古字，作表示这三十九个音素的符号，用来拼切各字的国音；这就叫作注音字母。（该会开会三个月，就闭会了。）

民国四年（1915），北京注音字母传习所成立。并编定传音的旗语（已经陆军部采用）和电报号码。（现在试验）

民国六年（1917），第三次全国教育会联合会在浙江省城开会，议决请教育部定国语标准，并推行注音字母，以期语言统一。

民国七年（1918），教育部令北京武昌奉天南京广东成都六个国立的高等师范学校附设国语讲习科，传习注音字母和国音，以养成各省的国语教员。同年十一月，教育部以正式公文**公布注音字母**，令全国人民传习推行。现在把部令照录如下：

“查统一国语问题，前清学部中央会议，业经议决。民国以来，本部鉴

---

* 与蔡元培等合撰。选自 1922 年国语研究会会刊铅印本，并据作者手迹作了一些修订。

于统一国语必先从统一读音入手，爰于元年特开读音统一会，讨论此事。经该会会员议定注音字母三十有九，以代反切之用，并由会员多数决定常用诸字之读音，呈请本部设法推行在案。四年，设立注音字母传习所，以资试办。迄今三载，流传浸广。本年全国高等师范校长会议议决于各高等师范学校附设国语讲习科，以专教注音字母及国语，养成国语教员为宗旨，该议决案已呈由本部采录令行各高等师范学校遵照办理。但此项字母，未经本部颁行，诚恐传习既广，或稍歧异，有乖统一之旨。为此，特将注音字母三十九正式公布，以便各省区传习推行。如实有须加修正之处，将来再行开会讨论，以期益臻完善。此令。

注音字母表（依民国八年教育部令改定的次序）

声母二十四

ㄅㄆㄇㄈㄪ　ㄉㄊㄋㄌ　ㄍㄎㄫㄏ　ㄐㄑㄬㄒ　ㄓㄔㄕㄖ

ㄗㄘㄙ

韵母十五

ㄧㄨㄩ　ㄚㄛㄝ　ㄞㄟㄠㄡ　ㄢㄣㄤㄥ　ㄦ

四声点法　在字母（韵母）的四角作点，如——

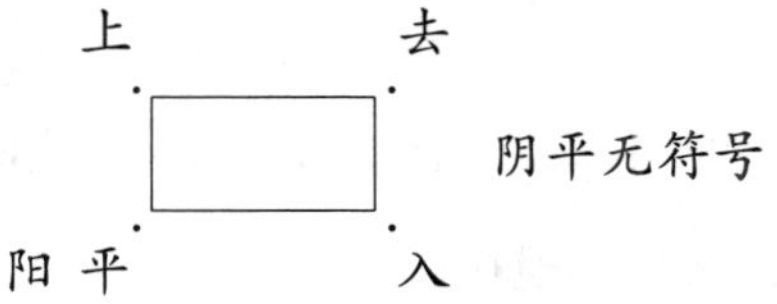

浊音符号　在字母（声母）的右上角作。"

民国九年（1920 年）五月，教育部所设国语统一筹备会会员十人提议：字母中的"ㄛ"母，是表两个音素，用时很不方便，应该增加一个字母，照章程召集临时大会讨论此案。议决：不另外增加字母，就在"ㄛ"母上面加一点作符号，为"ㄛ̇"（现因便写起见，写作ㄜ），次序就列在"ㄛ"母之下。于是国音字母的数目，普通称为四十个。

注音字母的发音和拼法，请参考附件（A）《中国国语字母表》（系教育部国语统一筹备会暂定的草案）。注音字母与中国语音的关系，和当时议决的情形，请参考附件（B）黎锦熙的《国语学讲义》上编第二章［(B)(1)

系汉文原本，(B)(2)是 Mr. A. R. Mackenzie 用英文翻译的]。

民国十一年（1922 年）五月，教育部采定公布之。注音字母书法体式，以正式公文采定的有三种：一、印刷体；二、书写体的楷书；三、横行的草书：都可以注汉字的音，又可以离开汉字而单行。

请参考附件（C）《国音字母书法体式》（英译本）。草字体的详细说明和特别用法，请参考附件（D）黎锦熙的新著《国语教学法》第七章。

二、国音字典

民国八年（1919）教育部设立国语统一筹备会，为常设的机关。第一步的任务，就是《国音字典》的审查和订正。自从民国二年（1913）读音统一会闭会之后，由会长吴敬恒，会员王璞、陈懋治等，将会中所审定的七千二百个汉字的国音，用注音字母一一拼成，逐字注上；又加上没有审定的同音字六千五百余，总共一万三千七百余字，编成一部《国音字典》。到了民国八年（1919），这书一面已由商家出版；一面再由国语统一筹备会征求全国会员的意见，并特别组织审音委员会，将这书审查订正。

民国九年（1920）八月，第六次全国教育会联合会在上海开会，议决请教育部定北京音为国音，并颁行《国音字典》。

同年十二月，教育部以正式公文颁布国音字典。

附件（E）《国音字典》，备参考。

三、小学校国文科改为国语科

民国八年（1919），第五次全国教育会联合会在山西省城开会，议决推行国语办法六条，请教育部采择施行：

一、全国师范学校一律添授国语科；并依据《国音字典》教授注音字母。

二、各县劝学所及教育会，利用寒暑假时间，设立国语传习所，招集本境小学校教员，一律传习国音；依据《国音字典》补习注音字母。

三、各省检定小学教员办法，应加入“通习国语及注音字母”一项。

四、国民学校国文教科书，应即改用国语；高等小学国文教科书，应言文互用。

五、各省区教育会应设国语研究会。

六、提倡编辑国语辞典，国语文法，国语会话等书。

同年十二月，教育部以正式公文颁布新式标点符号案。中国语言，除古体文外，向来没有文体书。这案是国语统一筹备会大会议决的；因为标点符号是文法中的重要部分，是表示文法关系的重要记号，故先公布。

原案并注解，见附件（F）黎锦熙的《新著国语文法》页366至页393，请参考。

民国九年（1920），一月，教育部以正式公文通令全国国民学校一律改国文为国语——自本年秋季起，国民学校一二年级先行改用语体文。中国自从废止科举开办学校以来，初等小学所用的国文教科书，还是科举时代所用古体的文言文，到此才改用现代的语体文。

同年一月，教育部以正式公文修改《国民学校令》和《国民学校令施行细则》，凡国文均改为国语；并首先教授注音字母。

附件（G）：（1）《国音课本》，专教注音字母直行连写的教材；（2）《新教音国语读本》第一册，上半本教注音字母的写法和拼法；（3）《新注国语教科书》首册，专教注音字母。以上都是经教育部审定的初小国语教科书，全国各小学采用通行的。

同年四月。教育部正式通告各小学校和各书坊，凡初级小学校所用各种教科书（文言体的）曾经审定者，分年作废。中国中等各学校和小学校所用教科书，是采用“审定制”；由民间自由编辑，送请教育部审定。合用的，就在《政府公报》上公布；过时要修改的，也逐年通告他们。这个通告，较为重要，现在将它的内容列为一表于下：

“国文（照旧制编的）	初一二用的		九年一律作废
	初三用的	（秋季始业）	十年夏季作废
		（春季始业）	十年冬季作废
	初四用的	（秋季始业）	十一年夏季作废
		（春季始业）	十一年冬季作废
修身（用文言编的）	初一用的（全系图画，暂准通用）		
	初二用的		九年作废

初三用的　　　　　　十年作废

初四用的　　　　　　十一年作废

算术（用文言说明及设例题的）　　教授时，修改为语体文。

一律用至十一年作废。

唱歌（用文言歌词编的教本）………一律改用语体。”

四、现在的进行

（一）整理汉字，并预备国语拼音

中国的汉字，已经沿用了几千年（不过形体早已逐渐变更了），又是全国通行的统一的文字（但俗体字和表方言的特别字已经造得不少了），所以一时不能废除。但是字形太多，笔画太繁，必须大加改良，将形体笔画减省许多，才能够作普及教育的工具。现在的计划是：

（ㄅ）搜集通俗所用的和古本书上的“简笔字”，采定，列表，正式承认作正体字。（并参用行草体的笔画。）

（ㄆ）提倡铸造简笔字的铅字，使各种书报上一律通行。

至于中国语言，其中联合两字所成的“复音词”很多，并不全是将一个字音表示一个意思的；所以单音的汉字虽只有四百五十余个（照国音计算），但复音的汉语，就很少音同而义不同的“词”了。因此，国语有离开汉字而用字母拼音的可能性。现在的计划是：

（ㄅ）编定《中国国语字母表》——用意有二：一，用万国音标和国音字母对照，使国语的发音标准更加精确；将来用直标语言的拼音文字，才不至妨害语言文字的统一。二，用各国语的罗马字母和国音字母对照，打算选定一套罗马字母来作国音字母的别体，使国语的拼音文字渐渐地趋于世界化。

此表已有草案，即附件（A）。其详细说明，请参考附件（G）汪怡的新著《国语发音学》。

（ㄆ）设立中国语音学测验所，用科学的实验的方法，调查本国各地的方音。——用意有二：一，将测验的结果，制成统计的图表和说明，为对于世界学术上的一种贡献。二，就国音字母，添制各地方口语的“闰音字母”，用来拼切各地的方言，可以作调查方言和方言文学（如民间的歌谣、传说等）的工具，更可以作平民教育和补习教育的利器。

附件（H）刘浚的《四声实验录》。

（ㄇ）编纂《国语词书》。以国语中所用的“词”为主；一个字表一个意思的是单音词，两个字以上联合表一个意思的是复音词。每词采定一个作标准，各将古语的变迁、方言的比较，附注于下。这和从前的“字典”，专以单个的汉字为主的，大不相同。——在国语的拼音文字中，凡“词”不论长短，必定连写。“词”是语言的单位；单位的形状既有一定，不使有同音的重复，又各有标准的音读，就可算是国语拼音的文字，而不仅是国语拼音了。

（二）推行国语教育

ㄅ　拟设国语专修学校

国语统一筹备会拟有办法大纲，现在转录于后面：

（1）先设四处如下；再视各地方言之难易，以次分区设立。

（ㄅ）北京一处——为中枢。北部各省及蒙新等处属之；并调查北方官话区域内之特别方言。

（ㄆ）上海一处——东部各省属之；并调查苏浙徽饶等系之方言。

（ㄇ）广州一处——南部各省及南洋华侨属之，并调查闽粤等系之方言。

（ㄈ）汉口（或武昌）一处——中部及西南各省属之；并调查南方官话区域内之特别方言。

（2）科学暂定九门如下：每门可再分子目，任人选修。

国音　发音学（Phonetics）本国音韵沿革

国语文　国语文法　国语文学史

国语会话　言语学（Philology）

国语教学法

（附）国语练习（如谈话、演讲、作文等）

（3）应地方社会及教育界之需要，随时分设各科：

（ㄅ）专修科　研究专门学理、并实习测验者入之。

（ㄆ）师范科　预备任小学国语教员者入之。

（ㄇ）普通科　各界人士及一般平民、凡志愿学习国语者分别入之。

（ㄈ）定期讲习科　暑假、寒假，或星期日开设之。

（4）关于测验语音，或调查方言，以及统计、编纂、宣传等事，可随时组织种种调查会、编纂会、讲演会等。

（5）附设国语陈列所，陈列关于国语之一切印刷物、图表、器械（如国语留声机、发音测量器等）等，任人参考游览。并备各界或他邦考察国语之询问。

（6）附设国语练习会，定期练习，评定甲乙，酌给奖励，以资提倡而谋普及。”

自民国九年（1920）以后，教育部在北京办过国语讲习所三次，学员或在本京考取；或由各省区考选派送。全国廿二省派有学员。毕业的共有三百五十三人。此外如国立各高师、各省教育厅、各师范学校、以及各县劝学所、教育会，开办这种短期的国语讲习所的也很不少。教育部又于民国十年（1921）三月，以正式公文通行各省，凡师范学校及高等师范均应酌减国文钟点，加授国语。但现在因为要使国语教育普及于一般民众，又使一般学者容易得到专精研习国语学术的机会，所以于正式学校系统之外，打算在国中的重要地点设立此种国语专修学校。

ㄆ　提倡各地方组设研究与推行国语的团体

这类团体，性质上可分为两种：第一种，是附设于行政官厅的。在中央就是教育部的国语统一筹备会。于民国九年（1920）成立后，即由部行文各省区，各设一“某省/区筹备国语统一会”。因为国语教育，是几千年来一件大改革的事情，若是官厅方面不尽力提倡指导，则社会方面更多怀疑与阻滞；所以民国十年（1921）三月，教育部又曾行文各省区催设。现在各省区大半已经成立这个会了。第二种，是人民自由组织的团体。最早的就是中华民国国语研究会，于民国五年（1916）在北京成立。这个会，实在是近年在社会方面实行国语运动的一个有力的大团体。会员散布于国家教育机关的也不少，故又能在行政上努力推行国语。到民国十年（1921），因为上海地方是全国印刷业和出版业的中心，所以特分组一个“支部”于上海，发行一种定期出版物，叫作《国语月刊》。像这种的团体，各省教育界自行组织的也很多，大都也名为国语研究会。民国十年（1921）十月，教育部据国语统一筹备会第三届大会的议决案，行文各省，凡国民学校均应组织国语研究会的。

附件（Ⅰ）(1)《国语月刊》的特刊《汉字改革号》，(2)《字母研究号》

ㄇ 提倡并改良关于国语的出版物

就这种出版物影响所及的各方面，可分为三大类：

（一）新文艺类 自从民国六年（1917）《新青年》《新潮》等杂志提倡文学改革以来，白话文在学术上渐渐盛行。文艺界的创作和翻译（定期刊，如《小说月报》，《文学周刊》《创造》等专集，创作的如《呐喊》《隔膜》《尝试集》《女神》《阔人的孝道》等，翻译的如短篇小说集、《点滴》、《易卜生集》、《少奶奶的扇子》等，又或汇集为丛书，如《俄国文学丛书》等），哲学、社会思潮，及其他科学的论著和译述，大都是使用国语的。

（二）儿童读物类 民国十年（1921）以后，出版的比以前加多，并且完全是使用国语的。（如《儿童文学丛书》《新法故事读本》《儿童世界》《小朋友》《儿童报》等）

（三）民众文学类 这种出版物，流行于民间的很多，并且已经有了五六百年的历史。可是他们所用的白话，有的很有国语文学的价值［如《儒林外史》《水浒传》《石头记》（注：《红楼梦》）《西游记》等］；有的又太过于陈腐简陋（如大多数的小字本下等小说、弹词、唱本之类），须大加淘汰和订正。又近来属于此类的新作品还很少，大约是新起的作家还没有“到民间去”的缘故。

以上三类出版物，都是使用国语的；都与国语教育有很密切的关系。现在对于他们的计划是：

（一）随时调查，批评，介绍。

（二）对于第三类出版物，特别注意改良，并提倡创作。

（三）提倡字旁注音；并选择翻成音字。

（四）谋语词与文法的整理和改进。

以上“现在的进行”一条中，共计关于研究编译的七件，关于调查测验的三件，关于印刷出版的五件，关于设立学校的一件。本会为继续这十年来提倡国语、推广教育的功绩，希望文化能够普及于民众，并且逐渐的世界化，不得不努力进行以上诸事，根本上便在基金和常款的筹定了。谨述概要，即请公鉴。

从“基本教育”看国语运动史*

国语教育在基本教育方面的沿革。可以准照国语运动史，把清末到现今五十多年分为六期。前四期是这样的（参照《国语运动史纲》页三）：

第一期：“切音”运动时期（1898，清光绪二十四年戊戌，前后约十年间）

本期这种运动，以厦门卢戆章的“切音新字”为主。他根据方言，造成罗马字式的拼音新字，其目标只在“字画简易，易于习认，易于着笔”，以便“男女老幼皆好学识理”，是一种带有“文字革命”性的纯社会教育运动。戊戌前后，这种新字课本，颇流行于闽南；清政府打算采用，因戊戌政变而中止。（参看《国语史纲》页十一）

第二期：“简字”运动时期（1908，清光绪三十四年戊申，前后约十年间）

本期这种运动，以宁河王照的“官话合声字母”与桐乡劳乃宣的“简字四谱”为主（注：这“简字”与后来各家的“简体字”“手头字”等毫不相干，这是字母切音的简字，非简省汉字笔画的简体字也）。他们也都带有“文字革命”性的社教运动；不过王照的主张是一贯的“国语统一”；而劳乃宣的主张是要在国语统一之前划一阶段，先做到“方言统四”，尽速完成各地方的社教，所以劳乃宣的“京（北平）音简字”虽然完全采用王照的“官话字母”，但王照终于不能和他合作。在华北和东北的社教方面，王照于本

* 选自1948年11月12日《国语周刊》新30期。本文于1950年经作者修订后节录入《国语新文字论》。

期内做到了很优良的成绩。“官话字母”在华中的东南方面也发生过影响，但与社教无关。乃是当时政府在正规的学校教育中，默许试用做“国语统一”的教学工具。这时候，国语教育在社教方面所含有的“矛盾性”(就是“国语统一”与先就方言施教）已经起了尖锐化的斗争，因为劳乃宣是把“言文一致”的教育工具搁在“国语统一”的交通工具之前，他主张“南人先就南音简字各谱学习，以便应用：学成之后，再学京音，以归统一”，于是上海的中外日报大骂他为“分裂语言文字之罪魁”，“将使中国愈远于同文之治”。这段公案，一直闹到现在，凡四十年，还没有结。（参看《国语史纲》页二十三，又序页十二。）

第三期：注音字母与新文学联合运动时期（1918，民国七年戊午，前后约十年间）

本期这种运动，声势相当浩大，确能给中国文化史开一新纪元。但是，社教方面倒没有受到什么重大影响。注音字母公布于民国七年（1918)，是民国二年（1913）教育间特开“读音统一会”所议决的，顾名思义，其目标专在范正全体国字的“读音”，使趋统一，并非给老百姓创造一仲“易于习认”的新字，所以读音统一会初召集时，天津严修就对王照说：“这是把‘读’书的‘音’注来相号召，和我们倡行官话字母的原意，是迥然不同的!”但是，民七的新文学运动起来，与注音字母成了联合运动，联合之点都有了一革命的意识：新文学运动就是“文学革命运动”，注音字母的运动也就并不讳言是“文字革命”的工具。并且前两期的“切音字”与“简字”，虽然都是“带有文字革命性的纯社教运动”，也就正因为“纯社教”之故，无意中就把社会分成两个阶级：一种是无力读书无暇读书的贫民、妇女；另一种是有力读书有暇读书的“上等人”。他们所倡行“带有文字革命性”的“切音字”与“简字”，是专为前一种人而设的，与后一种人不甚相干，就是说，有力有暇，尽可十年读书，何必还要“文字革命”呢？到了本期，才打通了这两个阶级，对于“文字革命”以及“文学革命”，都形成了一种“平等性”的革命意识。注音字母公布之后，首先打进正规的小学（民九教育部修正“国民学校令”的附表，有“首宜教授注音字母，正其发音”的规定)，常时小学课本和儿童读物，大部采用了注音符号，可是“纯社教”的方面的民众读物，为了印刷上的困难，倒没有受到多少影响。至于“文学革命”的潮流，是向上层的知识分子涌进，所谓后种人乃大受其影响，在法令上也就首先打进正规的小学（民九改小学国文科为国语文，以语体文为主；跟着是“儿童文学”风行了；中学也渐规定用一半语体文了），可是“纯社教”方面的民众读物，为了向来就是用的通俗白话体，倒不觉得有什么稀奇，不过把向“俗文学”的地位与价值提高了。总而言之，本期“注音字母”与“新文学”的联合运动，是知识分子与儿童的一种解放，在社教方面的实际影响不大，只是升高了社教的自身。（参看《国语史纲》页四九，又序页八三。）

第四期：国语罗马字与“注音符号”推进运动时期（1928，民国十七年戊辰，前后约十年间）

本期这种“推进”不算有意的“运动”，乃是自然形成的一种局面。民十七南北统一，首先公布“国语罗马字”，这件事与清末的“切音”“简字”运动的意义不同，这不是“纯社教”的“文字革命”运动，乃是在“国语统一”的条件之下的一种“文字革命”的统筹。但是民十九国民政府明令改注音字母的名称为“注音符号”，全国总动员来推行传习，倒可以说是一种“纯社教”运动，看令文就可以知道：

党部得之，可藉笔墨之力，宣传主义，普及于大多数失学之民众。政府官吏得之，可收受不识字人之注音状牒，及张布注音文告，而民隐由是大通。教育界之教师与学生得之，皆能费极少之时间，极少之劳力，各指示其母姑姊妹，用人工友。若如是的全国知识界下总动员令，努力宣传，照日本能读通俗假名附注之书报即算识字之例，不难由百分之二十之识字人数目，在短期内增至七八十分。

这个“总动员令”在本期内是失败了。失败的原因不止一端，而大端就在缺乏物质的条件——没有“注音国字”的印刷铜模，失学民众以及儿童传习了注音符号之后，没有带注音的读物可看，只落得一个学而无用。直到民二十四，政府颁定“注音国字”，民二十五，铸造完备，大量的读物印行，而民二十六的对日抗战起。这种社教必需的犀利工具又遭受挫折了（事在下期）。注音符号的总动员令，是被国语罗马字的公布令推进出来的，因为国语罗马字是“文字革命”的整套的工具，多数当局与社教方面的主持者，大都不造成这种革命方式，而国字的困难又必须设法克服，所以集中力量把注音符号“推进”的一步。国语罗马字的制作和公布，本不是“纯社教”的立场，但因此也就于无意中“推进”到社教方面。山东平原县的二十里铺，民二十四，省立民教馆创办了一个“新文字实验区”，实验的结果，证明国语罗马字可能于九十小时内，把文盲训练熟习，阅读与写作都成功（详见山东《民众教育》月刊七卷四期，转载《国语周刊》二九四期以下）。不过国字的社会力量太强，无法废止，国语罗马字的读物也就无法通行于社会各阶层；假如凭着这个扫除了下层的文盲，而上中层已经熟习国字的人士，可又登时都变成文盲了。总而言之，本期“国语罗马字”与“注音符号”的推进运动，因后缺乏物质条件，而前者又不适宜于社会环境，在社教方面全无实际的效果。（参看《国语史纲》页二三一，又一六六，一七四，二九七，又序三七，五七。）

以上所述沿革六期的前四期，大部分已有较详的记载。至于后两期，是这样的：

第五期：注音国字与“拉丁化新文字”潜赛运动时期（1938，民国二十七年戊寅，前后约十年间）

本期这种“潜赛”，也是自然形成的一种“运动”，因为这正是对日抗战时期，第二次世界大战也跟着发生，一切都被破毁，后方纵有文化运动，也都成了战时体制，故曰“潜”。注音国音字怎么会“潜”的呢？上文说过：民二十四（1935），政府颁定注音国字，民二十五（1936），铸造完备，大量的读物印行。但行政院拨款铸造的五套铜模（每套备二号至五号四副，每副六七八八个生字），教育部只“配售”与上海的四大书店（另一套运寄北平国语推行委员会，四号一副在战期运寄失去），抗战一起，全陷战区；大量的“民众学校课本”，就是上海四大书店用注音国字承印的，由教育部大量的配合各省区，转发民众学校（这两三年，中央特发大量的社教经费分配各省区，因发款有移作他用的，改为发书，就是这种注音国字的民教课本），也因抗战，纷纷内迁，后方都市也纷纷“迁建”以避空警，这种大量的课本，许多省区竟不知搁在什么地方去了。因此，前期“推进”的成果——物质条件上的注音国字铜模与印成大量的社教材料，到了本期，都因抗战而毁灭，故曰“潜”。“拉丁化新文字”又怎么会“潜”的呢？当国语罗马字公布后的第三年（民二十，1931），海参崴（注：符拉迪沃斯托克）决定的“拉丁化的中国字母”输入，排印的读物都标为“新文字”，风靡一时，直夺国语罗马字之席。由于“标准国语”与“四声”两个问题，在语文技术上彼此发生争执。实则“拉丁化新文字”真是偏重社教，近于所谓“草鞋主义”；国语罗马字则注重文字革命的统筹，一定要让“草鞋”也能够“皮鞋化”。抗战初起，民廿七（1938），三月间，双方及中间的人士在汉口曾经有一度协商，此种协商，事在抗战胜利后举行“政协”的前八年，可以叫作“语协”（详见当时政论半月刊一卷二期五期）。同时国民党中央宣传部对于“拉丁化新文字”很严正的发表一道“不许提倡”的通电，理由是怕“妨碍或分散国人抗战之力量”，于是“拉丁化新文字”在后方成了“潜”局。再看其他方面正在传习推行“拉丁化新文字”的，也渐因“汉字的社会力量太强，无法废止”，将就现实，也不免成了“潜”局。一般人对于国语罗马字与“拉丁化新文字”的异同，向来就不求甚解，审禁读物，视同一律，于是国语罗马字与“拉丁化新文字”也就相偕以“潜”。社教上语文教育的新工具在抗战初期既都“潜”了，怎么又还有“赛”呢？因为在民族争取生存的战争中，组训民众，精神动员，较比平时大家更感觉到语文教育应谋简捷的重要性；民二十七（1938）三月间的“语协”，虽因武汉紧张，纷纷内迁，没有继续商定一致的办法，但都偏重在社教方面，扫除文盲，简化工具，关于这一点，意见已相当接近（详见民二十九张一鹿黎锦熙的通信，《国语周刊》兰州版新廿八廿九期）这一年——民二十七（1938、戊寅）——应该把这件事作为国语运动史上一件大事，就算这一年是第五个“周期”的“纪念年”。民二十九（1940），陪都重庆的局面渐趋稳定，国民参政会对于社教上语文教育的新工具，旧事重提，引起质辩，教育部才把废弃了三年的国语推行委员会重新组织起来；到民三十（1941），又演了像民十九（1930）“总动员”的一幕，以尽量推行“注音国字”为一致的方针，藉以消弭“拉丁化新文字”和各种“文字革命”的运动，故曰“赛”。但是，“注音国字”物质上的条件，又因抗战而毁灭了，战期中竟不能恢复于后方：政府方面虽因畏惧“文字革命”的潮流，想把注音符号辅助国字，推行社教，做出一点竞赛的成绩来；

而迄于抗战胜利，五年之间，对于此事，物力财力人力都不充分，并不能改变“潜”局，所以这个“注音识字运动”，仍旧与民十九的“总动员”陷于同一的命运，至少在社教方面还是全无实际的效果。因此，谥之曰“潜赛”。

第六期：基本教育与国民教育配合运动时期（现今）

本期就是现今，看国语运动的趋势，必须与“基本教育”互相“配合”以利进展，故且预定为“基本教育与国民教育配合运动时期”。“基本教育”这个名词，在中国习惯上，缀文起义，并不新奇；但本期忽通行而且强调了这个名词，则因为他有了国际性，它的范围与内容意义必须确定——科学化的确定。1946 年（民三十五）十一月，联合国教育科学文化组织（简称联教组织 UNESCO）开第一届大会于巴黎，这时候，我国于大战胜利后一切复员工作大致就绪，国民政府特派代表参加（首席代表为教育部长朱家骅，由代表赵元任代理）。这个大会的主要任务，决议分配于三个委员会，第一个就是“事业计划委员会”，再分为六个分委员会，第一个就是“教育”，第二个是“大众传播”。教育分委员会首次开会讨论的问题，第一个就是“基本教育”，决议成立“基本教育研究委员会”（由专家委员十五人组成之，从事基本教育文献之搜集，情报之供给，会议之召集及问题之研究）。但这“基本教育”的范围及定义，已决定在会前，这年七月，联教组织根据上年（1945，民三十四）十一月伦敦国际会议（中国代表胡适）约章所设的秘书处，因各方面的催促，会将基本教育的宗旨宣布，就是：“扫除文盲；于较落后的国家中，促进初等教育，并倡导民众教育。”本此宗旨，就决定第一次基本教育研究会议于 1947 年（民三十六）九月在南京举行。期前由中国外交部邀请远东区各国及区域共十六个单位参加。七月，教育部举行“预备会议”于南京，制定提出大会的“讨论纲要”四大部门，第一部门就是“语文教学问题”（第二，教本与读物问题；第三，方法与技术；第四，一般行政如行政组织，师资，与经费等：皆与语文教育有关），这个预备会议曾将第一部门讨论的结果，发表“中国基本教育语言文字教学问题”的报告，大纲如下：

壹、原则

一、关于语言部分：

（1）教学国语必须标准化。

（2）推行语文教育必须利用国音字母。

（3）各级教育均应从文字的读音统一引到全国的语言统一。

（4）朗读国语文应依照文字的标准读音及语言的自然腔调。

（5）小学应一致厉行标准国语教学。

（6）小学国语教科书第一册应完全用注音符号拼写教材。

（7）推行标准国语应依照大方言区域及边疆特殊语文区域分别设计。

（8）边疆民族之语文教学应因地制宜，分别施教。

二、关于文字部分：

（1）汉字的形体必须加以整理，使之标准化，并简单化。

（2）儿童与民众的读物及报纸应一律用注音汉字印刷。

（3）基本词汇应分别从儿童及民众口语中记录统计制成，再集合词中不同的单字为基本字。

贰、问题

一、汉字直接学习，汉字用注音符号帮助学习，及汉字用其他方式学习（如用罗马字母拼音等），三种方式利弊之比较。

二、汉字之字汇及词编订最合理之方法。

三、汉字之简化问题。

九月三日，远东区基本教育研究会议在南京正式开会（大会主席为中国代表杭立武），审查问题分为三组：A组，基教行政；B组，方法与技术；C组，内容与资料。语文教学问题与三组实皆有关联，唯B组讨论内容，划定为语文教学及大众传播。其报告大会的决议案大纲如下：

（甲）推行基教注意两个事实：

（一）社会实况——（a）乡村与城市（例如中国农民占百分之八十，印度占百分之八十五）。（b）国民经济水准。（c）人口之分布，交通情形，人民对吸收教育之反应等。

（二）施教对象——（a）失学成人（十二岁至四十五岁。在一部分国家，此辈成人实占人口之多数，而为社会劳动与生产阶级之枢干，教育上亟须灌输生产技能与公民常识，不仅施行语文教育而止）。（b）学龄儿童（应从语文训练入手；但一部分专家则以为儿童尚应首先授以实际活动）。

（乙）目标：

（一）个性发展（并须充实其生活）。

（二）乡村建设（基教即整个乡建程序中之一部门）。

（三）国际了解（以培植世界公民为归依）。

（丙）原则：

（一）适合环境。（二）推行简易。（三）功效普遍。（四）易于速成。

（丁）原则之实施：

（一）方法——（a）对于正规学龄儿童，尤须鼓励自动，应用设计教学，培养服务社会精神。（b）课外活动。（c）对于成人，须根据一种社会调查，发现其中之特有能力。（方法应从工作中创造，视其能否达到教学目的以断定其本身价值。基教本质，必使（1）从生产训练以促进社会生产；（2）从团体活动以训练民主精神；（3）从卫生教学以发展身心健康；（4）从语文教学以供给生活上必备之传达与吸收意识之工具；（5）从广泛的传授世界知识以获得国际间之了解。）

（二）工具——除必要之校舍，教具，及基本课本外。（a）电影。（b）播音。（c）印刷物。（d）团体活动如剧团，展览，运动会，读书会，手工厂，合作社等。（基教目的，于扫除文盲外，尤重大众语言教学；遇书本编印有困难时，即可充分利用大众传播工具，如电影，播音等。）

（戊）语文教学：

（一）一般原则

（a）注意三类文盲，并分别满足其需要。——（1）“被动”文盲，即当地无正式之文字者（按：在我国边语中有此情形）；（2）“自动”文盲，即当地有正式之文字而未曾学习者（按：在我国即大多数汉语民族而不识汉字之文盲）；（3）地域性文盲，即熟于母语（mother tongue，按即自幼习用之方言）而对当地普用之文字未曾学习者［按：在我国亦只边语中有此情形。汉语文盲皆属上第（2）类，因其“母语”方言虽千差万别，但汉字并不随之分别，同一“普用”之汉字，而有种种“地域性”的读音，故凡仅熟于母语方言，而能以其母语之音读汉字者，即不得谓之“文盲”。但一离开文字，其语言即为地域所限，不能互相了解，所以此类人虽非“文盲”，或者竟是知识分子，然而不得不称为“地域性的‘语’盲”，这是汉语民族特有的现象。假如废除汉字，“普用”的国语与各地的母语方言皆用字母拼音，则此第（3）类“地域性文盲”即可大量产生]。

（b）注意三种需要——（1）个别需要；（2）社会需求；（3）国际必需。

（二）母语（注见前）

（a）母语应为语文教学之主要工具。但遇当地无正式文字（按：我国边语中有无正式文字者）或系狭用之方言时，则应采用一种运用较广之文字。（按：我国汉语中有多种狭用之方言，但当地普用的汉字，仍是一种运用甚广之文字，故我国推行基教，母语可以不变，但对文字的读音必须标准化，以期“运用较广”。）

（b）为推行基教便利计，母语应由当地专家认真研究，以期改善与简化。（按：我国边语中有此需要。汉语各种方言亦待研究，但需要“改善与简化”者却在普用之汉字形体；至于语言方面，只须从方言中“改善与简化”其对于汉字之读音，即距离标准太远之区域读音。）

（c）如遇当地无正式文字，应由专家就原有字母从事改造，或创造新的字母。但当地人民有选择一种适合其需要的文字之自由。（按：我国亦只边语中有此需要，西南边语尤甚。）

（三）辅助语文（按：指不同语族或支系太远之语文而言。例如马来语之于英语，我国中等教育亦以英语为第一外国语，皆为辅助语文。）

（a）遇可能及需要时，学习辅助语文，应予鼓励。

（b）学习辅助语文，应待充分了解母语之后。

（四）字母或注音符号——当地专家应从事研究，期能充分改善与简化，并利用联教组织之专家意见与协助。（按：我国三十年来制定之国音字母，第一式“注音符号”之注音法尚可充分“简化”，第二试“译音符号”之拼音法尚可斟酌“改善”。）

（五）基本字汇与词汇

（a）编制之三条件——（1）符合受教者之日常需要（如读报、写信等。但过分狭小之字汇，易引起狭小之心胸）。（2）顾及各级学习之能力及各种生活需要之不同。(3) 遇当地应用文字不充分时，可创造新的词汇（按即新名词）以表达新的观念。

(b) 包括三个种类——(1) 中心字汇，为日常生活表达之用。(2) 辅助字汇，为特殊表达之用。(3) 特种字汇，为适应各种职业、地域，及不同的生活状况之用。

(六) 教学方法——语言教学应充分运用感官训练工具（如影片、图表、模型等），使所学习之文字更觉明了而能持久。

远东区基本教育研究会议于 1947 年（民三十六）九月十二日在南京会毕，跟着就在十一月六日开联教组织第二届大会于墨西哥的首都。（中国所派总代表为杭立武，代表为赵元任，晏阳初，李书华，吴有训等。）本篇暂不续述。就上引基教会议决议之两种文件，可以表示本期国语运动之新的精神，其要点就在配合着基本教育上各种必需的条件来从事“扫除文盲”；并且面临现实，认清扫除文盲的语文工具离不开汉字（国字），不再憧憬着另一种新工具来奏“文字革命”的奇迹；又参考落后国家或区域之事实，设法使各种母语方言与标准国语在基本教育上不发生难于统一的矛盾。这就是本期国语运动之新的精神。而社教（民众教育）在基本教育中实占中心地位，社教方面的国语教育，必然跟着这个新的精神作实际的迈进。

总括起来，中国五十多年来的国语运动，其教育的意义，实在都是为的“扫除文盲”，实在都是以“社会教育”之推进为主要的目标。因此，国语运动史上的分期，就可以代表社教方面国语教育的沿革。现将所分的六期，每期十年间，举一件事做中心（《国语史纲》页四：“公历末一数字是‘八’的，民国纪元逢‘七’的，旧历甲子逢‘戊’的，就是国语运动的纪念年。”），合谱如下：

(一)“切音”运动时期

1898 年（清光绪二十四年，戊戌），七月二十八日，军机大臣奉上谕：调取卢戆章等所著之书，详加考验具奏。

(二)“简字”运动时期

1908（清光绪三十四年，戊申），七月十四日，劳乃宣进呈简字谱录，奏请钦定颁行天下；奉旨：学部议奏。

（三）“注音字母”与“新文学”联合运动时期

1918（民国七年，旧历戊午），十一月二十三日，教育部公布注音字母。（九年一月，修正国民学校令，改国文为国语。）

（四）“国语罗马字”与“注音符号”推进运动时期

1928（民国十七年，戊辰），九月二十六日，中华民国大学院公布国语罗马字。（十九年四月，国民政府改注音字母名称为注音符号，积极推行。）

（五）“注音国字”与“拉丁化新文字”潜赛运动时期

1938（民国二十七年，戊寅），三月，国语运动者与“拉丁化新文字”运动者协商于武汉。（前两年，即民国二十五年，注音国字印刷铅字铜模铸成，但二十六年全陷战区。后三年，即民国三十年，三月，中国国民党第五届第八次中央全会在重庆决议积极推行注音识字运动，但注音国字印品迄未大量恢复。）

（六）“基本教育”与国语教育配合运动时期

1948（民国三十七年，戊子），前一年，联教组织第一次远东区基本教育研究会议开会于南京，决定基教原则及语文教学之要项。（但本年因国内战乱频仍，国语运动尚无中心事件可纪，特述本文，以资纪念。）

1948（民国三十七年，旧历戊子）双十节，于北平

国语问答一束*

病滞杭州，每天总有几个朋友来看我。病中不能做事，然而谈兴转佳。所谈的十分之七八是国语问题。虽然不比正式开讨论会所讨论的有头绪，成系统；但也有许多可记录的。有些已经被朋友把手册子记上，有些是谈论时，大家随手拿一支铅笔，在纸片上写了许多不成文的字儿。现在捡了有时效的，整理为若干条，也不管是谁问的，也不管所答的是否答非所问，聊且“过而存之”云尔！

十月二十六日

问：教育部修正的《国民学校令施行细则》国文科里边，有“首宜教授注音字母正其发音”的话；先生这几次演讲，每说语体文要先改用，就是不依照国音读也不妨，这岂不是和部令冲突吗?

答：我这话，原是就没有懂得国音教员的学校说的。若是有了这种教员，自然没有丢开注音字母而单授语体文的道理。须知小学校令的效力是永久的，所以经一次修正，那修正的条文，至少也必须有十年八年的计算。难道这十年八年内，中国还不能够通行一种音标，用来作统一读音的工具吗！但是这一两年内，虽有国定的音标，断不能够使全国的小学教员一时都能传习。而国文科之改为国语科，又是刻不容缓之举；所以今年上半年，教育部只好下一道公文，说是从本年秋季起，国民一二年级一律改用语体文。“语

* 选自1921年3月出版的《黎锦熙的国语讲坛》，中华书局。

体文”有两面的解释：一，是依照国音来读的语体文，就是《国民学校令细则》上所规定的办法。一，是暂照方音去读的语体文，就是恐怕一时找不到教授国音的教员，所以先解脱了儿童国文的“桎梏”再说。前一法是永久的，后一法是临时的；前一法是经，后一法是权。——这个意思，我上星期第二次的公开讲演，已大略说过了。

问：国民一年级是否应教注音字母？教育界的主张很不一致，先生以为如何？

答：今年北京有郑朝熙和黎锦晖君，两下里曾经著论辩驳一番，可以拿他们两人论文一看，就知道争点之所在。但是要解决这个问题，全靠实验，不能凭空臆断。实验的结果，统计起来，在何年级教授比较合宜，就可决定了。可是据北京的孔德学校和吉林、山西等省的报告，一年级教授注音字母，并无困难；并且不到一个学期，就学得十分纯熟了。自此以后，便可自动注音。课本上的生字，极易认识，发音也极易准确。我此次调查杭州的国民学校，凡是先授字母的，都没有发现什么困难。并且成绩比单授汉字的好，也可以为证。

问：国民一年级教授字母，实验的结果，竟没有失败的吗？

答：也有的。我有一个朋友，他家里请了一个先生，教他那不识字的几个小丫头，半年还学不会。后来仔细考究，才知道是为分别四声所苦。因为他是南边人，要将北音的四声来改变南方习惯上语调的高低长短，自然是格格不相入。所以做这种实验工夫，也得有一个条件：就是要有合宜的教授法。若不问教授法的好坏，一味无条件地统计比较其结果，来判断其成功或失败，也是不对的。我记得今年四月间在北京两高师附属小学所组织的小学教授研究会里边，曾提出一个议案，对于教授字母，说有三个要点：

（一）应与实物教授并合，

（二）万不可教他分别平上去入，

（三）拼法须用归纳的练习。

（一）是不离开实质而机械的教授形式，免得儿童枯燥无味；（二）是避去繁复缥缈的物事，以合于儿童天籁之自然；（三）是避去分析的推理方法，求合于儿童心理发展的程度。若逐项详细说来，都是具有教授上的精理的。

问：我们成年的人，初学注音字母的拼法，尚觉口里一时拗转不来；一年级的儿童，便教他拼音，恐怕更觉为难吧！

答：这是拿成人的心理去推测儿童的心理，是研究儿童心理学的根本大忌。须知成人所以为至易的，在儿童却以为至难；反之，成人视为至难的，在儿童却又以为至易：这种事例很多。我上星期在浙江鹾务小学看见他们学生所临的《龙门十二品》，最好的贴在壁间，固然是无论什么大书法家都赶他不上；就是在教室里普通临写的时候，我一一看来，都比我临碑好几年的朋友程度高些。字的架子有些固然不稳，但是他们的用笔，既能逼肖，而又毫无矫揉造作的痕迹。当时颇以为奇；回头一想，恍然大悟，并且悟到儿童易学拼音，也是同一个原则。因为儿童的手和口都是天真烂漫的，不比成人都向一种形式去运用了几十年，成了固定的习惯。所谓“若金在冶，若泥在钧”，任凭你教他成一种什么样式，只要避去不合心理程度的推理方法，而用一种反复练习的直觉方法去教授他，没有不比成人容易收效的。成人说话几十年，口音已经固定，所谓“习与性成”，所以改学他种语音，十分为难；儿童却正相反。在北京各省的人，住上几个年头，说起话来，总脱不了方音；然而他们的子女，一进北京的小学，不到两三个月，就可以替他们的爷娘当翻译。学拼音也是如此。成人有向来没有拼过音的，他不知道这是怎么一回事；那么他说话里边没有的音，要他勉强拗转出来，自然是极其困难；至于儿童，口舌动作，圆活天成，教他怎样就怎样，只要用归纳的练习法，反复数次，就朗朗上口了。所以学国语，习拼音，是愈小愈容易，切不可拿成人的习惯心理去推测他。

问：昨天看见《时事新报》的《学灯》上，有张君士一的一篇文章，他说“拼音用字母，是一种分析的方法，论理的方法，不合儿童的心理。现在欧美教授他们国文，已经改变方法了”。但是照先生所说，这全是教授法的问题，决不是字母本身的问题：先生以为是不是呢？

答：极是极是！张君的根本误会，以为教授儿童的注音字母，就和我们从前初学英文一样：b a，ba，b e，be，……一排一排地唱起来。试问教授初入学的儿童，能够用这样的笨法吗？从前欧美的课本，初教拼音，也不是这样的；他们的方法，已是如我所说的，“与实物教授并合”。现在他们更进步了；只将已经拼成的字，按着嘴里的发音部位，一个一个教儿童读出来，并不把所拼的字母分开来读。我所谓“要与实物教授并合”，就是这个法子。先将三十九字母有实物可指的，按着实物或图画，提示字母，教他发音，他便看图而能知音。次将拼成的字，有实物可指的，提示出来。到此又有两个方法：一，合音法；将已经教过的字母，合起来读成一音。如纸（ㄓ）屋（ㄨ）两个音，已经教过了，现在教“竹”，先示以实物，再把“纸”“屋”两音，教儿童“连着快读”出来，便是正确的国音“竹”（ㄓㄨ）字了。——这是有理性的综合发音，与无意识的拼音不同。——二，囫囵法；譬如画一匹马，旁边写着“ㄇㄚ”，教儿童发音，不要分析。等到“木”（ㄇㄨ）“猫”（ㄇㄠ）等字都教过了。他自然知道“ㄇ”的符号，就是表示闭着嘴唇来发音。到了总和练习的时候，再乘机将这“ㄇ”母分析出来，利用儿童的类化作用，教他自动的归纳这个“ㄇ”音到两唇音里面去。这就是我前所提三项中的“归纳的练习法”；乃是利用筋肉的习惯，引起推理的作用；以归纳的本能，代替分析的方法；很合于儿童心理之自然的发展，并无丝毫勉强的。欧美的改良教授法，劈头不教拼音；何以他们的儿童，也自然而然地渐渐知道一切字的拼音呢？也就是这个道理。我们若要合于世界教授的趋势，只把注音字母所拼的音，当作他们的拼音文字，一样用新法教授就好了。这本是教授法的问题，切不可波及注音字母的本身上去。若说分析的论理的方法不合儿童心理，现在应该改用新法，就应该把拼音的字母取消；那么欧美的改用新法，岂不是把他们拼音文字，都已经改换了主形的文字吗？恐怕他们断不承认这句话！

问：照这种教授法，国民初学期的国语科，简直是把注音字母代替汉字了；老先生岂不越发恐慌吗？

答：哪里能够顾全得这许多呢？老先生的恐慌，已经不止一次了。初废八股，是第一次大恐慌；次废科举，兴学堂，是第二次大恐慌；废止小学校读经，是第三次大恐慌；现在改小学国文科为国语，已是第四次大恐慌了。我们试回想，当初废八股废科举废止读经的时候，主持的人，经过几多的困难波折，才慢慢地蔚为舆论，见诸实行；可见改革的事是不容易的，是免不了人家的恐慌的。并且这几次改革，前前后后的老先生，所持的反对论调，都是一样。废八股是“蔑弃圣贤经传”，用国语是“毁灭本国文化”，用文化二字来代替圣经贤传，已经是进步多了。我看这个问题，只好“存而不论”。

问：用新教授法授注音字母，应该教到何时可以了结？汉字应该在何时教授？

答：至多一个学期，可以完全通晓；至少只要四个礼拜；这都是从实验上统计得来的结果。折中的办法，可以定为半个学期。这半个学期内，三十九字母可以完全出现；有些不常用的拼音，稍缓一点儿也不妨。所以儿童读半个学期的字母，就可截清界限，从此只授汉字；字母便退让出来，专站在表明字音，矫正声韵的地位了。——这层道理，原可以向老先生说得清楚的。

问：现在注音字母，在社会上用场太少；不如留着这一个半个学期的光阴，多教些汉字，较为有益。这不但张士一君的文章上有些主张；就是此地一般儿童的家庭，也往往将这个理由责问学校：这应该怎么办呢？

答：一般家庭对于儿童，还是千余年来习惯上的要求，只求他“能文”“善书”。以为能文善书了，就是没有考试，不能做官；在社会上所站的地位，也要高一点儿；所得的职业，也要好一点儿。他们不明白教育原理，本也难怪。这可以简单地对他说，“你要子弟多识字，这注音字母就是识字的神法。一个学期学会了这样东西，可以抵得从前读书二十年”。不过要这话的信用，真能表现出来，还靠着社会上流行的注音书报，要一天一天地增加。仅仅知道字母的人，依着字旁的注音读书报，“声入心通”，本是极经济的一种神法。东邻的日本，实在是靠着他们的“カラ”为普及教育的利器，这是不可掩的事实。现在通俗教育，因为经费的困难，各地方都有停顿之象。以杭州省会之区，竟没有一种通俗白话报，——可是他们讲学理的语体文书报，是已经驰名的，——我看要维持学校里注音字母的信用，这种注音白话报，是应该大大的注意的。这就是替学生造成注音字母的环境。

至于张君也说这套话，那另有个原因。他是主张改造字母的。对于现行的注音字母不满意，所以就想拿社会上不需要的理由来打消他。不过从教育原理上说，学校对于社会，决不能以现状为满足，而样样事情，都跟着社会后边跑；也要带几分改造社会的精神。假使全国的小学校，都已通习了一种音标；你想社会上还是冥然罔觉吗？试看一两年来，国音国语的书，宽一点说，各种新思潮新文化的书，不是风起水涌，层出不穷吗？固然多半是营业家的投机，但是也要有主顾来买它；若是赔本钱的生意，还有谁来做呢？可见社会风气的转移，不是可以完全靠它自动的。社会的需要，大半也是靠学校提倡创造出来的。小学校教授音标，和社会上需用音标，是互为因果的。

问：张君改造字母的计划，究竟怎样？

答：这件事我和他通过信，我对于他所主张的归纳法，客观法，是完全赞成。不过我先下了一个预言：就是依着他的方法，根本地改造起来，结果一定和现在的注音字母相差不远。因为注音字母，实在就是把北京受过中等教育的人，所说的话做标准，而分析出来的音素。当时因为中南各省人的要求，添加了一个“兀”母，又因为韵学家的鼓噪，保全了一个“万”母；这可是北京音的里边所没有的。所以改造起来，不过变三十九之数，为三十七八或四十一二罢了；百分之九十以上是相同的。又何不慢慢地“弥缝补苴”，而必欲突然间“劳师动众”呢？就现在的《国音字典》仔细检查起来，实在百分之九十以上是北京音；便依着京音完全改编，至多也不过改正百分之几。至于字母的形式不好，这是向来一个捣乱的大题目。除开直接用罗马字母之外，没有一个人能做得一套合式的出来。不是日本字，就是朝鲜字，不是巴比伦文，就是亚里西亚文。我在上海听见一个谣言，说是日本的国旗到了注音字母中间来了。于是一般人写“ㄖ”字母，赶快把中间的圆点儿改作尖点儿，就不像日本的国旗了。你看这是笑话不是？因此我以为已经法令公布的东西，只要它有向上改进的可能性；就是笨一点儿，也不要去动摇它。若是一般有学识有声望的人，大家任意地把他推翻了；社会上的旧势力，便趁着这个当儿又可以盘踞把持若干年。试看前清末年，国语的计划，实在比现在还要布置得周密；民国二年（1913）因注音字母的争持，便完全搁置起来。后来慢慢地疏导提倡，到了民国七八年，才恢复到前清末年的地位。你看意见之争，耽搁了多少时日？若是现在又大家鼓噪起来，根本推翻，这一个筋斗，又要打到民国二年的地位，而且就是回复到光绪三十四年的地位了。——我前年所编《国语学讲义》，前半本原是在山西一个星期的讲稿，自觉无甚精彩；倒是后半本编汇许多的法令文牍，意思就是要大家用历史的眼光，来看这国语问题；须知这二十年间，已经回旋曲折，兜了两个圈子。大家再不慎重保持，被社会上的旧势力战胜了；恐怕又要兜上一个圈子！

问：先生既不主张推翻注音字母，又何以赞成张君的方法呢？

答：他的方法是“美国式”，的确是救治现在中国思想界教育界武断盲从的一剂良药。最好是结合同志，按着所定的方法，实地去做。做成了一副新音标，不必问他和注音字母是同是异，便自己实地去试用；试用得成效昭著了，难道行政机关还不肯照着他的改良吗？若是先推翻了人家的，自己还没有一套比较好些的东西取而代之，那就只能“阻遏新机”，没有别的良好结果了。所以我赞成他用试验的精神去实行积极的改造，不赞成他从行政法令上来鼓吹消极的改革。

问：我也有一个意思：以为教育原理，是重在适应环境的。国音是要将来才能通行；注音字母还要加紧提倡，社会上才渐渐地需要。既不是儿童环境中所有的物事，似乎可以从缓教授。此意何如？

答：适应环境，不是这样望文生义的解释。第一须知中国现在的社会，实在没有良好的环境。要完全适应他，那就只有教儿童尽作不良好的分子，才能够适应这种不良好的环境。所以进一步说，先要从世界的大环境中，建立一个标准，然后利用自己所处的环境，自行造成能够适应这个大环境的分子。更进一步说，对于自己所处的环境，不但利用，而且要改造；是要彻头彻尾具一番创造的精神。这才是一种合理的人生观；从这人生观定出来的教育主义，才是合理的教育主义。教育上应该有统一的国语，是从世界大环境进化的过程中，采定的标准之一。要达到这个标准，就应该从现在所处的环境中，仔细察看：哪一部分是应该适应的，哪一部分是应该利用的，哪一部分是必须排除废弃的；然后关于国语的一切教材教法，才有适当的选择：这就是从前所谓“因革损益”，“斟酌权衡”。若是一味地讲求适应小环境和目前的环境，那还要教国语做什么？所以前几年讲实用主义的国文教授，有专门练习写请帖，立借据，开清单，填发票的，那岂不真能应社会的需要能十分适应环境吗？所以单词只字的主义，误用了，真有“生心害政”的流弊。我主张教育的环境，是学校和社会彼此互相创造的；社会的风习，固然影响于学校，学校的教育，更有改变社会的力量。所以说国语教育不适切现社会的生活，就要坐待社会自己来欢迎国语，才去向它适应的，实可谓自行宣布教育是无能不济的东西！

解蔽篇*

友人相告：《学衡》第四十九期有某君之《解蔽篇》不可不读也。因假其书而读之。某君盖以今学者心术之蔽，有可证明荀卿所谓欲恶，始终，远近，博浅，古今之蔽之说者，莫若治国学及废读经之争。治国学者，蔽于博，蔽于古；废读经者，蔽于浅，蔽于今：皆欲恶之念汩之也。其说大体亦持之有故，言之成理者。惟引某君反对设读经科之呈文，而断之曰："某君所叹息痛恨于经者，以其近于帝制也。"又曰："观某君之文，人人皆知经书所言，无非教人以帝王思想，而废经读国语，则其中之教材，必皆民主国家国民之思想，能令学者由之'顺理而求真'矣。"此其申述，实大悖某君反对读经之本旨，故不可以不辩。（俱称某君，易淆也，下文改称《学衡》之某君为甲君，而反对设读经科之某君为乙君。前者不斥言，所以致"礼"于朋友也；后者亦划除我相，而以超然客观之精神批评之，所以效"忠"于学问也。甲君文中每低徊于孔子"忠"与"礼"之教，斯亦倘有合欤？）

乙君之反对读经也，非以经之内容之近于帝制也，乃谓强儿童读经者之为承袭帝制教育之遗策而不悟也。其欲"废经"也，更非以其内容之近于帝制也，乃谓十三经之名，早已为通人所指斥，固执以诏后生，终于违实而寡效也。其复欲"存经"者，则正以其内容之近于帝制而存之也；帝制者，中国历史之真象也，旧文化所由涌现而藉以广敷者也。其必"废经以存经"者，又正以其内容之近于帝制，废其名，俾曲学妄人"盗贼无赖"（甲君文中语）不复妄援经义以比附今日之共和而胁惑后生以利其私，而必以纯粹之

---

* 选自1926年《教育研究》第4期。

历史眼光读经。夫能以纯粹之历史眼光读经，则经之名废矣，而经之实存矣：帝制者，固历史之真象也，旧文化所由涌现而藉以广敷者也；其已往之价值固长在也，于今日之共和何碍焉？而亦何与焉？故经之当存而可读者，正以其内容之近于帝制，足以明史也，足以观世也，足以知化也，虽然，此中学以上所有事也，于小学教育又何关焉？所恶夫强儿童以读经者，即恶其妄用专家之史料作小学之教材也，初非以其内容之近于帝制也；恶其弃置日常用语而必假途训诂以凿丧儿童之脑力也，固非畏其灌输帝王思想也。所恶夫曲学妄人"盗贼无赖"必强儿童以读经者，恶其灭历史之真，而增诈饰之具，即如甲君所举某省之开府专圻，干涉学校者，规定学生必读《仪礼》以示尊孔，其实《仪礼》之不能复行于今，某省当局固知之审也；虽经之内容近于帝制，而读经固不虞其能奏帝制复兴之效也。慨自秦设博士，汉立国教以来，儒家之被人利用者垂二千年。彼圣君贤相为欲束缚驰骤其人民以图保世传统之故，乃杂汉凑累积或讹传伪造其书而尊之曰经。其中固偶有精理名言，嘉犹懿行，足资后人诵法者，慎择节取以实今日之普通教科，夫谁得而訾之？然其大部分则皆庞杂无章，断烂不完之史料耳。其书之体裁，非特不适于普通教科之用，求有一焉稍具体系，可为今日青年自修之读物者，殆不可得：抵触乖牾，离奇荒唐，错乱缺失，随在皆是，非付之专家考订整理之后，实无一焉足以厕诸著作之林，而责浅学者以诵习通解也。然而历代圣君贤相为欲束缚驰骤其人民以图保世传统之故，而必尊之曰经，树以为一切经国淑世修己问学之准，则虽为庞杂无章断烂不完之史料，亦不能不缘饰以义理，横施于世务；章句亟待讲习，名物永资聚讼，则童而习之，白首不能竟其业。于是利禄以诱之，权威以临之，诗云："草儿在前，鞭儿在后"，此之谓矣！是则儿童读经之所由昉也，其在科举制度未定以前，儿童亦惟循序以演习小学之艺，固未尝躐等而朗诵"大学之道"也。乙君所谓"幼学读经，为其记忆力强，易于上口，有同器械，俾入场屋，试题一出，得知出处，免曳白耳。"是则科举时代儿童读经之所以为必要也。甲君历举《新唐书选举志》《宋史选举志》《明史选举志》《皇朝文献通考》《大清会典事例》所载科举学校制度，而论之曰："由唐迄宋，以迨元明，学位科举，同重经书。然经有大小，得以分治；考试所专，号曰本经。其通五经九经者，特置以待殊尤卓绝之士，非责其尽人而兼通也。及有清试士，仍沿明制，士子如点经。其通试五经，则自乾隆五十二年以后始然；其初虽有以五经应试者，非通例也。”此正足以证明经之为庞杂无章断烂不完之史料，遁其一且不易，虽不易而以科举利禄之诱与夫鞭策之随其后也，遂不得不以儿童时代供其牺牲，则虽谓强儿童以记诵经书等于幼女缠足之惨无人道亦不为过也。综乙君反对读经之意，不外三端：一，经名“违实”，必废其名使永不复立于学官。二，经之权威，起于科举，科举既废，自然“失效”，以后学校当以公民修身伦理等科树作人之准，经训嘉言，尽可节取。三，至于整部经书，则必付之专家作史料之整理，“顺其理而求其真”，提纲改组以为中学以上之相当读物。其说在今，宜为常识，“六经皆史”，且属陈言，绝非新奇可喜之论也。其恶夫曲学妄人“盗贼无赖”之必欲强儿童以读经者，初非惧其利用经书以肆其帝制复辟之野心也，恶其当此世界棣通，与民更始之际，犹承袭二千年来此种帝制教育之遗策而不悟也。其不悟者，非其罪也：二千年之君主制，养成传统之心习而蔚为种性，当年经韵书声，沦肌浃髓，而今也但闻大狗小猫，哥哥妹妹之声如出金石也，有不悲伤愤慨者乎？则举一切学风之坏士习之颓而蔽其罪于不读经。彼其心习未祛，故推理之谬如此，初非利用经书之近于帝制而将有以肆其野心也；或且以“民为贵”与“闻诛一夫纣矣”之真有合于今日民主革命之精神矣，或且以“货恶其弃于地也，不必藏于己；力恶其不出其身也，不必为己”之真有合于布尔什维克之制度矣，又或以“不独亲其亲，不独子其子”之真足以为恋爱自由与儿童公育之先导矣。夫经义亦何常之有？随时代之迁移与利害之变易，悉可穿凿附会以成其私，要其于“顺理求真”之道皆相去万里也。夫经者何物也？史料也。帝制者，历史之真相也，旧文化所由涌现而藉以广敷者也；读经以明史，以观世，以知化，固中学以上所有事也：所谓“顺理而求真”者此也。顺理者，顺帝制之理；求真者，求历史之真。此后苟犹欲以空名尊经，而不以纯粹之历史眼光读经，则“顺理求真之路塞”。乙君之本旨如此，全文具在，可覆按也，而甲君乃反谓乙君所云为欲顺共和之理，求民主之真，经书之内容不尔，故不可读；诚如兹言，则天下之蔽于浅蔽于今者莫此若矣；而乙君之本意则正与此相反，全文具在，可覆按也。甲君殆因其文既立两柱，已略论治国学者之蔽于博与古，则不得不援乙君之说以证其蔽于浅蔽于今，未免以己见度人言，而大违其真意，斯亦不能谓为无所蔽，曰“蔽于己而不知人”。

然则乙君果无所蔽乎？曰：有之，在“蔽于名而忘其实”。彼其所争者，国语而已矣。他日乙君又为文以叙其《一年来国语界之防御战》，有谓“须知‘初小四年起读《孝经》’这条课程一公布，就给国语教育一个很危险的致命伤。假使‘我们总长’把读经列在‘唱歌’课程中，我们也没有话说，因为唱歌是可以只管声音不问意义的。但读经是一定要读而兼‘讲’的，必须讲明章句，使儿童‘略闻圣教之要义，方足以定其心性，正其本源’（清光绪二十九年张百熙，荣庆，张之洞《奏定学堂章程》语中）。这么一来，还不赶快取消白话，多读文言，把国文科来作读经科的预备吗?”观此而后其本怀见矣。彼非有恶于经也，惧其妨害国语教育而已矣。苟无害于国语，则读经在教科上价值，固足与“唱歌”一科等量而齐观也。何者？“卿云烂兮，纠缦缦兮！日月光华，旦复旦兮！”非初小儿童必须熟读之国歌乎？此固相传汉初伏胜所著之《尚书大传》中记以为舜所作歌，距今四千年有奇矣；儿童歌诵，朗朗上口，并无所苦也。推此而以唱歌之法读经，只求字音句节之习于其口，而不强聒以“要义”与训诂之烦扰不切，以凿丧其心能，则虽周课以一小时之读经，实与增加一小时之唱歌等耳，纵无多益，抑何损焉？然乙君固知之，而必强争“读经一科在所必废”，是蔽于其名之违理，而忘其实之无害也。谓读经可以列诸唱歌课程中，而不知读经之即为唱歌课程之扩张也；必以彼名并于此名，而不知两名之同一实也：故曰蔽于名而忘其实也。且乙君之于国语也，亦若是而已矣。彼断断焉争此科目之名，且曰‘若中学必欲以文统语，则小学亦当以语包文’，计较于铢两之悉称，亦可谓不惮烦矣，而不知其于实无与也。何者？甲君之言曰：“孔门之书，人人所习者，名曰论‘语’，不曰论‘文’也；左丘失明，厥有国‘语’，自今视之，已成穷高极深之‘文’矣。故……国语亦何尝不可包国文?”且主张教部当明令小学校曰：“教国语宜读《论语》”；使复有人焉，主张中学可废国文科而设国语科，但宜专用左丘明之《国语》：乙君虽争得其名，而亦将无之如何也。是又蔽于其名之可忻而忘其实之无与也。故曰：乙君之蔽，在“蔽于名而忘其实”。

虽然，凡上所举甲乙两君之蔽，皆非其蔽之至者也。蔽之至者，莫若甲君之痛斥今日通行之“儿童文学”，而谓教部所审定之小学国语教科书为荒谬绝伦；此则蔽于成见与心习，浅之又“浅”矣。夫此等教材之采用，乃百年来教育心理专家研究实验之结果；我辈之于“儿童学”皆门外汉耳，人非习医者，宁得逞臆以评医学之得失而妄为人主方乎？废全国之师范学校，而禁绝全国学校之设教育学科，然后甲君之论可通也。虽然，是固无关于读经之争，故其蔽之所由起，与其所以解之之方，将以让诸下篇，此不论。作《解蔽上》。

附录原呈文

前奉部令，以中小师范等学校令亟须修订，派本部参事司长斟酌情形，悉心妥拟；并派锦熙会同起草。窃查此等法令，其中最要部分，为课程表及各科要旨。各科之中，又以新案所定之“国语”及旧章未改之“读经”为至难解决之问题。溯自民国十一年（1922）《改革学校系统案》由大总统教令公布以来，部定课程未能及时修订，“全国教育会联合会”遂组织委员会，将新制中小学《各科课程纲要》拟具草案，布之全国。全国试行，迄今盖已三载。其中规定初小以至高中，国文一科，概名“国语”；意在以语统文，固非屏弃古文，尽采白话也。即以部章而论，国民学校国文科之改为“国语”，实始于民国九年（1920），尚远在学制改革之前。部章之规定国语也，实含二义：一为浅易之语体文，一则标准之国音也。前者意在使文字教育易于普及而便于应用，后者则欲使全国人民练习一种统一之语言。是部中所谓国语者，固有一定之涵义。然自新制草案试行而后，坊间国语读本，高小以上，大都兼采古文，于是以语统文，遂成事实；征诸他国，亦复相同。前者部议，锦熙实欲保持近来以语统文之局；至学童应诵读之古文，应讲习之旧籍，咸可斟酌程序，列诸逐年细目之中：名实未亏，推行甚便。总长未以为然，谓宜以文统语。次长执两用中，主张二名兼列，曰“国语及国文”。语文二者，界域分明，各不相摄，其分量多少，则于细目定之。众议佥同，锦熙遂不便独持异议。师范本为小学校师而设，课程名目自应相符。唯中学课程，以严防白话之故，总次长均不许国语一名阑入。夫国语涵义，既有二端，纵去白话，尚有国音；统一之宏规，七载之筹备，岂可令中学一段废此训练？在昔清末，官话一科，特列于中学课程中，并不与国文一科相混。一也。若谓语言练习，仍可规定于国文科细目中，则复成以文统语之局。正名辨物，界说既定，国文云者，限于古体雅言；三种课程，等是部章，岂可自乱其例？二也。若谓中学本偏重古文，以名为表，包举国语，为其附庸；则小学课程，偏重语体，国文一名，何须标出？是中学只称国文，小学亦当只称国语，各标所重，事同一律。三也。综此三因，敢谓“国语及国文”一名，必通于小学师范中学三种课程，不可彼此参差，徒滋误会。即尊重总长意旨，中学宜严防白话，则细目中对于国语，尽可只取其涵义之一端，不当并其科目之名而去之也。又况所谓白话者，极端屏绝，实不为事实所许。宋词元曲，明清小说，其脍炙人口者，固早已公认为文学之一体；即今白话论著译述之书，亦不乏足供中学参考者：限制则可，禁绝不能。请得而恣言之。总长平居持论，痛斥俚言；锦熙横议之余，至欲改革文字。是皆私家论学之事；虽复各具体系，各有信徒，然锦熙固不敢谓可一旦见诸施行，布之法令也。法令典章，与时为变，而变亦不可太骤，因革损益之际，贵在折中时论，出以调和，尤当预筹世变所趋，使其性稍能耐久，则不至因纷更而隳其信用，兴言及此，则“读经”一科，尤当细加研虑者矣。查小学课程列入“读经”，原于清末变法，科举与学校递嬗之际，旧日功令未容多所更张。其时全国学界倡言废除，中央教育会议已有严切之提案。民国初建，南京临时政府，首即布告废止读经。民国四年(1915)，前大总统袁世凯欲帝制自为，附之者远法刘歆增设古经博士之故智（当帝制未发动以前，总长汤化龙曾主张不设读经科，但采取经训，列入修身教科书中。旋有倪嗣冲等通电诋为侮乱圣经之徒；嗣经国务卿徐世昌等径由政事堂制定《教育纲要》，内列“读经”科小学读孟子，中校读论语，发交教部遵行），竟复增入此科。共和重建，教育部亟予废除；惟告朔饩羊，尚贻留于高小，外间谅其为袁氏所定，未集矢于部中。然比年以来，如山东神童江希张辈以所著经解呈请审定颁行天下，俾小学诵习奉为典范者，不一而足；部中概予驳斥，陈案如山。夫经非不可读也，特其名称必不可存；倘复定诸法规，实有百弊而无一利。在昔六艺，实为《易书诗礼乐春秋》。《庄子》书中虽有“六经”之名，然固谓奸七十君而不用。迨秦汉置博士官，经典之尊，渐侔天地。然依时主之好尚，为人择事，博士之职，代有增加，经等于官，渐以冗滥。就今所存者言之：公羊，谷梁，左氏，皆传也，非经也，以其徒之各能博得一官也，后世遂并列之于经。六艺中但有今之仪礼耳，大小戴皆记也，非经也，小戴运命，优于大戴，攫得经名，在今所谓“五经”中，竟夺仪礼之席，而大戴所记诸篇，不幸见摈于后世矣。刘歆附莽，特举晚周先秦之士所掇拾之旧章，颜曰周官，为立博士，于是礼之中又增一经。以传为经，乃有三传；以记为经，斯成三礼：时主任意立官，羌无标准；后人情钟势耀，概奉为经。《论语孝经》，今拟列诸小学读经课程者，亦皆记也，而非经也；《孝经》尤晚出，置诸二戴所记诸篇中尚为下品。《孟子》亦列在读经课程中者，实则晚周诸子之一，更不名经；宋儒融会儒释，自成家言，利其富于心性之玄谈也，群然奉之，始厕于经。《尔雅》恶劣词书，其价值远在《说文》《切韵》之下，以其多诂诗书，又妄传为周公之作，亦列为经。所谓十三经者，其杂凑既如此，而其地位之尊传习之盛，又正班固所谓“利禄之途使然”。且经之为名，本无甚深微妙之义，尤非至高无上之称；其字从糸从巠，巠即竹简，竹一片曰一巠，系者所以束之，与简册编籍等字同意。其后引申字义，乃曰“典常”，进为“道法”。在孔子删述六艺之时，不过举积久散漫之古籍，整理而条贯之，视之为艺，传之起其徒，绝非如秦汉以后之奉若神明也。秦汉以后，统一之局既成，所谓明君贤相，谋所以便统治而利驱策者，不能不使全国优秀之士局聪明于一途。自汉迄清二千余年，尊孔读经，著为功令，利禄所诱，蔚成种性。此其影响于亚东文化者，得失之数，繁复难言，兹不漫衍，但言今日应以何道处之，则正本部之职责也。夫国体既曰民主，政府当局之对于被统治者，自不当妄袭昔时君相保世传统之旨，犹存束缚驰骤之心；尤不当固执违实寡效之名，致塞顺理求真之路。本兹原则，敢决一言：苟欲厘定学术，整治教规，他事且不必谈，废绝经名，实为首务。经名不废，学绝道丧，即在目前；经名不存，然后古训旧章，悉有归宿。盖必废经之名，然后可以存经之实；必取消读经之科，然后可得读经之益：则谓之“废经以存经”可也。法宜由专科学府或“国立编译馆”，将所谓群经者，彻底整理。经部之书，浩如烟海：首编索引，俾易检查；次就群经正文，将二千年来诸家解说，悉分缀于其字句篇章之下；次则审核诸说，择其最后出而较适当者，姑假定为正义，是则所谓《十三经新注疏》者成矣；然后按今世科学普通分类法，条系而件附之，科为一书，斯成《专史》。于是二千年前之文化，为后世典章法度所从出，学术思想所由来者，条理既已昭晰，真象可以大明。斯诚不朽之盛业，所谓“废经之名即以存经之实”者也。至于本部所宜亟行从事者，即于前者之中，先择其有关教育者为之。非但教育专史资料之采集准备而已，即今所讨论之读经问题，亦唯此可得解决。群经旧训，若者宜编入“公民科”，若者宜作“文学教材”，若者为“历史科”所必取，自小学以迄高中，顺难易之序，酌先后之宜，编之课本。或写定教材，令编辑教科书者，依法采入。或更图易径，则姑列名或某经某章之名于此三科课程细目中，令就本经选读。此甚简而易行之事，所谓“废读经之科目而得读经之实益”者也。不此之图，仍欲另标科目，谓之“读经”，违教科之原则，乱学术之体系，袭袁氏之绪余，示国人以非制，其事不便！更有余义，请续陈之。此次部中草案，“读经”一科，规定于初小四年级，以较旧制，且复提早一年。夫九龄之子，能习何经？每周一时，周年卒业，除《孝经》外，何经可读？若杂采经训格言，汇为课本，则是科也，何异公民？昔时幼学诵经，为其记忆力强，易于上口，有同器械，俾入场屋，试题一出，得知出处，免曳白耳；所谓利禄之途，不得不然也；今复如此，所为何事？前者部议，总长意若曰“经典自有权威，异于公民课本；读经之效，在敦士习以挽颓风”。窃尝思之：经典之有权威，造端乎君主而成于利禄，前文所举，历有明征。国体既更，君纲不振；已馁之鬼，宁复有灵？欲使国民葆爱本族祖先留传之文化，其道自别有在。厘定故籍，精择教条，乃为当务之急。近年学风横决，原因甚繁；欲加整顿，亦复自有其方。读经空名，岂能挽救？况名之不正，实之不求，趋新者固将笔伐而口诛，荐旧者终亦面谀而腹诽。将来公布之后，即求虚应故事者，恐亦不可多得。且“经明”之与“行修”，夙已分为两事；有如元明以来，乡试中式，便称“孝廉”，岂事实乎？八股取士之际，全国士子，朝夕惟“代圣贤立言”，涵濡渐染，宜足以制行而敦品矣。究其实际，则昏诞浪漫，鄙恶不堪，锦熙二十年前，身历目击，以视今之学校青年，诚有过之无不及。至于三家村塾，学童如林，读经之声，溢于田野，其顽劣而无秩序，或局促如辕下驹；较以今之小学生徒，进退有规，应对中节，相去何啻霄壤。总之往昔读经之年，士习颓坏，远过今兹；其貌为恭谨服从者，畏其父兄师保而已。其不敢啸聚宫门，侮辱当局者，君主斧钺之诛，严于执政金吾之禁而已。是其权威乃在君主斧钺父兄师保，何关于经训乎？科举既废，学校代兴，为父兄者，家有子弟，计无所出，乃于校课之外，为延师保，授以读经：迩来亲朋，良多如此。然试鞫其用意，则自身服官，函读文告，文章尔雅，有典有则，风尚未改，职业所系，将以余荫，贻厥子孙。每见朋辈过从，纵谈今昔，成语古典，连珠而出；子弟挟策还家，瞠目不解；于是疾首颦蹙，私忧窃叹：“若干年后，岂复有能读吾案头之线装书者乎！”不知正不欲人人之读此线装书，斯即今日教育之精神也。抑正惟不欲人之能读此线装书，然后将来乃有真能读此线装书者出；此少数读线装书之专家，其成绩必大优于今之终日摩挲此线装书者，又可决也。是故叹旧籍之将废坠者，杞忧也；冀经典之挽颓风者，幻想也；列读经为学校科目者，虚文也。仅为虚文，犹可言也；当今日世界棣通，学术昌盛，国体不变，与民更始之时，犹循昔时君相保世传统之故步，袭此束缚驰骤之遗策；固执违实寡效之名，永杜顺理求真之路，则所谓有百害而无一利者也。故锦熙主张经固当尊，惟经之名必不可存，经固可读，惟“读经”一科，在所必废。合前所陈“国语”一事，亦请约为数言：“国语”谓今语与国音，国文为故文与旧籍，定义不摇，科名一致，小学中学师范，课程首列，统曰“国语与国文”，倘中学必欲以文统语，则小学亦当以语包文，名不偏畸，实乃能举。以上两事，前次部议，以晷短案长，未能畅陈所见；兹谨胪述，呈候采纳。万一前案不复更易，遂予公布，则锦熙私衷，不但竟有未惬，抑且心所谓危。知而不言，是谓不职；言而无效，效须引咎，所有前派会同起草一职，恳请准予除名实为公便。

“读经问题”解嘲*

为反对设“读经科”事而上“呈文”，自然是“在官言官”（我在教育部虽然不是官，是站在“曾子，师也”的地位，不是立于“子思，臣也”的地位；但究竟是“在官”——在衙门里，就得守衙门里的规矩，用呈文来说话），那么，这篇呈文本来不是对社会而发表的。不料我递上去的第三天，《晨报》上已经把它和张宗昌、岳维峻们的文电等一块儿登出来了，于是我再把原稿整理出来，交给疑古玄同先生作本刊的材料（承疑古先生不惮烦，给它分了段，我自己才把这篇文章的条理看出一点儿来）。前天看见十五日《京报副刊》上有刘炳藜先生的一篇文章，又看见第三十七期《猛进》上有虚生先生的一篇短评，都极端反对读经，而对于我这篇呈文都表示不满意；我却十分感谢，因为他们两位是赞成我的意见“太过”，而不是“不及”。

一、画胡须与谈“读经”

刘炳藜先生说，“读经问题不是卫道的问题，用不着搬出什么‘文化’‘国学’等名词来反对。这是学习心理学上的问题；这是教育心理学上的问题。”哎呀！看高了！又把读经归到“形式训练主义”，阿呀呀！更看得太高了！

我且先说画胡须：我实在还是一个青年，没有留着胡须。呈文起草时，一下笔就是一些心理学和教育科学上的名词，纠缠不清，我想这一定是“白做了”，因为说话人总要替听话人打算的；而且主张读经的绝不是一二人，

* 选自1925年《国语周刊》第24—26期。

在社会上实在还有一种小小的潜势力，据我连实验带推测的结果，其中老头儿自然是过半数，其余的总在有胡须以上。现在我要揣摩这些先生们的心理而立言，陆机先生的《文赋》告诉我说，“信情貌之不差，故每变而在颜”；于是我就拿了一面镜子摆在面前，把毛笔饱蘸着墨在自己嘴唇上画起胡须来。我的儿子恰巧从学校里“挟策还家”，看见了，嚷道：“您别画啦，我抽屉里还存着一副假胡须，六个子儿在糖挑子上买来的，给您使使吧!”我拿了一看，是“维廉式”的，不合用，因为怕作出文章来仍旧是“洋八股”，赶紧掷还他了。经过大半天的工夫，文章写成了；其中说到八股时代士习之鄙恶，是“锦熙二十年前身历目击”的，这固然不是凭空扯谎（我从十一岁起，应过两次县考，一次府考，三次道考；到了有资格考举人了，忽然霹雳一声，科举废了，这真是很“天鹅绒”的事！尤其是作八股还只做到“头比”，没有“成篇”，就被“煌煌明诏”改为“经义策论”，“成篇酒”是那时很严重很堂皇的典礼，没有来得及举行!)，若是扯谎，岂敢大胆地下此断语，而且逆料有胡须以上的人们一定要点头承认这种情形说得果然不错呢？但是，我若不是自己画上胡须，对着镜子，我哪里能够回想得这些意思出来？哪能有这种“笔法”——昨天还经过一件可笑的事：我在西升平园洗澡，听见隔房有两人议论这读经问题。一个人说：“黎锦熙大约也是一位老先生吧?”一个人答道：“不错，他是一个老教育部员，我认得的；年纪大约五十五六了，头发都白了。”我在那边只得“忍俊不禁”。我想只要能够使人家给我增加二十岁的年纪，这篇文章就可以不算“白做了”。

赞成读经的先生们，似乎根本上就不信西洋教育学理之能够适用于中国；他们只承认西洋的物质科学，精神文明究竟只有中国的好。至于懂得实验教育和研究儿童心理、学习心理学的专家，对于读经早已不成“问题”，自然用不着再搬许多专门学理来“讨论”“解决”了。——但我却不敢保险：刘先生文章里高声叫着“大学校的教育和心理教授哪里去了!”“中国的科学和实验教育家哪里去了!”我也很盼望他们根据□□□□□□□（注：原文不清，下同）事理来给读经问题下一个最正□□判决，虽然有胡须以上的先生们或者未必看得懂，看懂了也未必能够相信；但是有胡须“以下”的先生们总可以更加一层合理的信念上的保障，不过，我们好朋友中，“科学的教育家”和“实验的教育家”却不少，但我可不敢保证他们个个都反对读经，因为“洋八股”也和“土八股”一样，道理随人说，根据专家的学理，也许可以做出“赞成读经”的文章来。

二、现在的“读经论”究竟算哪一种教育主义？

“现在的读经论”，果有合于西洋教育学说中之“形式训练主义”吗？我说刘先生更把它看得太高了。老实说吧：读经的理由完全是建筑在“准备说”（Preparation）基础之上的。杜威的《*Democracy and Education*》第五章起首解释“准备说”的意义：

> 准备说的大旨，就是说：教育乃是儿童们对于将来的一种准备。准备些什么呢？自然就是成人生活所有的种种负担（responsibilities）和特权（privileges）不把儿童看作社会的正式分子，在社会中有满足的相当的地位。只看作候补者（candicates）；在候补人名单上给他们写上几个名字罢了。当欧洲中古时代，一般人把成人生活的自身也看作毫无意义，不过是为“来世”（another life）作一种预备的磨炼：准备说对于儿童的观念，和这个正差不多。（p. 63）

可怜啊！三千年的中国教育学说史上，我只能搜得出“准备说”的材料！像程颐先生说：

> 识得洒扫应对，便是“精义入神”。

又如王守仁先生的高足邹守益先生的话：

> 有疑圣人之功异于始学者。曰：王逸少所写“上大人”，与初填朱模者，一点一直，不能一毫加损。（《东廓论学书，明儒学案卷》十六《江右王门学案》引。）

这才含有一点“形式练习主义”（Formal Discipline）的根本原理，然而已不可多得。至于现在读经的主张，哪能说得上这个主义呢？西洋从前的哲学家像陆克（Locke）等，实在是提倡这个主义的；他们学校课程里（究竟是中等教育的课程多），所以要排上许多拉丁文，希腊文，以及高等数学等，小学生所以要把很长而无用的单字和机械的拼音表读熟记熟，他们并不说这是现在有用的，也不说是预备着将来应用的；乃是作一种“心灵的训练”，训练儿童们固有而未成熟的注意力，记忆力，观察力，推理力，判决力等。自然，近来实验的教育家像桑戴克（Thoundike）等实验的结果，已经把心灵的通转（fransfer）证明是靠不住的，这种主义便宣告破产了，可是残余的势力还未尽倒，因为它本来还算“持之有故，言之成理”的。读经的理由哪能比得上它呢？我已说过：

> 昔是幼学读经，为其记忆力强，易于上口，有同器械；俾入场屋，试题一出，得知出处，免“曳白”耳。所谓利禄之途，不得不然也。

这难道也算得“形式练习主义”吗？这纯是一种下流的 preperation（准备）！现在主张读经的人们，大约小时候都是受过这种“准备”教育折磨的；到了现在，虽然明明知道再叫小孩读经，已没有这个“利禄之途”之直接的希望了，可是当“友朋过从，纵谈今昔，成语古典，连珠而出”之时，总觉得子弟们之“瞠目不解”为讨厌，为可耻，为将来东方文化的大悲哀，为国家前途的大危险，所以非叫他们也读一点儿经不可；这或者和“从前受了婆婆的折磨，现在还要报在自己儿媳妇的身上”一样是变态的心理，说不上什么主义的，只算有胡须以上的人们对于没有胡须的人们之一种“无意的迁怒”。

其实，在西洋教育学说里，有一派却大可为“读经论”张目的，就是“回顾主义”（Petrospection）；例如 Mathew Arnold 对于“文化”一词所下的定义是：“古代的思想和著述，其中有最卓越的几部分，这便是文化。”于是这一派的教育主义就是“回顾”：要把以往的文学，科学，艺术等，叫学者能应有尽有地获得，了解，谙熟，而且融化之；要能继承遗产，才好发展新知，因为新文化便是从这些旧遗产中逐渐发展出来的。老实说吧：我的

“反读经论”早已采取这派的意见了，所以主张把所谓“群经旧训”分配到公民、国语、历史等科。不过要先把“群经旧训”重新估价，以定去取。这便又转入“文化”“国学”问题，不能纯然从教育和心理学上去解决了。但如“倪嗣冲派”的读经论，一定要骂这个主义的基本原理，和所谓“猫狗教育”是同出一源；痛心疾首于“猫狗教育”的，便不配讲 Petrospection（回顾主义）的“读经教育”。“猫狗教育”大都是根据“复显论”（Pecapitulation）的原理；虽则并不主张返本复始，到猴子的地位，却主张教小孩唱唱“猴戏”，也带有回顾的意味，所以如杜威的《*Democracy and Education*》中，就把“回顾主义”“复显论”作一块儿批评（参照该书 P. 84—89）。

总之，现在的读经论，除非有几个作“洋八股”的教育学者出来给它润色藻饰一下子，是绝对够不上说是某种教育主义的。刘先生把它真看得太高！它和刘先生所说的至少还距离一万八千里；而且其间还有重重的隔阂，似乎这一万八千里之间还挡着许多许多的山。写到这儿，猛忆李商隐先生有两句诗，写以相赠：

刘郎已恨蓬山远，更隔蓬山一万重！

三、甲乙丙的谈话

昨天有一个朋友甲对我说：“现在主张读经的纵然说不上和西洋的‘形式训练主义’相比，但向来读经的理论是根据《易经》上‘蒙以养正，圣功也’这句话来的。便与程二先生和邹谦老他们的话在理论上也算不差什么。看过训蒙的材料（整部的经书）和所用的方法（硬读硬背），实在远不如彼土讲‘形式训练主义’者之各有种种的研究罢了。”这一说，是专就向来读经之纯正的理论上观察的，却也不错。不过他们的材料和方法，太与这种理论相反；因此所得的效果也大大的相反：两千年来的父兄们谁不说子弟的“蒙养”工夫端赖诵读所谓圣经贤传，嘉言懿行者？他们所要训练的“形式”，自然是偏重伦圣的方面，而未尝注意心理的方面。不料经书越读得多，子弟们的操行越坏；不是“顽劣而无秩序”，就是“局促如辕下驹”（自然也有例外；但其能“崭然露头角，不与常儿伍”者，实具有别种原因，绝不是受了经训的暗示）。这个相反的缘故，就在训练的材料和方法太与“心理”相反，因为“伦理”上形式训练的效果，只能做到一个完全失败。

但是，咱们这班老先生们，又把他看高了！真相信这个“蒙以养正，圣功也”的理论的，乃是真正理学先生的家庭。普通“诗礼”人家，他们的“月亮”只是照着“曲老先生吟韩诗”，“拜月神”，“背上几句诗经”，“弟兄们为砸碎了兔儿爷打架”，“谈易理”，“发明洋字从羊是羊种的字说”，闹了一阵子，吃过饭，读经的父兄们躲在屋子里“叉麻将”去了；读经的子弟们跑在梅兰芳“嫦娥奔月”的台下叫好去了。只剩下冷清清的月亮和“诗礼”的精神徜徉在院子里！

又有一个朋友乙对我说：先生！您现在怎么这么“旧”哇！您名为“反对读经”，其实是要“改良读经法”呀！被您这么一改良，读经的课程岂不更成了铁案了吗？我说您的罪比他们主张读经的还大。

同时又有一个朋友丙接着说：是啊！您一方面说读经是下流的“准备说”，一方面自己又拿“回顾主义”来提倡改良读经法，替读经论张目。须知西洋的“回顾主义”不过是文艺复兴后转出来一个“新人文主义”的余波，它的价值不见得比“准备说”高。先生何必给它们生出“轩轾”呢？

以上两说，极是极是！我在前次的“读经问题解嘲”已说过了；那篇呈文是画着胡须对着镜子才做出来的，这就是表示我要自己打自己的嘴巴。我现在明明白白地声明一句吧：呈文中的改良读经论，其目的只在博得有胡须以上的先生们的同情，又对于主张读经的许多先生们，“以子之矛，陷子之盾”，是“三句话不离本行”的说法。我的希望有二：一，说老实话，自然是要得有胡须以上的老先生们的点头或拍掌，“读经科”或许可以不成立了。二，决不愿意有胡须以下的先生们（除遗少外）也跟着点头或拍掌，而且希望他们群起而反对之；因为反对这篇文章的有胡须以下的人们（除遗少外），决不是赞成读经的（除作洋八股的专家外）。但虽不赞成读经却又赞成这种改良读经的“君主立宪论”，也就是教育界思想的不彻底，所以我的第二个希望就是“欢迎反对”。

不过“经”里边就有两句话：“好而知其恶，恶而知其美。”固然不要把现今读经主张上的理论看得太高了，须知读经在两千年来的教育史上弄得那般“下流”，实在是科举制度之过；它的本身，却不妨在中国这个现在的可怜的“文艺复兴时代”给它一个相当的提拔，把它和教育主义中的“回顾主义”比一比。充其量，它的程度只能到这里为止；过此以往，再也比不上什么西洋式的主义了。我却没有“提倡”回顾主义，也不愿意“轩轾”那些已经宣告破产的西洋教育学说。不过有一个预告：在“回顾主义”的范围内研究读经，还的确可以从实验的教育学和学习心理学上得到一个更能替它张目的公例；可是“经”里边又有一句话，“毋教猱升木”，所以我不敢说出来，只好任我的好朋友们去取得这个罪名。我拿“回顾主义”来比附读经，已经是一篇“洋八股”了；还有一篇好做的，我的“文料”还不够，留给大家去做，让朋友们也过一过挨骂的瘾，以昭大公。

以上甲乙丙三家和我的问答，随手记出来，即以充“宇宙”的篇幅。

四、孔夫子的便壶

自虚生先生有“卑经”之论，而疑古先生复有“原经”之篇（见《语丝》第五十四期）。据鄙见看来，“原”则“卑”，“卑”则“尊”矣。

何以言之？

“原”则经的真面目完全露出来了，然后大家恍然于两千多年以来所谓至尊之经就是这么一回事，故“卑”。所谓“卑”，即由所谓“经”者从此一变而为古代的史料，而在历史的教育上古代史又远不“如近代史的重要，故‘卑’。这就是卑经矣”。尊论者所持的理由。据我看来，卑何以言之？

曲阜有所谓“孔子履”者，硕大破烂，无人能穿；我曾见之，有其照片。不但原物的宝贵远在坊刻十三经之上，即我这张照片的珍藏也觉得不要跟相台岳氏本五经搁在一起。由是观之，至尊之经，曾不若至贱之履矣。假使曲阜一带开矿的掘到一把便壶，上镌有“仲尼自用”字样，尽管是极粗陋的陶器（那时候自然没有瓷器，也许是木制的还说不定），我想其为世人所宝贵必不亚于六经。那么，无论其归入午门的历史博物馆，或北河沿的北大研究所国学门，或竟落到玩古董者的私家，至少都要给它精制一个玻璃柜，深深地藏着，高高地放着。这区区一把便壶，居然得到世人这样地待遇，是“尊”呢，还是“卑”呢？经亦如是矣！假如有一个大摆架子要闹阔的军阀或财阀，金制的便壶还不够现出他的阔绰，居然抢了这把便壶来供他自己的撒尿，世人批评他，其去“大逆不道”也怕不过“一间耳”。那些批评他的世人要一反其所为，就说：“孔夫子的便壶，岂能像这样地亵渎呢？须知圣人‘咳唾为玉，便溺皆香’（明朝吕坤先生“呻吟语”中的话），这应该‘瓣香以供奉之’！”香火久了，自然“显圣”。于是一传十，十传百：上某处向这“便壶尊神”去磕几个头，化一碗水，吃了可以治淋症。颇有明理的士大夫，听见了大不谓然，立志非革除这种陋习不可；然而“通经所以致用”，于是喝退了众人，取了这把便壶回去盛酒，以供祭祀，以待宾客。

莽夫，愚民，士大夫，所以待孔夫子的便壶者各自不同，然而究竟是“尊”呢，是“卑”呢？经亦如是矣！

所以我还是维持我的尊经论，“反对”虚先生的卑经论。

这时候，有一位印度造“经”的专家，从西方御风驾云而来，合掌宣言：所谓反对，即非反对，是名反对。何以故？“尊”不异“卑”，“卑”不异“尊”故；“尊”即是“卑”，“卑”即是“尊”故；“卑”与“尊”同出于一“原”故。

五、结论

结论是通信，计凡三通：

(1)

炳藜先生：

京副三四〇号“支单”我看见了，很好！我愿意承受这个支单。所谓西洋那些教育主义，在您前回赠我的那一本大著《近代教育思想》已叙述得明明白白。现在就大家把“读经”主义瞎配一下，也不成什么问题。

支单上的数字，小有错误；擅为更正。这是极无关紧要的事，请别注意。

18000 里×0　似宜改为　18000 里×1

3000 年　似宜改为　1000 年

您说二三世纪前的心灵鬼附在我的身上了，这是确实的事；因为这个理也和画胡须一样。画了胡须，不过貌似，文必不工；能有鬼魂附体，方得有“神来”之笔。好在我的胡须终归于洗干净了，而这附体的心灵鬼，一等到那篇滥调东西做完的时候，也就跑了。——大凡在现代还要装模作样做文言文的，都可做如是观：不是“装鬼脸”，便是“扮优伶”。鬼脸所以吓人；优伶所以博趣。这不是骂一切作文言文的人，是说文言文之为用也止乎此。

（2）

ㄍ．ㄊ．先生：

您寄给我的这篇《读经作贼论》真太凶了。说句质直的话：虽则搜的证据很多，足供史料，可是发表出来，有伤忠厚；请您原谅，不登载了。况且时局推移，这时候更不可有一点“落井下石”的态度。我们要以赤手空拳和生龙活虎奋斗；向来是不打“死老虎”，也不打“纸老虎”的。

（3）

敏之先生：

承问“猫狗教育”之说：其说远创于湖南我一个好朋友某君，近见于《甲寅》第十四期。某君之信，不在手头，不征引了。《甲寅》说：

> 自新政兴，学校立；将千字文，四书，唐诗三百首改为猫狗，木马，板凳之国民读本。……

猫狗读本之为世诟病，自从新学制公布，出版界提倡“儿童文学”之后更甚。教育部一概给他们审定了，以为这原是近来世界许多教育心理专家“极深研□”“实事求是”得到的通则和办法，还有什么问题？不料我们社会的时代太隔远了：有几个同事居然挨了几位老先生（实在并不老）一顿大大的面斥，说审定这些书的真该杀；像这样误人子弟，简直要绝子灭孙的。这是何等的深恶痛绝呀！于是非读经不可了。而岂知读经教育（改良的）和猫狗教育，在根本原理上也还是同出一“原”呢？

读经问题“老话”*

近来常有新闻记者来问我对于学校读经的意见。我说在十年前已经发表过了，那就是民国十四年（1925），北洋军阀秉政并割据的时代。当时章士钊先生掌教育，修订学校课程，于十月三十日部务会议决定恢复读经，我出席表示反对的意见，又把这个意见写了一篇呈文给他，同时发表在各报纸上。事隔十年，旧人尽换，却是旧事重提！假如现在主张读经的，意识上，理论上，办法上，只要丝毫有所加于当年，不辜负这十年的光阴，竟能发明一点读经的新理论，新办法，随着这十年的时代进展而提出来，那至少也有讨论的价值。不幸他们还是兜的十年前的旧圈子，也就不幸我那十年前的“老话”还颇适用。因此，一字不改，分别标题，补充一点说明，谨答此问。

一、学校读经课程沿革略史

查小学课程列入读经，源于清末变法，科举与学校处嬗变之际，旧日功令，未容多所更张。

案：清光绪二十九年（1903）张百熙、荣庆奏定学堂章程：初等小学堂五年，有“读经讲经”一门，每周十二小时；第一年《孝经》《论语》，每日约读四十字；第二年《论语》《大学》《中庸》，每日约读六十字；第三年《孟子》，约百字；第四年《孟子》及《礼记》节本，约百字；第五年《礼记》节本，约一百二十字。高等小学堂四年，“读经讲经”，每周亦十二小时；第一年《诗经》，每日读一百二十字；第二年

* 选自1935年《国语周刊》。

《诗经》《书经》；第三年《书经》《易经》；第四年《易经》及《仪礼》节本。中学堂五年，“读经讲经”每周九小时；前四年《春秋》《左传》；第五年《周礼节训》。初制中小学共十四年，读完四书之外，还有八经，十三经只除《公》《穀》和《尔雅》，全要读完。须知这时科举制度还在和学堂并行，当然要读这么多，否则贻误学业，谁还来进这学堂呢？三十一年（1905）才正式废科举；到宣统初，始知经书卷帙繁重，理解高深，未便如此填塞，于是改订课程：初小第一二年不设此科；第三年起，每周十二时，始读《孝经》《论语》，第四年《论语》《礼记》节本，第五年《礼记》节本，规定讲解，背诵，默写，回讲，四事不可缺一。高小仍旧。中学堂文实分科，文科增为每周十时，前三年《左传》，可用节本，第四年《周礼节训》本，第五年《易经》；实科减为每周三时，五年全读《左传》节本。如此看来，清末中小学，实在还是以读经为主要科目的。

其时全国学界倡言废除，中央教育会议已有严切之提案。

案：宣统三年（1911）学部召集中央教育会议，正会长张謇，副会长张元济、傅增湘。这个提案大意是说经学义旨深微，非学龄儿童所能领会。议决：采取经训为修身科之格言，小学校内不另设读经一科，六月闭幕，八月（阳历十月十日）革命。这个议决案只可证明当时教育界舆论的成熟，正和民国七八年间改小学国文科为国语科一样。那么，清末要是不革命，这废止读经案是否能被学部采用可没有准；民八（1919）要是没有“五四运动”那一幕，那改用语体文的主张是否能在民九（1920）就用教育部令公布也没有准呢。

民国初建，南京临时政府首即布告废止读经。

案：民国元年（1912）一月十三日（辛亥十一月二十五日），教育总长蔡元培才到南京临时大总统府，领了印信出来找房子作教育部的衙门，就发出电令，废止读经。旋于十九日颁布普通教育暂行办法通令，申明“小学读经科一律废止”；所附暂行课程标准，中学师范也没有读经一科。（学堂改称学校，监督堂长改称校长；初小减为四年，可以男女同学；中学亦减为四年；都是这次规定的。）至于正式小学校令，中学校令，是元年九月才由教育部公布的。初小四年，高小减为三年，中学四年；中学校令施行细则里头才有课程的规定，是十二月公布的；都不设读经一科了。这一点，可以说还是前清学部中央教育会议议决案之扩大的执行。

民国四年（1915），前大总统袁世凯欲帝制自为，附之者远法刘歆增设古经博士之故智（当帝制未发动以前，汤化龙总长曾主采取经训，列入修身教科书中，旋有倪嗣冲等通电诋为侮乱《圣经》之徒；嗣经国务卿徐世昌及程树德等，径由政事堂制定《教育纲要》，内列初小读《孟子》，高小读《论语》，发交教育部遵行），竟复增入此科。

案：大总统特定教育纲要，是民国四年（1915）一月由国务卿用公函发交教育部的，规定“中小学校均加读经一科”，除“初小读《孟子》，高小读《论语》”须读完原本全书外，中学须读《礼记》和《左氏春秋》两种节本。纲要中又把初小改称国民学校（另设预备学校），正式加入读经之国民学校令，是民国四年（1915）七月用大总统教令公布的；正式加入读经之高等小学校令和排定读经课程之国民学校令施行细则，就是“洪宪元年”（即民五，1916）一月公布的。

共和重建，教育部亟于废除；惟告朔饩羊，尚贻留于高小，外间谅其为袁氏所定，未集矢于部中。

案：民国五年（1916）五月，袁氏病没，恢复共和。教育纲要于九月国务院议决撤销；修改国民学校令和施行细则，把读经一科完全删去。同时以部令修改高等小学校令，却发现一个奇迹，它在第二条之后第三条之前加了一条，叫作“第二条（二）”，规定：“读经要旨，在使儿童熏陶于圣贤之正理，兼以振发爱国之精神。”“宜讲授论语大义，务期平正明显，切于实用。”所谓“告朔饩羊，尚贻留于高小”者，就是从这时候起，照官话说，直到民十七（1928）国民革命军统一南北，大学院组织的中小学课程标准起草委员会起草完成，由教育部于民十九（1930）颁布作为暂行课程标准的时候止，共计十五年，这个“贻留”都是有效的。这十五年之间，虽经过许多大变动，如民九（1920）之小学废止文言文，如民十一（1922）之改革学校系统，中小学校变为四二和三三制，但大家都不会注意这个“饩羊”；虽然小学课程也经过两次的修订，当然都把这个“饩羊”取消了，但在民十九（1930）以前都是草案，没有经教育部公布的，那么，照官话说，高小读《论语》的功令，袁氏的余势一直维持到民国十九年（1930）。这是现在讨论读经问题的人应该参考一段读经制度的最近史实。（至于中学校令和课程标准，袁政府时代因忙于帝制，教育部就把它搁起来，不改动，所以始终没有列入读经一科。）

然比年以来，如山东神童江希张辈，以所著经解呈请审定，颁行天下，俾小学诵习，奉为典范者，不一而足；部中概予驳斥，陈案如山。

案：这是民十四（1915）以前的话。这几天又看见江希张先生的四书新编样本，他新近出洋回国，果然学有进步。这路的经编经解，现在当然是要应运而兴的。

二、经是什么？从前要读经是为什么？

夫经非不可读也，特其名称必不可存！倘复定诸法规，实有百弊而无一利！

在昔六艺，实为《易》《书》《诗》《礼》《乐》《春秋》。《庄子》书中虽有“六经”之名，然固谓“奸七十君而不用”。迨秦汉置博士官，经典之尊，渐侔天地。然依时主之好尚，为人择事，博士之职，代有增加，经等于官，渐以冗滥。就今所存者言之，《公羊》《穀梁》《左氏》，皆传也，非经也，以其徒之各能博得一官也，后世遂并列之于经。六艺中但有今之《仪礼》耳，大小戴皆记也，非经也，《小戴》运命优于《大戴》，攫得经名，在今所谓“五经”中，竟夺《仪礼》之席，而《大戴》所记诸篇，不幸见摈于后世矣。刘歆附莽，特举晚周先秦之士所掇拾之旧章，颜曰《周官》，为立博士，于是礼之中又增一经。以传为经，乃有“三传”；以记为经，斯成“三礼”；时主任意之官，羌无标准；后人情钟势耀，概奉为经。《论语》《孝经》，今拟列诸小学读经课程者，亦皆记也，而非经也；《孝经》尤晚出，置诸二戴所记诸篇中，尚为下品。《孟子》亦列在读经课程中者；实则晚周诸子之一，更不名经，宋儒融会儒释，自成家言，利其富于心性之玄谈也，群然奉之，始则于经。《尔雅》恶劣词书，其价值远在《说文》《切韵》之下，以其多诂《诗》《书》，又妄传为周公之作，亦列为经。所谓“十三经”者，其杂凑既如此，而其地位之尊，传习之盛，又正班固所谓“利禄之途使然”。

且“经”之为名，本无甚深微妙之义，尤非至高无上之称：其字从糸从巠，巠即竹简，竹一片曰巠，糸者所以束之，与简、册、编、籍等字同义。其后引申字义，乃曰“典常”，进为“道法”。在孔子删述六艺之时，不过举积久散漫之古籍，整理而条贯之，视之为“艺”，传之其徒，绝非如秦汉以后之奉若神明者。秦汉以后，统一之局既成，所谓明君贤相，谋所以便统治而利驱策者，不能不使全国优秀之士局聪明于一途。自汉讫清，二千余年，尊孔读经，著为功令；利禄所诱，蔚成种性。此其影响于亚东文化者，得失之数，繁复难言，兹不漫衍，但言今日应以何道处之，则正本部之职责也。

案：当时钱玄同先生觉得这里所说十三经的来源还欠痛快，作了一篇废话（原经），见《语系》五十四期；吴承仕先生以为解释“经”字不合《说文》(此解实本章太炎说)，作了一篇经名数略释，见中大季刊一卷一号。都可参考。

三、现代对于经之正当的处理法

夫国体既曰民主，政府当局之对于被统治者，自不复当妄袭昔时君相保世传统之旨，犹存束缚驰骤之心：尤不当固执违实寡效之名，致塞顺理求真之路。本兹原则，敢决一言：苟欲厘定学术，整治教规，他事且不必谈，废绝“经”名，实为首务。“经”名不废，学绝道丧，即在目前：“经”名不存，然后古训旧章，悉有归宿。盖必废经之名，然后可以存经之实；必取消读经之科，然后可以得读经之益；则谓之“废经以存经”可也。

(A) 改编专史

法宜由专科学府，或国立编译馆，将所谓群经者，彻底整理。经部之书，浩如烟海，首编索引，俾易检查；次就群经正文，将二千年来诸家解说，悉分缀于其字句篇章之下；次则审核诸说，择其最后出而较适当者，姑假定为正义，是则所谓“十三经新注疏”者成矣。然后按今世科学之普通分类法，条系而件附之，科为一书，斯成“专史”。于是二千年前之文化，为后世典章制度所从出，学术思想所由来者，条理既已昭晰，真相可以大明。斯诚不朽之盛业，所谓“废经之名，即以存经之实”者也。

(B) 采作教材

至于本部所宜亟行从事者，即于前者之中，先择其有关教育者为之。非但教育专史资料之采集准备而已，即今所讨论之读经问题，亦唯此可得解决。群经旧训，若者宜编入公民科，若者宜作文学教材，若者为历史科所必取；自小学以迄高中，顺难易之序，酌先后之宜，编之课本，或写定教材，令编辑教科书者依法采入。或更图径易，则姑列经名或某经其章之名于此三科课程细目中，令就本经选读。此甚简而易行之事，所谓“废读经之科目而得读经之实益”者也。

不此之图，仍欲另标科目，谓之“读经”，远教科之原则，乱学术之体系，袭袁氏之绪余，示国人以非制：其事不便！

四、民十四（1925）之读经草案和理由

更有余义，请续陈之：

此次部中草案，“读经”一科，规定于初小四年级，以较旧制，且复提早一年。夫九龄之子，能习何经？每周一时，周年卒业，除《孝经》外，何经可读？若杂采经训格言，汇为课本，则是科也，何异“公民”？昔时幼学诵经，为其记忆力强，易于上口，有同器械，俾入场屋，试题一出，得知出处，免曳白耳；所谓利禄之途，不得不然也。今复如此，所为何事？前者部议，总长意若曰：经典自有权威，异于公民课本：读经之效，在敦士习以挽颓风。窃尝思之：经典之有权威，造端乎君主而成于利禄，前文所举，历有明征。国体既更，君纲不振；已馁之鬼，宁复有灵？欲使国民葆爱本族祖先留传之文化，其道自别有在：厘定故籍，精择教条，乃为当务之急。近年学风横决，原因甚繁；欲加整顿，亦复自有其方。读经空名，岂能挽救？况名之不正，实之不求，趋新者固将笔伐而口诛，笃旧者终亦面谀而腹诽。将来公布之后，即求虚应故事者，恐亦不可多得。

五、从前读经并无益于民族文化

且“经明”之与“行修”，夙已分为两事。有如元明以来，乡试中式，

便称“孝廉”，岂事实乎？八股取士之际，全国士子朝夕唯“代圣贤立言”，涵濡渐染，宜足以制行而敦品矣；究其实际，则昏诞浪漫，鄙恶不堪，锦熙二十年前，身历目击，以视今之学校青年，诚有过之无不及。至于三家村塾，学童如林，读经之声，溢于田野，其顽劣而无秩序，或局促如辕下驹；较以今之小学生徒，进退有规，应对中节，相去何啻霄壤？总之，往昔读经之年，士习颓坏，远过今兹：其貌为恭谨服从者，畏其父兄师保而已。其不敢啸聚宫门，侮辱当局者，君主斧锧之诛，严于执政金吾之禁而已。是其权威乃在君主斧锧父兄师保，何关于经训乎？

六、现在主张读经者之心理抉微

科举既废，学校代兴，为父兄者，家有子弟，计无所出，乃于校课之外，为延师保，授以读经：迩来亲朋，良多如此。然试鞫其用意，则自身服官，函牍文告，文章尔雅，有典有则，风尚未改，职业所系，将以余荫，贻厥子孙。每见朋辈过从，纵谈今昔，成语古典，连珠而出，子弟挟策还家，瞠目不解；于是疾首颦蹙，私忧穷叹，若干年后，岂复有能读吾案头之线装书者乎？不知正不欲人人之能读此线装书，斯即今日教育之精神也。抑正唯不欲人人能读此线装书，然后将来乃有真能读此线装书者出；此少数读线装书之专家，其成绩必大优于今之终日摩挲此线装书者，又可决也。

七、结论

是故叹旧籍之将废坠者，杞忧也；冀经典之挽颓风者，幻想也；列读经为学校科目者，虚文也。仅为虚文，犹可言也；当今日世界棣通，学术昌盛，国体丕变，与民更始之时，犹循昔时君相保世传统之故步，袭此束缚驰骤之遗策，固执违实寡效之名，永杜顺理求真之路，则所谓“有百害而无一利”者也！故锦熙主张：经固当尊，唯“经”之名必不可存！经固可读，唯“读经”一科在所必废！（原文完。）

案：当时徐虚生（炳昶）先生不满意此处所说的“经固当尊”这句话，作了一篇卑经，见《猛进》第某期，我却作了一篇《解嘲》答复他，见前《国语周刊》二十六期。至主张读经，攻驳此文的，当时却只看见柳翼谋先生的《解蔽篇》，见《学衡》四十九期；我也作了一个《解蔽篇》答复他，见《教育研究》四期。

民国十四年（1925）的读经案，在教育部是无形取消了。但民十五（1926）那一年，北洋军阀差不多都在严饬所属学校读经，或提倡读经，如奉，直（褚），鲁（张），鄂（陈），联（东南系军总司令孙）等，并且有下令禁止白话文的。现在这个读经问题，观往察来，可以断定，决不会闹到教育部的法令上去，因为自民国创造以来的最高教育行政机关总是不开倒车的；也决不会停止进行，因为社会上的新旧思潮总是一起一伏的。凡遇着一个兜圈子的问题，最好是搬出“老话”来，一来节省时间，二来可以使人弄明白本事件的历史，再察看现在重复发生的真正原因，是否掺入了一点新的意义和较为进步的办法，就可以断定它是否值得重新研究和讨论。我的意见，当然反对读经，但同时也极端主张读经，这不是说玩话，谓予不信，请看《国语运动》大纲序的一〇二页。

本国语文教学法提要*

（一）定义及范围　凡一国之语文教学法，应具广狭三义。就本国言之：一、广义，包括初等教育之国语科及中等以上之国文科而言。二、狭义，即普通各种教学法中之“国语科教学法”，以初等教育为主，分为说话、读书、作文、写字四项。三、最狭义，则可专指“说话”之教学法而言，曾有名为“国语话教学法”者，所以示别于“国语文”之讲读写作也。兹用广义，故名“本国语文教学法”。若径称为“国语教学法”，亦通，因在学术系统上无论教材为简单的语言或为高深的文艺，一涉普通教学，即系四百号“语言”的立场，并不站在八百号“文学”的立场也。又“教学法”在一般意义上，可包括“教材”之研究。

（二）国语国文科名称及课程内容之沿革在民国九年（1920）以前，中小学皆称国文科，绝对不用语体文。自民九教育部将“国民学校令施行细则”第四十条修改后，全国小学校乃照章改称国语科。其时初小尚称国民学校，四年之间，概用普通语体文，不用文言文；高等小学则语文参用。又于细则中载明“首宜教授注音字母，正其发音”。此即国语科与从前国文科内容不同之点。迨民国十一年（1922）“学校系统改革令”公布后，全国教育会联合会特组织“新学制课程标准起草委员会”，又将国语科名称扩充而用之于中学，于是，初小、高小、初中、高中之课程名称概易国文为国语（但实际上未一律）。内容则初小专用语体，高小则偏重语体，初中语文均衡，

---

* 选自1947年《上海教育》第3卷第9期。本文于1926年收入《教育大辞书》，商务印书馆。

高中则偏重文言（第一组注重文学者，尤有偏重文言之势）；故当时国语科既扩充范围，其内容并包语体与文言，在中学以上实与从前之国文科无复区别矣。迄民国十六年（1927）学制更新，中学仍名国文科。民十八（1929），民二十五（1936）小学国语及中学国文课程标准迭有颁行。抗战以来，实行新县制，小学改称中心及国民学校，其民教部成人班妇女班皆颁有国语课程标准。民二十九（1940）“初级及高级中学国文课程标准”又加修正，民三十一（1942）“师范学校及简易师范国文课程标准”亦加修正，而民二十九（1940）又公布“国语讲习课程暂行纲要”，是为今制。质言之，广义的国语乃对外国而言，故可括国文；而广义的国文，并收语体教材，则亦不复与国语对立，兹故合而称为“本国语文科”云。

至其教学法，亦有随时革新之势，即分四项言之：

（三）读书（一称读法，中学以上亦称讲读）　**（壹）**注音识字：初小识字先利用注音符号。民二十四（1935）部颁“促进注音国字推行办法”第四条：“初小一年级上学期入学之始，应先授注音符号；俟练习纯熟后，再授国字正文。”民三十四（1945）十月部令修正为第三条：“国民学校初级小学一年级上学期应以国语科全部教学时间一半以上，先行或同时教学注音符号，而与国字课文取得联络，以期由注音而识文字，提高文字教学之效率。”盖注音符号练习纯熟之后，可以规范读音，全国统一；又便检查字典，利于自习。而凡用“注音国字”印刷之儿童及民众读物声入心通，不难速读遍览，其益尤大。唯注音符号之教法，随所教之对象而不同，法有三：1. 分析法，从字母发音而及拼法，训练师资用之；2. 综合法，径即用字母拼写简单故事，视同文字，初小儿童用之；3. 折中法，用字母拼写单词，组织速就，民众补习用之。此三法若误用，则学习之效率必大减低，不可不注意也。**（贰）**教材：1. 在小学以“儿童文学”为主，大约可分为：（1）儿歌，（2）诗歌，（3）谣曲，（4）寓言（包笑话及谜语），（5）童话（包神话及无稽的故事等），（6）传记（包传说故事及史话等），（7）物话，（8）小说，（9）游记，（10）戏剧等十类。每类分量，视各年级之程度而斟酌之。其有必采之实用教材，亦当出之以文学化（例如物话）。教材亦可采自古籍，唯初小必译成现代国语；高小偶用原文，而酌易其过于古奥之词句可也。2. 进至初中，则教材以选读古今名著为主，而辅以实用文。文言语体不拘，唯文言名著，须择其确能代表一时代之文学或思想文化者，语体则择其为行文之模范者，盖前者之目的只在欣赏激励（引起文学的兴趣及民族文化的认识与观感）与求知（使能看平易之古今文言书报），后者之目的则注重在应用（养成其正确自由发表思想与情感之能力）也。3. 高中教材亦以名著为主，唯程度较进，分量较增，更宜支配以文学史的系统，使知古今各体文学之相当位置。此外则本国文字，音韵，文法及国故之类，亦当使知其大凡焉。4. 专科及大学，则自民二十七（1938）科目改制，亦于一二年级设立共同必修之普通国文，部选五十篇，其中必读二十篇，皆文言文，旨在予以具体的国故知识，而各大学或别选语体文艺为补充教材焉（参考《大学国文之统筹与救济》，见高等教育季刊二卷三期）。（叁）教科书：自小学至中学以上，皆分为精读与略读二种。精读者即通行之大中小学国语国文读本选本或教科书，须经教育部审定（抗战期间，趋向国定）。用以课读讲论于教室中者，是为正读本。略读者则为副读本（不复名教科书，在小学亦名补充教材），由教师选定，指导学生自由阅读，或时人著译之品，或书籍，或定期刊物，均可按程度及需要，用作略读之教材。高中以上则参考浏览之书愈多，唯宜指导门径，不复有所限制矣。（肆）讲读教学之方法：1. 在小学，从前多依赫尔特氏等之五段法，将每课教材作一单元，分为（1）预备（2）提示（3）比较（4）概括（5）应用五个教段，嗣或并为三段。近则大都参照杜威氏根据机能心理学（Functionel Psychology）所分思想之五个历程，而定教学程序为：（1）欣赏与整理（即动机、预习，观察，问答，讲解等事项），或称为“理解”段，（2）练习（如诵读等），（3）思考（即深究文字及内容，包比较、概括等事项），（4）建造（如表演等，近于应用矣），或合练习、思考、建造三个历程而总称为“练习”段。继是而自由活用与创作，则为读书以外之“发展”段矣。此种新教段，以学生自发自动，自己表现为主，所谓儿童中心主义是也。2. 中学以上讲读，教段形式可不必拘，唯自动之旨尤宜注意。而“语体文”与“文言文”两类教材必须分别处理。其中原则有两纲四章。（甲）纲为语体文须与语言训练相联系，其目（1）先须“耳治”，（2）注重“朗读”；（乙）纲为文言文视与外国语文同比例，其目则（1）必须“背诵”，（2）彻底“翻译”也。（参考

《中等学校国文讲读教学改革案》，西北师院出版）。此外如设计法，分团法，道尔顿制，及集体研究，皆于教学读书最为便利而有效者。

（四）说话（通称语言，一称话法）（壹）标准国语：说话教学，从前殊不重视，自民九（1920）改小学国文科为国语科之后，一则国音颁布，将藉教育以谋本国语言之统一；一则语体文通行，在学习之正当过程上，不复能徒持眼看、手写，必须兼作口说、耳听之训练，故说话一项，实已为本国语文教学之中心。唯教学说话，用词发音，必先有一种客观的标准语；政府公布之国音，系北平语为根据，益以交通文化政治历史种种关系，事实上早已公认北平语为国语之标准矣。（贰）因地制宜：由于中国地大物博，方言万殊，大抵黄河流域之北方官话，淮汉及长江上流之南方官话，俱与此种标准语相近，苏浙语较远，闽粤语更远，此其大较也；因之说话教学法，因地制宜，不能一律；近于标准语者，读书与说话，可合用一种教材；远于标准语者，则宜分别处理，而特设“说话时间”，专作口耳技术之训练，此在小学高年级与中学以上之补习标准语者尤为必要。（叁）教材与教法，可分为三：1.“读书前”之说话教学，幼稚生及初小低年级，可用简单会话，童话讲演，对于实物或图画之问答谈话等，使获得口耳上自然的训练；或采“演进语”教材作有意义的练习。要之，此时即令其母语（mother tongue）向标准语方向发展，实说话教学之基础也。2.“读书内”之说话教学，即于教学读书时，不偏重心目，兼锻炼口耳，如读本内容之问答，演讲，辩论，诵读（语体文须实行口语式的“朗读”，乃说话教学最重要之练习，特宜注意，即前节论讲读所谓“语体文须与语言训练相联系”也，以及口头的各科试验等，均属改进口语矫正方言之机会也。3.“读书外”之说话教学，此在远于标准语之区域及高小，中学以上，更为适宜，即采用近代外国语之教学新法，专练口耳，不倚赖符号（文字）及媒介（如翻译），如直接授注（The Direct Method），即不用文字而以实物为教材，动词则以动作示意；演进法（The Series Mothod），此法人孤昂（Couin）所创，故亦称孔昂式，即以动作为各种教材之线索，循序演进，随说随做；命令法（即就上法稍变为教师说，学生做，或学生间互相说做）等皆是，而校中之演说，辩论等会及话剧团之导演，即其实地练习场也，此则于教书外教学标准语最有效果之方法也。说话教材如用文字记载，用汉字不如用注音符号拼写，唯词类多应连书，声调必须标明，国语译音符号（即国音罗马字）即将声调包在拼法之中，尤为适用。

（五）作文（通称写作，一名缀法，或称作法） （**壹**）文法基础：在学生方面学文法，作文系以读书（模范文）说话（标准语）为基础，在教师方面则必以国语为出题设例之指针，与正误计分之标准，故于讲读授课时，教者先将课文作一番文法上之图解，并随时填记“词类检查表”，则读书与作文自可得深切而有秩序的联络。此为教师预备功课至要之事，宜从初小起，逐年行之，讫于高中以上，则对于指导作文，应如何而后能文从字顺以臻于修辞之美，乃能确有把握。且作文测验之尺度，所以判定学生之通与不通者，尤赖此国语文法为基本准备焉。（**贰**）作文教程，1. 小学：初小前二年以简单语言之记录发表为主，如校中物名地名之标签，易忘事件与教师命令之记录，简单便条、标志、通信、报告等之设计是也。唯有一障碍，即汉字笔画之难记，最好即将未学或偶忘之汉字一概代以注音符号，故此期作文之先决问题，即在熟练注音符号之拼写，则教学上方可无失败之虞。至初小后二年作文，尤宜注重设计，使其可以应付环境，发生实效，如（1）实用文（2）记叙文（3）说明文诸体，均得借此多方练习，并研究其作法。凡练习作文，以事理真切，下笔迅速，文法正确为三大要素。高小则可进而间作（4）抒情（5）议论之文，但亦宜法重设计也。2. 中学以上：其应习之文体，大致亦不外此数种；至于诗词等纯文艺作品，及古体的美文，可随个性，自由拟作，不加限制，亦非必修。其必修者，即从初小以讫高中，真切、迅速、正确之“语体文”技术，必按级各达到相当之水准。至于应用的“文言文”，初中固可视个性随意练习；高中以上不作则已，作则不宜更有文法上之错误。要之，能自由运用语体文发表思想者，乃“作文”之目的，而自由阅读并欣赏一切文言文及有注解之古籍者，则读书之目的也。前者重在“能”的方面，后者则多属“知”的方面，此作文与读书关于文体之重点有不同也。（**叁**）文法应用：作文出题，宜多从设计中来，并与读书联络。批改则宜根据文法，程度渐高，则导以修辞。文法既为作文教学之根据，则课程中自当随宜列入；大抵高小讲读时，即应有关于文法的指导，示以必要之术语及法式；初中始可附课文后或另用课本，先授以国语文法纲要，注重句法之结构及主句、从句等轻重关系，析词则根据句法，并宜利用图解，多习例题，渐及于语体与文言之比较研究；高中以上，则着重修辞之要点，渐及古书之词例，总之文法以应用于作文为主，故批改作文时，尤宜注意其实际的效用。(**肆**) 批改方法：宜用六种符号（即以“ㄅ”及“ㄘ”表白字及错字，以“╳”表文理不通，以“——”表词句欠妥；不通或欠妥之属于事实错误，常识不足者，各加“ㄕ”，其属于思想错误，逻辑不合者，各加“ㄙ”，如是而已），用红笔标记于字旁，发还自改，改毕复缴，核正记分。并填记四种错误表，即：1. 字体错误表，2. 文法错误表（包括虚词、语句、段落，及标点符号诸错误），3. 事实错误表，4. 思想错误表，以便作个别及全班之指导，且备统计研究。

（六）写字（一称书法或习字） (**壹**) 习字教程：幼稚生及初小低年级，可利用玩具，如国音字母版片（即国字四巧版西北师院劳作专修科制），先熟练四十个注音符号之间架，进而练习注音符号楷体之笔法。即可为书写国字基本笔画之根底，一面与读书作文联络作国字之设计练习。年级渐高，则使熟习注音符号之草书，并临摹国字之中楷与小楷，参习行书及简体字，以迅速使用为第一目标。笔法求圆转清秀不宜矜持呆滞；盖写字教学之目的，即为养成“工整地疾书”之技能也。至高小及中学以上，可以临帖，篆隶行草，随性所宜，唯此实“形象艺术科”之性质，无关于书法之应用矣。(**贰**) 文字字母注音符号之别体，即国音字母第二式译音符号，其拼音之基本形式，应于高小末年学习纯熟，书写整齐，因其与外国语西文字母相同，故其应用甚广。(**叁**) 错白简体：关于国字的错字及白字，其矫正固属“作文”之范围，而辨认亦宜就“习字而指导”，盖破体多起于碑帖行草，简体多成于“赴速急就”，斟酌变通，习字时正好说明其标准也。

（七）成绩测验及其他　以上四项成绩测验，均宜有一定之尺度（Scole），此为本国语文教学法上研究已久而未获圆满解决之问题。盖“读书”之测验，有文白体裁深浅死活之不同；“说话”则国音国调，国音土调，土音土调尚在杂糅之中；“作文”则尚未树立应用的文法标准；“习字”测验，过去教育研究者贡献较多，且详《新著国语教学法》一书［商务馆出版，民十四

(1925)]。要之，本国语文之成绩测验，计分定等，大都任课教员以意为之，并无客观的共同的标准，此尤亟宜科学化者。其他如设计教学之实例，儿童文学之类别，繁缛的字体在初步作文时所生障碍之减免，以及教具（如国音字母版片）之制法，并已述于《新著国语教学法》书中，此不具详。至若关于中等以上国文科之教材教法及其改革方案，亦皆别详专篇。此但约略言之，提要云尔。

上编

分论

◇ 中小学语文教学

初等小学国文教授法·例言*

一　本书依据读本教授细目，疏析其内容，证明其教法，故名“教授细目疏证”。按册编辑，专供教师之用。

一　本书体裁准照“教授细目”于每课中分为以下之诸项：

（1）要旨　标明本课主意之所在。

（2）区分　预定本课应区为若干时间，但教师亦得变通之。

（3）教材　载本时间所授读本本文。凡生字旁加双圈以别之其已读之字而音义异者，亦于字旁加点以为别。

（4）要项　就形式上、实质上分述之。

（甲）形式上　字之读法、写法、用法及词性、修辞法、文章之构成等，皆按照本文逐项说明，此为本书最精要之点。

（乙）实质上　依据本文文字，说明其内容，按照儿童心理，输以各种常识。

（5）准备　示教授时所必需之实物、图画、模型等。

（6）教授上之注意　通各课或全课有必要注意之事项，特提出之。

一　上诸项中，有关于教材之由来，或应详晰征引之处，随时增标（备考）一项，以省教师检查之烦。

一　上诸项中，有教授上特宜注意之处，而不关系于全课者，亦随时增

---

* 选自 1914 年 8 月出版的长沙宏文图书社《初等小学国文教授法》。

标（注意）一项。

一　上诸项中，复适宜标出分纲。凡疏证处，再适宜标出子目，以醒眉目。

一　本书采三段教授法，将各段用小字标明于各分纲或各子目之下，以便教师依据编成教授案，即径用本书教授亦有次第可寻。

一　读本课本之分配，及教授与复习时间之斟酌，均系本之经验，特于卷首列教材分配表，以便稽核。唯实际教授上，尽可依教师之意见，适宜变更之。

一　读本编辑之旨趣，另有详细说明。

（附言）本书创条发例，锦熙主之。以无经验，但凭研究，究竟适用与否，极难自信。名称用“疏证”字，嫌其类似经解，以广告已出，故姑仍之。至从事编纂，则初稿成自缪君，其时间分量之分配，悉所规划。中经方君之增益，而锦熙汇合之，复多所增芟。意之所重，乃在文字之系统，与常识之抉择，至诸教法，则胪列各家之本而取其长，然终觉无把握也。且出版仓卒，尤多不满意之处，敢乞各小学校教师之试用本书者，诸所未合，悉为指正。同人之意，固将藉是以求师友，资讨论，敢自云美备耶？民国三年（1914）八月黎锦熙识。

初等小学国文读本第一册教授细目·第一学年教材分配表*

（联络要项准备等，杂见细目中，故本表不列）

第一学期 （凡十六周）

周	题　目	时　间	要　旨
第一周	第一课　人	一时间	就“人”为各方面之观察，以感发儿童入学之兴趣。
	第二课　手．巾	二时间	与前项教材联络，使儿童知身体清洁之必要。
	第三课　衣	一时间	与前人字联络，授以生活上必要之物，并使知卫生上修身上，对于衣之注意。
第二周	第四课　口．舌．牙	二时间	与前人字联络，使知卫生上修身上，对于口之注意。
	第五课　木．土．石	二时间	就直观上，授以自然界之物，并使略知地理上之基础观念。
第三周	第六课　田．米．瓜．豆	二时间	与人．口．木．土等课联络，使儿童略知人之生活，与自然界之关系。
	第七课　屋．门．桌．椅	二时间	与前衣．米等课联络，使儿童于衣食住三者略知系统的观念。

---

* 选自与杨昌济、缪兆珩合编的《初等小学国文读本（第一册）》，1914 年，长沙宏文图书社。

续表

周	题　　目	时　间	要　　旨
第四周	第八课　父. 母	一时间	承前各课，就各项生活上之观念，而溯其本原，使儿童略知父母之恩。
	第九课　扇. 枕	一时间	与前课联络，授以孝亲之故事，以启发儿童之天性。
	第十课　鸟. 蛋. 一二三	二时间	承前二课，以亲子之关系，推之于他种生物，并授以一二三等数之观念。
第五周	第十一课　人有手. 人穿衣	一时间	授以动词之用法，使渐知联字成句之法。
	第十二课　洗手等四句	二时间	承前课为短句之练习，并使注意身体清洁之事项。
	第十三课　田有瓜五句	一时间	为数之练习，并授四数之观念。
第六周	第十四课　桂花. 日光	二时间	授以自然界之物，使知日与人生之关系，并启发儿童爱美之心情。
	第十五课　夜有月. 星光明	二时间	与前日字联络，授以秋夜之景象，使对于日月星略得综合之观念。
第七周	第十六课　鸡鸣. 早起	二时间	承前课，授以晨起之景，以养成儿童早起之习惯。
	第十七课　面上有目. 有耳	一时间	与人之观念联络，使知目与耳为身体上重要之机能，及修身上卫生上之注意。
	第十八课　手有五指四句	二时间	就人之手，授以五数，与方位之观念。
第八周	第十九课　书一本. 笔两支	二时间	授以学校生活上必要之物，并入校时对于书笔之注意。
	第二十课　哥哥. 弟弟. 打球	二时间	承前课，由学校生活上，及于家庭生活，使领悟天伦之乐趣。
	第二一课　游戏	一时间	与前课联络，由打球之观念，及于各种游戏，以养成儿童之兴趣，及活泼之精神。
第九周	第二二课　兄大三句	二时间	与前两课联络，授与兄弟友爱之故事，并使明了物体大小之观念。

续表

周	题　　目	时　间	要　　旨
	第二三课　菊花五句	二时间	与前桂花联络，用实物教授，以红·黄·绿色之观念，以引起儿童审美之情。
	第二四课　母洗衣三句	一时间	与前课联络，就衣之练习，授以蓝.白二色之观念，并使复习母字. 洗字。
第十周	第二五课　天有日五句	一时间	就日．月．星三种观念为综合练习，授以文字之用法，并复习大小之观念。
	第二六课　兄弟同坐三句	一时间	与第二十课联络，由直观上使练习方位之观念。
	第二七课　头在上三句	三时间	就身之各部分使知人体之构成，即以完成其上．中．下位置之观念。
第十一周	第二八课　黑云三句	二时间	与前天字联络，由日．月．星而及于云．雨之状态，并使略得制驭自然之观念。
	第二九课　风吹二句	二时间	承前课授以风之作用，以完成其自然界之观念。
	第三十课　国旗二句	一时间	由直观上授以国旗之形状，以养成国民的兴趣，并综合前授各色之观念。
第十二周	第三一课　学校学生三句	二时间	与修身科联络，授以关于小学生应注意之事项，与对于师长之礼仪。
	第三二课　书包四句	二时间	与前课联络，由直观上授以学习用品之必要，并使知使用上之注意。
第十三周	第三三课　姊妹三句	二时间	与前兄弟联络，感发其姊妹之情，并使知缝纫为女子必要之技能。
	第三四课　鱼在水内二句	二时间	授以鱼之形状动作，以养成儿童活泼之天机。
	第三五课　人在屋内二句	一时间	与前屋．门二字联络，使知纳光通气为卫生上对于门窗之要。
第十四周	第三六课　扫地．抹桌椅	一时间	承前课，授以洒扫拂拭之事，以养成儿童清洁之习惯。
	第三七课　跳绳三句	二时间	就儿童跳绳之游戏，授以六．七．八．九．十五数之观念。

续表

周	题　　目	时　间	要　　旨
第十五周	第三八课　兵四句	二时间	授以军队组织之观念，以养成儿童尚武之精神。
	第三九课　学生回家三句	二时间	授以归家时应注意之事项，与对于父母之礼仪。
	第四十课　吃饭五句	二时间	承前各课，结合其关于家庭之种种观念，并使知食时应注意之事项。
第十六周	第四一课　狗有四足三句	一时间	与前鸡字联络，使儿童略知对于禽兽之观念。
	第四二课　田家三句	一时间	与前课联络，授以田家之景物，使知对于农业上之注意。
	第四三课　一儿九句	二时间	授司马温公儿幼时击瓮之故事，以启发儿童之爱友心。
	第四四课　我在家四句	二时间	授以家庭温习功课之事，使知对于学业上之注意。

文字改革和语言科学、语文教学三结合的建议*

——初等教育阶段

前言：《中国语文》1966年第2期陆俭明同志的《对语言学面向农村面向实际的点滴体会》对于“推行拼音扫盲和小学试行拼音教学”作了一番“社会调查”，提出了几个“需要我们去研究解决”的问题。我认为这些问题在目前初等教育的语文教学中尤其是在农村中非常重要，提得好，其问题分项概括如下：

（1）怎样本着“又快又好又牢固”的精神教汉语拼音呢？能不能采用目前在学校里的一套教法呢？

（2）应该尽量避免讲名词术语和深奥的理论，可是又要让学员掌握拼音的知识，要做到这一点，究竟要怎样教才好呢？

（3）注音识字得突破方音的限制，是让学员先学会了普通话再学拼音，还是边学拼音边学普通话呢？如果采用后者，又怎样突破方音的限制来进行拼音教学呢？

（4）从事扫盲工作的同志需要掌握方言与普通话的对应规律以利于教学。怎样找出这种对应规律呢？通过方言调查整理出来了，但教学中直接跟

---

* 选自《语文建设》1990年第1期。

本篇只谈初等教育中语文课本改革部分。至于其他部分以及关于中等、高等的语文教学改革，由于笔者健康关系，拟改为集体商讨，分篇续谈。

学员讲这个是行不通的，那么又如何让学员掌握这种对应规律呢?

这些问题实在也是多年来语文教学和文字改革运动中还没有好好解决的问题，到现在可再不能马虎下去了。前年（1964）我在疗养中曾把个人所见到的写了一点儿，作为文字改革工作者的内部建议，只因命题过大，不能完成。现在特把与上述问题有关的部分发表出来，请广大读者参考指正。

文字改革是我们中国人民的历史任务，是党在文教科学方面的方针政策之一。“推广普通话”是文字改革的基本条件；“拼音字母”是文字改革的基本工具。就汉字说，“简化”它，是目前文字改革的初步工作；让它逐渐走向“拼音化”，才是文字改革的前进目标。配合全国各级各类学校的“语文课程”和广大农村的“扫盲”运动来进行这种工作，是文字改革的主要方式。而以马克思主义为指导的“语言科学”则是文字改革的理论基础。

文字改革和教育改革是密切相关的。目的都是一个：为了我们7亿中国人特别是青少年更普遍而迅速地提高文化水平，掌握科学技术知识，实现四个现代化；把我们的祖国建设成强大的社会主义国家；因此，对于“语文”这种教育工具就必须加以统筹而适当的改革。文字改革可说就是为教育改革服务的。例如教育改革中的重要问题“缩短各级学校的学习期限”，若不考虑到文字改革，仍不免事倍功半；文字改革的各种工作，若没有教育方面的推动，也就寸步难行。

因此，我们以文字改革为主题，紧密地结合各级教育的语文教学工作和语文专业的科学研究，提出一个综合性的具体建议。这只是根据个人以往的局部的实践经验和最近10多年来的客观情况，把一些矛盾现象试加分析，找出主要的矛盾；从而提出分别处理和彻底改进的初步意见。为了具体落实，特采用提案的方式，分初、中、高三个教育阶段，顺次列出纲目，略加申说，以备讨论。

首谈初等教育阶段：

一、幼儿园（大班）必须认熟26个汉语拼音字母（zh、ch、sh 3个也该算作单位，合为29个字母）。

幼儿园应否教学识字问题已经讨论了好多年，这里暂不提及，只要求如本条的规定。几年前，幼儿园已有连字母带拼音都教会了的，东南大方言区有些朋友跟他的下两代的孩子通信时，孩子们居然用字母满能“写话”，并且是标准语音的普通话，拼得没有错，自己还不如，认为中国文字应该采取“两条腿走路”的办法，拼音文字似可与汉字同时并进。① 但最近，作为“标准语音”的首都北京，倒把幼儿园教学拼音字母这个措施停止了。② 我国地广人多，差距很大，不敢普遍地平衡地要求如前者，但对于后者，我们认为要进行一番调查研究，展开讨论，得出总结。如果照本条的规定，仅仅要求 29 个字母的普遍认熟，似无任何困难。历来用拼音文字的国家对学龄前儿童教学字母的各种各样方法都可参采。拼音方案公布后，国内各地幼儿园教字母的也积有许多有效的经验。幼儿园认熟 29 个字母这一点若不办到，下一步就要大受影响。

幼儿园**只学习楷体字母**；小楷为主，大楷也可兼习。幼儿园也可利用教具略习拼音，但目前不列为普遍的要求。

二、正规小学《语文》课本第一册，其改革的要点有三：

（1）**只用“拼音字”，不同时教学汉字**（单编一种《汉字》为辅助课本，另订课时，说见下）。

（2）**先只记读“音节”，不先教字母的发音和拼音**，其法：（一）因为幼儿园已有认熟字母的基础，这里只须把一个音节当作一个汉字来教学。例如“开学了”的“开”，只须按照字母名称唱出“（k，ɑ 带横，i，——kāi”，如同向来教汉字的唱数笔顺：“一横，一横，一撇，一直——开”。（二）课本

---

① 例如 1961 年 4 月 5 日光明日报《文字改革》双周刊（总第 19 期）发表的周建人同志《从孩子学拼音说起》，又 1962 年 6 月号的《文字改革》月刊发表的沈雁冰同志《关于小学生学会拼音字母又回生的问题》。这两种刊物所发表的调查报告、各地汇报等，其中的事例还不少。

② 据北京市教育局幼儿教研室的同志谈，幼儿园大班的孩子从发育情况来看，有能力也有兴趣学习《汉语拼音方案》，只是由于小学的老师觉得组织学过拼音方案的儿童（经过幼儿园教育的）和没学过拼音方案的儿童（没经过幼儿园教育的）一起学习有困难，同时，掌握拼音方案的幼儿师资也不足，才于 1963 年 9 月规定幼儿园的儿童停学拼音方案，改学认读 100 个最常用的汉字，只认不写。本篇初稿曾誊印分请有关的师范院校（附设幼儿园的）和完全小学提意见，对于此点，多数也是说幼儿学习无困难，但师资有困难，到了小学一年级，在教学组织上确有困难。

读到一半时，才把已读过的音节中出现次数较多的字母，部分集中于某课之后，逐渐分析概括，进行字母发音和拼法的教学。例如与“开”字同韵母的“摆、排、买、带、太、来、盖、孩”等音节，只要是已读过的，列出来，把“ai”这个“复韵母”从中提示，练习发音。（声母与韵母拼音辨调等教法，准此类推。）

（三）等到课本读完，才把全册音节中的字母整个集合起来，分析、归纳，系统地结束发音和拼法（略同现行课本第一册的前一部分）。——拼音字母的这种教法，叫作“先综合后分析法”。①

（3）**课本编法**：（一）内容方面，应以从社会主义到共产主义的新时代的儿童在发展中所需要的知识为取材标准。（二）形式方面：只把拼音字母拼成的汉语**普通话 394 个常用的音节**，② 遵照儿童的语言水平（不再因为汉字的牵制而压低他们实际的语言水平），编组为**正式课文**。教学时以内容知识为主，文字上，只要求把这 394 个音节看成 394 个生字（斟酌情况可以再少一些），在课文中反复练熟。卷末须附编几课，系统地归纳字母发音和拼音体系，再附个本册 394 音节的词汇表，注以汉字。

儿童习作即用拼音的词儿。已读过的词儿若拼错了（或落了调号，错

---

① 请参看《谈字母和拼音教学的“综合化”》（1963 年文字改革出版社本）172—177 页。这就是“初小语文课本第一册编法”的简明方案；这种编法的沿革概略，附见该文的注④。1964 年 7 月山西稷山县文教局编有实验课本《yǔwén》第一册稿本，可以参考。其他如山西万荣县等地，也早有这样编印的课本，但多同时配进少数汉字，以适应一般体制，这与本篇上述的第一个要点不尽相同。再说稷山实验本，其第 18 课以前仍是教学系统的字母拼音，基本上同于一般课本，自 18 课以下才是课本的拼音正文。这又与本篇上述的第二个要求不尽相同：我的意见还在于劈头就教学拼音正文，让每一个音节的形、音、义同时起着综合的反映作用，初步学习时，不单纯要求字母拼音拼得很快。——据晋南实验蹲点的初步报告，学生拼音的熟练程度，万荣本较胜于稷山本。

② 请参看《谈汉语拼音方法的“音节化”》。见《汉语规范化论丛》168—172 页（1963 年文字改革出版社本）。这 394 个音节是“至少数”，数字的根据见该文的注③。一般汉语拼音课本采用“音节化”教法的，可参看叶籁士《汉语拼音入门》（1964 年本）。

了调号①），都以错别字论，严格纠正。

辅助课本《**汉字**》的编法另议。大致就是在正式课本第一册的“常用音节”中挑出笔画较少的汉字先教（当然以简化字为正体），运用各种方法使儿童易于**牢记字形**。② 至于字音和字义，只须联系正式课本，不要再编课文。

小学一年级的语文课分编《语文》《汉字》两种课本，是不是增加了儿童的负担呢？不然。这只是把一种夹杂的课本分成两种纯洁的课本并又取得紧密的联系而已。现行或试用的《语文》第一册大都把字母、拼音、文字（汉字）形体、词语练习都挤在一本小册子里，量虽“少”，质太杂；头绪多，易“夹生”。学习时既不免“夹生”，将来就更易“回生”。如果能打破成规，把汉字形体提开专教，尽先教好拼音的正式课文，形、音、义一贯，暂不让另一种复杂符号（汉字）来干扰，来施压力，以致影响儿童语言的自然发展，这样就可不违反儿童的学习心理，符合儿童认识过程前进的规律，整个语文教学（包括汉字在内）的效果必然好些。这是从教学改革方面设计来解决多年的矛盾问题，还不是谈文字本身的改革。若再另从文字改革方面来看，这样办也是必要的。汉字固然是现实社会需要的工具，但谁都意识到它的本身并不是一成不变的；对于下一代，再下一代……，我们不应该老不给他们打一点儿“拼音化”的坚实基础，所以这种办法是及时的、有远见的，对于我们社会主义文化的发展前途是能起“促进”作用的，是语文教育中一种“革命化”的工作。但我们要估计到：这种形式的小学一年级语文课本，在现阶段还是要遇到反对的。反对的理由就在于与汉字普遍使用的现实环境不相适应（尤其是学生家长多数要提意见），这就在乎我们善于解释，

---

① 北京音四个声调的“调号”是：“ˉ”（横，阴平），“ˊ”（挑，阳平），“ˇ”（拐，上声），“ˋ”（捺，去声）；很简易，据多年教初学的经验，最好是暂不提“四声”等术语名称，例如“开（kāi）”是阴平，教 ā 时就唱个“a 带横”；“海（hǎi）”是上声，教 ǎ 时就唱个“a 带拐”……。并且这四个调号的形态，是依着高低升降的口头“调值”描画出来的，教时可用手势照着形态指挥，儿童易领会，感兴趣。请注意：汉语汉字的声调区别很重要，若不与字母的韵母同时教好，就会脱离语言实际。

② 近年各地小学，如北京的景山学校、辽宁的黑山北关小学和锦州市各小学等都在实验汉字的新教法。（后两处可参看《人民教育》1964 年 8 月号的调查报告。）

耐心说服。可是也要估计到，并相信：将来必为大多数群众所欢迎。

三、正规小学《语文》**第二册**起到**第六册**（假定是初小结业时，依 10 年一贯制把小学缩为 5 年；初小 3 年，高小 2 年），用**“注音汉字”**① 排印：上边一行仍如第一册，是拼音字的课文；下一行全用汉字如今通行本。上下两行紧挨着，词儿都连写，词间都隔开，都加标点符号。上下两行逐词对照。**教学上，以汉字课文为主**（这是适应现实）。

这种双行课本的形式是特殊的，是彻底打破历来课本形式的旧框框，可说是一种“双轨制”，是汉字走向“拼音化”必经的过渡阶段。但须注意：这只是“阅读”的课本（一般书报用“注音汉字”排印的，也只能供阅读之用）；一到“写作”，仍用单轨，只写一体，不作双行。读第一册时，学生习作只写拼音的一轨（已见前）；读到第二册，学生**习作就逐步改写“以汉字为主”**的一轨（这当然也是适应现实），但凡**未学习过的汉字，都得用拼音的词儿来代替**（由于普通话的 394 音节都熟习了，基本上就没有拼不出来的口头字音了）。汉字和拼音字的词儿都须严格地纠正错别字。这种单行的习作形式也是特殊的，可说**是“混合单轨制”**；在目前虽然也属于过渡阶段，但到将来，汉字逐渐“拼音化”了，而这种“混合单轨制”的书面形式总还是存在的。（其实，早已存在，过去翻译西洋科学技术书篇，也有照排横行、参用洋文的，基本上就是这种形式。历史上使用汉字的国家，如日本，到现在还是这种形式。）

四、正规小学《语文》**第七至第十册**（高小两年），**用汉字**，如今通行本，但有三点不同：（一）新出的汉字生字都给注音（注在字上，不离课文）。（二）新出的复合词，不论汉字的生熟，都把拼音词儿对照在字上（不离课文）。（三）凡**音译的外来词语**，尤其是地名人名等特有名词，除旧译的汉字已通行者外，可即用外语原文，或转写为汉语拼音字母；**科学技术所用的专名术语**不便用汉字翻译的，以及汉语中的部分**虚词和象声等词**与汉字并无词义关系的，都不用汉字，**直接用拼音独立地写入课文中**（也在每册卷尾的词汇表中注出所代表的汉字）。——这种书面语的形式，也就是“混合单

① “注音汉字”的前前后后，请参看《汉语规范化论丛》第 78—82 页。

轨制”，与学生习作的形式相同。

有人提议：这高小阶段的语文课本可分印为两种：甲种如上述；另出乙种，内容实质相同，但以拼音课文为主，只把有关本国历史、制度、风俗、物产等特殊罕见的词语和古代以及现代同音的人地名，非用汉字不能区别的，都不用拼音而直接把汉字独立地写入正文中（当然一律在字上注音）。这种书面形式，基本上就进入正式“拼音化”阶段了。大约正规小学，原则上用甲种；在特殊情况下，如少数兄弟民族、国外华侨或外国儿童学习汉语文的，都可斟酌采用乙种。——这个意见，附此备采。

总而言之，以上（2）—（4）条对于正规小学《语文》课本的革新规划，5 年 10 册的编法公式是：**拼音“单行”——汉字和拼音“双行”**（习作则用“混合单行”）——**“混合单行”**（甲种以汉字为主；乙种以拼音字为主，习作同）。我们这个建议，主要是向教育部提出的，希望公开讨论，集体编写，组织“试点”（5 年为期，与现制“比”成绩：3 年初比，5 年大比，比出小学阶段整个语文教学新旧双方总成绩的优劣），然后作出全国统一的行政措施。①

五、**非正规小学**的各类各级的初等教育

上述的《语文》课本是专为全国性的正规小学编印的。由于儿童的口齿清（有利于学习普通话，可贯彻全国一致的读音），记性强（用较易记的字母拼音来控制较难记的汉字，汉字也就更好记些，记得多些②），正规小学的学习时间足（便于在全面发展的教育方针下，安排好这种语文教学“革命化”的“试点”计划），更由于汉语语法少麻烦，词儿的语法形态并无难记的变化规律，儿童在生活中自然学到的语言经常是正确少误的、是流利可喜

① 这种教材改编的工作。就是课程改革工作之一。在语言和文字发生特殊矛盾的理论问题上，1964 年渐开始公开论争，如《人民日报》（1964 年 2 月 17 日）吕叔湘《关于语文教学问题》，又（5 月 16 日）刘征等提出不同的意见，外如《人民教育》杂志第 3、4、5、6 期张维敏等也有不同的意见。本文支持“文字改革促进派”，由于理论方面争持实已多年，所以先就初小教育的语文课本提出这个具体落实的方案，希望通过“科学实验”，从“试点”中考验出结论来。

② 当时小学里有两句歌词：“拼音学得通，汉字日日升”（见《汉语规范化论丛》166 页）。

的，课本中和习作上可及早使它充分发展，精练加工（过去的课本被表达语言的单位“汉字”困住了，要一个一个地强记，初学外国语的困难大都在于强记语法形态，初学汉语的困难就在于死啃汉字），所以只要在第一年主要用拼音，暂行避免汉字形体的“干扰”，打好普通话 394 个音节的基础；第二三年采用双轨制的“注音汉字”，继续减轻汉字的“压力”，使阅读质量迅速提高，使习作能力获得解放。第四五年到了高小水平，汉字和拼音“混合单轨制”的新书面文字，即“走向拼音化”的文字，初步形成。不论阅读和习作，汉字和拼音都能各得其所，互显所长。往后怎样发展，就看它跟着历史前进吧。但是，上述的《语文》课本，究竟是本着文字改革的原则上的长远计划，专为 5 年学习的全日制正规小学编印的，至于**短期的、不脱产的扫除文盲和业余文化学习或者现在全国试行的“半工（农）半读”的初等教育**（近来的“简易小学”和“民校”等，也可适当地划入这个范围）①，学习者年龄不同，时间有限，而由于整个社会正在进行各种各样的生产斗争、阶级斗争和科学实验工作，语文教学必须跟它联系配合起来，他们是带着不同需要来学习的，教材更要“少而精”，又要能速见成效，那么，上述的《语文》课本，**基本性质和要求都不相同，势不能一概使用**，请另议。——大致就是：（一）**尽可能快速地学会 29 个字母和 394 个音节的拼音形式**。这就不宜采取上述的拉长时间的“先综合、后分析”的教学法，而要沿用一般的“分析”教学法，但须把一部分复杂多变的**拼音规则简化起来**②。（二）课本以汉字为主，字上对词注音，词语内容要**紧密结合其业务工作和当地生活**（农

① 自从 1958 年前后中央提出“半工（农）半读”制度后，各地出现不少试编的课本。例如江西宜黄县黄陂公社 5 所“耕读小学”的语文，用省编的民办小学课本：第一册看图识字、三字经、百家姓；第二册《新编四言杂字》；第三册《新编增广贤文》。不分学期，按册读下去。他们开学时也读人民教育出版社的《语文》第一册，但不学汉语拼音部分。

② 简化拼音规则已有具体方案，请参考《汉语规范化论丛》第 177—184 页《谈字母分析教学法的“科学化”》附有《声介结合拼写音节全表》；又附有《注音识字拼音教学大纲》的调整方案（第 185—198 页）。1964 年 8 月北京出版的《汉语拼音入门》是一种适用的课本，尤便自习。在全日制正规小学《语文》第一册中也已有所调整。如 1963 年人民教育出版社初级小学《语文》第一册已采用了这种“声介结合”的拼音教法。

村、厂矿、部队、城市各行业都不同，其专用的词语必须首先学会①）。（三）**大量供应用"注音汉字"拼印的通俗书刊**。更快速地培养其革命意志和增进其科学知识。尤其是**毛泽东著作等**，必须尽可能大量地印成用拼音字母注音的**"注音汉字"本**，使不识字或识字太少者更能获得"声入心通"的益处。②

六、初等教育语文教学中的**矛盾问题**

主要矛盾要提高到思想认识上来分析。专就文字的本身论，就是**汉字要改革（拼音化）和不要改革（形义文字）的认识问题**。近来认为汉字是一成不变的或者主张一次废除的，这两个极端的意见，大概是很少很少的了，但这个根本矛盾仍是客观存在着的。由于汉字本身的现实权威过分大，除字形"简化"和难字注音等已有显著的改进成绩可以肯定外，一般语文教学，仍是以屈从将就的精神，多方设计来克服汉字记、写的困难，（也不必讳言：知识分子自己对汉字都熟习了，一切社会活动都离不开它了，就不免安于蹈常袭故而不必有什么深谋远虑了）。再说，在文字改革的实践工作中，矛盾现象也还很复杂，如**推广普通话与扫盲识字的矛盾**，也就是普通话标准音与各地方言方音在语文教育上的矛盾。本篇主张正规小学全国一律用标准音读语文课本。而非正规小学则由各地方自行斟酌变通，方言方音可用来做口头讲解。早在 1949 年也曾统筹拟了一个具体方案，③ 又如**推行简化字，也有**

---

① 例如农村，由于生产和日常生活的需要，群众迫切要求学习珠算、记账（记工分）、庄稼杂字、应用文和农业科学常识。根据这种实际，语文课程必须精简集中。专用的词语不宜孤立地学习，还须配合应用文，如写条据、通知、通告（启事）、书信（包括专用书信），进一步就是写计划、总结、报告和一般合同，等等。

② 前几年注音扫盲和儿童注音识字已有肯定的成绩，事例都略见报刊，请参看《汉语规范化论丛》第 164—167 页。只因缺少初等教育阶段中关于语文教学的全面的整体的计划，加以出版供应上遇到的困难，以致注音扫盲读物和缩短小学年限的企图都受到了影响。

③ 请参看《文字改革论丛》第 64—68 页（1957 年文字改革出版社本）。这方案是十多年前拟出的，也没有实验推行过，仅供参考。大致是：仍以普通话标准音为主，遇有当地方音差距太大的，对照注在字下（有时需要添置少数方音字母）。但有一个条件：必须用汉字做正文。理论上是利用"语音对应规律"，以"超方音"的汉字为中介，从个别注音到系统掌握，促使方音易于转化到标准音，也可以使异地来的工作干部易于听懂和学会本地方音。

中学和小学的矛盾（据调查，小学教师大都欢迎简化，越多越好；中学教师则多希望简化截止，因为语文教材和课外阅读，文言旧籍还不少，简化字的繁体也多要学习，一增为二，负担加重了）。凡此种种，都待解决；尤其严重的是**师资问题**，若不解决，即使上述的语文课本建议能实现，而师资这一关没通过，矛盾现象还将层出不穷。这都牵涉中等和高等教育阶段，我们都将有所建议，在这初等教育项下暂且不提。

再从原则上来看，只要大家**全心全意为人民大众服务**，全面考虑问题，实验体现理论，那么任何矛盾都不难获得解决。我们文字改革工作者要认清这个工作也是长期的、复杂的、艰巨的、而且是反复的，停滞不可，性急也不能。语言科学和语文教学工作者在学术和业务上也要**发挥创造性、革命性，铲除旧时**的**盲目崇欧**和**幽情思古**这两种残余思想。对于汉字“拼音化”的问题来说，我们先要“深悟汉字是2000多年来积重难返的僵局，应当决策对于它进行大刀阔斧的改革。但又必须本着实事求是的精神，制定细缕密针的方策；则应具有长驾远驭的规模，与分年逐岁的准则。同时更要照顾到按部就班的学习，让人民大众都能得到计日程功的收获”!①

〔黎泽渝整理后记〕

本文作者自1935年就精心设计、努力倡导“注音汉字”，40多年来不间断地积极宣传和实践文字改革和语言研究、语文教学相结合的主张，曾撰写发表40余种有关注音汉字的专著和论文，对我国文改运动及台湾地区国语运动的发展，有一定影响。1964年7月作者“根据个人已往的局部的实践经验和最近10多年来的客观情况”撰写出本文初稿（有油印本）；1966年5月订补了“正文”，并加了“前言”、补充了“附注”；1971年10月和1977年11月（作者逝世前4个月）又先后两次重校了本文。作者晚年“拼将余力”，还撰写了一批有关注音汉字的论文，他认为“这是文改杂志亟应讨论的问题，是语言学界必须过问的实际问题，咱们应当作出贡献”，但由于“文化大革命”时期的干扰，这批著作均未能公开发表。今天“注音识

① 引语见《文字改革论丛》第110页。

字，提前读写”的实验，已在全国许多学校展开，并得到中央和学术界重视，为适应当前形势并开展学术争鸣，我们根据作者多次手稿整理发表本文，以供讨论参采。

短期国语讲习科课程表*

<table>
<tr><th rowspan="2">课程门类</th><th rowspan="2">课程要目</th><th colspan="2">假定时间</th><th rowspan="2">注 意 事 项</th><th rowspan="2">总 说 明</th></tr>
<tr><th>单位</th><th>总数</th></tr>
<tr><td rowspan="3">（一）国语发音学</td><td>（1）注音字母发音法（并练习）</td><td>10</td><td rowspan="3">20</td><td rowspan="3">（1）（2）两项，可依据国语统一筹备会将定之《国语字母表》（共八表）。
（3）项可依据教育部审定之两种《留声机片》中之（五声）各课。
本门可于课外酌加练习时间，就方言分组，由助教员指导练习。</td><td rowspan="3">Ⅰ本表假定时间为四星期，每星期正式授课十八小时，依此分配课程。若期间缩短，或钟点须少，可用比例法将各门单位数减少，将要自酌量省、并或省去较偏于理论或不须授课之门类——如（三）（六）等门。</td></tr>
<tr><td>（2）国音拼法（并矫正方音）……</td><td>6</td></tr>
<tr><td>（3）五声标准读法（并练习）……</td><td>4</td></tr>
<tr><td rowspan="2">（二）国语会话</td><td>（1）普通会话……</td><td>4</td><td rowspan="2">8</td><td rowspan="2">（2）项宜多采关于儿童文学的材料。若注重此门之口耳练习，可将上门时间酌减，务使此门每日可分配一小时，至少半小时，须注意示范。</td><td rowspan="2">Ⅱ各门讲义或自编，或采用成书，都以详备为主（唯不宜多涉专门学理）；则讲授时间虽短，只须提要指点说明，将来可以自行详细研究。</td></tr>
<tr><td>（2）讲演……</td><td>4</td></tr>
</table>

* 选自1925年石印件。

续表

课程门类	课程要目	假定时间		注意事项	总说明
		单位	总数		
（三）国音沿革	（1）注音字母之来源…… （2）等韵与声纽…… （3）唐韵之学…… （4）古韵之学……	1 1 1 1	4	此门只须就讲义（或采用成书）说明大意，指点研究方法；不宜多占教授时间。（1）（2）项较为重要，（3）（4）项省略亦可。	Ⅲ期间较长之国语讲习科，（一）（四）（五）三门可略为增授学理；（三）（六）两门可以扩张单位，（二）门须保持每日一小时的均衡练习。或另加万国语言学大意、言语学大意等课程。
（四）国语文法	（1）字、词，语，句的分别…… （2）词类九品纲要…… （3）单词的成分和图解法…… （4）变式的句法与省略法…… （5）复成分的单句…… （6）复句三种与连词用法…… （7）篇章的图解与标点符号……	1 2 5 3 1 3 3	18	注意，（5）（7）两项；（3）项授毕，即可多设例题，令于课外练习图解；（7）项之“标点符号”亦可提前先授，令于课外就无标点之文字练习。订正错误或质疑答复，可公开之。	

续表

课程门类	课程要目	假定时间		注意事项	总说明
		单位	总数		
(五)国语教学法	(1)国语科的目的与课程标准…… (2)注音字母的初步教学法…… (3)关于国语科的设计教学法…… (4)读法——儿童文学，教科书与课外读物，教段…… (5)语法——标准语与方言，语言教学的新方法…… (6)作法——文法图解之应用，词类连书，其他要项…… (7)书法——注音字母书法体式，其他要项……	1 2 2 3 3 3 4	18	(7)项的书法体式，可提前先授，令于课外练习草书的词类连书——词类连书的标准，可依文法中的词类定之(参考《国语月刊·汉字改革号》)。 本门宜设法参观；或即由讲师示教；关于(2)(3)(4)(5)等项，都使得到实例为佳。	Ⅳ高级中学师范科及旧制普通师范学校、师范讲习科，亦可参考本表，酌定国语课程，唯单位宜各讯全部课程另行规定。
(六)国语文学	(1)关于国语文学的论文选…… (2)历代语体文选——语录、歌、诗、词、小说等…… (3)新诗新剧等举例…… (4)文学史上语体文之变迁与趋势……	1 1 1 1	4	此门材料宜多，但只须讲明大意，所选文字，可令自看，或答复其疑问。研究法和参考书，须多加指导。	

短期小学教员和学生的国音训练（通信）*

本月十四日手示，由令弟交到，诵悉。兄长洎师，成绩优越，良用佩慰！所示关于义校各点，尤感热心！现在逐条略复如下：

短小教员缺乏国音之训练与研究，兄意主张由教部召集各省市代表对国音加以讲习训练。此事教部已于上年秋冬间议协办，分京粤两处强迫讲习，粤省似已实行。当时部中属拟课程，已登《语周》二六六，二六七两期，印有单张，附上两份，请参阅并试行之。至利用广播教授，则国语会第十一次常务委员会议决关于播音及电影教育者三案，已呈教育部请采择施行，旋奉指令分别采用。现报载中央教育播音，于二月起用标准国音广播民众课本，即其一事。

小学试用国音字母课本，现已编就印行者，有部编民众课本第一册之前数页（系用状声法教字母），又有本会附设之民众教育图书编委会所编之民众课本第一册前半本（系用平教会实验的教法），又商务、中华两家如出一种，则小学初年级所用，北方民校亦可用之（系依部定“先综合后分析”之办法，以整个故事编成）。

本会现编《注音字典》，专备民校之用。附上书目一纸请查。

注音汉字铅字铜模，部托中华所铸之二、三、五号场已出齐；商务自制三号字模，亦美观可用，其价亦特廉也。

民众补充读物，则用注音汉字者亦有之，本会之编委会已编就此项民族读物二百种，印行者约二三十种，已由部通令采用。此外如商务之小学补充

* 选自 1937 年 2 月 13 日《国语周刊》第 279 期。篇名略有修订。

读物，其中有用注音汉字排印者亦近百种。

利用民众阅读心理，用注音汉字出版之定期物，如山东及定县均有此项农民周报。又本会与世界日报，通俗读物编刊社，曾议合办此种日报，大约不久将由熙约某一次，即可决定，盖待部中将注音汉字五号字模颁发来平（四号以上不适用于小报，因占篇幅太多），方有印刷工具也。

黎锦熙

一月二十三日，二十六 37

（附）赵文焕来信

河北省乡村义务教育实验区设于泊镇附近，即由泊镇师范负责主持，成立已十阅月，短期小学先后开有四十余班。以师范学校而实验义务教育，自属极有价值之工作，唯实验以来，关于实验教学上多困难问题，如不设法解决，对于义教前途必受影响，敢请先生抽暇赐予指导为感！

各地短小教员多系初中或县立简易师范毕业，对国音缺乏训练与研究，教学时拼法读法，均欠正确，自误误人者，比比皆是。此种现象如不从速救济，不独国语不能统一，甚至语音益趋分歧，当此推行义教之际，站在统一国语立场，似应由国语推行委员会建议教育部召集各省市代表对国音加以讲习训练，再由各代表分别负责训练，各县乡村短小教员，必须读音正确能达到国语统一目的。若能利用广播教授，更属轻而易举，目前各县政府或教育科均设有无线收音机，行之当无困难。此不独在国语推行上为良好机会，且亦正适合义教下层工作人员之需要，较诸数年前所开办之国语讲习所意义更为重大。

目前各地小学对教授国音字母均无适当之教本，往往由一知半解教员妄行杜撰，甚至以讹传讹，一塌糊涂，浪费教学时间，浪费儿童精力，于教育上太不经济，国语推行委员会如能于最短期内编就此项课本，分发全国各乡村采用，当甚受欢迎。

短期小学适用之字典，亦甚感为要，因短小学生受学校教育时期太短，欲图义务教育收到真实效果，必须注意学生毕业之自行进修。字典仍进修之唯一工具，不当忽视。如能编有适合学生程度之字典，则增加义务教育之功效，必可断言。此种工作亦深愿国语推行委员会负责主持，早日完成以应急需。

注音汉字何时能铸成应用？此种字模于推行民众教育增加民众知识为急不容缓之工具，盖小学课本内容太嫌贫乏，实不能满足一般大众之求知欲望。若短小学生习国音字母后再阅读注音汉字所编之种种补充读物，必能由多方面启发其学习兴趣，以加强教育效能。故一般从事乡村教育者，均盼此种工具能早日与民众相见。

关于民众读物据实地观察，似以新闻报纸为最受欢迎，实以日受敌人侵略压迫，大多数民众均已具有国家观念民族意识，对于刊登国家大事之新闻报纸均乐于阅读，且按常人心理，认其他读物是“书”，报纸记载者为“事”，读书必有闲方能专心从事，报纸则工余饭后便可披阅。此种阅读心理亟应设法利用，故愚见以为如能用注音汉字出版一种日报或周报，使之深入乡村，实较其他读物尤为需要也。

凡此种种均系目前乡村教育之迫切问题，此外困难问题尚多，寒假期间到平当再回罄。

赵焕文

二十六年一月十四日

论师范教育之中心工作*

(三十四年十二月复成都省立教育科学馆刘鹤笙书)

八月手书早到，内称：“目前扫除文盲工作，重在工具。四川一般师范国文教员，多不谙注音字母，且亦鄙弃普通国文教本，任意施教自己欣赏之文章，因是小学教师出教国民学校，亦因仍旧贯，用放留声机式之方法，直接宣讲，读音既不正确、讲解又无一定规则，于是弄得一般儿童升入中学，竟至不能用国音字典将字音正确读出。至于中学国文教员徒任个性，不齿政府规定标准施教，鄙弃一般国文教本，其故步自封之思想见解，已足影响一般青年。故此后改进之道，莫若自研究编制师范学校及普通中学之国文教材始。甚至师范学校必得教授注音符号，国民学校课本及民众学校课本必须注音排印，然后始能两相配合。”所云不但川中为然，特各地旧文化之浅深有不同，有“故步自封”比，更有“坐井观天”者耳。惟所询三点，当时正在设计与立法中，迟之至今，始得奉答。

一、“中学，尤其是师范学校，国文教材应如何研究编制?”此有两立场：一为任教者，则在校时已与兄讲讨一学年，并具体化矣（自熙任“中等国文教材教法研究”讲座以来，战前算起，几二十年，以在城固西北师院一九三二级即兄之一班所讲为独翔实）。一为选材者，即编制教本者，兄今任教育科学馆工作，专研师范语文教材，正属此立场矣，略述管见如下：

（ㄅ）基本工具，注音符号之读法拼法，即三五一六最常用之国音国调，必使师范生精熟，但此重在技术训练，故教材必须简明，万不可罗唉以学

* 选自1945年12月24日《国语周刊》(兰州版)第44期。

理，过去皆因此失败，诚危险的覆辙也。直不用另编教本，即用教部国语会城固到兰州“工作站”先后印行之《注符发音表附说》两页，《拼音练习表》五页，即可了却注符；又《三五一六字表》十页，《四声练习谱》五页，即可了却国音。教材如此，□矣尽矣，蔑以加矣！但实际的技术训练则必特别注意，严格考核：注意于语体文之国音诵读，即熙前所讲之两纲四目，第一纲“白话文必与语言训练相联系”也；考核便以此为毕业之最低水准，即三五一六生字以内之任何文章，若不能正确而顺口地读出国音来，应不予毕业。（不能读而不能拼，能拼字母于字旁也不算；过去只考核其能拼写与否，而不上口，实属欺骗。）唯国音之中，尚有等级，读一字，声母韵母全不错，是最低级的水准；四声也读得与北平标准一致，则国调亦娴，是第二级。四川字音本属上江官话区，与国音相差甚少，唯字调（即四声）则改从标准“调值”极难（调值系指口头读法，若但分别某字属某声，则称“调类”，川中除入声之大部分外，余类皆与国音一致，而调值则全不合也），故最低水准并不必到第二级，“国音川调”即可对付统□。唯第一级之三五一六字必读得出正确而顺口的国音，则非达到不可，否则抗战八年，陪都所在，此点尚办不到，“不亦羞朝廷而轻天下士乎”？兄可建议教厅，严厉执行，是为“基本工具”，通不通，其余语文教育便都是“封建的”。熙在西北方面即系如此主张。关陇一带，除陕南可属“上官区”外，余皆属北方官话区，较之西南更为近水向阳，然中等教育向来缺此最低标准之技术训练，习与性成，致下不能领导儿童，上不能展开学业，关系甚大，可影响整个民族前途，勿仅视为区区口耳唇吻之间之问题也。

（ㄆ）精读教材，即授课之教本，仍分两方面：（1）形式方面，文体，简师应以语体文为主，后期则视语体文达到水准后可以偏重文言文。选语体文之标准：甲，必合于标准国语，俾教学时确能“与语言训练相联系”。乙，有相当的文学价值（但若文学价值甚高，而不合于标准国语者，仍不选，所以老舍可多选）。丙，多选话剧，练习“国语会话”即当用为教材。丁，标点分段必精。（兰州师院于胜利后始将自选之普通国文补充教材付印，即按照此四标准，系活页本。）至于选文言文，径可不立形式方面之标准，只要是名家作品，爱选啥就选啥，没关系，唯一的条件就是让学生熟读，背诵。

川中教古文用旧□并没错，错在上项语体文占时间太少，更在不依国音诵读耳。(2) 内容方面：甚简单，照部颁标准所定执行而已，惟执行手续亦须“科学化”。兄在校所实习想尚能记忆，不有“国文教材登记表”之分组工作乎？表中之内容分类一项，当时曾有“学术业务类码表”，太简略，今加说明出版（另寄校务汇报最近一期，后幅即此表；又中有最近修订之作文批改及日记写法，亦可参），如需简行本若干，亦请函洽。如照此表分拆选文内容，则内容皆“系统化；登记于表中□核算每类分量，看能否略符部章，似此手续，始得称“科学化”也。大抵文言教材，不□在中等教育阶段中想痴作为模范文，因其形式内容两方面实皆已死，然而仍必选而且熟读背诵者，形式上，不如此不能训练参阅过去旧籍及现实应用的文言文件之能力，内容上，不如此亦不能灌输以具体的国学及历史之常识也。认清目标，始免苛扰，此研制国文教材之基本条件也。（再从消极方面说：文言文必不可要求学生之定能写作，语体文则不达到国音诵读，及写作无不通及错白字之水准定不予毕业，认清此两体之目标，则选材自痛快而有把握矣。）

（ㄇ）略读教材，应与精读教材配合成系统（兰院活页本之附选补白可参），再详。

二、“扫除文盲工作应如何推行？”此问题请看胜利后之第一道国语教育法令，一为促进注音国字推行办法，一为各省市县推行注音符号办法，川教厅必有之（所寄校务汇报中亦登出），看后决定要实行哪条？再示询详细方案，必有以报。唯扫盲工作，历年办理，大都虚应故事，并无实效可言，其故有二：一是政府方面并无诚意，真正扫盲启智，实于官僚政治无利益，故提倡不出自内心，推行徒具其形式，此为政治的原因。一是教育方面太无技术，教育界非不欲真正扫盲启智，但徒具热诚，并无手段者，四十年如一日，效率太小，终致意与阑珊，此为技术的原因。现在唯有渗入各级教育中，切实养成大量的干部技术人员，而师范教育又实为其中心矣。

三、“普通常用字之分析统计，究应如何实施？”此问题，又当分为两个立场说：(1) 为高深学术研究的立场，来书谓“馆内聘心理学专家蔡乐生先生（现长金陵大学文学院）专门研究扫盲办法，系用综合方法研究一般民众日常必用之字若干，然后编成教材实施教育”。此项工作，在民十左右即由心理学专家张耀翔先生为中华平民教育促进会做过一次。直到民二十四，国语会将铸造注音国字铜模，乃取陈鹤琴、敖弘德、王文新、庄泽宣、陈人哲、杜佐周诸家所统计研究之结果，并平教会教育部，德人克莱姆，商务馆及天津美国打字学校，上海华丰印刷铸字所规定之字数，计共十二家，做了一次最后的大综合，遂即转入（2）普通民众教育的立场，计最常用字为三五一六，极常用字仅二一〇，我们知识分子所用饱和之数亦不过六七八八（详见拙编之《注音汉字》，商务版）。兄现在工作当重在第二立场，则第一立场之学术研究，似可再待大学研究院所之成果发表，馆中何不暂据国语会“大综合”之数？据此以定扫盲技术之设计，大有事在，若必从头做起，费而不惠，希加考虑！（蔡乐生先生战前教授北平师大，熙甚熟，民二十六长沙晤谈后未通信，曾见有文发表于大公报。如三民主义全书生字二一三四，即其所报告也。）纸已七张，暂止此，更端再谈。三十四年十二月十六日。

中等学校的“国文科”要根本改造*

我在这过去的一年半内，在北京所做的事，恐怕要算这件事情的成绩，比较的好一点儿。什么事呢？就是把我对于中等学校“国文科”根本改造的主张和方法实地试验了一下子。

我的主张和方法，是——

1. 凡中等学校四年间国文科的“讲读”，分为两大类：

（ㄅ）模范文选纯粹地选那些用现代国语著作和翻译的文学作品，绝对不阑入文言文。

（ㄆ）文学史的教材从三百篇的“关关雎鸠”起，直到今人章炳麟、严复、林纾、梁启超的作品止，依时代分期编次。——我很反对“逆溯”，因为实际上反比依时代“顺进”的事倍功半。——最要紧的，就是和“历史科”联络：历史讲到什么时代，国文也就讲读这时代的代表作品。讲读时，加一点儿文学史和学术思想史上系统的说明；就可以把定章里“文学史”这一门废除。同时介绍参考书给他们，指导他们怎样去看书——研究国故。

这两类所占时间的分配，无论在第几年级，总得各占“讲读”总时间的二分之一。

2. 凡中等学校四年间的“作文”，纯粹地练习语体，绝对废止文言。理由是——

（ㄅ）为什么要讲读文言文，而作文又要绝对废止它？须知文言文的用处，只在“阅览”一切文言的书籍，只是我们民族遗传下来一个知识仓库的锁匙。所谓中等学生总应该懂得本国文学的变迁大概；总有尽量参考旧书供

* 选自 1922 年 3 月 20 日《国语周刊》第 1 卷第 2 期。

历史科教材的能力要检查旧账，自然不能抛弃文言文。然而除开检查旧账之外文言文也就自然“宣告死刑”了！

（ㄆ）现在真难说起啊！“小学全用语体文”，老先生们不用说了；许多新的教育家，也还觉得“期期以为不可”。至于中学，我近来留心看各杂志上关于改革中学课程的文章，说到这事，多数是主张语文并重的，大多数还是主张偏重文言的。在“讲读”方面我固然也是语文并重，——也许是偏重文言，不过宗旨要明白：讲读文言乃是涵养历史的趣味，使人生的意义更加丰富一点儿；绝对不是拿来做“文学的模范”的。因此，到了实地练习的时候，更该和他断绝关系。这也不必多谈；只问，“什么是文学”？“练习作文的目的何在”？对这两句若有正确的答案，自然也就要废绝文言的作文了。

我以为改革中等教育的主张者不敢彻底地斩截地说这句话，就可证明：（一）一千多年来“科举”的权威，到如今还渗在“士大夫”们的心脾里；（二）现在的教育，还只在“不合理的”社会组织——“用文言文”的社会组织的下面活动！

（ㄇ）语体文在应用上，固然比文言文容易学习些；可是在“文学”上，还正在建设中。“文法”“修辞学”等功课，全仗这作文一门做总练习场。语体文定是容易作得好的吗？难道不要长时间的练习吗？还有工夫去依样画那已死的葫芦吗？还有心情去迷恋那已朽的骸骨吗？并且我还有一个主张：汉语拼音的文字，得加工夫去写（to write）。（一）用国音字母直标国语，（二）按着文法的规律，连写词类：写得多了，汉语拼音的文字自然成立了，真正的国语文学到此才可以真正地建设出来！

以上三项，是拉杂地说一点“作文应该纯用语体”的理由。

我从自己实地的经验上所得的教训很多；现在敢于主张这两件事——（一）讲读依文学史；（二）作文纯用语体——敢于发表出来。可是“语焉不详”：主张呢，无实证；方法呢，没有细目。看这本《国语月刊》的先生们！你若是对于我的话有怀疑之点，反驳之意，就请“不吝赐教”，或通信，或宣布，我谨当一一详细地答复。

2ㄩㄝ，16，11（1922）

三十年来中等学校国文选本书目提要·引言*

这篇《书目提要》是从民国十四年（1925）动手做起的。当时在教育部编审处，凡经部审定合用的，都给陆续著录，并附有部中的批语；后来用作两师大《国语国文教学法》和《国文教材研究》课程的参考讲义，便把部批和我个人所加的批评意见一律删去，只留下一些关于内容体例的叙略，也就只好名为“书目提要”。

有人说，这些书大都是上海坊贾所为，其操选政者也无所加于“马二先生”一流，哪配高攀《四库全书总目“提要”》而用此名？我以为这有两个解答：

其一，站在教育的立场上说，须知这些书的势力，把二十多年以来青年们对于本国文字与文学的训练，和关于本国文化学术的常识，都给支配了；这是他们必读而又仅读的书，简直是取从前《四书、五经》的地位而代之。在中等教育一阶段中，这些书实操有供给国家功令所规定的中学四年或六年国文科教材之全权。进一步说，当二十多年以前的科举时代，其势力最伟大最普遍的读物，除八股改为经义策论（清光绪廿七年，1901）一个短时期不计外，在用八股取士的数百年中，也实在要算《大题文府》，《小题正鹄》，各

* 选自1933年1月1日《师大月刊》第2期，原题目为《书目提要》，始作于1925年。1937年6月收入与王恩华合撰的《三十年来中等学校国文选本书目提要》一书，国立北平师范大学文学院出版。

科闱墨，书院课艺……以及坊间诸选本为最有权威，差不多是没有一个“士人”而不熟读精思，简练揣摩的（《四书、五经》的熟读，为的是要记得题目的出处而已，故经书只算那时中学八股教科书的预备工具，所以先教小孩子读而背诵之，倒反相当于小学教科书了）。由此看来，“马二先生”何可轻视？这种书目提要又岂能不作？假如不作，中国还能有教育史吗？

其二，站在“辨章学术”“考镜源流”之著录家和目录学的立场上说，类于《大题文府》《小题正鹄》……一流的书，从《四库总目》到《书目答问》乃至各藏书家的目录都不收，我觉得这是一个大缺点。我们现在若要考究明初到清末“士人”所读八股文和试帖诗的书目，简直弄得文献无征；教育家固然丧失了一些教育史上的切实材料，历史家也缺少了一些学术史上的参考材料，虽然在旁的记载或别集里头还找得一点出来。在当时著录家的眼光里，以为这些书都不足以厕诸著作之林，所以不收。岂但这些书？如《四库总目集部词曲类》就没有收元明人的一部曲，而宋元明清的平话小说等更无论矣，因之文学家又缺少了一些文学史上的重要材料。假如中国图书类目，根本改造，四部打破，这些书自然都有归宿；但若现在有人要续修四库总目，那便十有九成他们还是主张不收的，就勉强收在里头也觉别扭。我以为不如另辟两库：元明戏曲也不必续入集部词曲类了，从唐朝的“变文”起，举凡宋元平话，元明至今的戏曲和白话小说等，一律作为“第五库”；又从元明的制艺起（宋以前的，却因近古而被收了，所余无几，暂可续入，不必重复；但若径从古代录起，与四库别出而互见，我也赞成），举凡六百年间，科举未废以前的八股、试帖、经义、策论诸选本，和学校既兴以后的小学中学各科教科书，一律作为“第六库”。第五库是“民众文艺”，它的影响可以转移一代的作风，是文学史上极重要的材料；第六库是“儿童到青年的读物”，它的影响可以形成一代的社会风习、政治思想，是教育史上绝不可少的材料。第五库已由我的朋友孙楷第君，努力四年，把白话小说之部著录成书了，这且按下不表；而我们这篇书目提要，或者就是《第六库全书总目提要》的发轫吧。

式观中古，汉之刘歆，爰作《七略》，班氏因之，著《艺文志》。其序六艺、都为九种：《易》《书》《诗》《礼》《乐》及《春秋》，六艺既备，缀以

《论语》《孝经》《小学》；而以《尔雅》，列入《孝经》。后人不考汉时学制，妄疑《尔雅》何以不入《小学》而入《孝经》，以为其殆错简邪；或援郑氏《六艺论》“孔子恐道离散，莫知根源，故作《孝经》以总会之”，以为《尔雅》与《孝经》同为释经总会之书，故合为一家，犹后之经部有“群经总义”一类也。不知汉时所谓《小学》，尚属名实相符，确为小学儿童之教科书，以识字习字为主，《艺文志》小学十家，如《仓颉》《凡将》《急就》《元尚》诸篇，当时亦谓之“史书”，《汉书·皇后记》：“邓皇后六岁能史书”，“梁皇后少善女工，好史书”是也。而王充八岁进书馆（即当时小学校），书馆小童（当时小学生）百人，或以书丑得鞭（执鞭者即《汉志》所谓“闾里书师”，书师即当时小学教员也），充书日进（见《论衡·自纪篇》）。是当时小学只以识字习字为课程，此种课本，《汉志》归之小学类；而《尔雅》者，既为释经总会之书，小学既不读经，何能列入《小学》类？（至后世所谓《小学》，则扩大提高而为语言文字专门之学矣。）而《孝经》与《论语》者，则正当时中学程度之教科书也。如《汉书·平帝纪》：“元始三年（公历三），立学官：郡国曰学，县道邑侯国曰校，校学置经师一人；乡曰庠，聚曰序，序庠置《孝经》师一人。”而王充“手书既成，辞师，受《论语》”（《自纪篇》）；即上举两位女士，既习“史书”，邓则十二岁通《论语》，梁则九岁能诵《论语》（《汉书·皇后纪》）。盖当时虽无中学一级，而《小学》书读完后，便须进习《孝经》《论语》，预备进大学治《六艺》，犹大学预科也，故《孝经》《论语》为中学程度之教科书；而《尔雅》者，则其工具书而已，犹今部定《课程草案》中所举字典《辞源》之属，故《汉志》遂以附入正式中学教科书之《孝经》类焉。自此以上，遂立博士，传授五经，是为大学课程。且自汉武帝置五经博士，而罢传记博士，专通《论语》《孝经》者遂不能取得博士资格，因其为中学课程也；汉有但受《论语》《孝经》《小学》而不受一经者，则中学毕业后不复升大学也；然无受一经而不先受《论语》《孝经》者，则非中学毕业后不得升大学也。（说本王国维氏《汉魏博士考》）所以《汉书》《艺文志》之六艺一百三家，即当时功令所定学校课程之教科或参考用书，而后世沿袭以为“经部”，而其中《论语》十二家，《孝经》十一家（附入《尔雅》《小尔雅》《古今字》），即小学升大学时之“中等国文读本书目”，与兹篇同一地位矣。

然则这篇《书目》提要，绳之以今，四库却不能容，当另辟“第六库”。（或曰：何不入《集部总集》类？是不能！因此不过发轫而已，中学国文以外，尚有其他各科，岂得尽与文集为伍？况尚有中学以下之小学各科课本乎？）拟之于古，则《汉志》《六艺》所附《论语》《孝经》之流也，顾不重哉？顾不重哉？

题曰“三十年”者，举成数也；选本著录，断自林纾，出版迄今，实不过二十六七年耳；为纪念师大三十周年而发表此文，故举成数；亦谓师大师生应注意此种有关教育的统计批评工作，其他学府殆夷然不屑为，而师大则正当以严正的态度为之也。曰“中等学校”者，包师范学校及大学预科等而言，不限于“中学”；亦望同学研究教材者扩充之以至小学，且旁及民众读物也。曰“国文选本”者，包略读用书而言，不限于讲授用之“教科书”，亦望同学扩充之，如高中之“文学史”“文法”“修辞学”等，皆应调查编目，更当及于他种科目也。曰“书目提要”者，则上文已言之详，辨之审矣。唯此书目，知见有限，其所不知，盖付阙如；极望阅者，随时报告，俾得补入，至感至祷！

民国廿一年（1932）十二月十日

中等学校国文教材与教法题材表*

题　　目	材　　料	
	重要印品	参考书志
第一项：讲课甲、国文教材教法研究 （壹）国文教学之目的 （贰）一般教学之基本原则 （叁）本国语文教学之基本工具及技术——注音符号及国音国语 （肆）讲读 （一）教材研究——教员之准备（部颁标准中所规定之事项，分注各子目下，即作为研究讨论之问题）	计总材料四种（自第1号排起） 1. 教育部二十九年公布修正初高中国文课程标准 2. 又三十一年修正师范学校简师国文课程标准 3. 又二十九年公布国语讲习课程暂行纲要 4. 本国语教学法提要（此为本科目之内容纲领特印发） 计读写教学材料十七种（自第11排起） （11）国文教材研究登记表	总参考一种 新著国语教学法（商务印书馆本，因现缺书，改印“提要”，即左栏总材料第4种） 〔附注〕此（叁）项之“注音符号”及“国音国语”，另设“国语运动”课程，他组均可参加。详后。
（1）文体类别（部章中“文章体裁”问题及“应用文示范”等）	（12）国文教材文体分类图	

* 选自1947年《上海教育》第3卷第7期。

续表

题　目	材　料	
	重要印品	参考书志
（2）内容分析（部章中“国学研究资料”“国学常识”——即“学术文”——并民族文学等问题。）	（13）学术业务类码表（兰州西北师院排印本。附：参新目录学）	
（3）时代演进（部章中“文学源流”——即“文学史”——及新文学等问题。）	（14）国语四千年来变迁潮流图（以下栏为主，北平石印本）附中国三千年文谈（即本图下栏之说明，并见《国语运动史纲》序，或《建设的“大众语”文学》第69至84页，商务本）	
（4）文字音义（部章中“文字学大意”问题）	（15）新部首国音字典等（附参后“国语运动”所列基本工具各表谱） （16）国字形音大学（北平师院排印） （17）说文“音符”（及部首）今读及古纽。韵表并新部首索引。（西北师院石印本） （18）广韵反切上下字表，并国音索引（北平及西北师院石印本）	国语辞典，及辞源（皆商务本）辞海（中华本）康熙字典等
（5）文法修辞（部章中“文章法则”之“语体文法”“文白比较”“古今文法特例”及“各体文章作法”等问题）	（19）句法总公式图（附参《新著国语文法》商务本）	比较文法（北平排印本）其他语法文法书（坊本）
	（20）词类大系及复合词构成方式谱（西北师院排印本）	词诠、修辞格（皆商务本）
	（21）《天下为公》（《文法图解及译白举例》）（北平师院排印本）	笑之图解（北平文化学社本）
	（22）新式标点符号案注补（中国文化服务社西安分社排印本）	

续表

题目	材料	
	重要印品	参考书志
（二）精读与略读——教材之支配 （1）选文之标准与排列		
（2）通行国文课本之检讨（分五期）及选择	（23）中等学校国文选书目提要（北平师大文学院本）	
（3）略读（或附于精读）专著书目（或篇目）之规定及指导		精读及略读指导举隅（商务本）
（三）白话文与文言文讲读	（24）中等学校国文讲读教学改革案附教案实例（北平师院排印本。此为本科目之第一重心特印发“述要”及“实例”本文。）	
（四）教学新法（两纲、四目、八程序）——教法之革新（部章中“用国音诵读”问题）		
（五）语言训练（如设“国语运动”课程，则此项可省略）		
（1）国语之标准与教学上之“因地制宜”		全国方言分区（汉语六区十六系）地图（中研究史语所制）
（2）讲读外之国语练习（部章中“口语练习”问题）		国语话教学法（中华本）
（六）写作 （1）“通”与“美”——标准及指导方法——文法基础	材料用前（肆）（一）之（5）	

续表

题　　目	材　　料	
	重要印品	参考书志
（2）字体之矫正与通融—文字研究（部章中“破体字”问题）	同前（肆）（一）之（4） （25）简体字表（计三百二十四字，北平大辞典处本）	
（3）出题法，及写作前之指导	（26）作文三联十二法	
（4）批改法之改革（部章中“符号自改”法）及写作后之指导（四种错误统计）	（27）作文教学改革案，附四种错误表举例（北平及西北师院本。此为本科目之第二重心。特印发讲义）	
（5）修养日记与读书笔记	见上项材料中	
（6）习字问题（部章中“书法指导”）		
乙、国语运动	计国语教学材料二十四种自第（41）号排起	
（壹）国语运动简史（包括重要国语教育法令） （一）注音符号及国音国语方面	（41）国语运动史纲（商务本） （42）语运类要（北平排印本） （43）语运五纲申义（北平国语周刊本） （44）注音符号三千年沿革史（北平油印本）	怎样研究国语（商务“读书指导”第一辑内） 注音汉字（商务）
（二）新文学方面	同前（肆）（一）之（3）	
（三）语文学术方面	（45）语文学大系（南京排印本）	国语周刊（北平版）
（贰）国语训练及教学法 （一）注音符号之发音及拼法（先略讲课，再依各学员对注音符号运用之程度分组练习。是为分组标准一）	（46）注音符号发音表附说明（北平师院印本。此为本科目之第三重心，特印发） （47）国音字母拼音练习表	注音符号课本 （北平大辞典处本）

续表

题　　目	材　　料	
	重要印品	参考书志
（二）注音符号三种教学法（依各学习现任之职务分组讨论是为分组标准（丙））		注音符号国语教学（商务馆教育杂志基本教育专号与四四号相同）
（1）第一种教学法——分析法（用于师资训练及中等以上学校补习。学员中之中学教员及职校教员组讨论）	同左（一）项	
（2）第二种教学法——综合法（用于初小儿童。学员师范教员组讨论）	（48）初小国语教科书首册（或名注音符号课本，二十四至二十六年间各书坊编印）	
（3）第三种教学法——折中法（用于失学民众。社教人员中学校兼办社教组讨论）	（49）扫除文盲注音符号合音例字表，又扫除文盲与注音符号（中国文化服务社印本） （50）注音符号十八课（南京北平注音识字表证区印本） （51）国语小报（三日刊，北平本社印行）	
（三）国音与方音［依学员籍贯或生长地所在之方言区分组研习，此为分组标准（乙）］ （1）国音及标准声调（先讲课再分组练习）	（52）国音四声练习谱（北平师院印本下同） （53）注音汉字（商务本） 又最常用三千五百字表 （54）教育部公布国音常用字汇（商务本又增订本） （55）国府公布中华新韵（国语会刊本，又商务增订本）	国语辞典（八大册商务本）

续表

题目	材料	
	重要印品	参考书志
（2）方音与国音之比较（照方言区分组研讨）	（56）全国方言分区地图 （57）全国方音注符总表（北平师院印本） （58）方音方言调查字谱（西北师院印本）	词类大系 同官及洛川方言谣谚志（两县府印本） 国际音标
（四）译音符号（自由学习）	（59）国语罗马字公布述略（内包有“拼音法式”之说明。北平大辞典处印本） （60）新国语留声片课本乙种（商务） （61）国语模范读本首册（中华印本）	国语辞典
（五）国语练习（自由参加亦与方言区分组）	（62）新国语留声片及课本甲种（商务）	国语训练大纲（教育部本） 标准国音留声机片及课本（中华）
（1）文法上之要点（语助词等）		
（2）诵读（朗诵、范读）讲演（演说、辩论）及会话	（63）语体文补充教材（北平师院注音，国字排印活页本） （64）复兴说话教本及范本（商务）	
第二项： 国文教学各项实际问题讨论	（以上合计“重要印品”凡三类共四十五种）	（以上“参考书志”未备列可随时填记）
第三项： 分组或个别研习		-完-

中小学国文国语诵读之重要*

这个题目，好像是单就专门以上的学校，来提倡理科工科和各种技术职业的教育；就是说，要加强自然科学和应用科学这两种训练，目标就在造就各种生产建设上的“技术”人员，并且培养在物质科学上能够有所发现有所发明的“创造人才”。其实呢，我的意思不仅仅地是这样：“技术第一，创造至上。”一切学问，一切教育，都要如此；甚至于怎样做事，怎样做人，也都要如此。

请从一般学校的一般科目中举例来说。现在我们的各级学校，小学的科目，大学打头就是国语；中学打头就是国语，专科学校，乃至大学，打头也都是国语；可见我们中国，对于本国语文工具的基本训练，是何等的重视！应该一步一级地都能够达到水准，到了大学毕业，国文应该是毫无问题的了。但是，现在成绩最坏的就是国文，这是社会公认的事实。我们检讨这个成绩不好的原因，就是：学习的人忽略了“技术第一”；而教学的人，更忽略了“创造至上”。

国文成绩不好，是由于“学习的人忽略了技术第一”这个道理，大家以为是很容易明白的，以为国文的技术训练就是作文，就是要常常练习写作，所以民国三十年（1941）十一月十八日，教育部通令全国，中等学校，必须每周作文一次，每学期至少作文十六次；三十一年（1942）六月十六日，又来个三令五申，不许减少次数，并且要“认真批改，不得草率从事”；“顾念教员的时间精力”，国文专任教员每周可以减少教学时数三四小时，以担任

* 选自1947年2月27日《北平时报》“中学生”副刊。

两班为原则。听说这个“每周作文一次”的制度，当时我们最高当局还下过手令的。到了现在，四五年间，结果怎样？还是不成！这个不成的原因又在哪里呢？第一，由于只知道作文是国文的技术训练，不知道作文真要有进步，还需要写作以外的诵读技术训练，忽略了诵读技术，这是对于“技术第一”的认识不完全。第二，由于只知道要增加作文次数，不知道先生的批改作文，指导写作的技术不讲究，学生尽管多作，等于不作；只知道批改要“认真”不草率，不知道认真要有认真的技术，不草率要求不草率的效率。这是对于“技术第一”的认识不深切。

对于“技术第一”的认识，果然能够完全而又深切了，那么，就必然地走上“创造至上”的路线了。

还是就这个国文教学的例子来证明吧。一般人以为国文的技术训练就是作文，多作自然会好的；结果，不但文言文作不好，连白话文也作得一塌糊涂，既不是老百姓的白话，也不是我们知识分子的白话，既不是他们所读的模范文的白话，也不是他自己本人嘴里所说的白话；要说是新创造的一种欧化的白话吧，但所用的字面和名词多半生凑、夹杂，用错了的古典成语，满纸琳琅，而且上句和下句不贯气，一个长句子的自身也不贯气；过去二十多年前提倡新文字运动，也曾经提倡过欧化的句子，可是文法组织，相当精密，没有漏洞，现在不然了。总而言之，现在白话文的作歧，是看起来费力，虽懂，听起来更不知道是什么话。根本大原因就是作文与说话失去了联系，文字和语言脱了节。文字本来是统一的，语言可一向是纷歧的，拿着纷歧的语言来写统一的文字，自然发生这种畸形的病象。要从根本上救治这个病，就得先训练作白话文的基本技术，基本技术就在口头上统一的语言，把纷歧的个别的语言，先加紧作一番统一的技术训练，然后新文学运动才可以实际贯彻。所以要作文真有进步，单练习写作是不成功的，国文教员必须注重讲读，注重讲读时间内对于白话模范文的诵读技术训练。第一个大原则就是：诵读白话文，等于训练国语；学校里并不必另设什么国语训练的选修科目，国语训练就是白话文的诵读。我曾经提出白话文的教学改革案，根据着这个大原则，第一，先把全篇内容从学生的耳朵里打进去，不让听者起首就看本文，所谓先用“耳治”，然后再用“目治”。第二，“耳治”之后，还不能就用“目治”。中间还要经过“口治”，这就是朗诵的训练，朗诵时，要用美的说话式，要用统一的国音，标准的国语；教员范读，学生齐读，个读，都要注意实行，随时矫正他们的字音，字调，词调和语气。第三，经过“耳治”“口治”之后，白话文的内容了解和文艺欣赏，也就差不多了，然后再用目治，深究本文。这叫作白话文讲读教学三部曲，这样：口耳技术的训练，日渐纯熟，那么，古人的“一目十行”“七步成诗”，并非难事。从“学习心理”上讲，这个学习程序才是自然的，不但能使讲读时兴趣活跃，注意集中，记忆牢固，并且自然影响到写作，因为从耳到口，从口到心，就是所谓“声入心通”；然后文言一致，从心到手，就是所谓“得心应手”了。必须在讲读时训练了“声入心通”的技术，然后到作文时才有“得心应手”的妙处。这就叫作“写作以外的诵读技术训练”；现在忽视了这种技术训练，以为只要多写作就可以使作文进步，未免妄想，终归失败。所以对于“技术第一”要认识，还要认识得完全无缺。

这个例子就是中等学校说的，说到小学，现在国语课本的诵读更不成话了，简直完全消灭了诵读的技术训练。第一是用土音读国语，别扭可笑；第二是读字不是读书，没有句读，不管意义，两个字复合的词可以砍成两截，字字拉长，没有一点儿轻重高低，抑扬顿挫。例如“大狗叫，小狗跳”可以读成“大狗，叫小，狗跳”。我不了解小学教师为什么大多数都是这样！这个责任应该让全国的师范学校负起来，师范学校是造就小学师资的，应该严格施行国语诵读的技术训练！可是造就中等教育师范学校师资的又是谁呢？全国的师范学院更应该负责了。就在本年的十月十六日，教育部的国语推行委员会在上海开三常会，通过一个决议案，就是：从三十五年度一学期起，部派专员考核全国师范学院的国语训练成绩；又，三十六年度起，并考核各省市师范学校的国语训练成绩，都立定一个国语技术的最低水准，不及格的，必须补习，重加检定，再不及格，扣发毕业证书。因为全国小学不用国音国语来读“国语”，这叫作国语不“国”；用土音来读国语，读出来果然是白话文，还则罢了，谁知道读出来的尽是些不成话的单字，这岂不是国语既不“国”又不“语”了吗？

再说，我在上面举的例子，还是就中等学校的白话文的，说到文言文的教学，现在更是把青年很可宝贵的时间完全浪费了。假如说，文言文的教学目标是指导阅读，并不要训练他们个个能写作文言文，这个原则是极正确的。但是，假定有一部分要练习写作文言文，那么，写作的技术基础就整个的建立在诵读技术之上。我也不了解中学国文教员为什么诵读。我也曾经提出文言文的教学改革案，定了一个根本大原则；文言文宁可少教，必须熟读，必须字字依着国音熟读，并且要恢复“背诵”的制度，来考核他们熟读的程度，平常或者用默写来考核，这是不够的，因为文言文比白话文更需要口耳训练，“声入心通”。常言道得好：“熟读唐诗三百首，不会吟诗也会吟。”这两句实在含有学习心理上的真理。学习文言文和学习外国语一样；外国语和我们日常应用的本国语是空间的距离，而文言文就是时间的距离，所以可适用同一的方法来教学的。文言文是在中学六年间，只要每年平均熟读背诵十篇，合计六十篇，升入大学，就可以对于教育部公布的大学国文选五十篇，克服困难，开卷有益，要不然，可以说，从初中一年起，到大学二年止，所有文言文讲读习作的时间，全部浪费，毫无效果。如此看来，国文诵读的技术训练，在“技术第一”之中，更居第一，我们对于“技术第一”要认识，对于技术第一之中的第一技术，更要完全认识。

所谓技术，正好就把诵读训练来做代表：凡技术，没有不是要经过五官四肢，来回往复，勉强练习，渐入佳境，才能成功的。

自从四十年前科举废止，学校设立以来，才有这个“国文”的名称，倒把科举的时代注重诵读的一点长处抛弃了。国文教员大多数都说白话文不好教，既不需要逐句解释，又不好诵读；文言文似乎好诵读些，但是背诵可不行，因为那是科举时代的野蛮教育。这种说法，成了这几十年来陈陈相因的风气，我不敢说这种风气是由于教员要把多一些的时间来表现自己，要随顺着学生讨厌“来回往复，勉强练习”的心理；我只主张：白话文偏要诵读，文言文更要恢复野蛮的背诵，这才算完成了“技术第一”；就得把陈陈相因的见解和风气打破，对于陈陈相因的并不训练诵读技术的那种国文旧教育法，就得努力改革，从头创立新的方案，这就叫作“创造至上”。

前面说近来国文作文技术训练不成功的原因有二，第一是由于忽略了诵读的技术训练，是对于“技术第一”的认识不完全，已经详细申说了；还有第二，是由于忽略了作文本身批改指导的技术，批改方法拙劣，没有改进，所以谈不到训练的效率，这是对于“技术第一”的认识不深切。果然深切地认识了，那么，不但批改不认真而草率的风气须得改革，就是认真而不草率的批改，也须得把陈陈相因的批改旧方式打破。例如，旧方式是先生改订学生作文的错误，可是学生未必肯细看，未必能反省。新方式呢，依我这几年实验的办法，就是让学生改订自己作文的错误，那就非得自己细看不可，非得自己反省不可。这就是批改作文创造的新教学法，同时，先生也就得自己训练运用这种新教学法的技术，运用熟了，才能不吃力，才能持久，才能提高作文指导的实际效率，让学生习作一篇就有一篇的进益。所以，工作效率不高，一定是由于“技术不熟练”，所以要说“技术第一”；但是技术相当熟习了，而工作效率怎么还不见高呢，那就一定是技术的本身不好，我们必须改革这种陈陈相因的旧技术，创立一种提高效率的新技术；必须能随时创立新技术，才算对于技术第一认识得深切，所以又说个“创造至上”。

总括起来，就是前头说过的：“我们检讨这个国文成绩不好的原因，是由于学习的人，忽略了技术第一，而教学的人更忽略了创造至上”，“对于技术第一的认识，果然能够完全而又深切了，那么，就必然地走上创造至上的路线了”。

把国文这个科目做个例子，来证明今后的一切，都应该“技术第一，创造至上”，而二者之间，又是有连环性的。不但“一切学问，一切教育，都是如此”，就是“怎样做事，怎样做人，也都是如此”。要做好事就有做好事的技术，要做好人也有做好人的技术。例如，你是好人，好公务员，不贪污，那么，我要先测验你有没有贪污的技术？你能够有贪污的技术，然后你才能够有不贪污的技术，否则，就伦理学的“动机论”说，你果然真不贪污吗？你是不会呀！就“效果论”说，你一点儿不贪污，人家的贪污可以套在你的头上，你还不知道呢！我有一个老朋友，他家里吃豆腐过日子，真没钱，他是做地方官的，竟然以贪污革职，并不冤枉，是他部下干的，他不懂得。你做公务员，个人真不贪污，是好人，但你的贪污是事实，你负责不负责？你说委实不能负责，那么，你这个人做事不负责，还能算是好人吗？

“技术第一，创造至上”，技术这个名词，和理论对立，不是空谈和理想，所以技术多半是应付现实的，面临现实，当然要有相当的技术来应付，否则这个人就是饭桶。但是，现实不一定是合理的，不把握着带有革命性的“创造至上”，一味地拿技术来应付现实，服从现实，不能够拿创造来证明技术，改进现实，那么，你就要整个儿地向现实投降，你就变成了现实的俘虏！人人如此，整个的民族就要落伍；国国如此，整个的人类就没有进化了。所以“技术第一，创造至上”，这两句话还更有其“相反而相成”的互相推进的连环性。“技术第一，创造至上”。再谈。完了。

三十五年（1946）十一月一日于北平

◇ 高等院校语文教学

师范大学国文系科目表及说明书*

（甲）本系设置目标

造就中等学校国文科教师，并培养学生用历史的态度与科学的方法研习中国古今语言文字、各体文学作品及各家著述，以解决今后国文的新趋向之能力。

（乙）本系课程要旨

因为中等学校的国文教材，语体文与文言文并选，关于文体则记叙文、抒情文、说明文、议论文等等都要分别讲授。高中的国文课程，则纯文艺及关于文学源流，学术思想的文章，都要选讲其代表作品，并须酌授文字学。所以本系的教材，包括（一）语言文字学（内分字形、音韵、义训、文法诸项），（二）文学（内分文学史、文论学、修辞学、各体作品诸项），（三）学术思想（整理方法及分析评判并重）三类，其内容注重历史的变迁，使学生明了本国的语文、文学、思想各方面演进的真相。至于文学的技术，则各随其性之所近，自由习作，但以能胜指导中等学校学生作文之任为毕业的最低限度。学生中如有愿作“窄而深”的研究者，于达到三类平衡的标准之外，仍得专精一类以资深造。

（丙）科目表

---

* 与钱玄同合撰。选自油印件，缺年月。作于1938年至1945年。

<table>
<tr><th rowspan="2">年级</th><th rowspan="2">必修科目</th><th colspan="2">每周时数</th><th rowspan="2">学分总数</th><th rowspan="2">选修科目</th><th rowspan="2">附注</th></tr>
<tr><th>上学期</th><th>下学期</th></tr>
<tr><td rowspan="5">一年级</td><td>中国文字学概要</td><td>2</td><td>2</td><td>4</td><td rowspan="16">散文选
骈文选
新文学概要
白话文选
简体字研究及练习 *
甲骨金石文字研究
中国修辞学、诗歌史、三百篇选、辞赋选、汉魏六朝诗（兼乐府）选、唐宋以降诗选
词史　词选　戏曲史
戏曲选、小说史、小说选
专书研究 * 周秦古音研究、近代语研究、中国文艺理论史、古书校读法

国文教材及语文工具研究</td><td rowspan="16">选修科目——略分 3 阶段（以 * 为界）第一阶段：一年级以下皆可选修。 第二，二年级以下选。第三阶段：三、四年级选，每门学分，于设置时酌定。或逐年或间年或三年一设或删并或增析，均随时酌定之。
习作——选修科目之“散文选”“白话文选”均附习作，凡一年级生国文写作程度过低者必选。此外“骈文选”“诗赋选”“词选”“戏曲选”“小说选”等，则由选修学生自由。习作，交任课教员评改。
参考——除有习作之各门外，无论必修选修，凡授课一小时至少须参考自习一小时，始为一学分。
专题研究——将研究结果提出作为毕业论文</td></tr>
<tr><td>国语发音学概要</td><td>2</td><td>2</td><td>4</td></tr>
<tr><td>古今文法比较</td><td>2</td><td>2</td><td>4</td></tr>
<tr><td>中国文学史大纲</td><td>3</td><td>2</td><td>5</td></tr>
<tr><td>书目举要</td><td>2</td><td>3</td><td>5
(22)</td></tr>
<tr><td rowspan="4">二年级</td><td>古今音韵沿革</td><td>2</td><td>2</td><td>4</td></tr>
<tr><td>文体源流</td><td>2</td><td>2</td><td>4</td></tr>
<tr><td>周至唐思想概要</td><td>3</td><td>3</td><td>6</td></tr>
<tr><td>经学史略</td><td>2</td><td>2</td><td>4
(18)</td></tr>
<tr><td rowspan="5">三年级</td><td>文字形义沿革</td><td>2</td><td>2</td><td>4</td></tr>
<tr><td>文学概论</td><td>2</td><td>2</td><td>4</td></tr>
<tr><td>宋元明思想概要</td><td>2</td><td>2</td><td>4</td></tr>
<tr><td>清代思想概要</td><td></td><td>2</td><td>2</td></tr>
<tr><td>诸子概论</td><td>2</td><td>2</td><td>4
(19)</td></tr>
<tr><td rowspan="3">四年级</td><td>国文教学法</td><td>2</td><td></td><td>2</td></tr>
<tr><td>国文试教讨论</td><td></td><td></td><td>6</td></tr>
<tr><td>专题研究</td><td></td><td></td><td>1
(9)</td></tr>
<tr><td></td><td colspan="4">以上合计必修 68 学分</td><td>以上选修各门每人合计至多得选至 30 学分，至少须选至 22 学分</td><td>综计本系必修、选修课以 94 学分为准，约占毕业总学分 70%</td></tr>
</table>

（丁）说明书

本科目表所列之国文科目依照本系课程要旨约分三类：（一）语言文字学，（二）文学，（三）学术思想，而（四）国故整理及国文研究与教学之方法亦包括其中焉，兹分类举目说明如下：［必修科目标以（子）（丑）等；选修科目低两格以类相从而标以（A）（B）或（ㄅ）（ㄆ）等］。

（一）语言文字学（简称语文学）

（子）中国文字学概要及国语发音学概要 此二门为治本国语文学之两大基础。前者以汉字形义为主根据实物（从甲骨文到元明以来之俗体字），说明古今字体之变迁：（1）将“六书”中之象形、指事、会意、形声四书，每书各分数类，举商周至现代若干字为例，阐明文字之构造。（2）将转注、假借两书各分数类，举例说明文字之孳乳及字义之演变，后者以现代语音为主，首明国语国音之定义及国音字母（注音符号及国语罗马字）之沿革，并根据语音学（phonetics）及国际音标，略释国语发音之原理，次及声母、韵母与声调之类别，并按表逐加练习；终明轻声、重音、卷舌韵、词类中各种音变及语势语调等。

（丑）文字形义沿革及古今音韵沿革 此二门为前（子）项两门之进修的科目，前者主形义，取材于《说文》所列象形、指事、会意字之全部，及形声字中古今变迁较多之字，上考甲古刻辞与彝器铭文以探其源，下证唐、宋以来至现代语言以明其变，专用历史的态度，叙述文字形义之演变，期以矫正泥古与蔑古两种弊病，后者主音韵，分两部讲述：（1）约分四时期以叙明古今音韵及音韵学之沿革，即（a）周至汉（b）魏至宋（c）元至清（d）现代；（2）采用语音学家新说，说明辅音（声母）元音（韵母之音素）之发音原理，然后根据各时期之材料（即韵文，或韵书，或音标）分别说明其声纽、韵部及声调，并比较其异同；期以了解全国俗语方音之系统与其来源，并足为调查方言与教学语文之专门的工具。

（A）**甲骨金石文字研究及周秦古音研究** 此二门为前（丑）项两门之较窄而深的研究，志愿探讨本国之原始的及古代的语文真相与其研究方法者，则选修之。前者（1）根据甲骨刻辞与彝器铭文（金文），探讨中国的原始文字，并匡正《说文》之违失（因《说文》所采，除小篆外，仅有史籀篇与“孔壁中古文”，实皆春秋以后流行之文字，不如甲骨及金文材料之时代较早也)；(2) 兼及唐以前之石刻及陶瓦等文字，了解古代字形之演变，并综述“金石学”之概要。后者以介绍清代学者对于古音之贡献与其方法为主(关于古音韵部，首述段玉裁之说，因言周秦古韵者，至段氏而规模始具也。次乃上溯顾炎武、江永，以明段说之所因。段后以戴震、孔庆森、王念孙、江有诰、章炳麟诸家发明最多，亦各叙其梗概。关于古音声纽，则述钱大昕、章炳麟诸家之说)，为研究高深的语文学者植其本国的根柢。

(B) **简体字研究及练习** 此为语文学研究中一种教育上应用的科目。搜采汉代之章草，并现行之今草及行书。取其结体平易及笔势不甚钩联者，与古体、别体、俗体字之笔画之减省者，定为现代适用之简体字，逐加练习，以期传授普及，使汉字书写便利，可以“赴速急就”。同时对于行草书法，亦得到相当的研究与训练。

(寅) 古今文法比较 此为治本国语文学之第三大基础，因从前治“小学”者，仅注重文字之形（字体）义（训诂）及音（声韵），今则所谓语文学（Philology）实以文法（Grammar）为其骨干也；又为治国故习文学与国文教学之基本工具。其内容：(1) 根据语言的心理比较古今语句构造之同异识其变迁；(2) 比较古今虚助词类之同异，明其源流；(3) 说明复合词(即联绵字）构成之方式，及“词类连书”条例，借以了解中国汉语语系特征，及拼音新字制作上之要点；(4) 注重文法上之变例及省略例等，借以证明文学的技术；(5) 兼及中西文法之比较，以为互译之助；(6) 利用图解法(Diagram)，注重实习，以解决文法上之纠纷。

(C) **近代语研究** 此为语文学课程中一种最后的综合的实用的研究，并为中国语文学过程中一种需要补充的工作。即以国语文法、古文法及文字音韵学等为基础，用归纳的方法，就近代约一千年间之史籍、文集、语录、诗词、戏曲、小说、并现行各种通俗的刊物、文件等材料，搜集其语言上之特征（即向无征考之特别的词类，包括一切名物而言，并成语及异体字等)，整理比次，汇其同物而异名者。然后穷源（上溯唐以前至上古）而竟委（旁证以现代国语及从各地调查之方言)。

（二）文学

（子）中国文学史大纲 以时代演进为主，但用分类叙述法，即将中国之全部文学分为诗歌、辞赋、乐府、词、戏曲、小说、散文及骈文八大类，各依次叙述其演变；一方面固不忽略历史与社会的背景，另一方面更重视文学之本身，故举例不厌其多。唯此为分别专究各类文学之总纲，其详细说明则让之于各类专史及文选。

（丑）文体源流 以作法体裁为主，但仍重历史的叙述，以明源流。依文章作法之说理、记事、言情三要素，立论议，记载，辞章三大纲。就中国旧有之各种文体，于论议门分论辩、传注（即“说明文”之一种）、序跋、赠序、诏令、奏议、书说七类，于记载门分传状、碑志、叙记、典志（亦多属“说明文”）四类，于辞章门分辞赋、箴铭、颂赞、哀祭、诗词五类（此类大抵为韵文），各说明其起源、流变及研究法。

（寅）文学概论 以现代的文学理论为主，参取世界各文学家之理论及批评，以说明文学上之一般原则、间及创作之方法，并修养研究之途径。

（A）**中国文学理论史** 此为介绍本国文学理论之科目。内容依时代为历史的叙述，如文学批评，文学观念，文学方法及文学上各种问题之论争，与关于文体之理论等（皆可□选重要的专篇“文论”随时参授）。一方面使学生对于中国文学史有进一步的认识，另一方面即借以培养文学的创作技术与批评能力。

（B）**中国修辞学** 根据本国语言及文学之特质，参照现代一般修辞之原理及方法，于旧籍及新著中钩稽其关于修辞之材料，分类比次而诠释之，所以求实际上言语文辞之美，故宜以本国之文法及作品为基础也。分类文学史及诗文选（因学者个性不同，故概列为选修，任其自择，但至少宜选定两门）。

（C）**诗歌史** 以下（C）至（G）五门为分类文学史。本门为中国诗歌自起源至现代之全部演进史（包括辞赋、乐府等韵文而言）注重诗体之变迁、各时代之特色、以及著名作家之作风。选授诗歌，又可分四门：

（ㄅ）《三百篇》选 以下（ㄅ）至（ㄍ）十门为分类诗文选。本门先讲概论，以明《诗经》在文学及中国学术教育史上之各种关系；所选每篇，先详释其名物训诂词句文法，次述自汉至清各家之解说，然后根据本文断定每诗之大旨。

（ㄆ）辞赋选　作二圆周计：（1）先选授六朝赋（以鲍明远、谢希逸、江文通、庾子山数家为主），次选授汉魏赋之较易领悟者（如《北征》《登楼》之类）；（2）先选授楚辞，次乃选汉魏晋赋（其弘丽之篇如子虚、上林、甘泉、羽猎、两都、思玄之类，但选授一、二篇以为圭臬）。

（ㄇ）汉魏六朝诗（兼乐府）选　作二圆周计：（1）选授各家之诗（以曹子建、阮嗣宗、郭景纯、左太冲、陶渊明、谢灵运、谢宣城、鲍明远、沈休文、江文通、庾子山诸家为主）；（2）选授乐府歌辞（以汉代铙歌、相和歌、六朝清商曲辞——南朝吴歌、荆楚歌辞、北朝横吹曲——为主，并间选无名诗人之诗）；以明唐代诗体之本源。

（ㄈ）唐宋以降诗选　作二圆周计：（1）选授古体；（2）选授近体（律诗及绝句）。借以涵养性情并得学习旧体诗之门径。

（D）**词史**　以时代为纲，依次叙论词之源流及词家之派别与其得失，（词起于唐，但唐宋及元之词，声律与形体并重，明清以降，宫调失传，改本门须兼及词学以免徒以今日填词之法而论唐、宋之词，取貌遗神，致失唐、宋词家之真也。）

（万）词选　自唐至于现今，亦依时代选授，与词史及词学互相印证，而以五代、北宋各名家为主。填词之法，亦附及焉。

（E）**戏曲史**　依时代分三方面叙述：（1）音乐方面：述隋唐以来之清乐、燕乐、胡部之宫调曲名传之于宋者，及南戏、元杂剧、明传奇等承授之迹与调之多寡、曲之并合之不同，并及现行戏曲中诸乐调（乐律之学，别为专家，必要时可另设讲座）。（2）动作方面，述唐以来舞曲与宋金杂剧院本中扮演角色情形，及其与后来戏曲之关系；（3）剧本方面，述元明清之作家、作品、与其作风并及现今旧戏脚本与新歌剧之概略。

（ㄉ）戏曲选　自宋迄清，分三部分选授：（1）南戏尚先于元曲，今存者甚少，多选；（2）元曲以关、马、白、郑四家为主。杂剧之外，兼选散曲（所选诸篇，其当时之俗语方言，须加注释。可与语文学类课程中之“近代语研究”互为联络）；（3）明清传奇，明初尚存古曲规模，选其著者；自中叶

（嘉靖、隆庆间）以后以至于清作者大抵以意制曲，但取文辞，不论曲调，故只选其卓然成家者。至度曲之法，重在技术的练习，可于课余另设研究会（以现行者为限、如昆曲研究会、“国戏”研究会等。至新兴之话剧，则别属新文学系统，见后，但话剧研究会及歌咏队等亦得为同样之组织）。

（F）**小说史** 依时代分四部分叙述：（1）传奇文之部，自魏晋六朝志怪书至唐人传奇以及宋元明清，此类作品各随时代述其作风；（2）通俗文学之部，自唐五代俗文变文（材料多取自敦煌石室写本）至宋、元、明、清之短篇长篇小说，论其源流派别；（3）六朝以来记嘲谑、述琐语、谈朝野杂事之作，亦附叙其梗概。（4）清末之翻译品及新文学运动后之作风，亦略及之（其详让诸“新文学概要”）。

（ㄊ）小说选 亦分三部分依时代选授：（1）文言小说，略选中古志怪书，多选唐宋传奇，宋以后之笔记小说等则选其堪作代表者。近代之文言翻译品及创作亦附选之；（2）白话小说，短篇者多，选宋元话本，明以《三言二拍》为主，清至李渔，附及现代；长篇者就元、明、清章回体迄于现今作品及译品摘选其可以代表全书作风者；（3）小品，略选六朝以来杂书小品中之隽永者，亦附及现代。

散文及骈文源流（因“中国文学史大纲”及“文体源流”两门中论述已详，不另设专史，应于左列之选授科目中互为联络说明）。

（ㄋ）散文选 作二圆周计：（1）唐宋以降，迄近今之应用的古文；（2）六朝以上，断自周秦。所选以词句明显，文法正确，能作普通文言文之模范者为主，附及作法与批评。

（ㄌ）骈文选 作二圆周计：（1）先选授六朝文（略备诸家而归宿于徐、庾），次及唐骈文（以初唐四杰、张道济、李义山为主）；（2）先选授宋四六（以苏东坡、汪彦章为主），次及清骈文（以洪北江、汪容甫、董方立三家为主）。

（G）**新文学概要** 叙述民国六年（1919）以后新文学运动之历史趋势：（1）总论，述其背景、经过及外国影响与今后动向；（2）分论，分诗、小说、戏剧、散文、批评五项，各为叙评。

（ㄍ）白话文选 分两部分选授：（1）就旧文学中，选其纯白话或明白清楚近于说话之作品（取材约有十处：①先秦文学如《诗经》《楚辞》《左传》

等。②乐府歌辞。③白话诗词。④变文，诸宫调等。⑤散曲杂剧等。⑥现代民歌。⑦唐五代俗文及宋、元话本。⑧明、清白话小说。⑨白话散文。⑩禅宗及宋儒语录。所选应与“各类文选”诸门，先后互为联络。）（2）新文学作品及译品，选其能代表作风者（即可就“新文学概要”之分论所举例证而扩充之）。

（三）学术思想

（子）周至唐思想概要 以下三门为中国学术思想之全部演进史。本门以儒道两家思想之糅合为中心：（1）总论晚周诸子之学派；（2）儒、墨、道、法诸家之初祖及其后学；（3）秦汉之儒生与方士之关系；（4）《淮南子》；（5）董仲舒；（6）司马迁；（7）王充与仲长统；（8）六朝之“老庄”思想；（9）《列子》《杨朱篇》之思想；（10）佛学之输入及各宗之创立；（11）刘知几之史学；（12）韩愈与李翱。

（丑）宋、元、明思想概要 本门以儒佛两家思想之融化为中心：（1）先述儒学佛化之酝酿及其与道家之渊源；（2）两宋理学之中心思想（周敦颐、程颢、程颐、张载、朱熹、陆九渊）及其传授概略；（3）略及宋、元学者治学方法及其在各种学术上之贡献；（4）明代理学之中心思想（王守仁）及其敌派与末流。

（寅）清代思想概要 本门以儒学思想与西洋学术之接触为中心：（1）论清学之反玄务实；（2）清初之诸大师（黄宗羲、顾炎武、王夫之、唐甄、刘献廷等）；（3）戴震；（4）章学诚；（5）崔述；（6）余正燮、（7）龚自珍与魏源；（8）其他史学家、考证学家与“今文”学家；（9）晚清学者（康有为、谭嗣同、宋衡、夏曾佑、梁启超、章炳麟等）与思想及政治之革新。

（卯）经学史略 此就中国过去二千余年学术思想中心部分之“经学”，纯用历史的、批评的态度，叙述其变迁经过及其背景与影响。（其内容：（1）经是什么？（2）经的传授与集合；（3）两汉之今文家；（4）新莽时古文经的勃兴与东汉古文家；（5）汉末至唐初之今古混合派；（6）从唐啖助经宋儒至清崔述，皆不囿于成说而独抒心得者；（7）清代惠戴两派之考订训诂、名物；（8）清今文家之发挥大义微言及推翻古文经。）

（辰）诸子概论 此就中国学术思想自由发展之先秦时代，论述诸家派之学说，并其人之年代、书之真伪等考证，两汉以下诸子，亦可附及，但以六朝为断（各述其版本、校注本、参考书及研究方法，以为选修“专书研究”之指导。六朝以下如佛学、理学诸家，必要时可另设讲座，以为选修。）

（四）国故整理及国文研究与教学方法

（子）书目举要 此为治国故（包括群经、诸子百家及史籍而言）及本国文学之重要的门径。其内容：（1）先授中国目录学及现代图书分类法之基本常识；（2）采用十进分类法，改组四部类目，各按时代举出要籍；（3）要籍中之尤要者，略为解题并批评；（4）就各部类略辨学术源流；（5）指导购书版本及读法；（6）随时介绍并批评现代关于本国文学及国故之重要论文作品等。

（A）**古书校读法** 将前人校勘古书之方法，举最精要者讲述之，为读古书时研究法之基本的部分。约分三方面：（1）辨书史之疑伪（举朱熹、胡应麟、姚际恒、阎若璩、崔述、康有为等所用之方法，此方面可较详，因学者不可误授伪书。须叙列伪书之种类，不全伪者则分别论述其真伪，但同时亦须认识伪书之价值）；（2）订旧训之违失及；（3）正传写之讹误（皆举戴震、段玉裁、王念孙、王引之、俞樾、孙诒让等所用之方法）。校勘之外，可略述目录学之沿革。

（B）**专书研究** 某种专书特设讲座，然后选修。此或为古书校读之实习（例如“《史记》研究”，因其为通史之祖、正史之冠，又为最高之散文，于史事文学皆关重要，故可设研究讲座，学者先就指定各篇标点分段，每段中注解，须就《三家注》并参考后人治《史记》之说，择其最当者记之，其考证较繁之问题可别为附考；评论之文，亦须摘记；然后折中于教者）；或为“专题研究”（即毕业论文）之准备。

（丑）国文教学法 此为分系之专业科目。其内容：（1）就部颁中学及师范学校之国文课程标准，逐项加以具体的说明；（2）就中学各年级“精读”与“略读”内之单篇及专书教材，从实际教学上举例加以评论；（3）讨论讲读、习作、出题、批改，及课外阅读指导等项之实际教学方案；（4）就学生个人提出之问题，分组讨论研究；（5）实习（试教）指导。

（C）**国文教材及语文工具研究** 此为对于中等学校国文科教材及语文

工具之革新的建设的研究。其内容：(1) 先将中国兴学以来迄现行之国文及国语各种教本，顺次汇列而批评之；(2) 以时代为纲，次以各作家及国故要籍，再汇列现行各种教本之教材题目，逐加评论，并作统计；(3) "精读"与"略读"教材之讨论与决定，附及其分类合编法；(4) 国语国音教材之选定与教法、并及语文工具之理论与最后之目的。

附注

（一）师范大学有修养类之公共科目（如社会科学概论、自然科学概论、哲学概论、党义、卫生、体育等），约占毕业总学分百分之十；又有专业类之公共科目（如教育概论、教育心理学、普通教学法、教育史、教育行政、中等教育、师范教育等），约占毕业总学分百分之二十（国文试教六学分另计在本系学分之内）。其科目表及说明书另具，此概从略。

（二）他系学生以国文系为副系者，应分年将国文系一年级必修科目计五门及四年级之国文教学法（并试教）完全修毕，此外任选何门或不复选概听其便。

（三）民二十六年度国立西安临时大学（二十七年三月部令改名国立西北联合大学）国文系科□□亦适用之，但实际课程，略有变动。

（四）战期中应添授之民族文学抗战文艺，及对民众宣传□□文研究与训练等，概包括于有关系之各科目中，不另设立名目。

大学国文之统筹与救济*

上篇：教材之统筹

一、编选因缘

国文编译馆大学用书编委会的大一国文编选会议，最近一次决定了一个《大学国文选目》。这次会议，是民国三十一年（1942）六月十五日在重庆开的，其时我在陕南城固，将赴临潼，未能入川赴会，函托魏建功先生代表。函中也陈述了一点简单的意见，要点就是：统一的教材和补充的教材，不必严格划分；至于应选何文，只要是大家同意的，我无不赞成，因为统一的教材，分量有限，断难囊括各体各类，选来选去，反正差不多，如果觉得不够，则补充的教材既略依大学之院系科分类，可以随宜多选，指导阅读，内容与学生志愿之某院系科有关，而形式仍是国文名著，原拟名为《国文辞类纂》，此所谓“类”，不复依形式方面之文体为标准，改依内容方面之事类与学术系统，学生读之，自感切己，有这种补充的教材调剂伸缩于其间，则统一的教材虽分量多少难合实际，选定篇目难满人意，也没有什么大妨碍了。到了十月十日，教育部训令全国各大学及独立学院，附抄《大学国文选目》凡五十篇目，内指定二十篇必读，以题上星号为记，排列次序依经史子集四部（此层部令中未注明，致外间有疑为次序凌乱的；又部令中于篇目下皆用

* 选自1942年《高等教育季刊》（重庆）第2卷第3期。

括弧注一姓氏，乃是会议时分配六位专家担任该篇注释的，照录原案未删，致外间亦有误为投票人者：附此声明），令转知国文教员遵照采用。

这五十篇目，大体上都还要算是统一的教材，其中必读的二十篇，则为纯统一的教材，如一年讲授只能以这二十篇为限，则余三十篇即可作为补充的教材，但未分类，故《国文辞类纂》之名尚不成立（决议定名为《大学国文选》），因为这三十篇作为补充的教材分量太少，自不必分类，而且原是照统一的教材之意义选的，不是有计划的分类补充，所以说这五十篇目大体上都还要算统一的教材，所谓“不必严格划分”也；提出必读的二十篇为纯统一的教材，而余三十篇又可作为补充者，所谓“调剂伸缩”也。

二、补充分类——《国文辞类纂》

愚意将来若照原拟办法，分类再选补充的教材，则分类标准宜略依世界学术之部类系统，而参酌以大学各院系科对于国文的内容所应获得之知识，即：（1）学术思想（门径及修养之文字附之）；（2）社会科学（教育别为一册；又史地诸文字亦别为一册附之）；（3）文艺（首作品，次批评理论；公牍程式别为一册；又关于语言文字之文别为一册，艺术亦别为一册，皆附之）；（4）自然科学；（5）应用科学（此两类之国文教材不能甚多，可酌合为一册）。大体上分此五类，和原拟之七类实无不同，只把“教育”仍纳入社会科学中，而“应用文程式”仍纳入文艺中而已。

这五大类的《国文辞类纂》，若依大一学生志愿的院系科来分配，要简明，切实，合理。但也不宜说某一类就配到某一学院，因为如此则虽似简明而并不切实；也不宜烦琐地按学系而选文，因为如此则虽似切实而在国文本身的目标上并不算合理。国文本身自有其目标，简单说就是要选好文章，要选可读的文章，终归是形式方面为主；这种编制，不过是另从内容方面来分一分部类，让教学上有各取所需的便利，应该不违反世界学术之部类系统以归划一，而又不可拘泥各院系科之范围性质，胡乱多选，致成为一部不文的类书。

大学的分院系科，大体上是依着世界学术之部类系统的。若把现代通行的图书分类法来比较，大体上亦无不合，这五大类的《国文辞类纂》也就可以简配如下：

（一）学术思想（在图书分类法上，即一〇〇哲学，二〇〇宗教。所附读书门径或综论国学之文，以及修养日记或读书札记之文，则都属〇〇〇总部，所选可附此类，毋庸独立）。

（二）社会科学（即三〇〇社会科学；其中三七〇教育，则以师范学院之关系，附庸而蔚为大国，故别为一册。至九〇〇史地，论内容实多与社会科学关联，故所选之文，虽别为一册，但亦可附此类）。

（三）文艺（即八〇〇文学，除诗赋词曲并小说戏剧等纯文学作品及批评文学并文艺理论外，其应用公牍程式，偏重形式方面的特别训练，故别为一册。标题既曰文艺，自可包括七〇〇艺术，如美学理论，音乐旧典，书画叙评，艺人传记等，性质亦多与文学为近，故所选附此，且分量当无多也。又四〇〇语言文字，本与文艺性质不同，但所选分量当亦无多，故亦附此）。

（四）自然科学（即五〇〇自然科学）

（五）应用科学（即六〇〇应用科学）

（以上所注现代通行之图书分类法，自〇〇〇至九〇〇，凡十大部，皆已纳入此五大类之中，为国文教材本身之性质及分量计，故不必仍为十部而可约为五类也）。

若将来不名为《国文辞类纂》，则可分成四部文选，即（1）学术文选，（2）经世文选（即社会科学），（3）文艺文选，（4）科学文选（即自然科学与应用科学合编为一部，但此处科学之名已为狭义的）。

三、院系配合

现在试把这五大类的国文教材，依上文所说“简明、切实、合理”的原则，分配于大学各院系科，列表如下：（某院系科应以某类为主者，以圆圈记之；某类于各院系科具有一般性者，则于院别下以圆点记之。）

	（一）学术思想	（二）社会科学	（三）文艺	（四）自然科学	（五）应用科学
文学院	●	…	●	…	

	(一)学术思想	(二)社会科学	(三)文艺	(四)自然科学	(五)应用科学
中国文学系 (师)国文系	○	史○	○	…	
外国语文系 (师)英语系	…	…	○	…	
历史学系 (师)史地系	○	○	语○	…	
哲学系 (师)教育系	○	…	…	○	
理学院	…	…	●	○	
数学系 (师)同	…	…	…	○	
物理学系 (师)见下	…	…	…	○	
化学系 (师)理化系	…	…	…	○	
地质学系 (师)见下	…	…	…	○	
生物学系 (师)博物系	…	…	…	○	
地理学系 (师)史地系 2	…	史地○	…	○	
心理学系 (师)教育系 2	…	…	…	○	
法学院 (师)公民训育系	●	○	●	…	…
法律学系	…	○	…	…	…
政治学系	○	○	…	…	…
经济学系	…	○	…	…	…
社会学系 (师)教育系 3	…	○	…	…	…

	(一)学术思想	(二)社会科学	(三)文艺	(四)自然科学	(五)应用科学
农学院 (师)劳作专修科	…	…	●	…	○
农艺学系	…	…	…	…	○
森林学系	…	…	…	…	○
畜医学系 (师)家政系	…	…	…	…	○
蚕桑学系 (师)家政系 2	…	…	…	…	○
园艺学系 (师)家政系 3	…	…	…	…	○
植物病虫害学系	…	…	…	…	○
农业化学系	…	…	…	…	○
农业经济系	…	…	…	…	○
工学院 (师)劳作专修科 2	…	…	●	…	○
土木工程学系	…	…	…	…	○
水利工程学系	…	…	…	…	○
机械工程学系	…	…	…	…	○
航空工程学系	…	…	…	…	○
电机工程学系	…	…	…	…	○
矿冶工程学系	…	…	…	…	○
化学工程学系 (师)家政系 4	…	…	…	…	○
纺织工程学系 (师)家政系 5	…	…	…	…	○
建筑工程学系	…	…	…	…	○
商学院	…	○	●	…	○
银行学系					
会计学系 (师)家政系 6	…	…	…	…	○

	（一）学术思想	（二）社会科学	（三）文艺	（四）自然科学	（五）应用科学
统计学系 （师）教育系 4	…	…	…	…	○
国际贸易学系	…	…	…	…	○
工商管理系	…	…	…	…	○
商学系	…	…	…	…	○
医学院（不分系） （师）家政系 7	…	…	●	…	○
师范学院	●	○	●	…	…

（所分凡十系三科，其中九系一科，已分配于前各院系，尚余一系二科如下）：

体育学系	…	（教）○	○	…	（医）○
音乐专修科	…	…	艺○	…	…
社会教育专修科	…	○	…	…	…

（附注一）上表中，理、农、工、商各学院之分系，本与国文教材之分类无甚关系，但尽行照列系名于上者，意在使将来选（四）自然科学与（五）应用科学两类国文教材时，特予注意，或于此四学院之每一系都可选得相当的三两篇耳。

（附注二）就上表中师范学院各系科之分配，可以明白师范学院性质之特殊，盖以教育为总立场，而系别则几乎包举一整个的大学，故国文教材之教育文选应为之别成一册，但仍应隶在社会科学，不应独立，俾明其正确的立场；而其分系所修，亦仍当视与普通大学之院系同等，不应以教育文选为限。

四、篇目调整——部颁五十篇分类总目

于此有一要义：教育部所公布之五十篇选目，既是统一的教材，没有分类，似乎是在这五十大类的《国文辞类纂》之外的。不错，然而不然。五十篇选自当然□独立编成一册，但《国文辞类纂》仍当照列其篇目于各类中，

于题下注明“另见”，不复重录其文，所谓有目无文；其中另见之一册，或即编作《国文辞类纂》之首册，首册者，即从其后五大类若干册中提出五十篇为统一的教材，令普读而先读者耳。如此，前所谓部颁五十篇目中指定必读二十篇，其余三十篇可退作补充的教材，这补充的三十篇虽未分类，也就可以各归其类了；若于三十篇再加补充，便可就《国文辞类纂》按类而增采之，而与所已读的——部定而退作补充的三十篇乃至指定必读之纯统一的二十篇——都能以类贯串起来，完全系统化了。现在试把部颁的五十篇目，依五大类的《国文辞类纂》拟列如下：

（一）学术思想

★易乾坤文言

★孟子知言养气章（修养）

★庄子秋水

★荀子天论篇

淮南子冥览训

列子杨朱篇

晋书阮籍传

★高僧傅慧远传

★张载西铭

★朱熹大学章句序，中庸章句序

★王守仁拔本塞源论（修养）

（二）社会科学

★礼记礼运

董仲舒贤良对策一首

柳宗元封建论

王安石上仁宗皇帝万言书

苏轼乞校正陆贽奏议进御劄子

★郑应通志总序

史记货殖列传（以上一般政制经济）

后汉书黄宪传

又郭林宗传

又儒林传序

欧阳修胡先生墓表（以上教育）

★书秦誓

左传殽之战

又鞌之战

国语重耳之亡

史记淮阴侯列传

★又魏其武安侯列传

★汉书李广苏建传

又张骞传

又霍光传

★后汉书马援传

★三国志诸葛亮传

通鉴淝水之战

水经注江水又东乌衣水注之一段

洛阳伽蓝记白马寺，景林寺（以上史传地志）

（三）文艺

★诗氓、蒹葭、七月、东山

★唐宋诗选

李白梦游天姥吟

杜甫北征，哀江头

白居易琵琶行

苏轼题王定国所藏烟江叠嶂图（以上诗）

荀子赋篇

★屈原离骚

★赋选

贾谊惜誓

司马相如长门赋

庾信思旧铭（以上辞赋）

论衡艺增

文心雕龙神思

北史文苑传序

韩愈答李翊书

姚鼐与鲁絜非书（以上文学叙评）

礼记乐记

★左传季札观乐（以上艺术）

许慎说文解字序（以上语言文字）

（四）自然科学（无）

（五）应用科学（无）

上拟列部颁统一的教材五十篇目于《国文辞类纂》各类中（上角加星号者，即决议案指定必读之二十篇。又议定例言云："加星号者二十目，尽先讲授，余于一年讲授完毕。"部发选目排列次序见一〇二页），既已独立编为一册，各题下只需注明"另见首册"，不必重录其文；而将来扩大选辑补充的教材，可一一使性质相近者比附搀入，再斟酌分量，分册成书。

五、前后控制——中等学校与大二以上教材之综合

于此更有一要义：《国文辞类纂》似乎是专为大学一年级共同必修科目"国文"而编选的，下无关于中等学校，中不涉及大学先修班，上亦不影响二年级以上国文等系之"历代文选"等科目。不错，然而不然。"大一国文编选会议"确是以大学一年级共同必修科目"国文"为讨论之对象，而且决议选目标准"酌量避免与中学重复"，这是不错的；但将来如果要编《国文辞类纂》这部书，愚见以为从初中（并简师）一年级起，直到大学各院系科毕业之年止，所有应读及可参考国文编目，都要囊括于其中，这才是真正的《国文辞类纂》。

其法：先将国立编译馆编印的及现行审定的各种中等学校国文选本，照上举之五大类逐篇分定，编入目中，题下注明"已见中学读本"，本书中亦不必重录其文：如是便了。其益有五：（一）让大一学生可以按类温习在中

学时已读之文（本书固不必重录其文，但酌定其必须温习之诸篇，照选入书，亦无不可，因为要他们再找从前所读之中学国文教科书来温习，未必都能办到）；（二）让大一学生把在中学时所读之文都系统化；（三）部颁五十篇目中，已不免有与中学重复的（只是“酌量避免”而已），若再选补充的教材，更所难免，不如索性来个总检讨（凡与中学重复的，可于“已见中学读本”下加注“重录”二字）；（四）现行审定的各种中学国文选本，所选之文并不一样，故大学生已读或未读亦不一律，所谓“重复”都是局部的，不如索性来个总陈列（某篇选授时，本班学生中重复者多，就算温习；重复者少，就算新读）；（五）中等学校国文教材的选定与分配，现在还是一个严重的问题，经这一番分类和联系的工作，虽未必遽可觅得解决的途径，但也不失为“教材研究”之一法。——以上是说《国文辞类纂》对于中等学校国文教材之控制。

复次：再调集各大学在部颁五十篇目以前之一年级（并先修班）国文选目，与二年级以上文法师各院所有“历代文选”“历代诗选”“词选”“曲选”以及文学史学“专书选读”等科目之选目，也照上举之五大类（当然每大类还应再分小类），逐篇分定，编入目中，题下即注明二年级以上之某科目名称；至问是否照录其文？则应之曰：经大一国文会议核议选定之后，当然照录。其益有三：（一）将来分类增选补充的教材，所选的一定大多数与这些篇目相同，那么，这些就是《国文辞类纂》中应选的篇目了；（二）部颁的五十篇目，在事实上一年级已经讲授不完，再增选的补充教材，一年级更当然讲授不完，可是这些大都是脍炙人口，应当诵习的名作，安得不顺挪到二年级以上关于国文的各科目中去；（三）如上所举二年级以上各科目，据我所知，各校讲授的亦多茫无标准，缺少计划（尤其是“历代文选”和“专书选读”），这部《国文辞类纂》很可以从大体上略示一个必选必读的准绳。——以上是说《国文辞类纂》对于大学二年级以上国文教材之统筹。（关于大学中国文学系及师范学院国文系各科目之教材标准，愚曾拟一“部定科目实施纲要”，略有陈述，见本刊第一期。）

对下控制，对上统筹，控制的结果也可以得到一种合理的统筹，则初中、高中，大一及其以上的国文教材问题，可望作一串解决。这部《国文辞类纂》实在是一部综合的文选，但它的编制体裁是以内容分类的，这算有点儿特别（只有“文艺”一类，大部分仍以形式为主）。不过这种体裁，并不影响到各级实施教学的读本：中学六年仍分年级编选，《国文辞类纂》不过是它的一种综合分类的目录；和略读与进修之教材仓库而已。大学一年级仍用部颁的五十篇，照决议的名称为《大学国文选》，篇目排列仍照经、史、子、集四部的次序，实际讲授还可依担任教员的意见酌量先后（这五十篇目依照四部排列次序，是较为合宜的办法，因为：（一）免费斟酌；（二）表示均衡；（三）旧分四部是国学上一种常识，便可就这篇目略为讲明）。而《国文辞类纂》也不过是它的一种分析的目录，和温习与补充的教材仓库而已。至于二年级以上，则更有各种科目为范围（即如《历代文选》，自应按作家作品之时代先后排列），而《国文辞类纂》更不过是一种参考品，比从前集部中的总集诸书，较为切于实用而已。

六、文体区分

说到这里，又起了一个问题：前面说过，“国文本身自有其目标，简单说就是要选好文章，要选可读的文章，终归是形式方面为主”，那么《国文辞类纂》应该是依着形式方面来分类的，至少也应该于内容分类之外，再就文章体裁分类排列一个篇目，并且应该在内容分类的篇目中逐题注明文体。这个“至少”之主张是对的，问题就在文体究应如何分类。若单就这大学统一的教材部颁五十篇目为范围而分类，则依照姚选《古文辞类纂》及曾选《经史百家杂钞》之分类法，已足支配而有余，而诗歌一类还当独立；至将来《国文辞类纂》，所选自不限于文言，而“文艺”一大类中，词曲、戏剧、小说等，亦非姚曾等选之分类法所能包举；何况统筹下及于中等学校，则姚、曾等选之分类法实不能适用。愚意文体分类应有四个出发点；若于选目每篇下标明，应标作 1、2、3、4、四项，每项举其名称。文体分类的四个出发点如下：

（1）文法立场：文言文（古体文）；白话文（语体文）。

这是从行文时用字遣词和组句之不同而分类的。在教材中，无论大中小学，每篇都可以站在这文法立场，两类判分，或为文言，或为白话，简单之至。

但在大学，若选及旧文学中，如先秦至六朝之古白话小品，如唐五代“俗文”及宋元“话本”，又如禅宗及宋朝明儒“语录”之类，实多文白相参；而近来文坛新派和报纸上的论评，尤多文白相参之作，有的简直不能判定其应属于哪一类。在这种情形之下，要先辨明大体，而注以“文参白”（白话化的文言文，如今论评）或“白参文”（文言化的白话文，如古语录）。

（2）教材类别：记叙文（包括描写文）；说明文；抒情文（包括韵文）；议论文。

这是照录教育部颁行初级高级中学国文课程标准所分的四种体裁，虽或病其太简而又分野不明，但新旧文白都可勉强适用，中小学国文教材之分别文体如此已足。部章中又有应用文之名，普通又有所谓小品文，其实皆于前四体必有所属，或兼两体（如夹叙夹议之类），不必平标，致违逻辑（如应用文只是加上公私文牍程式措辞立体，皆不能出前四体之范围也）。

（3）作法体裁：一、论议门（说理为主）：论辩，传注，序跋，赠序，诏令，奏议，书说；二、记载门（纪事为主）：传状，碑志，叙记，典志；三、辞章门（言情为主）：辞赋，箴铭，颂赞，哀祭，诗词（诗分四言，六言，五七言，五七言各分古体与近体，近体复分律诗与绝句，词可酌附散曲）。三门共十六类。

还可名为“诗古文辞十六类”，大学国文教材之形式分类法可适用之，但不能尽，因旧白话作品与新文学作品及译品皆未之与也（详后），此十六类系霸县高步瀛（阆仙）氏斟酌姚曾两家而定。其中唯“传注”“诗词”两类为新增；姚十三类，无“叙记”“典志”而有“杂记”耳；曾十一类，增“叙记”“典志”而无“赠序”，又合“箴铭”“颂赞”于“辞赋”，合“碑志”于“传状”耳。前如萧氏文选之分类，原非定本；后如吴氏（曾祺）交钞之分类，复太毛□；今大学势须多选古体文字，事实上仍以姚曾两选之分类法为宜，经高氏之调整，故可适用。

中学部定四体，应与大学分体之三门十六类相贯通（每题下，1. 先辨文白；2. 准中学四体分；3. 准大学十六类分；4. 详后），其比较系统亦甚简单：“论议门即中学之议论文，记载门即记叙文，辞章门即抒情文；唯中学之说明文，其体介乎叙记与议论之间，则以‘传注’与‘典志’两类属之可也。‘诏令’‘奏议’‘书说’三类，并属之应用文，下行，上行，平行皆具。所谓小品，则无类不有矣。”

（4）时代演进：一、纯文学：诗歌（通各时代，体有迁变），辞赋（盛于汉，乐府汉后迄南北朝）；词（唐五代宋），戏曲（元以后，话剧新体），小说（明清，短篇新体）；二、杂文学：散文，骈文（此中国特有者，“八股”附之，兼纯文学：骈散二者皆通各时代，体有迁变）。

这可名为“文艺八体”，就中国文学史作鸟瞰的分类，是必要的；大学及中学国文教材，无论何篇，皆宜登注（列为第4.凡选文每篇题下，并宜标注上列四项，不可短一，其名称重复者亦不可省）。

文艺八体与诗、古文、词之三门十六类，亦极易贯通：诗歌，乐府，词，戏曲（新体话剧除外），即辞章门之“诗词”类，辞赋即“辞赋”等类；小说、戏曲亦即记载门之“传状”“叙记”等类；而散文骈文则包括论议记载两门诸类之全体矣。若大别为韵文与散文（包骈体言），则旧之所谓辞章门，大抵皆韵文也。辞章门皆纯文学，而现代纯文学之小说与话剧，则不为韵文。唯据以上四种出发点，对每一篇目皆以四项判注其文体，自能系统相连，纠纷悉解，且与文学史等科目，互相联络关照也。

（附注）上列四项分类法，原系一图，名曰《国文教材文体分类图》，以印刷不便，略去，而为说明如上。

愚主张《国文辞类纂》依内容方面分类编选，而国文本身之目标则“终归是形式方面为主”，则于内容分类之外，再就文章体裁分类排列篇目，或以时代演进之文艺八体为纲，或采作法体裁之诗古文辞十六类为纲，或以八体为纲而合并十六类以定其子目，皆无不可。此次部颁大学国文统一教材五十篇目，即可依此再拟列一个文体分类的总目，其事甚易，本篇不赘。唯是内容分类的篇目中，亦须逐题注明文体，则必四项并举，使学者对于该篇：1.在文法的立场，知文白之分判；2.于简单的类别，作中学之回顾；3.依作法之体裁，览古今之源流；4.就时代的演进，具文艺之观念。

下篇：教法之救济

一、解释两疑

说到这里，更起了一个严重的问题：自“大学国文选目”五十篇目经教育部颁布之后，颇复有人，疑为“倒车”，以五十篇，竟无一篇白话文故；现代名作，不入选故（决议案中，选文标准：“生人不录”）。又复有人，讥为“迂阔，远于事情”，以今大一，程度不及，难讲习故；“骚”“赋”必读，嗟！何益？故。

我想做个简单的解答。这两说皆是也，而皆非也。

第一，凡事要“统筹”，大一国文，承接高中，按廿九年七月部颁修正高级中学课程标准第一节“目标”云：

（贰）培养学生读解古书，欣赏中国文学名著之能力。

（肆）使学生能应用本国语言文字，深切了解固有文化，并增强其民族意识。

他们都是按照这种目标修习国文科目毕了业的（近年大学招生资格中“同等学力”一项，也是以修满高中二年为限的），难道对于这五十篇的“读解”和“欣赏”之“能力”还一点儿没有吗？对于这代表“固有文化”的五十篇文章，还一点儿都不能“深切了解”吗？

但是，事实告诉我们：抗战以来，以种种原因，高中毕业生，程度较前更为低降，这大学国文选目五十篇，确乎是讲习困难，不易“读解”“欣赏”，无法“深切了解”；连必读的二十篇也未必能够讲完；讲了这二十篇乃至五十篇，在他们国文的实用上实在也没有什么益处。

那么，问题就解决了；大一国文选目，只问是否应该以正常状态为标准？若不以正常的状态为标准，就该以非常的状态为标准。以正常的状态为标准而选定大一国文，就该先假定高中毕业生的国文程度，是已经合于近于部颁标准所定的毕业程度了，事实究竟如何，不必多顾虑，这才是合理的统筹。如果不能不顾虑目前的事实，要参照非常的状态，或者竟以非常的状态为标准，则不算是合理的统筹，只是统筹中的一种救济。

此次部颁的大学国文选目五十篇目，是想勉力做到“合理”的一种统筹，而不是统筹中的一种“救济”。

不过“救济”之道也不可不讲。老实说，大学新制，一年级不分系，一律受普通科学和基本工具的训练，弄得还要读一年的普通国文，这已经是对于高中毕业生事实上不能达到毕业标准的一种救济。大一国文，在统筹中谋救济之道，还要分为两方面：一是在非常的状态之下，救济他们“较前更为低降”的程度，一是在假定正常状态之下，他们也并没有达到正常的部定标准，也应设法救济他们本来低降的程度。前者就是这部颁五十篇目应如何教学的问题，后者却是要急起直追以改良中学国文教学的问题——容陈述于后幅。

第二，还是“凡事要统筹”，纵的统筹之外，还有横的统筹。大一国文，纵的统筹是应承接高中正常的毕业程度才算合理，非常的事实问题只得另谋救济，其说已具于前；横的统筹是应于讲读教材之外，同时兼顾写作的指导。讲读教材与写作指导，因为“非异”，而实“非一”；不明“非一”之理，故对部颁的五十篇目，疑为“倒车”，讥为“迂阔”。

这五十篇目并不是“一塌刮子”拿来做作文示范的，因为这五十篇目之中并无一篇白话文，而大一学生——尤其是志愿在理农工医诸科的学生——练习写作，事实上仍当以白话为主，并无对这五十篇中任何一篇而仿作拟作的必要，何以故？以讲读教材与写作指导，其性质与目标本“非一”故。但这五十篇目之外，也并没有而且无须另选若干白话篇目来做作文的示范，因为这五十篇目之外，实际上能做作文示范的白话名篇佳作，早已在小学阶段植其基（所为儿童文学），在初中阶段立其干［民国二十九年（1940）部颁《修正初级中学国文课程标准》第一“目标”之壹云：“养成用语体文及语言叙事说理表情达意之技能”。则选文示范，当然应以语体的文艺作品为主］，在高中阶段便应枝叶扶疏，华实盛茂了（《高级中学国文课程标准》第一“目标”之三云：“陶冶学生文学上创造之能力。”）。这当然也是指白话的新文学而言；再换一方面说，这五十篇目之中虽然并无一篇白话文，但高等的白话文，其中语源词汇，以及文学上创造之意境等，和文言初不分家；何况大一学生练习写作，事实上虽然仍当以白话文为主，但也并无禁止其习作文言文的必要，这在高中已经如此（高级中学国文课程标第一“目标”之壹云：“除继续使学生能自由运用语体文外，并养成其用文言文叙事说理表情达意之技能。”），这五十篇目只要教学得宜，在在可以促进他们写作的技术，何以故？以讲读教材与写作技术，其作用与效能亦“非异”故。——只缘世人，执着“非异”，不明“非一”，故疑“倒车”，或讥“迂阔”；我今当说，五十篇目，既非“倒车”，亦不“迂阔”。

但是，事实又告诉我们：近年高中毕业投考大学的学生，大多数不但文言文做不通，就是白话文也写不顺；不但白话文写不顺，连白话文与文言文有何区别也不知道。似此情形，这大一国文所选五十篇和其中必读的二十篇，“读解”尚且困难，还说什么“欣赏”？更还能够希望“促进他们写作的技术”吗？

那么，问题也就解决了：这哪里是大一国文选目的问题？这完全是中学国文教学的问题！大一国文，在统筹中谋救济之道，须知这个问题的严重性，只是大多数中学国文先生的根本不行，误了人家的子弟，并不能援引前文所说抗战以来非常的状态而以之自解。这是应该从根本上谋救济之道的。

二、标明三法

说到这里，大一国文，就要以“救济”为统筹了。部颁的五十篇目，如果要办到枉费大学生一年的光阴，自不必全从这五十篇目的本身上着想与设法了；这五十篇目，对于“合理的统筹”这个原则，已算相符，而目前的事实则不能与之相应，我们须从统筹的阵地里另找出“救济”的路线来。以“救济”为统筹，而后统筹不致流为一种理想的设计。

救济之道有三：一，根救；二，补救；三，抢救。

三、第一“根救”——中等学校国文讲读教学改革述要

第一，先说“根救”。“根救”是从根本上施以救济，这与部颁的大学国文选目五十篇教材教法虽然不是一回事，但关系极为密切，因为“根救”就是要急起直追，把逐年升入大一的中等学校学生，预先培植其读解这五十篇的根本能力。

（编者注：以下内容参见本书 512～522 页，此处略。）

以上所述改革中等学校国文讲读教学法之两纲四目，及其在实际教学程序中文言白话两类教材之分别处理法，看来条目纷纭，似乎是在本文中插入一整个中学国文讲读教学方案，其实，对着大学生的症候，预下中学生的药剂，不过是要把中学六年间所讲授的文言文教材，让学生篇篇都能背诵而已。这种背诵，当然不是要回复到从前科举时代那种背书如流而全不晓其文义的情形，倘若以此相嘲，自应恕不接受（已经定有"彻底翻译"一条原则可作保障）。但我敢保证：只要高中毕业生能办到这一点，一旦升入大学，对于部颁的这个国文选目五十篇，讲习读解，可以毫无问题。——这是"根救"！

"根救"在讲读外，还有写作，改篇另陈，兹不旁及。

四、第二"补救"

第二，次说"补救"。"补救"是专就大一学生说的，因为"根救"至少是一个五年计划（中学六年，高三不计），现在的大学生只好施以补救，就是将来五年之内逐年升入的大学生也须逐年补救其一部分，而且这是现已着手实行了"根救"的说法，若根救还在彷徨，则补救势与之终古。

大一学生的国文程度与这部颁的五十篇目距离太远，就是他们与高中国文法定标准距离太远的表征，那么补救的办法也须分两方面。

第一方面就是这五十篇大学国文选，应如何教学才能比较的有点儿实效？这是现实问题，要解决就应"卑之无甚高论"。愚以为在目前大一国文程度之下，五十篇确乎不易讲授完毕，以必读的二十篇为限好了；二十篇也不易通体精读，长篇节取其中"菁华"而精读之，其余部分略读好了。我之所谓"精读"，并非讲授时要尽量发挥篇中内容，如我所知见的一部分大一国文教员之所为，例如首篇"易乾坤文言"，有讲到半个学期还未完毕的，他是传授易学，而且是他自己正在趁此讲授机会而进修的易学，这种进修工作，自己还未免乌烟瘴气，怎能不教得一塌糊涂？这是一个极端的例子。如果自己对此素有研究，且知道其中应该传授的常识部分，确有教育价值的，提出一讲，于他们也当然多少有些益处，但已是内容方面的国学，而不是形式的国文了。内容固须顾到，形式则更不可脱离，我之所谓"精读"，还是前文的那一句话，“终归是形式方面为主”，也还是前文“根救”的那种办法，大一国文选既都是文言文，就请酌量采用教学文言文的“根救”办法来“补救”“补救”吧！其法：一，先将大一国文选中必读的二十篇，约略计算总字数，分配于全年实际上课的若干周，每周平均应熟读若干字，这是仿效欧阳修当年教人读经的成法。二，每周指定的篇目分量内，也让学生预习一下［参照前文“根救”章中（A）之乙］。三，上课时，至少“范读”是不可省的：“字音”无论是常用字和生僻字，现今大一学生大都是方言杂出，以意为之，字音不准确就是写作和说话时别字误字的来源；“词调”“语气”“逻辑式的美读”“诗歌式的吟诵”都须示范［参照前（B）ㄅㄆㄇ各项之乙］。四，篇中“难字、难词、难语句之解释，名物内容之疏证”，务求确切简明，不宜辞费（决议案云：“有旧注用旧注，旧注多家采用通行者，可以删补，务求明确。无旧注者，加简明之注释。”将来编选委会之注解出版，可以助其预习，则讲授更省时间。总之，不必要的内容敷陈，延长该讲授时间，致破坏二十篇之预计进度而已）。五，二十篇中，短篇及诗歌，长篇中之精华，贯彻“精读”须择定数篇或数段实行“概括图解”及“比较翻译”之练习［参照前（C）之ㄅㄆ］。六，“批评讨论”则宜精约，可省即省，因可介绍相关的书篇令自行参考也（参照前（D）之ㄆ）。七，“分期温诵”必办，不可因其系大学生而任其自由为之，这件事不可放松，必须管制考核，否则所谓“补救”之术，尽失效力，如恐篇幅繁多，而用背默两法为考核者，限于二十篇中之“精读”部分可也［参照前（C）之ㄈ］。——部颁五十篇中必读二十篇统一的教材，其教法，带有补救性质的教法，就是如此。

或曰：在教法上，如此补救，究竟教材高深，不免捉襟见肘，何不多选近代文言文，而必先秦两汉占二分之一以上。（约计三十篇目）方为不谬乎？应之曰：唯唯，否否，不然！近代文言文之名著，其讲解难于先秦两汉之文实倍蓰，讲章太炎固难，讲梁任公亦不易也。记得民国二十五年（1936）教育部颁布《修正高中国文课程标准》，规定“应顺文学史发展之次第”为选材之原则（见原标准第三条之一、三两项），于是坊间高中国文选本，有遵照办理者，高一所选皆先秦两汉之文；进至高三，乃及现代。中学国文教员多哗然以为不便，民国二十九年（1940）教育部遂复修正之。二十五年

（1936）规定此种原则时，愚实为提倡建议者，颁布后，又为极力拥护者，曾于所草国文教学法大纲中，略述“高中顺文学史发展次第的有效教学法”四条：

一、先诵先秦两汉文赋并学术名著——须确依“文言文视与外国语文同比例”的原则，用熟读，背诵，默写，彻底翻译，分量宁少，必须精熟的教法，进习初中所未读之要籍名篇。（上古文讲解，实较近代文言名著为简易，只须于名物语词，得其确诂，直接翻译，无他纠纷，因其为后世古典之娘家，其上更无古典）。

二、次读魏晋六朝唐宋诗文——重要作品仍须依照上项原则及教法，讲解方式则酌参下项。

三、次授宋元以降词曲小说，并明清及现代古典作品与学术文——特种注释：词曲小说须阐明其时代语言；古典诗文须检讨其根据来历。自动诵读，翻译；指导参考。（近代文言名著，几无一字无来历，无一语无根据，无一笔无传统的格律与气味，若非具有前两项之根底，而再加检讨，实不能了解与欣赏也。）

四、于上三项精读过程中，参授新文艺作品及现代白话各种学术论评，以资调节而协时机。（此项大部分教材，可以略读指导为主。）

上边所写的四条，事属过去，但现在讨论到大一国文问题，尚颇足资参详。一般人误以近代文言文在文学的了解与欣赏易于秦汉，乃由其站在自己了解与欣赏业已成熟的立场，以之推度初学，试反省自己当初学时，其对于文言文之学习心理的发展程序，年龄今在五十以上者，当时必具有诵习经史之根底；在三十以上者，至少唐宋八家、《古文观止》之类，实为其了解欣赏近代文言文之范畴。总之文言文的本体组织，从秦汉到近代，在文法立场上并无变更，只要是纯文言文，都与现代的活语言一样有距离，但近代文言文何以觉其距离较近？只因其内容名物，多半是近代的，不像古籍中事事需要注解而已；然而少半仍是运用古典，或者全依旧章，成语如串珠，俚词都变雅，则需要注解更为繁复；何况了解之上，还有欣赏，更不易言！所以大一国文，纵使尽选近代文言文，也不能降低程度，减少距离。我的意思，以为用不着多费心力来推敲这五十篇教材的适宜与否，应该在教法上力谋补救。

假如撇开这个学习程度问题，只标准着现代文学正确的理论，把握着现代文艺教育的意义，打开局面，截断众流，另从中国古今作品中，采选二十篇乃至五十篇文言文，如果成功，大家当然额手赞叹，但我敢说，结果还是“差不多”。何以故？以其为文言文故；文言文的来源总离不开“经史子集”故；总不能不兼筹并顾本国文学史上各时代与各体的重要作家与作品故；中国文学史的背景与环境原不能多量产生合于这种“标准”与“把握”的作家与作品乃事实故；部颁的五十篇目也不过是让大学青年循例认识本国文学之本来真面目，对于这种“标准”与“把握”并不感到严重与紧张故。——说到这里，就不能不倚赖第二方面的补救办法了。

第二方面就是在这五十篇大学国文选之外，赶快采选若干篇白话文艺作补充的教材。这种补充的教材，就是前文计划的《国文辞类纂》中“文艺”类之大部分篇目，大一学生无论志愿在何院系科，这种文艺的爱好是较有普遍性的（前文所列院系分配表中，文艺一类，已用圆点标明其一般性），我们不可不因势利导。采选这种补充的文艺教材要有具体的标准：一、专选现代的白话文，因为文言有了部颁五十篇统一的教材，够了，除旧体诗词还可补充若干首外，不宜再选，以免填塞；二、以纯文学作品为主，杂体实用之文可以按院系科酌选，亦多取其带有文学意味者；三、凡文艺作品，要选其以人生问题为背景的，具有刚健、恢宏、沉重等作风的，柔靡、纤琐、轻俏而尖刻的小品宜极少选，以免其文学只趣流为一种小玩意儿；四、不应避选翻译作品，且外国的名家杰作还应酌选，因为现在我们的文坛，真能合于上项标准的新文学作品还感缺乏，不能不“驰域外之观”，只须精择其译笔好的；五、也不应避选长篇，因为意义较大的文艺作品，其分量自亦较重，或亦如前统一的教材“长篇节取其中精华而精读之，其余部分略读”。以上是采选教材的标准。这种补充的文艺教材，当然也应由大一国文编选会议尽先选定，但这里说的是专属于白话的一部分，国中各大学及独立学院担任大一国文的教员，不妨会同酌选，以应急需。若无此种布置，须知大一学生平常对于国文的阅读欣赏，实际上大都是奔赴这条路线的，他们的写作能力与思考典型也大多从此中获得，而写作与思考之败坏与堕落也多由此，与堂上功课之高文典册正成错迕之局。若能因势利导，导入正轨，自然与那五十篇高文典册“相反相成”。

这种补充的文艺教材，其教法也须注意几个要项：一、讲授的时间问题，大一国文的学分照部章是文、理、法、商、医各六学分，工、农各四学分，师院则八学分，可以六学分为中数；愚意部颁二十篇必读的统一教材可占三分之二，而这种白话文艺的补充教材应占三分之一，即每周国文三小时者，应以一小时讲授这种补充教材。（或谓这么一来，部颁二十篇必读的高深教材，其讲授时间更少了，何能完毕？不知这只一个教法问题，果能采用上文所陈“第一方面”的教法，分配每周字数，责成预习熟读，注解确切简明，上堂少讲废话，严格温习，指导参考，如此教法，就使每周只分配一小时，这二十篇一年也能完毕，并不妨碍这种补充教材之时间分配）。二、也须酌量参采前文“根救”的教法：每次教材分量不嫌多，但须注意表演式的朗读，而尤其是戏剧，愚从西北入川，各都市话剧出演皆曾一看，颇欣国语统一之业在此种艺术上已见成功，如同从前的德国，全国即以“舞台话”为标准语矣，演员多北籍，或非北籍而经相当的训练者，其实全国大一学生都应该借国文科目的白话文艺教材为国语技术的训练，人人具备演员之基本条件，所谓“白话文须与语言训练相联系也”。（参照前文“根救”章中各项之①）。三、讲授时，无须琐释词句，只须将该篇之文艺欣赏中的教育价值，尽量指点发挥，如人情世态之解悟，人生意义之启发，想象之扩展，志气之激励，性灵之陶养等，在白话文艺的欣赏中，较易得到此等益处，这是此种补充教材的主要旨趣，切勿忽略！（文言教材富有此等价值的，究因时代语言之隔阂，初学者不易取此效果）。四、与写作指导作较多较切的联络。五、欧化的语体文不必勉强避免，因所选文艺译品及今后应用议论等文字实已具此必然的趋势（其文法组织可随时以图解明之），但须去泰去甚，即太违反国语文法习惯致意义不易体会者，应予矫正。以上是略举几项教法上应注意的要点，不能详尽。

综上两方面，第一方面是部颁五十篇统一教材的教法，属文言文；第二篇是另选的补充教材和教法，属白话文：虽然所说办法是在非常的状态之下谋“补救”的，但若假定将来恢复了正常的状态——即对于中等学校的“根救”，达成五年计划——也不过可以省去许多教法上的补救手续，而教学原则还是可以不变的。

“补救”在讲读外，也还有写作指导，则亦改篇另陈，兹不旁及。

五、第三“抢救”

第三，终说“抢救”。

这似乎是个滑稽的题目。但我在下文打算提出来的办法，却是颇严正的现实主义。

上文说的“根救”，目前难望实施，这实在是造就中等学校师资的全国各师范学院的责任，我不敢断定他们的国文系在“专业训练”上，是不是准备着改革中学国文的教材教法。我上文所提出的讲读这一部分的改革案，虽然未必全对，但若不及早做改革的准备，不严格训练一套改革的技术，毕业服务，陈陈相因，则中等学校的国文前途，终于得不到“根救”。

复次，上文说的“补救”，其责任全在现在全国担任大一国文的教员身上。自民国二十七年（1938）教育部实行大学课程新制以来，这种一年级共同必修的国文课程，有敦请国文老教授轮流兼任的，也有教授任讲读而助教分任习作批改的，也有全由助教担任的，也有专任讲师包办数组的，而大多数则是拿来凑足教授讲师之法定钟点的。记得二十七年度（1938）国立西北联合大学曾经颇紧张地做过一番工作，集合全校并师院各系国文教员每周开一次谈话会议定一年级统一的教材，议定指导写作办法三种（作法统整有效办法，作文批改符号及指导办法，修养日记及读书札记写作办法），认真实施，一学期后，渐难支持，其原因就在教员的负担太重，比较担任二年级以上的分系功课要多费数倍的时间，学校又不能破例增加一年级国文教员的报酬，或将批改习作另算钟点，因为共同必修的英文与共同必修的数学等科目也事同一律；而又一原因则在教员还不能有一致的素养与教学技术，虽议而决，决而行，行而动，却多动而无效。就以上文所拟两方面“补救”的教法而论，只在一校的教员，既未必都肯办，也未必都能办。现在既有部颁五十篇统一的教材，也该有步伐整齐而确求功效的教法；怎样消化这些统一的教材，在多数大一国文教员的本身上，问题还多着！何况还有第二方面的补充，更还有写作的研究！这似乎应由教育部特设一个“全国大一国文教员训练班”，客气一点，就叫“全国大一国文教员研究讨论会”——但事实上未必可能，仍旧各自为政，各行所习，参差不齐，彷徨无术。

但是，事态迫切，急如星火，大一学生一会儿工夫就得分系升入二年级，这所谓基本工具的国文训练究竟怎样？能否达到设立这种科目的目标？决议案根据着二十七年度（1938）教育部的《大学课程整理办法草案》，决定大一国文教学四个目标：一、在了解方面，养成阅读古今专科书籍之能力；二、在发表方面，能作通顺而无不合文法之文字；三、在欣赏方面，能欣赏本国古今文学之代表作品；四、在修养方面，培养高尚人格，发挥民族精神，并养成爱国家，爱民族，爱人类之观念。纵不论那些边际的目标，只问升级之后，除文史数系外，更无余晷，从事训练，国文工具，能否运用？服务办公，执业施教，“理财正辞”，以及日常生活，处处需此工具，能否不出岔子？默察现实，茫无把握！“根救”既有待，“补救”复无人，在此情形之下，我说只有“抢救”。

何谓“抢救”？大一国文教员，尽可打开局面，截断众流，不必顾虑五十篇统一的文言教材，也无须寻觅若干篇补充的白话文艺，只是：一、选定国内共推为最精洁最丰硕的报纸一种（例如重庆的《大公报》）。二、让学生各定一份，为的是做国文教材，不是看新闻。三、匀配时间，两天一次，训练阅读，指导写作，一以贯之。四、社评，专论，特约通讯，法令文告，领袖演词，重要译件，精读；新闻电报，附刊文艺，广告启事，略读。五、论内容现代生活有关各方面各部类无所不包；论形式，应用所需各体文字无所不备！文字上既可不废时间于空究陈言，终鲜实用；而学识上亦可免费精神于另觅资源，不成结构。则内容形式两方面之训练，又可一气呵成，无复矛盾。六、文品不高，毫不碍事，即研读一年之高文典册，欣赏一年之名家杰构，在国文应用上，写作能力，尚远不能赶上此中诸品；故以此为水准实际训练，功效易期，便升级专习国文，亦应先具此实用基础。七、寻常读报只看新闻，重要部分，转未寓目；此项训练，必使认清目标，把握观念：此是研习国文，并非解探时局，亦不同于专系之研究“新闻学”，则心目皆细，趣味自生。八、篇目杂陈，亦不碍事，同时可使系统化：前文所举之内容分类，便可并入训练，即用图书分类之“十部百类”法（初步可只用前两位数码，删去第三位，即〇〇，〇一至九九，恰为百类；俟进一步分析时，再加第三位，则“成千目”从此加点，再分“子目”或“小类”，皆须现查，不能记矣）。先行列表说明，“精读”诸篇，一篇读完，照标数码，正确与否，随时指导；（至于文体分类，亦可准此酌办）。逐周轮写，每码一纸，同码诸篇，汇目其上，周积月累，满一学期，是百纸者（实际上不能满百，或且不到半数，在五十类以下），即全学期所讲读之国文分类选目，亦即一种本校自编之《国文辞类纂》，又即某年某报六个月之重要材料分类索引矣。此物用处非常广大，倘能升级之后，继续工作，迄于毕业，则其过去四年间之世界环境，历史变迁，政典国故，人事物情，悉能控制，悉能运用，岂但文思不匮，学识亦属“通材”。九、读报一张，事事透彻，谈何容易！则教员准备，亦属繁难；然与其专从故纸堆中，蠹鱼丛里，搜求许多饾饤的故实，或泛滥之陈言，介绍灌输，接收不易，何如就目前陈列之种种实际问题，端详审查，姑勿“要终”，且图“原始”，如事变所由，例案所据，理论所本，名义所涵，处处皆关系本国之文史，不仅地理形势之宜按图而索，社会科学之宜专籍以稽而已。“教学相长”，斯谓最宜。（曾取报纸，任举一则，测验大一学生常识及国文了解能力，多于应知之本国中央地方政制等以及公私文件常用之名物成语等，迷糊不清，或误解可笑，恐任教者亦有未能免也。若从头作系统的补习，部颁太繁，时间不许；只宜遇事追问，逐项弄清，正如读古籍，检辞书，觅注解，积累久之，自能通贯，此可师生合作者）。十、以愚经验，大一学生，写作通病，首在“无物”，次为“无序”；无物则宜使其资粮充足，无序则宜使其头脑清楚（至于不能作“通顺而无不合文法之文字”者，其病源亦多在头脑不清楚，此有两派：一曰关河，大抵战区流亡，学殖荒落，情绪困乱，头脑受其影响；二曰陇蜀，大抵在中学时受业于旧式的国文教师，颇能作文言文，貌似整齐通顺，实多不知所云，盖头脑笼统，表现肤廓，分析条理，所不能任，此型既成，对于“科学化”的文字，尤为枘凿不相入，此更宜治。愚从西北来，故所知止此。他处未敢悬论）：无论旧文新艺，用作教材，“补救”虽勤，事倍功半，不如“抢救”，三月见效，期年有成。

区区意见，谨贡献给全国大一国文教员。别笑我“抢救”二字近于滑稽，这实在是一种严正的现实主义。

但前文奉劝“不必顾虑五十篇统一的文言教材，也无须寻觅若干篇补充的白话文艺”，则颇有应行商榷之余地。五十篇目，既以教育部令颁行，令各大学校院“转知该科担任教员遵照采用”，也许到将来学生毕业总考时，部派员要从这必读的二十篇中出个国文题目，假如此时竟不“顾虑”，岂不误了学生的前程？那么，还是应该照前文所陈“补救”的第一方面办法，克期教完，较为妥当；这“抢救”的办法，只好用来替代“补救”的第二方面，即不必另选白话文艺来占一小时的补充，就把读报来做补充的功课，反正报纸上也少不了点缀几篇新文艺的。但若这个补充白话文艺占一小时的提议，竟蒙特别赞成，不忍割舍，那么这“抢救”的办法，只好作为课外工作，靠热心训练“通材”的大学教员来作课外指导，而沉浸于文艺或埋首国学的先生们，恐怕是不大感觉兴趣而要宝贵其时间了。

再严正一点儿说，我提这个“抢救”办法，并不算是教育，乃是一种“训练”。训练与教育，在性质上略有根本的不同：教育是德智体美都要兼顾的，任何科目，其取材与修习方术，总须具此教育的意义，固然其中也包含着技能训练的成分，但单纯的“训练”，则只是应某种的需要，悬具体的目标，范围有定，目不旁瞬，迅速成就，确实有用。在所谓非常状况下，大一学生，实用国文，岔子百出，危险万状，需要迫切，目标不高，允宜限制范围，力求迅速，亟予“训练”——是之谓“抢救”。

这种“抢救”办法，至少也应该作为课外工作，注意指导的。

六、总结全文

写此文已，判作两篇，篇各六节，节标一题，眉目稍清，录成总目，冠于篇首，便算总结，毋庸辞费。

应在最后说明者：上篇论“统筹”，只是一部庞大的《国文辞类纂》之设计（或不用此名，我无成见），是贡献给国立编译馆和出版界的；下篇较为重要，为部颁“大学国文选”五十篇目释疑，为目前大一对此公共国文科目之教学设法，虽名“救济”，实亦统筹，其中前后勾连，皆系实际方案，议论评骘，意在疏通，这是贡献给全国中等学校国文教员，师范学院国文系师生和大一各院系国文教员，请予考虑的。

于重庆□杨公桥之璇庐

中国近代语研究法*

（甲）何故须研究近代语？

一、近来继承清代朴学家，更应用科学的方法，而从事于中国之“语言文字学”（Philology）者，其取材仍偏重上古（先秦）迄中古（隋唐），或参以现今之国语与方言，未免抹杀近代（宋元至清末约九百年间）一大段。此一大段实为从古语到现代语之过渡时期，且为现今标准的国语之基础。

二、五代北宋之词，金元之北曲，明清之白话小说，均系运用当时当地之活语言而创制之新文学作品。只因向来视为文人余事，音释缺如，语词句法，今多不解。近来青年读物，既多取材于此，训诂不明，何从欣赏？一查字书，则绝不提及；（大抵以前各种字书及近于辞典之类书，目的只在考古义，查古典，且多以唐以前为断。其实如《康熙字典》中所收唐以后之新字，自《集韵》以下移录而来者，多可为近代语之材料。惜仅有训释，绝不载其来源，证以例句，即因词曲小说等，向不得与六艺百家之书并称而兼引故也。近至《辞源》一书，虽多采及宋人笔记，然浅率，仍不足为析疑之助。）欲加注释，则考证无从。[例如“厮打”“厮杀”“厮见”“厮会”“厮守”“厮并”等“厮”字，向来无解，不知即“相”字一声之转。在唐时，“相”字已多失去语尾之鼻音，故《老学庵笔记》（卷三）引杜甫“恰似春风相欺得，夜来吹折数枝花”，白居易诗“为问长安月，如何不相离”，两“相”字谓宜从俗作“思必切”乃不失律。又记南人入京师（汴），多效北语读“大

* 初稿作于1927年。本书选自1931年国立北平师范大学讲义，铅印本。

相国寺”为“大厮国寺”传以为笑。(《辞源》“厮”下引国老谈苑之“厮炒”，鸡肋篇之“厮说”，侯鲭录之“厮赖”诸条，因不解厮相声转之理，逐皆望文生训，支离无当。)似此从各种笔记中钩稽解证，只能偶得数事，故必须各从本书施以归纳的研究，即如“厮”字，举例排比，既概用在外动词上，更察其上下语意，再以音转的例推之，其为“相”也奚疑?)故宜各就专书，分别归纳，随事旁证，得其确诂，以阐妙文，以惠学子。

三、近代史上所有文物制度，社会风习，在词曲小说等俗语词类中，往往呈露当时真象，为正史及文人记载所不能及。(如乡试情形，贡院制度，事关千年来之文化政制甚大，而唯以明清小说中描写最真。例如《儿女英雄传》第三十四回，从进场点名搜检至交卷领签出场，所有名物语词，掌故所系，均有考释之必要。)欲加考释，亦宜以近世整理先秦古籍之精神行之。

四、近来研究方言者，每好依傍字音，于说文等古籍中觅其本字，(如章氏《新方言》之类)而对于唐宋以来之变迁，材料甚多，乃置而不论，舍近言远，殊欠真实。

五、字体之变易，如新造字、俗体字、简笔字、通假之白字等，此中材料亦不少，应加搜采，识其源流。(以上第二、三两条关于“语言文字学”之训诂，第四条关于声韵，第五条关于形体。)

(乙)研究之材料及方法

一、大学国文学系或研究所，应特设“近代语研究”一门。(只须合此旨趣，名称可随宜酌定。)

二、“近代语研究”课程不拘定式，认定下列诸书中之一种或数种，由导师指导，自行研究：

(A)佛家及儒门各语录(语录之外，加明张居正《四书集注直解》、清陈宏谋《训俗遗规》之属，都入此类)；

(B)文集史籍及旧说部中参用语体之诸篇(如《文选》中梁任昉《奏弹刘整文》中载有当时口供，近至明戚继光《练兵实纪》中间用闽语，清陆清献文集、曾文正杂著等书亦有白话文；史籍则如《旧唐书·武宗纪》《元史·泰定帝纪》《通鉴考异》中所引唐人野史，以及元秘史，元典章，明太祖诏敕之类；至旧说部则如《世说新语》《太平广记》之类，亦偶见当时俗语，但多属宋以前之材料）；

（C）唐五代宋之词集词选等（并诗之近语体者）；

（D）金元明清之北曲、南曲等（兼及近今之弹词，戏词，大鼓书等，民间歌谣亦属此，可上溯至唐时（如敦煌石室中所得俗文材料）；

（E）宋元平话五种（宜用近人影印本，参照标点排印本），及明以来之白话短篇小说集（如《今古奇观》等书）；

（F）明清各家白话长篇小说（此类甚多而最重要，著名者如《西游记》《水浒传》《征四寇》及《水浒后传》《三国演义》《红楼梦》《儒林外史》《镜花缘》《儿女英雄传》《三侠五义》，用吴语之《海上花列传》《官场现形记》《老残游记》等，坊间都已标点排印，书目另详。）

（G）近今用方言编述之书报（如北平之《群强报》、《实事白话报》中之演讲及小说等）；

（H）现今创作或翻译之国语文学作品（此类宜注意其欧化之趋势，以资比较而察变迁）。

（I）凡古今笔记或专著，就俗语中单词只字，考证其语根及音义者，广为搜集，用作参考（唐宋及今笔记中大都有此，须随手拈录。专著则如翟灏《通俗编》，钱大昕《恒言录》等；专著中有涉及者，如俞正燮《癸巳类稿》，孙志祖《读书脞录》等；其专证方言者，如毛奇龄《粤语冒絮录》，范寅《越谚》，胡文英《吴下方言考》，孙锦标《南通方言疏证》以及章炳麟《新方言》等；各省府厅州县志有“方言”一门者，俱可参）。

三、认定一书［惟（I）组须参考者，可不计］，即由导师定一研究方法，以考明语言为主要目的；其选词之标准，移录之程式，编列之次序等，均须统一；并约略预定该书研究告竣之时期。（主要目的之外，如考订该书之时、地、作者，并批评其文学价值等事，自可旁及。）

四、研究时遇有疑难，由导师随时指点方法，或共同参稽调查以解决之。

五、一书研究完毕，可定名为《某书语言研究》（或《某书词汇》《某书文法研究》等，随时酌定），由导师审定，记为成绩；再由导师指导广征例证，穷源竟流，或多方校勘，明其真相，撰为论文，或成专著。

六、此项出版物至五十种以上时，可依某时代或某种文体合并改编为词书式之刊物。将来若将第二条所列各组织要籍研究毕时，可合并改编为一部《近代语大辞书》。（虽则改编，原书不废，盖仍可为专读某书时或研究某时代某文体者之参考也。）

七、购求第二条所列书籍之原本（或影印本），校订本，及坊间标点排印本，［其（G）（H）两组自无版本可言］多多益善；又西文译本，亦当广为调集（此种无多，即因近代语在本国无专门研究者，致翻译时转不如文言之便，故《聊斋志异》有 Giles 为之英译，遂得海外之殊名，而《玉娇梨》《好逑传》诸劣等小说亦有法文德文译本。但凡有之，必须购求参考；一则资为中西文法之比较研究；二则可修订翻译上种种错误，使东方文学之真谛不至埋没；三则借此可以助译事之改良发展，为东西文化交换之邮也）：将来或可组成一《近代语文学书库》。

（丙）研究近代语之准备

加入"近代语研究"之研究生，对于下列之基本学科，须有特别之准备：

（A）古今"文法"（Grammar）之比较的研究——"古"文法先以现尚通行之文言文法为主（姑以《马氏文通》为代表，外如《助字辨略》《经传释词》等，亦宜涉及）。"今"文法即国语文法，其遣词造句之异同比较（基本法式则参用西文法），须具有充分之了解，然后以近代语材料为研究的对象时，孰为单字，孰为联绵，孰为常语，孰是特征，词类之或同或异，句法之或省或变，方能一目了然，取舍不乱；归纳词句，假定义释，方能有较强确之判断力。总之。有此准备，研究时可免去许多参差误谬，用力有自然经济。

（B）国音字母及国语练习——现今国语即由近代语蜕嬗而成，故对于标准的国语（即以北平普通语为代表），须有相当的练习，研究时方免隔膜。又国音字母注音符号为第一式，（国语罗马字即其第二式）须随时用以注音，且用以排列次序，为一切索引之工具，故须能按照国音，自由运用。（此项准备尚简易。）

（C）“语音学”（Phonetics）及中国声韵沿革——须明语音学上之发音部位及其音标，则对于古今方言之审验及标记方有把握。从周汉古音（即清代小学诸家所考定之古音纽及古韵部以及通转诸法式）经隋唐音（以《广韵》为代表，须注意反切以及等呼诸法式），而至近代语音（以《元曲韵》即《中原音韵》为代表，并《洪武正韵》《五方元音》三书，可视为近代语之单字音典），须作一番系统的研究。时代观念正确，法式运用自如，则对于近代语词，傍音寻源，易得语根；察其流变，又可为某处方言作证。

姑举上三者为必修之准备学科，他如文学及社会科学亦多有间接的关系者，暂不具列。

广博与专精　提高与普及*

通才与专家有何分别？大学与社会有何关系？

大学一年级何以不分系？师范学院何以加为五年？

现在文化教育界有两个问题：一个是“通才”和专家哪样重要？一个是大学与社会是否相连？

我以为这不成问题：通才和专家都重要，缺一不可。大学就是革新社会的；大学与社会不发生关系，有何用处！

但是，这个答案还不彻底，因为把通才和专家，还是划为两种；把大学与社会，也还是打成两橛了。现在应该这么说：通才就是专家；大学就是社会。

要说明这个道理，可以把语句换一换，各就一事，举出实例。

一、广博与专精

民国二十七年（1938），教育部把大学课程改了，规定一年级不分系，设置共同必修的科目：国文，外国文，中外通史或文化史，社会科学，数学与自然科学，论理学和哲学概论（二年级）。这一学年的科目，大体上简直是把高中的课程温理一遍。现在大学一年级生，往往怀疑：读了这些“广博”的课程，到二年级分系以后，究竟对于本系“专精”之学有多少用处？有人说：就因为近来高中毕业生的程度不太够标准了，所以不得不在大学一

* 选自 1941 年《教育通讯》第 4 卷第 6 期。

年级补此中学一段基本功夫。又有人说：这乃是为造就“通才”起见的。

我以为教育部的大学课程改制是对的，而怀疑和批评的话也是对的。随便举几个耳闻目见的琐事作证。

暑中入川，为西北大学和西北师范学院访聘教授，归途过成都，有个朋友介绍一位历史学专家，曾留学欧洲得了学位回来的，见面一谈，知其对于西洋史研究甚精，连一些统计的数目字都记得。已而谈到成都，他道：“成都地方真好！难怪汉朝要在这里建都。”我怔了一怔，旋又发现他的话也不错，蜀汉确是在这里建都的，不过，刘备并不是“要”在这里建都，他原是“不得已而为之”呀。因又谈到当年魏蜀吴三国的形势，他道：“蜀是四川，吴是江苏，不知江西两湖闽广诸省属谁，若是都属魏，魏的地方可真大!”我觉得不好再谈下去，只得对他说：“似乎高中的中国历史教科书里边就附有一个简单的三国疆域图吧。”其实就是初中乃至高小的历史教科书里边都有的。因此想到：凡专家，至少中学各科已修毕的课程都不要忘记，尤其是与该专家本行有关的各课程，例如西洋史与本国史，这其间是不容划一条鸿沟的，就算分个深浅，深的研究，成了专家，浅的常识，至少也应当以高中毕业的程度为不要忘记之最低程度。否则，这种专家出来办事，除开他所专精的一个小范围以外，一切都不懂，我不知道他怎么应用他所专精的学理来解决社会上的实际问题。固然理工等科有所不同，但如一个工程师或医生除他所学的这一门以外，一切都不懂，在他的业务执行上恐怕也要受点影响。这种专家并不是没有用处，只是成了一种机械，一种器具，做起文章来，只算是新“八股”；教起书来，也只算是新“冬烘”；谈起天来，除他自己的专门术语之外，满都是外行话，他论的专门术语，人家不懂，人家所说常识的话，他却是闻所未闻。我敢断定：要医治这种毛病，方法很简单，得具体化，只须让他温习中学时代所读的各科教科书，每日一小时，轮流不已，周而复始。

以上是就学问说，再就做人说：专家是社会的领导者，若缺乏广博的常识，误己误人的事皆所不免。暑中我在重庆乡下，邻家有一个理学院刚毕业的大学生，患病狂热，医生说怕是伤寒症，让他注意；他听了，即刻买半斤粗面条，和辣椒大葱豆豉煮了吃个干净。次日体温更高，医生一问说：吃坏了！因为他把伤寒症与伤风感冒并为一谈，他连高小所读的常识卫生功课都忘记了，那里头明明说伤寒症是一种窒扶斯菌侵犯肠壁发炎，绝不可吃硬东西的。纵然伤寒旧名，望文生训，容易致误，但通俗的谚语也有的："饿不死的伤寒，撑不死的痢疾。"教科书也忘了，"妈妈经"也不知。我的朋友萧迪忱君常对我说：现在一般知识分子，对于卫生医药的常识太缺乏了，大学中应该设此公共必修课。他是从近年经历得来的感想。我想，卫生医药，性命攸关，常识缺乏，尚且如此，其他可知！其实这些常识，按照小学以至高中的各科课程标准，应有尽有，依次□□（原文不清——编者）；初不料中学毕业生升学后，原件一概缴还，到大学毕业，变了专家，对于一切生活常识，有时简直和没有受过教育的人一样。

无论求学和做人，都要以广博的常识为基础。假如没有广博的常识，尽管专精一门，成了一个专门学者，也是没有出息的，因为他（不）是（通）才。我们可以把专家分成两种：一种是通才的专家，唯一的条件就是具有广博的常识，能够应用这种常识于他的专精的学术上，使他所专精的学术能够社会化、实用化。一种是非通才的专家，我已说过，不是没有用，只是机械，只是器具，只能做八股式的文章，只能当冬烘式的宝贝。从而我们又把通才分为两种：一种是专家的通才，这与通才的专家是一而二，二而一的；一种是非专家的通才，这也不失为一个最优等的高中毕业生。

真要成个专家，广博的常识之外，还要积有广博的经验，才能把所专精的学术真正研究透彻。试举一较为高深的例，中国的哲学，从孔子到王阳明，对于宇宙和人生，每一家的主张都可以概括做几个字，或者一两句话。学者把握着那几个字或一句话，专精起来，可以终身受用不尽。尤其是隋唐以后禅宗和尚，他们的教学方法，叫作"参话头"，"话头"就是那几个字或一句话，儒家模仿，谓之"宗旨"；现在通行，演为标语。"参"就是参验的意思，参的方法只是专精，把全副精神集中在这个话头上，不得旁骛，不许杂乱，可谓绝对的专精了。有名的禅宗话头，例如"麻三斤"，老和尚说出来，小徒弟领受了，就去参去，禅房打坐，参到三年，还不能参透，勉强拟个答案，老和尚听了，不对，给他一捧或一喝；他退了下来，没有办法，就去"行脚"。行脚是禅家最重要最伟大的工作，一个瓜钵，乞食用的；一件袈裟，御寒用的；此外别无长物。走出庙门，遇山登峰，遇水摆渡，大都会，小市集，穷乡僻壤，绝壑幽岩，无不经历；王侯第宅，文武名流，豪商巨贾，贩夫走卒，村姑丐妇，牧童野老，毒蛇猛兽，刀兵水火，无不接触。但他时时刻刻专精一念的就是“麻三斤”；他游遍天下名山大川，名都巨邑，历尽饥寒苦闷，惶恐颠沛，为的就是“麻三斤”。行脚三年，一天在一个村庄里，听见一位老太婆说了一句很平常的话，或者看见一只狗赶一只猫，或者看见人家灶锅里烧的开水沸腾了，或者看见树上的苹果落地，……他忽然恍然大悟，豁然贯通：原来“麻三斤”就是这么一回事啊！赶快回来，报告老师，老师点头，就算学分通过，他毕业了，悟了，参透了。这是中国最高哲学禅宗的教材和教法。他的教材，现在看起来太神秘了；但是他的教法，可以说是最平凡而又最巧妙的，就是用“行脚”的方式，旅行考察，参观实习，让学者去积广博的经验，所见所闻，眼前事物，一丝也不放过，时时刻刻把广博的经验来参证他这专精的一点，久而久之，宇宙间的一切，都成为他这种专门研究的材料，都可以证明或发挥他这种专门研究的原理原则，乃至都可以触动他的灵机，完成他的归纳，来发明创造他这种专门研究的新原理新原则，试问：这种专家岂有不成功的？不要以为这只适用于哲学的研究，或者限于社会科学的研究，就是自然科学和应用科学也都如此，若不然，为什么人人都常见的开水沸腾，苹果落地，只能让瓦特和牛顿出来做发明家？文学也是如此，若不然，为什么司马迁写一部《史记》，先要遍览名山大川？

所以无论求学和做人，除广博的常识是可以从书本讲习得到的以外，还要从实际事物的阅历上，积渐得到广博的经验。这不但可使他所专精的学术能够社会化，实用化，还可进一步推进他对于所专精的学术，更能有所创造和发明。这样的“通才的专家”，才可以列于上品。

专家的基本工具和广博的常识，只要高中毕了业，应该是尽够用的。但我国中学，没有完全办好是事实，我们民族的弱点又在善忘，又承科举八股的余毒，所习科目多半就在试卷纸上缴还，并不能活用于人生实际；因此之故，大学一年级再拿来综合温理一番，给“通才的专家”打上一个广博而坚实的基础，所以说这种改制是对的。但“二年级分系以后究竟有多少与教材之适宜”，“材”不适宜，弄得虚费一年光阴，失败在人，非“法”之咎。

二、提高与普及

民国二十七年（1938），教育部颁布师范学院规程，提高高级师资的程度，增加年限，五年毕业，比普通大学还多一年。同时因抗战建国的基本问题，必须迅速解决，组训民众，普及教育，除短期义务教育和民众的成人补习妇女补习以及种种社会教育都继续推进外，更于二十九年（1940）实施新县制，配合一种国民教育，以保为单位，设立中心学校，把普通小学、短期义校、民众社教都综合起来，不拘形式，总以迅速普及为主；教育部还要于正式官制中特设“国民教育司”以专管之。师资唯患其不高，教育唯患其不普。师资之高，高到大学四年还不够；普教之低，低到三四个月就可以毕业；拿一副滑稽对联配上，高的高到“三十三天堂，替玉皇大帝盖瓦”，低的低到“十八层地狱，给阎罗老子挖煤”。教育者的训练，与被教育者的要求，离得这样远，差到这样多。有人说，师范学院为高级师资训练，是造就中等教育的教师的，与国民教育属于初等教育者不相干。姑无论高级师资与国民教育的研究和推进不能说不相干，也无论中等教育之中就包含了初等教育的师资训练（即师范学校），更不能说不相干，现且设一疑问：高级师资是造就中学教员的，一个中学教员，教的是些中学生，这种师资，只要在中学毕过业，再加上一两年的教育专业训练，他既有了中学毕业的学科程度，又受了一两年教育专业训练，能运用教材和教法，他为什么不能当中学教员？为什么中学教员的学科程度一定要大学毕业，比中学毕业要增高四年之多？为什么师范学院四年还不够，更要增高到五年之多？中等教育的普及性虽不比初等教育，但就一国的文化程度而论，当然是愈发达愈好，而造就这种师资，竟不可以将就一点，定须宁缺毋滥，只顾提高！提高师资训练的效果，或者就和普通大学一样，可以多造就一些学术上的“通才的专家”，究竟对于普及教育以迅速唤起广大的民众有何关系？

说到这里，可以先下一个判断：提高就是为的普及；非提高就不能普及。

记得十余年前，有人也谈过这个“提高与普及”的问题，主张一切学术，越提得高，越及得普，比如灯，高灯才可以远照。

此比甚妙，但非“合喻”，因为不容易举出实例来，没有实例，虽“喻”而不能证。我且举一实例作证，这个实例，也可以说是我在暑期中一种工作的简单报告。

国语推行，从清末到现在，已有卅年的历史，最初的目标只在教育的普及。清光绪十八年（1892），厦门卢戆章先生发明的“切音新字”，参用西文字母，拼写闽南方音，用来做通俗文字的新工具，推行颇广，其目标就只在教育普及。到光绪二十六年（1900），宁河王照先生又仿照日本假名的办法，发明“官话合声字母”，用来拼写北方的方音，做通俗文字的新工具，推行更广，其目标也只在教育普及。不过他曾说了这么几句话：“官者，公也；官话者，公用之话。”于是赞成“官话字母”的天津严修先生和桐城吴汝纶先生，才大张旗鼓，把“国语统一”这个标语张贴出来。卢王严吴这四位先生，对于语言音韵之学都是外行，对于中国汉语方音的分布更说不上有什么调查研究，所以他们并不知道“教育普及”和“国语统一”这两件事是含有矛盾性的；直到现在，一般对于教育学和语言学没有专门研究的外行先生们，还以为这两件事就是一件事呢。到了光绪三十三年（1907），桐乡劳乃宣先生宣布他的《简字全谱》：把王照先生的官话字母调整了，因为他是一个中国音韵学专家，又是教育普及的运动者，所以他的简字全谱，就划定全国的方音为北京、江宁、苏州、闽粤四个区域；他主张拼音文字新工具的推行，第一步是“方言统四”，第二步才是“国语统一”；方言统一为的是教育普及，不能和国语统一并为一谈，因为他是一个音韵学专家，又了解教育的要点，所以他才能够看出“教育普及”和“国语统一”这两件事中间含有矛盾性的消息来，才能够定此先后两步的设计。并且他这种设计，是有办法来统一这两件事的矛盾性，使能相反相成，归于一轨的，例如他所定的拼音“简字”，其字母的加减有一原则，“以随地增制通其变，以有增无减统其同”，这是精理名言。现在推行注音符号，以国音注音符号为主，四十个，不算减少；又以方音注音符号为辅，必须是国音注音符号拼不出来的方音，才可以随地增制；并且由中央教育机关统筹统制，制定《全国方音注音符号总表》，更扩大范围，包括边区各族的语言在内。这种办法，就是适用音韵学专家劳先生《简字全谱》的原则的。就前清的语文改革运动这一段历史看来，可知“普及”的工作要做得合理而有效，必须靠“提高”的专家有所贡献。

民国二年（1913）教育部仿照国会的体制，开“读音统一会”，想把中外各专家创制的中国字母综合讨论，折中一是。八十个会员之中，除各省、蒙、藏、华侨代表之外，由部延聘或指派音韵学专家和教育行政家共四十余人参加。这个议定字母的事，是纯学术的性质，根本就不适宜于这种庞大复杂的组织，所以会场之中，专家与非专家起了冲突，专家与专家之间又发了摩擦。现在通行的注音符号，就是民国二年（1913）这个大会议决的，但它究竟是根据音韵学专家的原案，比前清各家所发明的进了一步。例如王、劳两家的字母，都拘守从前“反切”的成法，上下两字，一声（子音）一韵（母音），无论拼何字之音，只许用两个字母，因此字母的数量太多，总在七十个以上；民二（1913）所定的注音符号，就减少了一半，字母少，则易学易记，所谓简单化了，简单则易“普及”，这又是“提高”的专家所贡献的，因为他们利用了中国音韵学上的“四呼”，发明三个“介母”，不限双拼，容许三拼，就把字母的总数减少一半了。

民国八年（1919）又发生了一个国音标准问题，这是属于“国语统一”项下的，虽与“教育普及”不是一事，但也可以拿来作证。民二（1913）除议决注音符号之外，又议决六千多个常用字的国音，国音者，就是对于某字应该把注音符号怎样拼音，拼好了，作为全国读音的标准；民二（1913）的大会是采用代表制，以票数多少来决定每个字的国音，所以不免有些南腔北调，并不是指定一个地方自然的语音为标准的。到了民八（1919），国音字典跟着注音符号由政府颁布出来，于是教育心理专家、教学法专家和语言学专家又起提出抗议了，说是：照这种国音来读白话文，说普通话，找遍全国找不出一个教员来。试验几年，果然如此。到了民国十二年（1923），就决定了北平地方自然的语音为标准国音，登时就得到可以当教员的一百五十余万人（即北京本地人）；从此以后，全国的小学校，海外的华侨，广播电台，有声电影，凡需要使用公共统一的国语的，都自然而然地通行了这种标准北平的国音国语。到民国二十一年（1932），教育部就正式废止了旧的国音字典，从新公布《国音常用字汇》。依普通的常识说来，全国各地方代表多数票决的字音，当然是最普通的读法，可以做统一的标准，易于“普及”的了，谁知道竟大谬不然！假如民二（1913）就依从了语言学教学和心理学这些“提高”的专家的指示，何至于绕这个十几年的大弯子？

民国十二年（1923）又发生一个汉字改革问题。因为汉字难学难记难写，不便再做现代中国教育普及的工具，所以应该废掉，改用拼音的汉语新文字；而这种拼音的汉语新文字，就应该采用罗马字母（即拉丁字母），因为它是早已国际化的，而又实用化。实用化者，心理上，自初中以上的学生，到四五十岁的领袖人物，对于这二十六字母，大都是“已”学而能的，不像注音符号只有一部分的小学生认识，进了中学以上的又忘记了，四五十岁的领袖人物还待补习而又不愿意补习；物质上，一切印刷铅字和打字机等都是现成的，不像注音符号还待另行铸造。当时国中的语言文字专学家，一部分是热心鼓吹，一部分是举手赞成，到民国十五年（1926）就议定了“国语罗马（即拉丁）字”，十七年（1928）政府也把它公布了，叫作国音字母第二式，而注音符号则称国音字母第一式。这种“普及”的运动，理由充足，办法周详，并且有了权威的语文学专家站在这条阵线上，又得了政府的认可和法令的根据，应该可以逐年推进了；殊不知在“提高”的方面，语文学专家虽然够了格，但又缺乏了社会学专家的参加和指示。

原来汉字这样东西，在中国社会上的根据太深厚了，尽管有百分之八十以上的文盲并不认识它，但扫除文盲的工作，究竟还靠这百分之二十以下认识它的非文盲来做；认识汉字的少数人，究竟是蚩蚩者氓的领导者；假如一日废除了汉字，这些少数人立刻就如“猢狲失树”，茫无依据，在精神生活方面简直不能过日子，现在大家各自揣度，是不是这种情形？就是热心改革汉字，提倡汉字拼音新文字的人，提起笔来，只写汉字；书报函件，只见汉字；对于“国语罗马字”，既嫌其语音标准太严，四声拼法难记，而民二十（1931）从海参崴（注：符拉迪沃斯托克）传来的“中国拉丁化新文字”，又因各拼土语，四声不辨，同音词多，意义难测，以致隔日便不能自喻，两人难期共晓。在这种情形之下，废除汉字，终是空谈。假如乡下文盲，受了拼音的汉语新文字的训练，能读能写，一进城，起首就看见城门口三个大字，不认得，还是文盲；进到城中，大街小巷，铺店招牌，机关名称，货单报纸，一切都是汉字，他对于一切都还是文盲，那么，只好废然而返，心说上了当了。试问：谁有力量能够一下子就改造这种汉字社会的大环境？所以民国二十四年（1935），只好先让注音符号与汉字结了婚，成双作对，永远不离，这就是本年暑期中教育部国语推行委员会决议继续推行的“注音汉字”。注音汉字，字字注音，先从印刷白话读物入手：看这种读物的人，如果认识汉字，你就读汉字好了；如果有些汉字不认得，你就在这个不认得的汉字旁边找老师；如果一个汉字都不认得，你就不睬汉字专读旁边的注音符号也行。至于要写作一点儿东西的人，如果要用的汉字都认得，你就全写汉字好了；如果有些汉字不记得，你就把注音符号拼出音来代替这个不记得的汉字；如果一个汉字都不记得，你就不必写一个汉字，尽把注音符号拼出音来代替汉字也行。本年暑期国语会决定的办法，就是一面继续推行注音汉字的民众读物，一面大量训练注音符号的传习师资。这种办法，对于文字改革问题，并不是退化，并不是将就，是看清了社会一切的机构，一切社会活动的连带关系，才知道社会改革不是单枪匹马可以做到的。废除汉字，要循其自然的程序；推行拼音的汉语新文字，要搭上过渡的桥梁。这也是从“提高”的研究和经验，而得来的一种“普及”的手段和技术。

以上把三十年来推行国语的几件工作引来作例，证明“提高”与“普及”是息息相关的。一种教育上的大主张，大设计，像上述的语文改革问题，音韵学专家，语言学专家，文字学专家，教育行政专家，心理学专家，语文教学专家，社会学专家……这些专家都要总动员，并且要由几个“通才的专家”综合调整，实际设施，才可以逐渐贯彻这个大主张，实现这个大设计。就教育的立场说，一切文化总以“普及”为归宿，然而普及的方法与技术又谈何容易？硬叫它普及，它越难普及，那么，只有让教育者自身的学术程度“提高”，提高就是为的普及，非提高就不能普及，因为提高了才可以把专科学术自身的教育价值认识出来，把怎样普及的方法和技术发明出来。所以，一切学术，越提得高，越及得普，比如灯，高灯才可以远照。

师范学院比照大学四年还要增高一年，这种制度是对的，但也不要误会，以为这个纯是为的教学技术专门职业的训练；要知道师范学院在专科学术的本身上，至少也须与大学的训练同等，而且更要“提高”，养成“通才的专家”，能够在教育上有革命性的大主张，有创造性的大设计，有怎样贯彻这个主张与实现这个设计之方法与技术上的大发明。否则只是造就一些“教书匠”，管理员，或者教育机关的公务员，陈陈相因，碌碌没世，对于文化“普及”的效率不能多所增进的。

三、结语

总而论之：广博与专精，提高与普及，前者是凡大学一年级的教育训练应该注意的；后者是师范学院更宜注意的。凡大学一年级皆修习普通科目，而师范学院的年限增加为五年，假如施教者不明白改制的原理，教材不适合于改制的目标，将来此制若失败，大一各科目及师范各系的教员应负一半责任；而政府不为详定课程细目，不为编选教科用书；或者定了编了不适宜，也应负一半责任。

广博与专精是相反的，提高与普及也是相反的，但虽相反，而实相成。不广博，即无以培植专精的基础；非提高，即不能创立普及的方术。倒过来说，不专精，即无以发挥广博的效用；非普及，即不能适应提高的目标（因为一切高深的学术和思想，为的都是“最大多数的最大幸福”）。

再补充一点意思，就是：上来所说，意在着重“广博”与“提高”的工作，假如扶东倒西，又把下半截“专精”与“普及”拉下来，忘掉了，其流弊也和上举画鸿沟的“专精”只能造就一些新八股先生，与职业式的“普及”只能造就一些陈陈相因的教书匠之类，是一样的没出息。须知做广博的工作，要时时把握着“专精”的目标；做提高的工作，要时时顾念到“普及”的任务，然后下半截才算不拉下来，没有忘记。这个只有一种扼要的办法，就是研究实际问题：凡学者，无论习何科，读何书，著何论，必须能够利用当时此地日常接触的实际材料，对于所学，或作例证，或备归纳；必须练习解决当时此地日常生活的实际问题，根据所学，或加判断，或做试验。这就是“广博而专精，提高而普及”的最扼要的办法。

二千年前有一部书叫作《礼记》，其中有一篇《中庸》，八百年前又把它编为“四书”之一（要这样说法，才是有“广博”的国学常识，假如一个大学生遂说“四书”是二千年前孔孟时代编成的经书，那就是外行，不够格了），《中庸》里有两句话：“致广大而尽精微，极高明而道中庸。”本题“广博与专精”，就是发挥“致广大而尽精微”；“提高与普及”，就是推阐“极高明而道中庸”。本题两个“与”字，不如《中庸》的两个“而”字，因为“与”字把上下分成两件事了，不如“而”字虚灵些，可以串作一件事。然而《中庸》的“而”还不是最上的究竟义，应该这么说：广博“就是”专精，提高“就是”普及；致广大“就是”尽精微，极高明“就是”道中庸。所以开篇就说过：通才就是专家，大学就是社会。总之，我所说的，其实都不过“中庸之道”而已！

师大改进的工作重点*

——课程

在差不多三十年前，北京高等师范学校酝酿升格改为师范大学时，1922年的全国学制会议才讨论这个提案，有人提出问题说："所改之师范大学，系专办教育科，以备大学毕业生升入乎？或于教育科外，兼设师范生毕业后应教授之学科乎？"当时高师教授们主张兼设各种系科的就提出理由说："就教材言：学校因目的之不同而异其效果，学科亦因目的之不同而异其标准。师范大学，一面研究学科，一面须顾及此种材料对于中等学校学生有何等价值？在普通教育上必要之程度若何？故其学科标准，较他科大学专在该大学本身目的上着想者，其取材范围，自多差异。例如同一化学学科也，而农医工理各科大学所取之材料均不相同：师大之化学学科又与农医工理各科所取之材料互异。若毕业后志在农科之学生，强令其学工科之化学，尽人而知其非；则已学农科之化学者，毕业后令其教授师大毕业生所应教授之化学，岂得谓当？就教法言：师大与他科学生既以性质不同而异其教材矣，即教学法亦未可同日而语。例如物理之定律，数学之公式，在他科大学或专以为深究之资，或借以为运用之便。若在师大，则除以上作用外，兼须研究其教学方法，以为施教之地。"

现在看来，师大制度虽然在那年建立起来了，但三十年前有人提出来的那个问题，一直存在，没有得到解决；而作为答复那个问题的建立师大的理

* 选自1950年2月《新建设》第1卷第12期。

由，也还只是理由，没有彻底实现。

过了十年，到1932年，教育界对于师大这种制度又发生疑问了，说：“我们实在看不出普通大学的物理、化学、或英文、算术和师范大学的物理、化学、英文、算术，有什么性质上根本不同的地方。”当时师大三十八教授集体研讨，总结起来，严重而概括地说出师大课程与普通大学课程不同之点如下：

（1）普通大学的课程注重文化的提高，师大课程注重文化的持续与推广。前者要培养“专门探讨”的技能，后者要养成对于现代文化各主要因素的“多方兴趣”。普通大学毕业生是文化价值的发现者，其兴趣与技能仅限于知识中的一极小领域；师大毕业生是文化价值的传授者，其兴趣是多方的。要有多方的兴趣，才能做良好的中学教师。

（2）普通大学课程注重学术的理论，师大课程注重学术的应用，尤其是在中学教学上的应用。普通大学虽然也有时注重实用，但系属于社会方面的，不是属于教学方面的。比如大学的工科所研究的问题，是如何利用工业上的发现以改良中国的产业；师大工艺科所研究的问题，是如何利用工业上的发现以改良中小学的工艺科或手工科之教材。

（3）普通大学设系及科目要“包罗万象”，师大要“取精守约”。前者更广泛，后者更集中。师大课程以中学课程标准为根据，所以科目更集中，更系统化，更有重心。

（4）普通大学课程以普通工具学科或文化学科为其共同基础；师大课程以教育学科为其共同基础。前者公共必修科有国文外语哲学，均系工具学科或文化学科；后者公共必修科则除此以外还有教育学科。现北京师大公共必修之教育科有教育概论、教育心理、教育史、普通教学法、教育行政、健康教育等。

（5）普通大学各学科的内容，代表“文化的材料”（kultursguter）；师大各学科的内容，代表“教化的材料”（bildungsguter）。大学中所设置的学科，要传授文化的材料，或发现新文化的材料；师大所设置的学科，要将这些文化的材料变为有教育价值的材料，即是教化的材料。关于这点，德国教育家克欣斯泰尼（Kergohensteiner）论列最详。（参看 *Theorie der Bil-*

dung）

这就是师大的“课程专业化”（Professionalization of the Subject matter）。

当时师大三十八教授还有一个通电说：“就所设系科之多寡言之，一般大学不妨务博，而师大必须务专；就每一系科乃至每一科目之内容言之，则一般大学必须务专，而师大又当务博。”后来又解释说：“所谓专，是专以中等学校所必需者为设系科之目标，不求大学规模之齐备。所谓博，我们简要的诠释是：既设此系，则必使其课程系统化，常识化；精攻者不令偏枯，深入者务能显出。这就是说：对于基本的功课，要‘系统化’；对于专门的功课，要‘精攻’，要‘深入’：但这都还是就师范大学与普通大学一致之点而言，还有大不一致之点，却要请大家注意的，就是：（一）‘系统化’了，还要加上一个‘常识化’，因为师大学生的任务，是不可不及早认识所学的材料之教育价值的。（二）‘精攻’了，还要加上一个‘不令偏枯’，（例如文史等系，虽研讨不避高深，然不似一般大学每以一家言、一专籍、一问题而特设科目；所以每系之中，必修科目多于选修。在一般大学的中国文学系学生，或专究文艺或专究语言文字学，乃至专究国故思想皆可，而师大的国文系学生，必须三者皆有相当的造诣，且必须应用其语文技术于改订中小学作文与说话而熟练其教学法；所以每系之中，各门平衡发展，且必须一一能教育化。）因为师大学生的任务，是不可不及早准备作完整健全的中学某学科之教师的。（三）‘深入’了，还要加上一个‘务求显出’，因为师大学生的使命，是不可不及早培养一种宣传文化学术之能力的。”

现在看来，差不多二十年前师大教授们所宣示的理由——师大必须兼设各种系科以及独立设置的理由，都是对的，但一直只是理由，并没有完全实现。

又过了十多年，到 1945 年，号称全国师范教育讨论会的，又提出改进现行师范学院制度案，因为那时候已经把师大制度改为师院，分区设置，试行了七八年，成绩更使人不满，所以又议改进。但这十多年间的两次改动，闹的都是校院名义与组织形式问题，对于系科课程，仍旧没有从教材教法上提出实际改进的方案来；二十年前三十年前师大教授们所坚持的理由，一直还是理由，更没有打算促其实现。（即如抗日战期中师大西迁后改成的西北师范学院，到 1945 年师院改进议起，就专设了一个研讨委员会，研讨结果，偏向恢复大学制，曾设计把全国分为九个师大区，拟定校址，配合各区的人口数和中等学校学生数。也认定系科课程的改进是研讨这个问题的核心，但一直到现在，师大已恢复了，而结论还没有出来。）

到了现在，师大全校师生员工把这个“师大改进”问题做了一番严正、普遍而彻底的研究讨论，一致拥护中央人民政府教育部改革师大的号召，确定了师大的目标和任务，拟订了改进工作的计划和逐步实施的方案。最近一切经过，详在他篇，本文从略。当然，系科的课程问题也包括在其中，但还待每一系科和每一个教授把课程的改进工作具体化起来，才能实际地完成这个师大改进的任务，而真确地达到新师大的目标。所以本篇特把三十年来师大改制而不曾切实改进课程以贯彻并实现改制的精神和效果，以致屡次都终归失败的历史，宣叙出来，虽然过去失败的原因不止一端，最基本的原因还在政治，但若只就一个学校改进工作的本身上说，那么，目标和任务既定之后，改进工作的重点就在课程——编制、师资、教材和教法。

（1950 年 1 月 21 日）

关于中文系“语言组（汉语专业）”改进教学的意见*

理论原则（略举改进要项）

一、语言是替社会服务的

1. 研究方面。

（1）必须结合社会现实，经常积累在社会实际生活中，主要是在与劳动群众接触中的语言经验和活的语言资料。

（2）但又必须重视社会发展，对于现代语言的“描写”工作，也不得割断“历史”，毫无根柢地净作纯机械的语言分析。

（3）在理论研究上，必须尽量避免“学院派”脱离社会实际，毫无服务性的种种烦琐玄虚的问题。

（4）广泛地参考国际的语言科学新学说，至少要通过一种外语着实了解，不可捕风捉影，道听途说。

2. 教学方面。

（1）必须明确语言学科及其各部分的教学目的和具体要求。

（2）必须针对不同水平的“大众”（文盲、小中学生、一般干部、大学

* 选自1963年7月手稿。

专业）的实际需要（即识字、正字和正音，阅读分析，作文纠错，表达能力，工具运用等）来决定不同程度和互相联系的教材教法。

二、“语法”又是替语言服务的

1. 凡已经通行于社会的语言（不论古今中外），其语法规律只能客观地如实地分析归纳出来，不能主观地臆定和生搬硬套地模仿，以致丧失语法的实用价值和科学的真实性。

2. 事物反映和思想情意的完整的表达，才是社会生活环境中实际的语言，才是语法研究的具体对象。（若不是完整的表达，就得分属于词汇学、构词法或语音学的范围。）

3. 必须符合于本族语（如“汉语”）的本质（就是同他族语比较所得的特征）和社会习惯，才是自己的语法（如“汉语语法”）。

4. “古语法”（如“古汉语语法”或“文言语法”）的研究，是以过去各时代语言为对象的，必须先了解其语言内容（即古实词的词汇意义和历史常识），并进行一定的语言实践（即所选名著的朗读和熟读）——这是使没有社会现实性的古语言在自己的口说耳听之间也起着点儿条件反射的作用，才好进行研究。

5. 对于“文学语言”的语法研究，必须结合“修辞学”（包括“语体分类”，联系“写作指导”）。

【附注】 语言学科包括“语言学概论”（即“普通语言学”的纲要）、语言史（附“学史”；又语言史应包括“文学语言”的发展史）以及其内容各部门，如：“语音”（音韵学）、“文字”、“词汇”（训诂学）、“语法”和“修辞”等。上述的第一原则是一般的；第二原则是专提“语法”这一部门说的（因为“语法学习小组”用此兼作基础理论的临时讲义）。这两句基本原则，如果在目前所“暴露”的种种情况之下，大家认为应当强调并贯彻一下，则“现代汉语”和“古汉语”两个专业都可把“教材”和“教法”的改进问题，分项讨论，妥善规定具体措施。

首先，讨论二年级“现代汉语”的“语音”讲义（教材）和必须达到的要求（“基本功”）。其次，二年级“语法”未完的“标点符号”“段落篇章”和附及的“修辞学”。再次，一年级（新生）的“语言学概论”是否有□改进？（例如“国际音标”不学不行，学则归哪一部门来教？）

◇ 注音、拼音和识字教学

注音汉字的主旨在哪儿？*

——识字运动和儿童教育的利器

式武先生：

承寄赐四月二十一日赵廷为先生在中央大学讲演辞《小学国语教学问题》一册，收悉，谢谢！

文中说到第（三）“汉字注音的问题”，诚不免有点儿误会，其原因就在对于这件事的历史的进展未加研虑。如第（1）项，以为这件事专为“统一语言”，这句话早成过去，最迟也在民国十九年（1930）以后就不用提了，因为提倡汉字注音，其主旨在那年已经转移，不是统一运动乃是识字运动，此是政府明令，规定方针，并非少数人言论主张如是云云也。（看《国语运动史纲》页二三三——。）故赵君之主张努力“训练国语纯熟之师资”，自然也不错，但根本上不必讨论。这并不是说师资早已训练好了，也不是说“靠教育来统一语言”也完全办到了，乃是说问题的主旨并不在这里了。我还记得民七（1918）公布注音字母的第二年，教育界有说它根本要不得的，民九（1920）我南下一趟所听见的理由就是说统一国语，全仗能说得纯熟的标准语的师资，何必要这种字母？但小学课本当时都采用了，于是又多主张初年级儿童不要先教注音字母（当时部定课程是“首宜教授注音字母”），三四年

---

* 原载1935年《文化与教育》第53期。本文选自1935年出版的《注音汉字》，商务印书馆。

级就可以教了，理由还是说统一国语，全仗能说得整个儿的标准语的师资，何必先教字母？所以我当民十一（1922）曾发表过一篇“革命的”论评兼宣言（见《国语史纲序》页四十），宣言这些个关于教学方法、教育心理上一切主张，彼此意见完全相同，不要再牵扯到这些个旁支问题上去，要再两不相容的一点上来辩论。事过十三年，到了今日，生字注音却也不成问题了，每字注音则又以为大不可，理由仍旧是统一国语，更宜训练国语纯熟的师资，何必要读汉字注音的教科书？前后共计十八年，步步都有人拿“师资”来反对教育上的革新政策！现在干脆地说：“语言的学习，靠着模仿”，训练师资，天经地义，彼此意见像相同，只须实行，不须讨论；但现在提倡注音汉字的印刷物，其主旨乃是：以后印刷中国文字，根本上就要加上这个“形式”；模仿国语也要加上，不模仿国语也要加上；没有师资也要加上，就有了师资也要加上！

第（2）项举出四点，都是从这根本观念不同而发生的误会。（甲）点最是老实话：“一般国语未纯熟的教师，将怎么教学汉字注音的教科书呢？他们的态度不能自然，那是不难想象的。”我谨向全国的小学教师宣传赵君这几句话，请大家自己解决这个“态度不能自然”的问题！要是怕“态度不能自然”，就赶紧自己训练自己的国语；政府要促进全国小学教师努力训练自己的国语，推行汉字注音的教科书就是唯一的方法。要是教育界的人怕小学教师“态度不能自然”以致减低“教学效率”而反对汉字注音的教科书，那就是常言所说的：因噎废食。

（乙）点更不成问题。我们的主张是：以后凡民众“社会生活中的各种读物，如报纸，文告，书籍，杂志等，莫不在字旁注音”。赵君已承认“到了那时候，对于小学教科书一律采用汉字注音，我们当然不敢而又不能加以反对了”。这并不是一个“梦”。这也须看清历史的进展：二十年前一般人觉得高文典册也可以用白话文真是做“梦”；四十年前，一般人觉得中国也可以废科举兴学堂真是做“梦”——那时的人对于女子能够不缠足也以为是做“梦”。这些梦都是我们自己身历目击的，目击梦境变成真境，毫无虚假，时间也并不长久。不过，缠足的妇女，科举的余毒，文言的权威，到现在并不能扫除净尽，也是事实。但至少，我们教育家总不至于而且不应该还要设法来曲从这些不合理的事实；同样，也不应该预决某种合理的教育主张是“梦”，而只知宛转设法以求应付一种困难而不合理的环境，环境就是靠教育家来改进的！教育的功能就是改进社会环境的！提倡注音汉字的印刷物，乃是改进中国文字环境的初步；要改进得快，就在乎教育家的努力。要是怕改进的主张是“梦”，就反对改进工作的进行，我们教育家如果都持这种态度，那就是孔子所说的：“则将焉用彼相矣！”

赵君引盖兹的话，原理不错，事实似乎未合。“学习……最好的方法，是完全依照将来要用的形式去学习。”注音汉字并没有变动汉字的形式，不过加注音符号另成一行。习惯上中国文字多不加标点，但儿童读物都有标点，正是一个比例；结果就促进标点的提倡，从普通书报，到了公文程式，这也是一个比例。话说回来，儿童的“将来”不可就“依照”我们的现状来决定。他们“将来要用的形式”，就在我们现状之下一步一步要向前改进的。（即如现在学校儿童学习写字，就不是完全依照将来要用的形式，要用的形式，乃是简笔和行草。我常感到许多中学毕业生竟不大认得我们大家所写的便条，只会看印刷物，最是苦事。可见教学资料上的问题很多，不可执一简单原则而刻舟求剑也。）

（丙）（丁）两点尤其不成问题：

“在教科书的生字上注音，使儿童靠着注音的帮助，来读出生字的读音，并根据读音，从上下文里猜出生字的意义：这是最合教学原则而最应加以提倡的。至若在每一汉字上注音，那就给予儿童帮助太多了；结果将使儿童依赖这种帮助，而不去认别字形了。”据此看来，我们和赵君的意见，相差实在有限，我们不过把那应该“提倡”的加以扩大，“给予儿童的帮助”更“多”一点罢了。儿童将要“依赖这种帮助，而不去认别字形”，这是推测之辞，没有经过实验和统计的根据。我敢保险，决无此虑。（这却是有实验根据的，在四月二十二日《申报》教育栏已经报告过了）其实，这是存文会应该视为极严重的问题，我们教育家并不必加以考虑的。

“教师应该叫儿童在阅读的时候单单去想意义，不要去想声音。”因此，所以每字要注音，叫儿童省去“想”声音的烦扰，旁涉即得，声入心通，通其“意义”。但赵君接着又说，“倘若在每一汉字旁边注音，则我们对于声音未免太注重了”，忽然引出这样的评判，似于不合逻辑。盖赵君怕“当儿童阅读的时候，见一汉字，便看着符号，想一想声音，岂不是要容易养成一种不良的读书缓慢的习惯”？我以为这是“杞忧”，而且事实上适得其反。汉字堂堂，位乎中央，平时阅读的训练，当然要使其注意力集中于汉字，儿童既已认识，决不旁涉符号，再想声音；若不认识，或忘其读，旁涉即得声音，何劳多“想”？注音汉字之功用如此，则正足以改良现在这种不良的读书缓慢的习惯，大大地“发展儿童的迅速地读书的能力”也。请凭实验，不必多辩。

总而言之，小学教科书应该每字注音，我觉得是十分明显的。从前的教育，纯以成人的成见为主，小学生起首便读文言，这是把儿童当作蛆；现在教育家知道用白话的好处了，儿童才由蛆变成“白老鼠”；再进一步，每字注音，从文体的解放到文字的解放，儿童才可以由“白老鼠”变成猫；将来再怎样的进步叫他们变成人，不敢说“梦”话了。所以现在唯有“积极地推行注音汉字”！反对此议的，就是把全国的小学生永远当作“白老鼠”，供我们这般成人成见的牺牲！

以上随手写来，并非对于赵君演辞的驳辩，因为赵君对于注音符号现实的功用是认识得很清楚的，不过我的主张较为理想些，只是彼此的教育哲学不同而已。希望先生们继续努力，因为这件事全在乎小学教师能有借教育的力量以改进社会环境的决心。注音汉字，固然也还可以算国语统一运动，但到了现在这种急切救亡图存的新阶段，其主旨更在于民众识字运动，受完全小学教育的儿童乃是将来更有希望的民众，而且马上就可以当“小先生”的，岂可不特别注意此种合理的而更能增加效率的训练？谨贡愚见，幸有以教之！此函发表与否，悉听尊意。

注音汉字之有益于儿童，有益于民众，根本上虽不必疑虑，但实行起来确还有许多应该讨论的问题，很盼望先生们举以见示！

此颂教祺。

弟　黎锦熙

四月二十七日，二十四35

对于注音符号的教学实验意见*

今天的讨论，是为着应付当前的问题，贡献个人意见，以作诸位参考，不掺入许多理想。这个问题是什么？就是注音符号教学实验的问题。此次实验，非自动的，是因为教部有公文到北平师大和北平市政府，师大转附小，市政府转公私立各小学，教我们来实验；所以我们现在的实验，就是为着应付这一件事情的。那么教部公文到底是怎样一回事呢？请诸位看这本（黎锦熙编的《教育部最近推行注音汉字述略》，以下简称《述略》）最后面的布告，就是公文的要点。办法的第四条是说："初小一年级上学期入学之始，应先授注音符号，俟练习纯熟后，再授汉字正文。嗣后凡编之初小国语教科书，应于第一册前，另编首册专用注音符号，编成故事，供教学之用。教学方法，以先综合后分析（拼音练习及符号之认识）为准。"我们的实验点就在这里。就是怎样取材去"编成故事"，怎样教学为"先综合"，要把这里边的问题剖析明白，总得费大家一个钟头的工夫，分几个段落来讲一讲：

前面曾说此次实验是缘于部令，教育部为什么要更张，要改制，这便是此次实验的来源，亦就是我要讲的第一层。

一、改制的经过

这次改制，原是"时势之推移"。他的经验，看这一本《述略》就可以知道。不过里面掺杂许多官样文章，所以我要先在这公文以外，报告一点关

---

* 选自 1936 年 6 月 13 日《国语周刊》第 245 期、1936 年 7 月 4 日《国语周刊》第 248 期。原为讲演记录（记录者张席丰）。

于注音汉字的消息。

这注音汉字，在民国二十三年（1934）以前，是无人注意的。以为符号推行到民间，就可以扫除文盲。大家记得：民国十九年（1930），中央党部，国民政府，大吹大擂。由教育部制定推行办法二十五条公布。一切学校教职员，限三个月熟习注音符号。其他各种文化机关职员，亦均须于最短期间，一律尽先熟习注音符号。机关方面总动员，并由知识分子去教老百姓，使从符号进而认识文字。一口气想把中国百分之八十以上不识字的，变为百分之八十以上识字的，吴稚晖先生是主张这样做。

经过一年二年三年，调查结果，除中央外，各地方机关多半就没有办。热心的教导者，更番传习，好多人亦练习熟了，可是无用。看书无符号，阅报无符号，买东西，仿单发票无符号。环境里瞧不见，用不着，学会了满都装在口袋里。所谓借符号而认识文字的计划，终归于大失败。

文字为输入知识的工具，满腹的注音符号，和文字不相联系，哪能打通吸取知识的路径。二十五条里虽说有街衢车站等名称，商店工厂等招牌，须于字旁加注音符号的条文，哪知即使作到，亦是一种死环境。为着扩大符号的用途，造成活的环境，到了民国二十三年（1934），国语统一筹备委员会，才有这注音汉字铜模，要由国家铸造推行的提案。

在民国十年（1921）时，国语会会员萧友梅先生，曾提议集股铸造铜注音字模，当时商务印书馆，便自动筹了一副四号的，意在享有专利权。比如师大附小或他处，有带符号的印刷品及读物，要印拿来印，不但铜模不卖，铅字亦不卖。这也难怪他，有了铅字，就可以用化学方法翻成纸模。北平文岚簃的仿宋铅字，中华书局认为系由该局仿宋铅字翻成，便在法院提起诉讼。官司打了许久，结果中华书局败诉，为什么？因为拿两方铅字一比较，笔画长短总有不同，所以不得以私翻论。

自教育部采用国语会的“汉字注音铜模应由国家铸造推行案”后，便函知本人和汪委员怡，赴京会商。即商定拨款委托商铸，由教育部筹款两万元，我们到上海去接洽。先与商务印书馆商洽，特购机器，连汉字带注音新写新铸，估价十一万元。次与中华书局商洽，不必特购机器，就把他们的仿宋长体汉字，在旁绑上注音符号，全套大小四副，定铸四套，共价二万元，便由教部与中华书局订立合同，先铸三号一副，以次逐铸二号五号四号，于一年之内，完成全套铜模。

其次即为注音汉字的选字工作，在《述略》的第五页言之甚详，请参看第七页的表。所选本字，分为最常用，次常用，备用三种，共数为五八七七。但以前各家做用字统计的，都有漏洞，就是同字异体的，像“體”与“体”等，均须按两字计算，共数为六三三；同字异音的，像“行动”的“行”与“银行”的“行”等，亦须按两字计算，共数为五六八。连前字总计为六七八八，这便是每套铜模的总字数。按合约的订定，在十一月间，须加三号字铜模一副，字数即六七八八，以应推行注音汉字的急需。

我们既用二万元准备下工具，更须想办法推行在读物上面。前国语会请教部推行注音汉字的提案里边，概括全案者只有二语。看《述略》第七页的最末，“推行注音符号之目的有二：一为统一国语，一为辅助识字。辅助之要，切忌一暴而十寒；统一之功，尤戒一齐而众楚”。这二语也是说明环境有用途，才能发挥它的功用，增长它的效率。部中制定的推行办法，系将原案的四条扩为九条。其第二条云“初级小学国语课本生字表，完全用注音汉字”，并未提及课本的正文。因为初级儿童，汉字须令强制记忆，国语课本的正文，便无须注音了。其第三条，悉列必须用注音汉字排印的课本，算术科独付缺如。实因算术中的说明或文字题，均系横行，若用注音汉字，须等到汉字上面横行注音的字模铸就，才行得通。其中最主要之第五条云：“自民国二十五年七月起，凡新编之小学及民众学校用教科图书，须一律用注音汉字，否则不予审定。”此次教部，系就全国教育着想，为行使职权，下最大决心，也就是注音符号的生死关头啊！

注音汉字的课本，下学年是要采用了。既读注音汉字的书，便先得认识注音符号，教部这次公布在初入学时先习符号，便是此意。犹忆民国九年(1920)，部颁的小学国语课程，即是从一年级起，先授注音符号的。但十二年（1923）部定的课程中，就没有了。及十九年（1930）正式小学课程颁布后，国语科的读书课程里边，一年级没有提，二年级没有提，到了三四年(1945)，才都有注音符号的熟习及运用一项。在当时读物上欲加注音，便要受物质上的绝大阻力，读物里边不加注音，便是没有熟习运用的环境。正如

《述略》的第三页上半栏所说："官厅谕众，学校课徒，社教牖民，报章载笔，一用注音符号，便感印刷烦难，排版校字，须加五倍之工资，而字里行间，徒增满纸之污垢。"所以从前注音符号的提倡，运动，二十年来，都失败了。现在有了这套铅字，便可借以扫除障碍，作它唯一的出路。

既有了注音汉字的课本，只要认识符号，就能由此增进智识，启发思想，试观东土，社会流行的低级读物，无不旁注假名，车夫下女，都能阅读。即文学家发表的文艺作品，亦多在□个汉字旁附注假名。文字工具，容易运用，然后能使民众文化提高，这便是我们可以参法的地方。

上面的几节，把改制的经过，就算大体讲完了，以下要讲：

二、故事（注音符号）的编法

教部公布的促进注音字推行办法第四条，前面已经提出，是要我们专用注音符号编成故事，以供教学之用的。奉到部令后，孔德学校开会动手编了。国语推行委员会，亦拟编成范本，或贡献意见，送给实验学校参考应用。我的四十课，已在第二附小学油印十六课，现在发给各位的便是。所以注音符号，都在这十六课里边陆续出现。所谓综合，所谓故事，就是这样。余下的二十四课，可在第一附小这边续行油印，大家一阅。编这故事，步步不敢放松的就是：内容注意连续，外形注意反复。

儿童专重兴趣，初入学用机械的法子教ㄅㄆㄇ，辨不清，记不熟。第一附小这边编辑的实验国语教科书的附册，藉事物以教注音，如形容推水车的声音，用ㄓㄓㄋㄧㄡㄋㄧㄡ。定县平教会试验注音符号教学，系就实物去教注音，如教ㄐ母，先教ㄐㄧㄉㄢ（鸡蛋），这都是设法从儿童兴趣引入的。不过各课内容是独立的，无关联的，还不算大的"综合"法。

编故事时，要把基本的词、语、句分析清楚，还要按儿童学习能力分开节段。课课连续，缀成文章当汉字读，以作我们实验的材料，每教一节，算是一个小综合，教了全部，便算是一个大综合。按教部令，可知用注音符号编成故事，便是我们作教学实验的人，应当努力的第一步。

现在用这编就的故事，便省掉一层手续。就初入学的儿童作实验，以故事当材料，以综合作方法，看看每课教多少时间？全部教几个星期？以致教学的历程，测验的结果，一切具体作法，均须在本学期完了，向教部详细报告。希望当作重要问题，如期完成这一种使命才好。

三、附带报告的几点

这几点也都是关于注音符号的。我们作教学实验的人，在符号的本身和运用上，近来改进到什么地步，均须彻底明了与熟习，方可免掉蹈故辙，走错路。

第一点是拼法。——从前教儿童习注音符号的拼法，三拼字每感困难。在清末提倡官话字母的王照氏，他的主张，反对拼音。以为用声介合母与韵母连续速读，便发出拼成之音。比如拼瓜字，使ㄍㄨ（姑）与ㄚ连读，即成瓜音。近曾加以研究，并实地试验，结果实为圆满。才知道若干年用结合韵母拼声母，那都是对于初步的教学法，太欠研究了。

第二点是标准音。——从前所谓标准音，即“读音统一会”通过的读音，南腔北调，实无一定标准。自用北平语作国语标准以来，亦即以北平音作标准音。但在注音符号的本身上面，并无变动，唯ㄛㄜ二母的读法拼法，须要分别清楚。（ㄛ母只与ㄨ及ㄅㄆㄇㄈ相拼，其他则均拼ㄜ母，余ㄪㄫㄬ三声母，不用以拼国音而已。这种标准国音，有确定地域，有现实的模范。以部颁的《国音字典》，举国无一人能完全按照那种国音谈话者，即因标准地方未经确实指定，故不能成为活语言也。

第三点是四声。——注音符号的四声，是由五声转变的，北平无入声，所以把五声的入声，照着实际的北平话，分配到前四声里。白涤洲先生编的《北音入声演变考》一书，对于入声的演变，为系统的说明，可资参证。至于声的标志，四角点声固嫌冗杂，现在标声只用三种符号，但也不要使低级儿童理解。教注音符号时，只可按阳平、上、去的标号，机械似的标上，不加解释，一直念下去。日子久了，儿童的阅读或发表，自然能正确认识与自由运用。

以上三点，直到民二十一（1932）年后，才完全顺着这几条路行进，总括起来可以说是：

拼法改良，

标准音确定，

四声简单化。

“速成识字法”教学上的问题商讨*

提出意见的：

《语文教学》月刊的读者：董子云（华北）、黎尚廉、路阳（汉口）、胡誉淳（北京）、任珂、朱立宇、温世雄、汪平民（苏北）、阎长秀（北京）；《光明日报》转来：顾明（汉口）

（一）

1951年12月，我对祁建华同志的速成识字法，口头建议两点；1952年4月，书面记出，发表在《语文教学》月刊第九期。两点是：一，在第二步突击生字2 000多个之后，“拐棍”不要脱离太早；继续迈进第三步教学“阅读”时，课本、读物和报刊，都是可以用“注音汉字”排印的，“注音汉字”就是永远带着“拐棍”的字。二，在第三步进行“写话作文教学”时，“拐棍”又可以权宜当字，就是说，假如遇有忘记了、写不出来的汉字，就可以拿忘不了、拼得出来的“拐棍”来代替，这可叫“拐棍字”，就是把不带着字的“拐棍”独立使用。

上列的10位实际教学工作同志都提出了批评的意见。现在综合起来，分题先作简答，次将他们的意见要点分条介绍。

修正我的建议：在“速成识字法”进行教学的期间，阅读的正式教材，

---

* 发表于《中国语文》1952年9月号；作者1953年4月校订。这里选自《字母与注音论丛》，文字改革出版社1958年3月1版。

还不可用“注音汉字”排印的，遇着生字，应当先让他们耐心地去查“注音词表”或其他注音字汇；在这期间写作也还不可随便用“拐棍字”，遇着写不出来的字，可暂时先用“白字”来代替，白字想不出，再用“拐棍字”。

这个修正案，是把原建议的两点挪后一步，就是说，从开学起到举行隆重的毕业典礼时为止，在这个教程之内，第一还不可就用“注音汉字”排印的读物来作阅读课内的正式教材，第二也还不可随便用“拐棍字”（即汉字的拼音）来代替写作课内的汉字。这是什么理由呢？速成识字法的目标是掌握汉字，对于注音字母只是利用来做识字的“拐棍”的，要是离不开“拐棍”，就要离开了目标；速成识字法的任务是尽量在短的时间内基本上达到这个掌握汉字的目标，要是不离开“拐棍”，甚至就把“拐棍”当字，尽管向着掌握汉字的目标进行，也就把完成任务的时间拖延下去，或者留下一些没有完成的尾巴。

因此，原建议的两点，“在速成识字法进行教学的期间”不能完全适用。但是，在速成识字法教程完了之“后”呢？原建议的两点才能完全适用。

这又是什么理由呢？速成识字法完成了教学任务，使参加学习的文盲和半文盲学完了两千多汉字，一方面继续练习这种提高文化的现实工具（汉字），另一方面就可以在获得了字母拼音的知识技能的基础上，很自然地体会到“中国文字必须在一定条件下加以改革”而一同走上逐步“改革”的战线。因此，大量地阅读“注音汉字”的书刊，大胆地在文章中掺写“拐棍字”，就将成为目前过渡阶段当然的趋势、合理的要求。但这是速成识字法的教育工作者把传授 2 000 多汉字的任务交代清楚以后的事，是学员通过了速成识字法再发展一步跟“社会”直接交涉的事。如对汉字改革还有不同的意见，请再申说，再讨论。

（二）

这个修正案是得到上列十位实际教学工作同志的启发的。综合他们多数共同的意见，也许是基本上有了代表性的意见，先把他们关于“注音汉字”的意见归纳三条如下：

(1)“拐棍”不要脱离太早，对的，太早就难记汉字，死记、硬记，有时产生“土拐棍”更麻烦。很多单位介绍经验都曾说到此。但“拐棍”到底何时丢才正是火候，还没明确。

(2)“拐棍”虽说不要丢得太早，但不能不丢，并且不可丢得太迟，因为第二步突击生字之后并没巩固，“拐棍”丢迟了，使巩固阶段的时间拉长，它倒没有起得应有的作用；拐棍原是克服识字的困难的，要是丢不了，相反地只有增加他们的困难，有“拐棍”时可勉强行走，一离“拐棍”就跌倒了，这就推迟了、延缓了识字的速度和完成任务的时间。经验上的教训是：丢“拐棍”，丝毫不应有迁就和拖拉的想法。为使难点分散，减少集中搬家的困难，更为阅读打好基础，脱离“拐棍”尽量“早”！搬家尽量“忙”！

(3) 在第三步，阅读“注音汉字”排印的教材，会使他们依赖注音字母而不是独立地去记忆字音，一旦脱离，仍认不得汉字。这就只是学会了拼音而已，降低了第二步突击生字的活动为单纯的拼音训练了。突击生字，脱离“拐棍”，是较难的又很细致的工作，不可放松，不能往后推移。掌握了2 000字，才转入正规教学；要是阅读仍带着“拐棍”的教材（注音汉字排印的），使他们产生依赖思想，就不能专心一意去继续巩固汉字，不能继续占有形义，再也不注意汉字构造上可以自然找到的规律性（举例从略）。老拄着“拐棍”，终身害软脚病。所以“注音汉字”在阅读教学中，不仅是不需要，而且徒增困难与麻烦。

把以上几条意见在一定范围内肯定下来，修正了我提的第一个建议：“在‘速成识字法’进行教学的期间，阅读的正式教材，还不可用‘注音汉字’排印的，遇着生字，应当先让他们耐心地去查‘注音词表’或其他注音字汇。”

凡事要先把目标和任务明确起来。我当口头建议时，就没有把速成识字法教学的目标和任务是在迅速地基本上掌握汉字这一点搞明确。其实，在十七八年以前创行“注音汉字”印刷字模时，对于小学国语科，本已考虑到此。1935年6月，我在上海听取了部分小学教师的意见，商定如下：

> 正式小学国语科课本，其正文中，生字照用此项“注音汉字”字模，非生字不用。其理由，小学各科教学，各有其主要之目的，国语科

目的之一即为练习汉字；汉字教学须强制记忆，若非生字亦注音，则儿童转失去强制记忆之机会，与本科课程之目的不合。（见1936年商务印书馆出版的“注音汉字”页29）

那几年各书坊出版的初小国语课本，依照了这个办法，除生字外，都没有用“注音汉字”（当时一般人还以为奇特：各科课本和课外读物都带了注音字母，何以“国语”课本反倒不注音了呢）？这次我口头建议时，倒没有把速成识字法教学上也应当“专心一意”地记忆汉字（突击了字音，必须完全进占形义）这个目标和任务明确起来。

（三）

其次，上列十位同志对于教学写作时把“拐棍”权宜当字的意见，现在也把它综合归纳六条如下：

（4）写作时，要免除他们对于写作的畏惧心，不会写的字偶用“拐棍字”代替是可以的，但必须是极暂时的，要不断地纠正。并且只能是学员自发的，教员决不可鼓励提倡这样做；不可从“汉字拼音化”出发，表现了对汉字的看法和处理是“不严肃”的。

（5）写“错别字”的原因：一，对形义没搞清楚（例如“‘再’那里”“‘近’一步”等），这种较多，不能任其自流，一错再错。二，不会写，有意识地找另一个字来代，这种可采用“拐棍字”，它只可以代替只想起字音而想不起字形的字。但都应逐步细致地纠正。

（6）“错别字”很快地得到教员或小组的评改纠正；在此过程中，不但提高了用字的正确性，对这些错别字也得到一个正确认识，一举两得。所以只要“有啥写啥，写了再改，不会写的可用白字代替，接着写下去，不要为一两个字耽误一句”，就对了，无须再补充别的权宜办法。

（7）有啥写啥，能纠便纠。“错别字”问题就在如何改正，从改正来消灭它，就在错误中学习；不像“拐棍字”把这个错误问题一笔抹杀，一手取消。

（8）“拐棍字”要产生一些奇声怪调的字音；四川人拼的音，北方人念起来就走了样。能否都看得懂？能否保证不误会？

(9)“拐棍字”决不能让他们带到工作岗位去用于写报告；为了看懂，上级都得学会，这是天真的想法。这又增加了教员学员与上级领导上的麻烦。这是现实问题。

把以上几条意见也在一定范围内肯定下来，修正了我提的第二个建议：同样，在“速成识字法”进行教学的期间，“写作也还不可随便用‘拐棍字’，遇着写不出来的字，可暂时先用‘白字’来代替，白字想不出，再用拐棍字”。

（四）

短短的20天到一个来月的工夫，150小时左右的教学时间，要达到认识和运用2 000多个汉字的目标，(这是据1951年军委总政治部“速成识字法介绍”：“根据各地多次实验，大约以150小时，完成这一教学的全部过程。”但若把自修、复习和测验时间计算在内，应为300小时到350小时；150小时是不够的。)这个任务的完成就全靠专心一意地去擒拿汉字，一切其他工具和方法都是为着擒拿汉字。用“注音汉字”的刊物作教材和任意书写“拐棍字”，很容易使帮助擒拿汉字的东西过早地起一种转入“代替”汉字的作用，反把“擒拿”的工力放松了。

但是，汉字是“必须在一定条件下加以改革”的。我们体会了速成识字法现实的意义，还得进一步估量速成识字法远大的效用。文化建设的高潮随着经济建设的高潮到来，文字改革必为其重要内容之一，而文字改革的前驱，无疑地就是速成识字法的推广。这期间还有许多很复杂的紧急工作，要全面而细致地去做。因此，以上十位和其他同志所提的意见，还有些应当展开讨论的，即如上列的(8)(9)两条，一个是方言标准问题，一个是推行程序问题，都不是在汉字的短期突击教学范围内所能照顾到的。中国文字改革的三大步骤：第一是汉字改良，简体字、常用字和教学上的汉字整理，都得做“补充”工作；第二是汉字改“换”，这并不是速成识字法的目的，但一到速成识字法教学任务完成之时，必然地，“注音汉字”刊物的畅读和“拐棍字”的掺用，是大有需要的，是应该把“方言标准”和“推行程序”

等问题都放在一起计划和调整的，这得算“紧急”工作；这就给第三步汉字改革的“准备”工作铺平了道路。这三大步骤的拟议还只是我个人的意见，希望在各方所提意见和问题的综合介绍之下，尽量作具体的商讨。

拼音字母和“文化革命”*

——注音扫盲和小学语文课改

(1960 年 4 月在第二届全国人民代表大会第二次会议上的发言)

各位代表：

我完全同意李富春副总理、李先念副总理和谭震林副总理的报告。

在党的正确领导下，文字改革工作者也正在和广大群众一道，在教育范围内，参加着“改革工具和改进操作方法的斗争”，要保证教育、科学、文化事业“更好地配合和促进工农业生产的大跃进”①。

在李辉代表“注音识字是加速工农知识化的有力武器”的发言中，已把山西万荣县注音识字的工作经验和巨大成就介绍得很全面；在胡愈之代表“汉语拼音方案是文化革命的有效武器”的发言中，也把参观山西省晋南专区四县一市十几个公社和管理区所见的注音扫盲和推广普通话的概况报告了。我都不重复②，只就个人意见归纳几点。

主要是 1958 年 2 月第一届全国人民代表大会第五次会议通过了汉语拼音方案，这个方案就是六十年来中国人民创造汉语拼音字母的总结，许多地方利用它来作克服汉字难学的困难的工具已历两年。到现在，它的成绩就表现在：**一、农民“争购注音读物”**，一些地方开展注音识字运动以后，每次

---

* 选自 1963 年出版的《汉语规范化论丛》，文字改革出版社。原载 1960 年 4 月 14 日《人民日报》第 12 版。

① 引自国务院副总理李富春《关于 1960 年国民经济计划草案的报告》，见 1960 年 3 月 31 日《人民日报》。

② 李辉和胡愈之两代表的报告，都从《人民日报》转载于 1960 年 4 月号《文字改革》。

新书一到，农民排队买书。如果说农村也在闹书荒了，那就真是史无前例的事。无怪有人兴奋地说，“这才真是扫了盲的局面”。**二、小学低年级“弟弟教哥哥”**，这不是个别的现象，因为一年级第一学期学了拼音字母的儿童，到了第二学期，就能把语文课本按照生字的注音读得下去，全部注音的儿童读物更不消说；而二年级还没有学过拼音字母的哥哥，就被不认得的汉字“拦路虎”似的挡住了。因此，如果计划把小学六年缩短为四或五年，在语文课方面，只要再把课本革新一下，是没有什么问题的。

文化革命的具体工作，也跟技术革新和技术革命一样，就在大家都“参加改革工具和改进操作方法的斗争，把实干、苦干和巧干结合起来”①。**利用拼音字母来促成扫盲和普通教育大跃进，也正是一种“巧干”**。许多年来都面临着汉字难学这个事实，都想在教育工具和方法上克服这种困难，现在在党的正确领导下，也跟各个战线上的技术革新和技术革命一样，当前涌现了若干惊人的成绩，我且借用过去文字改革工作中的两句口号，做个并不奥妙的“巧干”的解释，就是：**“先读书，后识字”**，这是说阅读方面；而在写作方面，就是**“忘其字，写其音”**②。

所谓**“先读书，后识字”**，是指先读“注音读物”头一行的拼音，而后逐渐地对着拼音认识下一行的汉字，不必等到两三千个汉字的生字都认识了才能读书。也并不是把读书和识字分为先后两个阶段来学习，实际上，对于注音读物中的汉字也是渐碰渐熟、越碰越熟的，何况当前社会环境到处都是汉字。扫盲的对象，成人居多，这就正如茅以升代表在“业余教育的技术革新”的发言中所说，“一般文盲并非完全文化盲，而只是字盲”。所以只要有了注音读物，把“字”放在第二位，依音而读，“声入心通”，工农大众，急切求知，自然会发生“农民排队买书和借书”的现象。至于小学儿童，就北京师范大学实验小学的经验来说，在低年级也可以大力开展注音读物的阅读。孩子们阅读的积极性是很高的，他们刚刚用了一个多月的时间学完拼音

---

① 引自国务院副总理李富春《关于1960年国民经济计划草案的报告》，见1960年3月31日《人民日报》。

② 这是1935年铸造“注音汉字”铅字铜模后用的宣传标语，见《文字改革论丛》138页，又《字母与注音论丛》81页。

字母，书包里除课本外还装着几本“注音书”，还说妈妈带我去买“注音书”，挑来挑去都是看过了的，老师！**怎么不多出点“注音书”啊**？孩子们读的“注音书”，内容相当广泛，远远超出课本知识的范围，科学常识、革命斗争的故事，不但促进他们知识的成长，也使他们阅读能力迅速提高，只要不要求他们认读汉字。但是，“注音书”读得多，和汉字见面的机会也会多了，课堂上复习过的汉字，多次见面，可以更加巩固，还扩大加深了对词义的理解；不认识的汉字，借助于拼音也认识了一些，再经反复见面就成熟字了。因此他们歌颂说：“拼音学得通，汉字日日升。”①

如果正规的普通教育制度要改革，把小学期限缩短，语文课就是课程改革的重点。北京市初小语文试用课本第一册只有二百零二个生字，四年八册读完，儿童十一二岁了，还只认得二千二百来个生字，对一般常用的三千五百来个汉字还差一千多；现在如果进行课改，我的意见是：**语文课本第一册只要把三百九十几个汉语拼音的标准音节配合内容，当作生字教学，让儿童认熟它们的整个面孔，以后阅读注音课本和注音读物，在头一行中所遇见的都是些熟朋友，这就打好了语文学习的牢固基础**。以识字为先的语文课本，就可以改革成为发展儿童语言、丰富儿童知识的语文课本，再不压低他们，不落后于他们。

所谓**“忘其字，写其音”**是指写作时有忘记了的写不出来的汉字就把拼音来代替。一般说，这就应该有个条件，就是要照北京的字音拼写，不可随便杂用地方土音，才能全国一致，彼此看了都懂，免使汉语的文字分歧；就是说，推广普通话，统一读音，就正是“忘其字，写其音”的先决条件。像说北方话的地区，由于阅读注音读物大大地带动了写作，农村诗人和生产队长们拿起笔来，遇有写不出的汉字，要思路不打断，语言的表达不受生字的限制，也只是先用字母拼了音代替，写完后还得再查字典补上汉字。至于小学儿童，一年级开始就能用拼音造句，写短文；也允许孩子们用拼音写较长的入队申请书，那都是初步练习写作的性质，还不能说这就已经是新的拼音文字。关于这一点，在现阶段我还不想多说②。

---

① 见曾小俊《在低年级大力开展注音读物的阅读》，1960年《文字改革》第6期。

② 参看《字母与注音论丛》52—53页，又70页。

六十年来中国人民创造汉语拼音字母的工作，“总结”于1958年我们通过的汉语拼音方案；六十年来中国人民用字母拼音来克服汉字困难以提高文化技术水平的期望，也“实现”于今日社会主义建设事业的大跃进。（今年农历“庚子”，前六十年的庚子年曾经有个王照创制了一套“官话合声字母”，当时推行颇广；他的意识还是封建社会的，在技术方面，可也和“先读书，后识字；忘其字，写其音”基本上是一贯的。）

要办好这件事，文字改革工作者体会到要**过好“三关”**：一是“认识关”，必须统一认识，明确方向，把注音识字的学习密切结合着生产，就是说，要生产带动学习，学习又促进生产。这样，成绩才能确实、巩固，工作才能发展、提高。二是“师资关”，必须培训一批能胜任教学的老师，具有基本的语音知识，能正确地说普通话。事实证明，这种看法是符合实际的，尤其是重点班的教师必须是普通话拼音训练班出来的。另外，也须本着“以民教民，能者为师”的方针，尽先大量地快速地学会字母拼音，同时大力地逐渐地提高教学质量，这样前进，这第二关也并不难过。三是“注音读物关”，这在目前确是十分紧迫而又困难的问题，必须千方百计地多想办法做到及时的充分的供应。

总之，在党的正确领导下，文字改革工作是为文化革命、技术革新和技术革命服务，是参加在改革工具和改进方法的斗争中的，目标就在保证教育、科学和文化事业更好地配合和促进工农业生产的大跃进。

谈汉语拼音方法的“音节化”*

(一)

在多快好省地建设社会主义这个总路线的灯塔照耀之下，文字改革工作必须更好地为技术革命、文化革命和教育革命服务，就是说，要能保证高速度地大量地扫除文盲，要能确实有助于缩短业余教育年限并真有把握地缩短中小学教学年限。

这个工作的主要环节在利用汉语拼音字母，跟汉字结合，跟普通话结合(三结合)，把一切通俗书刊（主要是技术书和学习文件）和小学阶段的各科教材（主要是语文科），三结合地、双轨制地和“一条龙”地革新其面貌。① ——目前一般叫它“注音识字读物”。

1960年4月22日，中共中央发布“关于推广注音识字的指示”，指出了山西万荣县注音识字的经验是我国文化革命中一项很重要的创造，号召全国迅速推广。很显然，这个经验，这项创造，主要在能使广大群众迅速地大量地阅读“注音识字读物”，实际就是“先读书，后识字”，同时又能迅速地

---

* 选自1963年出版的《汉语规范化论丛》，文字改革出版社。原载《文字改革》1960年7月号，总13期。

① 这里有两点要注意：1．“三结合”中的结合普通话，要兼顾东南苏浙和闽粤两大方言区，参看1960年6月13日《光明日报》“广东力争提前扫除文盲”；至于如何解决这种矛盾的具体拟案，还请参考《文字改革论丛》64—68页。2．“双轨制”只以阅读为限，写作绝对不是双轨而是“一条龙”，就是只写一行，中可掺和两体。参考《字母与注音论丛》85—86页，又《文字改革论丛》71页。

放手写作，实际也多半是“忘其字，写其音”①。尽管汉字还是要逐步掌握、能“识”能“写”的，但为了争取提前扫盲、加速工农群众“知识化”，促进技术革命和文化革命，第一步总得这样地放手做去。尽管这是说的扫盲工作，但为了争取缩短各级各类学校的教学年限，促进教育革命，进一步也得在编写各科教材时尽量参考和采取这种办法。

因此，作为基本工具的汉语拼音字母，应当怎样多快好省地一口气教好、学好，就是说，用最短的时间包教包学又管用，这就必须在实践教学中和交流经验上，综合地归结出一个更进步更有效的方案来。

《文字改革》上期（即1960年总12期）发表的《音节本位汉语拼音教学教材》和《教法》，就是本着这个意思提出来的，盼望教师同志继续试验，并不断予以补充、修订和进行理论上的探讨。

（二）

汉语民族（以及其他语族学习汉语的）教学字母和拼音，其方法跟本来用拼音文字的任何语族有所不同，因为在现阶段，中国还在通行着汉字，拼音字母首先得把帮助识字，即克服汉字难认难记的困难，作为第一个任务。恰巧汉字是每一个字只有一个“音节”，而普通话以北京语音为标准音，统计常用汉字至少二千三百多个到至多三千五百多个，总共就只有至少三百九十四到至多四百一十一个不同的“音节”②。这种现象，正是我们教学字母拼音的最有利的条件。如果熟悉了四百来个音节的拼音面貌，能够一望而知，一呼即得，就不但控制了三千多字的读音，连所谓《康熙字典》四万九

---

① “先读书，后识字”这个说法，颇有误解为划成先后两个阶段的，须有正确的解释（参看本论丛165页）。这四句标语的来源是起于1934年倡议铸造注音汉字印刷字模的时候；新中国成立后，1950年又见于“建议”文件，参考《字母与注音论丛》81页。

② 这两个“至少”的数目，是根据1959年文字改革出版社编印的《拼音识字片》的“用法说明”的，这三百九十四张《拼音字母片》正好用为“音节化”的教材，因为它汇集了同音的汉字，教学音节时可以充实有意义的内容。至于两个“至多”的数目，汉字是从过去九家的统计来的，参考《文字改革论丛》23页；四百一十一个音节的例字表和说明，还有再分声调的一千二百八十四个单位例字表，参看《字母与注音论丛》21—24，42—50页。

千零六十字的现代读音也出不了这个范围。一句话，汉字尽管繁多，“音节”只有此数。只要读物上每个汉字都注了音，**依音而读，声入心通**，就突破了“语音”这一关，就尽量“先读书”吧。不怕还有多少不认得或者记不清的汉字，即被这四百来个“音节”包围住了，也就不难各个击破，逐一擒拿，就不妨“后识字”了。那么，对于这个“突破语音关”的二十六件武器（二十六个字母）的操练和运用，大可不必老走着近于“学院式”的“先分析”的道路，应当改为“先综合”，系统地综合于四百来个“音节”形式，加紧操练，认熟面孔，充分运用，运用到大量阅读和有关的工作上去。这份“教材教法”中说明音节本位教学法的四个好处，主要是第一个，说：“能直接读出音来，不用现拼。这就对扫盲和业余高小阶段以及小学生大量高速度阅读注音读物造成有利条件。”这种教材和教法，可叫“**拼音方法音节化**”。①

（三）

当然，不是说实行了“音节化”的教法，就连各个字母的读法写法的教学都不在乎了。《教材》中说：“学好字母表就便于以后查音序字典”等，这是有原则性的，叫“**字母排列国际化**”。《教材》又提出“由于直读音节，就不需要再照注音字母名称呼读声母进行拼音了”，就是使“**字母名称单一化**”。这不仅是减少学习上的双重负担，也是有原则性的；由于注音字母中有八个韵母不是代表“音素”而是用一个字母来代表复韵母的，拼音字母中已不存在这种字母了，这叫“**字母单位音素化**”。因而在发音学的体系上，复韵母不应当仍照注音字母排队，这样才能表现出“**字母体系科学化**”②。关于这些，目前各方面在教学上还可根据经验提出问题和办法来，共同研讨。

---

① 这个“系统地综合”，在字母三种教学法中属于“折中法”，参考《字母与注音论丛》25—30页。其实，“音节化”的四百来个单位的安排布置，是三种教学法的教材中都需要的。

② “字母体系科学化”有一个新拟的声韵母表；见《中国语文》1958年4月号“汉语拼音字母的科学体系”。当时有人提意见，主张声母韵母还得在注音字母体系的基础上进行教学，再度讨论，见《中国语文》1958年7月号“关于汉语拼音方案声母韵母的分析”。

当然，也不是说有了“双轨制”的注音读物，获得了“先读书，后识字”的惊人效果，对于汉字的教学就可以不在乎了。事实上，“先读书”的善于“直呼音节”，也并非一字不识；“后识字”的也须组织学习，并不是放任自流。所以，这份《教材》之外，我们对于汉字这种基本工具应当怎样多快好省地教好学好，也必须在实践教学中和交流经验上，综合近来各方面如辽宁黑山县等创造的贡献，归结出更进步更有效的方案来，打破历来语文课本落后的陈规，让汉字不再纠缠着语言的发展；同时也吸取传统的和经过实验的优良成分，在多快好省的方针之下，让“汉字教学科学化”①。另题讨论，这里不谈。

① “汉字教学科学化”，是包括简化汉字、汉字偏旁系统、汉字义类系统、汉字同音字集中几方面的工作说的，可参考《文字改革论丛》17—27 页。但过去所有这些贡献，不都是在教学实践中积累经验、通过群众、加工创造出来的，跟现在搞教学革命的精神不同，只是资料可备参考。

谈字母和拼音教学的“综合化”*

——初小语文课本第一册的编法

（一）

全国各省、（直辖）市、自治区，大部分已经依照今春中共中央关于推广注音识字的指示，逐步开展，先搞“试点”。这是正确的。试点搞好，总结和交流经验，准备充分，然后逐步推广，这才是“打有把握的仗”。试点要搞好，又得有准备，这准备就是师资和教材教法。师资要作注重提高质量的培训（因为“先搞试点”，暂不要求太大的数量）；教材教法要真正结合当前实际需要，看准情况，打破陈规，跟农业工业生产战线一样，大家来进行“改革工具和改进操作方法的斗争”。

这个斗争的目标就是要真正有效地做到多、快、好、省，多快好省地完成字母拼音的教学任务，充分发挥字母拼音促进识字写话的作用，以贯彻文化革命、教育革命的方针。

问题分作两点：一、字母和拼音怎样教学？二、字母和拼音的初步课本怎样编？

第一点现正在交流经验中，待讨论总结（另篇谈），但各地试用有效的已有“音节本位的拼音教学法”（请参看《文字改革》1960年第13期第1页

---

* 选自1963年出版的《汉语规范化论丛》，文字改革出版社。原载《文字改革》1960年12月号，总第15期。

《谈汉语拼音方法的音节化》① 和第3页河南方城县的《多快好省的音节本位拼音教学法》，又同年第12期第1页短论和第4、第8页教材的教法）。第二点，本篇谈。

（二）

字母和拼音的初步教学法，是随着受教者（教学对象）的种种不同而不同的。受教者有初上语文课的小学儿童；有成人的文盲、半文盲；有刚脱盲而补习的；有一般能运用汉字的有文化的人；有不会汉语而要学习汉语的人；也有会汉语而兼通某种非汉语的人。这样不同的对象就得用不同的教学法，过去曾把字母教学法归纳为三种：分析法，综合法，折中法。（名称不见得妥当，暂照用。）②

现在所谈，是第一类对象，并且要把有利于和有助于缩短学校教学年限为这种设计的目标。儿童初上语文课的字母和拼音的课本——就是九年（或十年）一贯制的语文课本第一册，究竟“应当怎样编”才能较易于达到这个目标呢？一句话回答：有综合教学法。

现在，先把什么是“综合法”的说明，介绍几段如下③：

> 综合法（应称先综合、后分析法）——开始就把用字母拼好的字、词、语句，编成语文课本的正文，照正式文字一样地教学。等读完一册正文后，再系统地分析字母的发音；至于拼音和声调，事实上都已在课本的正文中结合着日常的语言，很生动而具体地学会了一大些，最后只

---

① “三种教学法”，参看《字母与注音论丛》25—32页，虽然举例是用的注音字母，但讲到教学方法，基本上跟汉语拼音字母没有多少区别。

② 下边所引的“综合法”的说明，就是据《字母与注音论丛》28页删订引用的。

③ 这1922年的方案和以后关于“综合法”的争论故事，请参看《文字改革论丛》29—30页。但这种课本，早在1926年议订采用廿六个拉丁字母、公布《国语罗马字拼音法式》以后就编了一种《国语罗马字国语模范读本（首册）》（1928年中华书局版；1936年又出版一种《初小国语首册注音符号课本》，就是把拉丁罗马字母翻成注音符号，内容略有删节而已。《字母与注音论丛》28页只介绍后者，没说到前者，特注于此）。内容：“把一个儿童故事作教材，净用字母拼音，词儿连写，编成四十课随着内容语句的适当机会，逐渐出现所有字母和基本拼法。”

须系统地分析归纳一下，作个总结和补充。此后就把课本正文突变为“注音汉字”。再经一个学期（或多一点，或不到一点），到了初小二年级，就可选读适合儿童知识水平的注音汉字排印的文学作品。这是一种根本打破旧日习惯的教学法，就叫综合法。

用综合法来进行字母教学，在儿童教育阶段是不枯燥、有兴趣的，是可以获得惊人的效果的。这种教学方案，1922 年（按：数到现在，快四十年了）就已提出通过于一些初等教育语文教学的团体组织，但一直没有几个小学有决心有勇气地实行过。

对于字母的教学，综合法的优点是生动好记，积累自通；缺点只是费时太长（至快也要半个学期），教法不惯（教师还不习惯教拼音式的文字，总觉得应该先讲讲字母和拼音，往往“分析”太早）。综合法的课本是没有汉字的（所以也可作为分析法练习阅读拼音教材之用）。

（三）

（1）用“综合教学法”编汉语的初小语文课本第一册，是正式的第一册，不再是什么“首册”。

（2）第一册第一课就是正式的课文，例如现行的初小《语文》第一课“开学了”，就写成“kāi xué le.”这一课就等于学习了三个生字——其实是汉语普通话中三个音节的字形。

（3）有一个条件，必须在学习这个课本前，能够认得这二十六个字母和说得出它的名称（即《汉语拼音方案》的《字母表》的名称，不管发音和拼法；这一点，另说在《拼音字母怎样教》项下）。这就等于说“开”字有四笔：横，横，撇，直——kāi 字有三母：k，ɑ 带横，i。

（4）应当连写的词儿，两音节可以靠近一点，但还不要连成一长串（kāi xué 两音节间可空汉字的半格，而 le 则空一格）。

（5）教学时，如果觉得 kāi 的提出总宜把“k 是声母、ɑi 是韵母、‘—’是第一声，拼成 kāi 音”交代一下，或者觉得 kāixué 是一个词儿，既用这种“直标语音”的课本就得贯彻“词儿连写”；这两种想法，暂时都有偏差：前者偏右，后者偏“左”。都得克服一下。

(6) 这第一册全册应把 394 个不同的音节（等于汉字的生字），都很好地配合到完整的词和语句中，成为适合儿童水平、促进知识成长和革命品质培养的正式课本。

(7) 主要是全册不要掺杂一个汉字，这当然要引起一般人的怀疑，说这就是用拼音新文字来代替汉字的课本了（所以新中国成立前三十年间“一直没有几个小学有决心有勇气实行过”，因为家长多提出抗议：小孩子入学半年了，还没有教一个中国字。之后，情况不同了，大家都相信党的领导，洋文用上就是替中国语文服务的，可是对这种课本提出意见也将还是有的），但很快地就可使他们了解。一、开学后半个学期，可以另划时间，另用小册子辅助课本，兼教学少量的汉字（编法另谈），一面是应付环境，另一面就是准备读第二册。二、很重要的就是第二册要“突变”为注音汉字的课文，以后各册都以逐词注音的汉字为主（这第二册的面貌，例如本年四月人民教育出版社出版的“九年一贯制试用课本‘语文’的第一册”就可代表；但若照本篇的设计，这试用课本第一册的课文内容仍可作为第一册，但须一律不用汉字；并在开头加上个“拼音字母歌”；最后就总结三几课“汉语拼音基础”，不另用教学拼音的小册子。第二册照试用课本第二册原样，一律全用汉字，逐词注音）。

(8) 初小语文课本第一册这样地编成，对字母教学法说就是“先综合、后分析”法（“综合法”只是个简称）。本来，用字母拼音文字的国家民族读这样的语文课本是当然的，一点也不奇异，因为这就是他们的日常运用的文字。但在汉语，日常运用的文字又另是一种汉字，所以第二册起，必须“突变”为汉字为主、逐字（词）注音的体裁。因此，第一册最后三课（或再多一点，也可再少一点）是实现“后分析”的重要环节，要教学好的是：一、字母发音和拼音的归纳（读了一个学期的拼音词儿了，有拼音的实际的具体的经验了，到此归纳，成个系统，是比较现在劈头就孤立地、抽象地教学字母发音和拼音的，一定容易得多，有一两课就总结出来了）；二、394 个音节的排队练习（这就等于第一册的“生字表”，可是这个生字表是比学会任何三百几十个汉字的用处大得多，它把第二册以下任何汉字的音节都包括进去了。到此排队练习，要求儿童以后在阅读时一遇见了 kāi，就认识它是个熟朋友的面孔，开口就道得出它的姓名，不要临时现看字母，现拼声韵。并要求儿童在写作时无论要说开学、开门、开会、开坦克、开矿、开荒，乃至揩油、揩桌椅，都能涌现一个 kāi 的印象，用笔写出来）。这样，第一册就对字母完成了“先综合、后分析”的教学任务，同时也就对汉字完成了全面准备进行大包围和各个击破的任务。

（9）积了四十来年推行和教学字母拼音某些失败的经验，证明 1922 年的教学设计是相当正确、符合实际的：用字母拼音的“综合教学法”编成初小的课本，其特点就是第一册完全脱离汉字来教学字母拼音，第二册完全结合字母拼音来教学汉字，但都是一贯下来的正式课文，内容都是教学语言和文学、知识和生活的（第一册只有开头一个“拼音字母歌”是“龙头”，最后三几课关于“汉语拼音基础”的各表是“凤尾”）。——现在提出来贡献给各试点。通过实践，还可以把这样地“改革工具和改进操作方法”的规律和理论体会出来。

谈字母分析教学法的“科学化”*
——声介结合拼写音节全表

（一）

为了注音识字和推广普通话的“师资要作提高质量的培训”，而这种师资首先必须攻破“字母和拼音怎样教学”这第一关①，这就该把汉语拼音字母的分析教学法从头研究、彻底讨论一下。所谓拼音字母的分析教学法，就是一般通用的声母韵母发音、拼音、辨调等教学方法，大家都知道的。现在也先介绍一点说明②：

> 分析法（应称先分析、后综合法）——开始就把字母一个一个地教学，会认，会写，再教发音、拼音，练四声，最后结合汉字或不结合汉字来练语句。这是极普通的教学方法，就叫作分析法。用分析法进行字母教学，大有详略快慢之不同：一、专科研究；二、干部（师资）训练；三、大众突击；这都可以用分析法教学字母的。它的优点是步骤清楚，缺点是呆板枯燥。所以要进行学习动员，认清目标，鼓起热情，耐心坚持，才能完成学习。

---

* 选自1963年出版的《汉语规范化论丛》，文字改革出版社。原载《光明日报》1960年12月29日。

① 参看《文字改革》月刊1960年第15期（12月号）《谈字母和拼音教学的综合化》第一节（见本论丛172页）。

② 参看《字母与注音论丛》25—27页。

现在所谈，以第二种“干部（师资）”为主要对象，究竟这套汉语拼音字母应当“怎样教学”才能克服目前一些教师所反映的“音节拼写规则太琐碎，变化太多”的困难，应当怎样从实际工作同志所介绍的经验和提出的建议中初步地拟个总结呢①？原则上，也可以一句话回答：凡是用分析教学法的，就必须彻底“科学化”。

（二）

首先，《汉语拼音方案》的“字母表”应当先教还是后教？答：先教，不但先教，而且二十六个字母只要用这一种“名称”（如提到某一字母，就只读它的这个名称，清楚、统一）；不但只用这一种名称，而且要通过歌谱尽早唱熟这二十六个字母的次序（主要是为了查拼音字母排序的字典）。可是必须声明：“字母表”的名称和排列次序都不是“科学的”，是在“字母排列国际化”和“字母名称单一化”两个大原则之下作出决定的②。注音字母分开声母和韵母的排列次序以及它的名称读法（现一般叫作“呼读音”），就比较地“科学化”了，但还是“半科学的”（详下）。现在，用最短的时间“唱”熟这个“字母表”之后，就开始进行彻底“科学化”的分析教学法，一次跃进便成为“全科学的”③。

其次，“声母表”，《汉语拼音方案》是照着注音字母的次序排列的；在进行分析法教学时，应当进一步纯依语音学上发音部位的顺序改排一下，如：b p m f，d t n l，z c s，zh ch sh r，j q x，g k h（另详“拼音字母声母发音表”的说明）。至于读法，综合各位同志的经验和意见，可以说，除提字母名称时一律照字母表的读法外，只要是进行拼法的教学，就应当一律使用声母的“本音”（即音值）。但“本音”是把每个声母的“后随韵母”都去掉了，只用口形和一点儿声气来表示，课堂上坐得较远的可能听不见或者听不真了，这在教学上是有困难的。不过这是个局部的具体问题，即 b、d、g 三个塞爆音的问题（假如是念方言中的浊音，也还是听得见的），把这三母

① 参看《文字改革》月刊 1960 年第 14 期 2—5 页，又 11—17 页，共六篇。
② 参看《文字改革》月刊 1960 年第 13 期（见本论丛 170 页）。
③ 参看《中国语文》杂志 1958 年 4 月号和 7 月号（都见本论丛 150—156 页）。

照字母表或者“呼读音”念得“轻而短”些就可以了——注音字母的呼读音，在这三母拼音时，也跟字母表的名称读法一样要受后随韵母的干扰，如b拼i可成英语的boy，d和g拼i可成dei（须得的得）和gei（给）。如果把声母的后随韵母（干扰的只有ê和o或e）轻而短地念出来，以轻而短的耳语式的爆裂音来衬托出b只是憋着气，d只是堵住气，g只是隔断气，那么这三母的塞声性质就自然明白了。至于p、t、k，只要在b、d、g三塞声的基础上表示送气，p-喷、t-吐（或-透，所以送气也叫“透气”，旧时也叫“透母”）、k-咳，其声气自可远闻，无须借助于后随韵母了。此外如鼻声的m、n，边声的l，本属带音的声母；塞擦声和擦声各母，都仗着摩擦的声气而可远闻（如外语中s sh等用在音节后的，都可为证；并且标准音中也有带音声母，如r）。这样看来，开始教学声母就使用声母的“本音”，不必还多教一套注音字母的呼读音来过渡，这在教学实际上似乎没有很多的困难，就有点儿也容易克服。何况音节本位的拼音教学法，总是跟韵母“一气连拼”的，同一声母所拼不同韵母的音节拼得多了，对于这个声母的“本音”性质，自然可以归纳、体会出来。因此，二十一个声母的彻底“科学化”是一种大有可能的跃进。

二十一个声母中只有zh ch sh三母要完全照注音字母的呼读音念，因为是两个字母合成的（h仅仅是个区别这三母于z c s的符号，并不是表示这三个复声母中之音素的；h因有此用，所以在字母表中的名称特读为hɑ），若光照字母表把一个zh母只能读成两个名称，当然有些不便。

其三，“韵母表”，《汉语拼音方案》也是照着注音字母的体系排列的。现在连次序带类别都给“科学化”地分析一下：（1）ɑ、e、o、i、u、ü，是六个“单韵母”①。其中e、i两母是按照“音位学”的原则，每母兼表两个元音音素；e是兼表ㄜ和ㄝ的，i是兼表ㄧ和ㄭ的（其实e所兼表的元音音素还多着，另详“元音舌位图”和说明）。主要是其中i、u、ü三韵母，仍须加个名目叫“三介音”，这是汉语发音学的一个极重要的关键。（2）ɑi、ei、ɑo、ou是四个“复韵母”。请注意：“复韵母”只有这四个！就是说，

---

① 单韵母，依“全科学化”的顺序，o该列在e前（参看《汉语拼音字母的科学体系》，见本论丛152页）；这里为了教学上的便利，调了个个儿，在音理上也无妨碍。

只有这四个在教学拼音时是要教的、要记的，其余的，请看《汉语拼音方案》的韵母表，a、o、e 三行就附有 ia 等共五个复韵母，ai、ei、ao、ou 四行又附有 uai 等四个复韵母，总共附有九个“复韵母”，都是可以不教不记的。至于未列入韵母表中的，还有两个复韵母：从 ei 变化出来的 ui，从 ou 变化出来的 iu，韵母表中既不认它为复韵母单位①，就更是可以不教不记的。(3) an、ang、en、eng、ong 是五个“鼻韵母”。也请注意：鼻韵母也只有此五个！就是说，只有这五个在教学拼音时是要教的、要记的，其余的，请看韵母表，这五行总共还附有十一个鼻韵母：内中只有 in、ün 可以跟 en 抗衡、ing 可以跟 eng 抗衡，在音理上该认为鼻韵母单位，但在教学拼法时都是一律可以不教不记的。至于从 en 变化出来的 un，韵母表中也不认它为鼻韵母单位②，也就更是可以不教不记的。——如此说来，韵母表四直栏，只有头一直栏三个单韵母（连顶上一横行的“三介音”也算单韵母，所以是六个单韵母）、四个复韵母和五个鼻韵母合共十五个韵母是要教的，要记的；其余在 i、u、ü 之下的三直栏合共二十个韵母简直都是可以不教不记的，这是什么道理呢？因为这二十个复、鼻韵母列入表中只是表示汉语特有这么一些“韵素”，它在拼法形式上是没有一个可以表现“音节”的，就是说，没有一个能独立用来表示一个汉字的。若要表示汉字音节，这二十个就没有一个不要安上 y，w，yu 三个“头母”的，那么，为精简教学计，就大可以单独地教学这二十个为数很少的有“头母”的音节，教好，记好，不要跟那些另拼声母的“韵素”发生纠缠，一了百当，毫无问题。

那么，汉语拼音字母的韵母虽然有长到四个字母的，甚至在拼写上还有变化莫测的，但确实成为韵母单位的，只有这三类共计十五个，恐怕全世界字母拼法最简单的要算汉语第一了，怎么倒说汉语的“音节拼写规则太琐碎”呢？

这是个思想方法问题：所谓彻底的“科学化”，必须联系实际，必须“土洋结合”。上面所述，还只是就“洋”的方面发挥了一点儿（即语音学的

---

①② 一般把 ui、iu 和 un 说成是汉语拼音字母在拼写上的省略，其实不尽然，它是北京语音中客观存在的，另篇详说，请先参看《字母与注音论丛》20 页。并检查本篇《声介结合拼写音节全表》。

关系），可是也预提了一句：六个单韵母中的“三介音”，“是汉语发音学的极重要的关键”。这是“土法”（即汉语一千年来自己发明的“土科学”，叫“等韵学”，发展到三百年前简化为“四等呼”的关系）。

（三）

汉语的音节，最简的只用一个韵母，例如 a（啊）；最繁的可以分析为头、颈、腹、尾四部分，例如 liang（粮），l 是头，i 是颈，a 是腹、ng 是尾——这字若无“颈”，就成 lang（郎），若又无尾，就是 la（拉）。可是重要的关键在于“颈”。如 liang 中之 i，本身是单韵母，当然可作腹，例如 li（梨）；但它兼作“介音”（“郎”介 i 就成“粮”，叫“齐齿呼”；“梨”用 i 为韵母，则不是介音，不叫“呼”而叫齐齿“韵”），凡介音都是“颈”，三介音领导三种“呼法”：i，齐齿呼；u，合口呼，ü，撮口呼（应叫撮唇呼），凡没有介音的就叫开口呼，合称“开、齐、合、撮”四呼法，或“四等呼”。可是这“颈”既可以是腹，也可以变“头”，如果遇着没有声母的音节（也叫“零声母”），如“-iang”，这就由颈变头了。变就变吧，不过《汉语拼音方案》为使两音节连用时界限鲜明起见，特订了个拼写规则：一般须将颈换成头，就是换个“头母”y，作 yang（洋），有时又得颈上安个头，就是另安个“头母”y，如 y （衣）、yin（因）。一句话：i，u，ü 三介音若用在一个音节的起头，就得改用 y，w，yu 三“头母”（请注意：“头母”名称是科学的，不必派它们做声母，因为这种音节已经是“零声母”了），因此一般感到“拼写规则太琐碎”。但若不抽象地谈规则，而具体地先把仅仅二十个有由颈变头的“零声母”的音节教好、记熟，那么所有颈上本来另有头的好几百个音节，就可以连头带颈全部砍断！

中国自古以来，从反切用字到字母，向有两种拼音法，一种就是“连头带颈”法，把二十一个声母跟三介音拼好，结合得极为巩固，然后再拼一切韵母，这在“等韵学”上叫作“分等于母”（这“母”是指声母，就是把“等呼”结合于声母方面），在注音字母时期就是“声介合母”法（也叫“结合字母”)①，现在可定名为“声介结合拼写音节”法。另一种就是一般通用的拼音法，把三介音跟十五个韵母拼成二十个“韵素”单位（不加“头母”就不能独立用)，可算是“将颈连腹”法，等韵学上叫作“分等于韵”(过去用反切法注音的多这样做，但也有声韵两边兼顾的，即现在的论文和介绍中所谓“介音重叠”法)，注音字母时期就叫“结合韵母”，现在拼音方案的“韵母表”中第二直栏以下共三栏所列的二十个“韵素”单位就是。综合近来实际教学工作同志的经验和建议，可以肯定“声介结合”的拼音法是较易于贯彻多快好省的方针的。并且回溯 1900 年前后开始推行字母时，1935 年前后用声介合母初步扫盲时和 1952 年推广速成识字法时，都可证明这声介结合的拼音法是相当正确、符合实际的。在这里，我先拟个“声介结合拼写音节全表”，请同志们审评，表中例、释，专篇另详。先具体地提出几条教学方法如下（请对着表看）：

（1）唱熟写熟“字母表”后，把二十一个声母的“本音”、十五个韵母的正确发音（算十五个音节；韵母 er 因不参加拼音，另列表末为一音节)，举例说明，练稳基础。

（2）先拼读 ba 等三个单韵母的“开口呼”，共三十六个音节（a 行十七，e 行十五，o 行四；向左看齐，向右退一个字母的都不是“开口呼”，如“拉”下的“俩”)。

（3）次拼读 bi 等三个兼作介音的单韵母（即齐齿韵、合口韵、撮口韵)，共三十六个音节（i 行十一，u 行十九，ü 行六)，这是重要的关键音，要记得烂熟。另（-i）行七个（但以开口呼论，归入上项，上项应算四十三个音节)。

（4）又次拼读 bai 等四个复韵母的开口呼，共六十三个音节（ai 行十六，ao 行十七，ei 行十三，ou 行十七)。

（5）又次拼读 ban 等五个鼻韵母的开口呼，共八十二个音节（an 行十八，ang 行十八，en 行十五，eng 行十八，ong 行十三)。

（6）以上 2、3、4、5 四项（四大直栏）的“开口呼”总共二百四十个

---

① 参看《字母与注音论丛》17—19 页。

音节，都只是一声一韵相拼，照二十一个声母“本音”连着韵母快读就成（旧称“急读合音”）。

（7）最重要的关键就在“齐、合、撮”三呼的拼法，请看横行：——先拼读 bi 等所领的十一个齐齿呼共七十八个音节，次拼读 du 等所领的十五个合口呼共七十九个音节，最后拼读 nü 等所领的六个撮口呼共十六个音节，总共一百七十三个音节。

（8）这一百七十三个音节，如果照旧法把声母跟结合韵母（即“韵素”单位）相拼，就必然要碰到一些“规则太琐碎、变化太多”的困难；现在是采取快刀斩乱麻的手段，“声介结合”，“连头带颈全部砍断”！请看 bi 的横行，如 bi-e（别）、bi-ao（标）、bi-an（边），中隔短划做个记号（不要写的），就是表示把颈腹相连的-ie、-iao、-ian 改为“连头带颈”的 bi，把 bi 这个音节作为一个“准声母”来使用，后边就只有 e、ao、an 等韵母跟它相拼了。这其实就是一种反烦琐主义的科学手段。——至于 bin（宾）、bing（兵）两例，表中没有加这短画为记，理由已说明在前，但若彻底执行声介结合的方针，就一律作 bi-n，bi-ng 来讲也讲得通，就是 i 不作“颈”了，仍作腹，腹后加 n、ng 作尾，并且这种讲法也是有历史根据的（如《广韵》有二百零六韵之多，其中有些就是这样的成因）。这么一来，“齐、合、撮”三呼共一百七十三个麻烦音节，基本上也都只是一声一韵相拼，照三十二个声介结合的“准声母”连着韵母快读就成了，并且这就是 i、u、ü 三韵母连着后边的韵母，韵连韵，无干扰，水乳交融，更是“急读合音”，根本不需要讲什么“拼法”了！——本来这个全表就是根据着“注音扫盲急读合音例字表”改制的，是对于拼音字母分析教学法的一种“土洋结合”的“科学化”①。

注：《声介结合拼写音节全表》见插页图。

---

① 参看《字母与注音论丛》21—24 页——原“注音扫盲急读合音例字表”就实有四百一十三个汉字音节，现在有几个音节是不用的，也列入表中备查，但加个括弧以示区别。又表中除表示声介结合都用短画（连号）隔开下边的韵母外，还有在字母下加个短画作记号的，乃是表示拼法上有所省略或变化。又这表应有的例、释，原“注音扫盲例字表”中已另具说明，这里不详。

关于“调整”*

(为《汉语拼音方案》公布四周年而作)

《汉语拼音方案》的公布到现在已经是四周年了。去年经过了一番“基地”的调查研究，肯定了一些成绩，从试点上证明了“注音识字”的发展是有可能性的；另外也分析出来了一些缺点。

主要的缺点，就我个人的看法说来，还是在教学技术上。目前一般情况，除几个试点外，从小学到大学，学生们很少能够相当熟练地拿这方案来给汉字注音，来表达自己的口音；老师们也多掌握不住，因而信心不足，兴趣不高。学校如此，业余扫盲方面更多这种现象。原因在哪儿呢？还是过去教师们反映的那几句话：拼写时，规则多，变化多，难记住，难准确。因此，问题的焦点还在于对方案的教学技术上，需要不断地“调整”。

“调整、巩固、充实、提高”，是一年多来中央指示大家工作的八字方针。过去一年多也曾在字母教学上试作了三步调整。

第一步调整是汉语拼音方法的“音节化”。1960 年 4 月 22 日中共中央发布《关于推广“注音识字”的指示》，《文字改革》月刊的第 12 期就发表了一篇《“音节本位”汉语拼音教学教材》和《教法》。由于汉字是每一个字只有一个音节；若照普通话的标准音来用字母拼音，全部汉字统计只有四百多个不同音节。因此就可以把一般广泛的所谓拼音，调整节约下来，只要学会四百来个音节的拼音，就可能在“注音识字”的课本、读物和报刊上，对

* 选自 1963 年出版的《汉语规范化论丛》，文字改革出版社。原载 1962 年《文字改革》2 期。

一个一个的音节都“一见如故”。（参看《文字改革》月刊 1960 年第 13 期《谈汉语拼音方法的“音节化”》和 1961 年 1 月号《对于“注音识字拼音教学大纲（初稿）”的调整意见》。）

第二步调整是音节分析教学的“声介结合法”。原来《汉语拼音方案》的声母和韵母两表，基本上是照着注音字母的体系排列的，为的是好让学过注音字母的人对照传习，利于普遍推广。它虽然形成了一个教学体系，但并不是特定的一个教学大纲。教学时必须灵活运用，调整简化，才不会把韵母表中的复韵母、鼻韵母和“y”“w”两个准声母弄得“规则多，变化多，难记住，难准确”。“声介结合法”就是把二十三个声母（zh、ch、sh 合计）和“i”“u”“ü”三个韵母（也叫“介母”）尽先结合起来，每一个结合体就当作一个声母用。这样一来，原表的十三个复韵母就只留下四个基本复韵母要记住；原表的十六个鼻韵母就只留下五个基本鼻韵母和“n”“ng”两个韵尾声母要记住，尤其是把“y”“w”领头的仅仅二十三个音节另行处理，解决了它们在变化规则上的纠缠。这不但是教学上的调整简化，而且是音理上的打破陈规，符合实际，使汉语语音学更科学化。（参看 1960 年 12 月 29 日光明日报《文字改革》双周刊第 12 期《谈字母分析教学法的“科学化”》和《声介结合拼写音节全表》，也见《文字改革》月刊 1961 年 1 月号。）

第三步调整是字母拼音的“音素连读法”。这是在上述两种的基础上继续发展的。《汉语拼音方案》比注音字母优越的地方，除形体国际化外，就在于它是一个字母表示一个“音素”的（只有 zh、ch、sh 和 er 是用了两个字母；也只有“e”和“i”是一个字母兼表两音）。要发挥它的优点，教学上就不必墨守成规，把一个音节的声和韵一定要劈成两个整块儿来讲，很可以从头到尾，一气呵成。试举韵尾声母“n”“ng”为例：过去为着它要排列出那么些个的鼻韵母来，何必呢！读“a”（啊）时，来个鼻尾“n”就成“an”（安）了；读“la”（拉）时，来个鼻尾“ng”就成“lang”（郎）了。有人认为“a”是［a］，“an”是［æn］，元音有变，所以“an”要独立作鼻韵母；不错，但“a”之变［æ］，就是受了后面的“n”（前鼻音，即舌尖鼻辅音）跟上来的影响，并不是孤立地变。若是 ia 后面跟上来个“n”，“a”又得变［ɛ］，那又是受了前面的“i”（舌前元音）的影响了。（并且近来音韵学家更有用方音证明汉语在商周时期并没有鼻音韵尾的，鼻音韵尾是从无到有、由少到多的，它是先有鼻化元音然后产生的。）这种第三步调整的教学方法，现在还在试验中，可是在字母拼音的实践上，它是个自然而又必然的趋势。

以上所说，只是就拼音方案的教学技术上说明近来“调整”工作的具体情况和将来“巩固、充实、提高”的展望。一般说来，“调整”工作的局面是很大的，应当从全面来看问题。我且简单地提出一个意见来作结：

“汉语规范化”“汉字拼音化”和“识字快速化”是新中国顺着社会发展的一种历史任务。这种任务的进行，主要就在于从幼儿园一直到大学的“语文教育”上，另外就在于一般的社会活动上。因此，推广普通话，注音识字和各级学校语文教学工作这三者必须结合起来，绝对不可各自孤立、互不相关地干。这种认识是必要的，也是显而易见的。

中国文字改革委员会于 1961 年四五月间在东北标准语区（黑龙江）、江淮“官话”区（安徽、南京）、苏浙方言区（上海、苏锡、徽州）和粤方言区（广州）作了一次基地调查研究。大家都很重视这个“三结合”问题。我也认为这是解决一切内部矛盾问题（如普通话与方言扫盲有矛盾之类）的综合点，要抓关键，定计划——妥善安排，密切衔接，肯定成绩，纠正偏差。这在文字改革工作中，就是关于“调整”这个方针实行起来、贯彻下去的主要任务。

◇ 语法教学

国语法编辑与教授的纲要*

一、研究国语法的目的

研究国语法的目的，就是要用科学的方法，整理日常应用的语言。不但与研究古体近体的文法，有死活的不同；就是与学习普通语言（即国语），其范围也有广狭的差异。普通语言的范围广，国语法的范围狭。本来狭小的目的，不过是达到广大的目的一种方法——因为要普通话说得不错，语体文做得合式，所以研究国语法。

二、编辑上与教授上最宜注意的两要件

（一）注重句法　这是世界文法教授上一种新趋势。我国各学校教授国文法，和外国文法，现在还有许多与这趋势相反。我且引宋焕达君《我对于英文法改编的意见》文中的一段来说明：

> 从严格上说起来，文法的目的，就是要把指部（Parsing）与分析（Analysis）两部功夫能够做好。应这两部功夫，于是可以把文法分为词类（Parts of Speech）与句法（Construction）两大部分。两部之中，以句法为更重要。虽然词类是句法的基础，但是有许多文法教科书，起

* 选自 1921 年《中华教育界》第 10 卷第 8 期。

首把词类讲得太详；一半讲词类，一半讲句法。于是学者费了多少工夫，还不知道造句。埋头伏案，天天所研究的，是这些词类的变化，还弄不清楚。消耗光阴，减少兴味，教学者怎能有进步呢？……

（二）采用圆周式　要免去上段所说的弊病，唯有用圆周式之一法。先把词类（就是品词）与句法的大纲讲好，再讲他们的细目；细目里边，又要分出重要与不重要的几个层次。层层推进，由简而繁。

三、教材的选择

分为四个要项说明如下：

（一）定义（Definition）与规则（Rules）的词句都要简明。举几个定义为例：

名　词　是事物名称。

代名词　是代替名词的。

如有定义所不能包含的，或例外的，都留给规则去说好了。

（二）举例（Examples）要举得好。规则是悬虚的话；要明白全靠举例。举得好的条件：第一，要选择合于普通应用的语句；杂有方言，便不普通；多引旧小说中的古体语，便不合于现代的应用。第二，要有意思；思想陈腐与毫无意味的话，可以不举。这两件是最重要的。

（三）举例后的说明，可省略就省略它——代以符号。举例是证明规则的；规则果然明白了，例后的说明自然是赘疣了。所以例后的说明，除开必要声叙的，应特别注意的，或例外的附则，这三种之外，一概可以省略。——符号用在字旁的，本甚普通；今举一例，（用复符号的）可以看出它有代替好几行说明的作用：

规　则　外动词带宾语外，有时还要补足语。

例：你的话引起他发笑。

若是用横写式，就可将符号用在字的下面。或改用多种的引号（如‘　’和“　”等。）

（四）参用图解法（Diagram）。不但练习时要用它，就是课本中，遇有语句的主要成分和附加成分要分别时，便不妨参列，使学者一目了然。

（五）书末要附西文法名称对照表。文法的组织，本来是仿照 Grammar 的；所以曾习西文的人，研究本国语法，大有熟路轻车之效。不过名称上还有许多不明了的。附有此表，一查即得。——要避错杂，所以附在书末。若是高级的语法，不妨径在书中新出一个名称之后，加上一个夹注。

四、圆周式的教材分配法

（一）先按学校程度分为三个等级，可以编成三种课本：

第一，小学校　小学校本来是不要教授语法的。但从前所谓文法，是古体近体文的文法，不是日常口说的国语文法；儿童的读文作文已经弄不清楚，自然不能再拿许多条例来麻烦他。现在改用国语，情形便不大同了。我看国民学校的后两年，可以另编一种“国语作文教科书”，将最粗浅的语法常识，包含在内，附带说明。——但绝不可单用语法教科书——因为国语读本，已经破除了从前的“文字障”，自然要多用一些“实质方面”的材料，教儿童多得一点常识；所以读本的“形式方面”，不妨把一部分划入“作文”的范围，那么作文教科书，是不能不另编的了。

至于高小，可以和补习科，乙种实业，共用一种“初级语法教科书”，作为语法教授的第一步。这种语法教授书，只就普通所读的国语文，归纳于语法上几个重要的类别和规则，便够了。——就是九种词类的区别，和单句的四种成分。

第二，中等各学校　就第一步扩充为第二圆周，变编成一种“普通国语法。”

第三，师范及专门以上预科　就第二圆周再扩充起来，增加一点文法的理论，文学上的变例，文体及修辞学（Rhetoric）的概略，作为第三圆周；编成一种“高级国语法”。

〔附注〕师范，照学校系统，程度应比中学高；并且毕业后便要将语法应用于教授上，所以不妨用高级国语法。

（二）在每一个等级中，也还要适用圆周法的编次。第一级小学用的，太简单，且不论。第二级的“普通国语法”，切不可仿照《纳氏英文法》

(*Nesfield's English Grammar Series*) 第二集的体例，将品词占了十分之九，犯了上文第二节所说的毛病。我且假定一个目录，请大家批评。

第一章　概说（这章虽是概说，但也不可偏于理论；不妨将国语法中实际需要的原则公式等，应尽先知道的，预为提出，说个大概。）

第二章　词类的定义

第三章　单句的成分（以上两章就用第一级的材料，稍为更变，就得。）

第四章　词的种类

第五章　词类组成之"单语"(Phrases)

第六章　单句的分析——词类的用法

第七章　分句（Clauses)

第八章　复句的种类

第九章　标点符号

第十章　段落篇章的组织

以上十章，不过是大纲；细目没有写出来。总求合于上文所说的"层层推进，由简而繁"；并且要使于"演进"之中，词类和句法，两不偏重，而能互助——第三级"高级国语法"的编法，依此类推，不赘说了。

五、归纳法与演绎法并用

照上文第三节所说，教材的排列，是先把规则提出，然后列举几个例证；遇着必要说明的地方，就附加一段说明。这个可以叫作演绎的教授，是最普通的方法。但归纳的教授，也不可不参用：就是先泛说或列举一点儿事实（最好是语文的异同，方言或外国语的比较），再标出一个普通原理——先举事例，后提规则——照这样，不但兴味较多，并且容易明了些。

作练习题，已经是适用演绎法了；若教授时不参用归纳法，就不免流于单调。要语法教授能唤起种种兴趣，这个演绎归纳并用法是很要紧的。

六、练习

练习也有五个要项：

（一）练习题目的多少，要看本章（或节）所述语法的难易而定；不可千篇一律。——如名词的种类，很容易辨别的，随便练习几个题目就得。

（二）练习题目选择，最要紧的，是和读本联络。必须使学者将所读的国语文，句句可用语法来支配；将所学的语法，条条可拿读本的文句来作例证。

（三）语法中的“说明”或“附则”，有时可插入练习课中。因为琐碎的规则，不必在正文中一一排列，以免烦闷。最好在练习中，步步为营，使一个总规则许多附则，借学者的自动，依次提出，教他自然领悟，而有由粗及精，渐入佳境之乐。

（四）练习的方法，要看本章（或节）所述的文法，是重在什么关系，斟酌定之。如指部，分析（填分析表或用图解法），填字，改错，造句，语文互译，种种方法，都可以用；只要适合于所重之点，又宜多所变换。

（五）“语文互译”之外，还有较流行的“方言”，也不妨列出几种，与国语比较互译。就是“外国语”，也可以看地方的情形，和学者的程度，适宜的提出几个最有关系的语句，互相翻译。这不但能使学者对于语法的关系十分透彻，并且很切于实用。

七、语法书的形式

语法是一种轨范的科学，书的形式，于讲解或研究上，最有关系；所以这虽是印刷方面的事情，也不能不简单说明几句。

（一）书中各章节的题目，可用二号铅字；定义，规则，可用三号铅字；举例，说明，附则等可用四号铅字（其中遇有注意的词，也可参用三号字；能用别体铅字更好）；练习可用五号铅字（其中如插有文法的说明及附则，也要用四号字）。

（二）书中的标点符号，必须精校，不可差错。（参照第三节第三项）

（三）用直行不如用横行；一来参注西文便利些，二来于排列上及插入图表，也适宜些。

（四）既用横行，便可依事项的分别，于每一单元之前，注明数字；自开篇到终卷，一直数下。必须如此，方便称引检查，这种数字，可以列在每面栏外的左边。

八、结论——研究国语法的效果

研究国语法的目的，是要普通话说得不错，语体文做得合式。这个目的贯彻了，语法也就忘记了！语法忘记了，才算是得了效果了！这话的道理并不稀奇，我又引宋君文中的一段话来说明，作结论：

我所教的学生，有采用现在的文法教本的，有由黑板上抄读文法的。就其结果看来，以后者进步最速。我听他们对我说："我们学了许多文法上的规则，到现在脑筋里面，好像没有几条规则一般；因为要背诵又不能完全背诵出来。但是看书自然容易了解，作文自然少有错误。"怎么进了步，从前所学的文法都忘记了呢？我看他们不是忘记，是脑筋中有了调和作用；他们读书易了解，作文少错误，是一种反射作用，能调和，能反射，便是进步的现象……

新著国语文法·引论*

“句本位”的文法和图解法

诸君知道近来研习文法的新潮吗？简单说，就可叫作“句本位”的文法。

在西洋的文法课本，有些也是把字体学（Orthorgraphy）、词源学（Etymology）等专家学理配列成书的；有些虽然注意技术的练习，又不免偏于分析，弄得意识界支离破碎，而且漠然无所依归。近来大家也就主张一步一步地踏着句子的自然的发展，用作修习文法的程途；先理会综合的宏纲（句子），再从事于分析的细目（词类）。不但“宏纲具举”而后能“细目毕张”，并且词类的区分，有些要由词类在句中的功用而决定。学者对于种种文句，若不能找出其中各个词儿的职务和关系，仿佛和考究一种有机物的各种成分一般，那么，老实说，他纵然能够背得出名词、动词等的定义和种类，终于完全没有知道这九品词类究竟是些什么东西；将文法闹个不休，究竟是怎么一回事。若从句子的研究入手，则不但灵敏的词类知识、正确的词类用法可以得到，而且：（一）可以发现一种语言的普通规则；因为句子就是语言的单位，如果谙悉其各部分的主从的关系、彼此的衔接、确当的功能，好像一个老技师把他的机器弄得十分精熟，那么，哪一部分发生了障碍，马上就可以找出其受病之点和疗治之方。（二）可以作学习或翻译他种

* 选自1992年《新著国语文法》商务印书馆新一版。原书初版为1924年商务印书馆出版。

语言的帮助；因为思想的规律，并不因民族而区分，句子的逻辑的分析，也不因语言而别异，所以熟悉了国语的句法，无论学习何种外国语，翻译何种外国文，自然要觉得工作容易些。若单讲词类的分品和变形，在西文已经是国各不同，在国语更是没大关系的了。（三）可以帮助心能的陶冶；因为做句子的逻辑的分析工夫，实是陶冶心能的一种妙法，——从思想的表象（Outward form），即句子，去研究思想，而发现句中各成分所表示的思想各部分是怎样适宜而合理的，这便无异于研习一种思维术（怎样去思想）了。而且学生们把句子的分析和构造练习纯熟以后，对于别的功课，其理解的心能，一定可以渐达于明了准确的佳境。以上许多良好的结果，都是靠这有组织的而且能持久的工作——“句本位”文法的研习工作——才可以得到的。

向来学生们大都厌弃文法的功课，以为这是何等烦琐而枯燥的课程啊！而且：（一）天天说的是本国语，近年来更天天嚷着“国语统一”，要学习标准的本国语；然而对于国语的规律——实用上的规律，终于是一塌糊涂，还不如学习外国语时，能说得几句语言，便懂得几项规律；懂得一点儿有用的规律，便能实实在在地矫正许多错误的语言。（二）学习外国语和文言文，都靠意识上有正确的现代国语作基本，互相对比，才够得上说真正地了解。现在全国学生最渡不过的难关，就是文言文的通达；全国教员最难使学生“相悦以解”的，就是文言文的神秘。然而一经这种文法的说破，自然不值半文钱了：有什么难懂的呢？闭着眼睛去瞎撞罢了。新式的诗句，欧化的语体文，风气所趋，大都也是盲目的模仿；至于新旧的异同、优劣的比较，以及变迁的经过、取舍的准绳，大都无法讲求，要讲也多半是语无伦次。（三）尤其是不明白文法的功用，居然大家默认中国文法是一种不中用的东西，不能够使不通的人渐变为通；并所谓“文从字顺”的技能，都不仰仗于文法的练习，何况思想的整理，更何况心能的陶冶呢！青年们头脑不清，言辞纷乱，种种毛病，教文法的先生们恐怕不能不负一点儿连带的责任吧。——以上这些不良的现象，都要靠这切于实用而又富于趣味的工作——“句本位”文法的研习工作——才可以补救的。

于是模仿从前西文语法的“词类本位”的文法组织，非打破不可了；仅就九品词类，分别汇集一些法式和例证，弄成九个各不相关的单位，是文法书最不自然的组织，是研究文法最不自然的进程。先就句子的发展，娴习词类在句中各部分的种种位置和职权，然后继续地研究词类的细目：这乃是极自然的事。句子由最简单的到极繁复的形式，仿佛像一种有机物的生长；文学上段落篇章的研究，也不外乎引导学者去发现怎样并为什么把许多句子结合成群；各群之间，又是怎样的关系；因而发现对于模范的读物，要怎样效法才算最有价值：这也是研究上很自然的趋势。所以，句本位的文法，退而分析，便是词类的细目；进而综合，便成段落篇章的大观。

那么，最适于这种工作的工具，便是图解法（Diagram）了。图解法的用处，在于使学者直接地敏活地一眼看清复句中各分句的功用、分句中各短语的功用、短语中各词类的功用。画图析句，或主或从，关系明确；何位何职，功用了然。若不用图，则有机的“活句的全体”无从表现，而脔分肢解，成了许多碎片儿零块儿的东西，或者自顶自踵，头目手足，节节考究，顾此失彼；像这样去观看文句，“非徒无益，而又害之”！

图解法的目的，是要使学者（1）从句子的文学的次序上，透进一层，看出逻辑的次序来；（2）因此便可了解文学的次序真正是个什么；（3）并且明白：只要逻辑的关系保持得清楚，任凭文学的方面（即语言的习惯上）怎样移动变更，不能强加限制。

正确的图解，不难机械似的画出来。它能鞭策学生对于文句作委曲深邃的探究；它能领着学生和各种困难脸对脸儿地碰着，使不能不对于句中诸重点问题努力地加研究、下判断，而不容有囫囵吞枣之余地。

但是国语的图解法，也不能完全仿照西洋文法家所用的成式，应当依着国语的特性加以变更。图解法怕的是滥用；用得过分，便觉得反复费时。所以寻常的句法已经弄得清清楚楚了，图解法便只须用于较难的句子；句子若是太复或太长，图解法便只须用于较难的部分。不过国语的用词组句，偏重结构，略于形态；词儿的形式既不像西文那么多变，若非多用图解法，那思想表达的文法关系定多疑莫能明；故滥用的流弊，在国语文法中可不至于发生。只要经过相当的练习以后，听话、读书之时，耳目所接，图解自然在脑中，那就无须再用笔来工作了；因为图解法的目的已经达到了。

〔附注〕本篇节采了 A. Reed 诸氏之说。

国语文法教学法和本书的使用法

本书虽曾用作师范大学国文学系的讲义，但也曾用作初级中学一年级的教本；其体例编制，大体上即是供初、高两级中学之用的。因为这书是寓圆周法于二十章的进程之中：大约前三章为第一圆周；第四、五两章和第十二、十三两章又成一段落；中间插入第六至第十一凡六章的词类细目，只备参检之用；第十四章以下又进而成一段落：故下自短期的讲习所、补习科，上至大学专门的文科各系，都可用为课本。短期讲习，只以前三章为限，以下即可作“归而求之有余师”的自修课程；专门研究，则以全书为大纲(Outline)，可依类博稽载籍，旁搜材料，而归纳有方，系统不乱。现且就初、高两级中学的文法课程，举例将教学法说明，同时便可以说明本书的使用法。

初级中学的学生，对于系统的国语文法，大都还没有经过正式的讲习；用这书为初步的课本时，但宜择要先授，不可从头至尾，逐节讲下去；现在分章略说教学上的要点：

基本的讲授

第一章 注意 2、3 两节（4、5、6 三节可以删略不讲），务使学生十分明白字、词、语、句四者的区别，以树立一切文法上名称的基础。并且在中国文法上，若要基本观念正确，第一，不可把一切单字都当作词，才不至认错句子中的单位；第二，不可把不成句的短语当作句，才可以看得出句子组织的主要点和标点符号的正当用法。

第二章 8 至 12 凡五节，是对于九品词类底名称、定义和区别，加一点基本的说明和简易的例证；教学之时，即此已足，不须涉及各词类的细目。因为这也不过是谋研究句法的便利，先把常用的重要术语整理、训练一番。

第三章 这一章是全书的重心；在初中，只要把这章弄得清楚而熟悉，便已够了，——以下各章，大都是用来临时参讲或指导自习的，法详后。——但教学本章时，有几项要注意的事件：

(1) 17、18、19 三节，只须就所举例句（共九句）约略讲明，其余许多申说之辞全可不讲，只令学生自看，不懂便问。因为这三节是说外动词带宾语后再带补足语的三种造句法，偏于分析，易致沉闷，故只可将例句略讲；但也要叫学生于自习时自己将全文细看一过，看明白这分类的条理，藉此可以锻炼其对于文法的分析的头脑。

(2) 各节所举例句，不妨随时增加，版书出来，问答练习；或令自行找出相同的例句，或令自行造句作例。唯各节各有要点，图解上须注意。

(3) 25 节的图解总公式，不要单独地讲解，要从 13 节说“主语”起，便将主要线─╫─画在黑板上，以后逐节将各成分一步一步地添加上去。讲到 24 节，这公式便已完成了，学生眼睛里也看熟了；所以 25 节的总公式，当然用不着细讲，只须概括地重申一遍，并将活看法郑重说明，例如“(5) 形容的附加语”可以移置在“(3) 宾语”或“(4) 补足语”之下（依总图解指说），有时并可移置在“名代的副位”之下（就 24 节的图解证明）……

(4) 本章最紧要的就是 25 节的图解程序和手续；但讲到此处时，决不可凭空逐条解说，必须先举一个较长的单句作例，按条发问，依序入图，自然相悦以解。我且将自己常用的例句举出来说明于下：

图解的示范

例：从前的那些工人们的子弟，往往不能够在一个善良的学校内，求一点儿高深的智识。

板书时，最好是用“词类连书”法。写好之后，还要先问“这是几个句子呢?”答错了的，须叫他将第 2 节“语与句”重看明白；然后说明这一句中要用两个点号的缘故，并略说句号的定义——凡不成句的“语”，可用点号，千万不要错用了句号。——然后按着 25 节所条列的手续，逐一实行起来（须师生合作）；一面图解例句，一面即解释条文。

〔注意〕图解这例句时，其中“能够”两字，初学者常要根据第二章所讲，认为副词；即当叫他们立刻翻开页 65 之〔注 3〕来参考，并申明以后凡遇着这路的助动词一概准照此例图解。又“学校内”之“内”字的图解法，虽本章22节“黄河上”之“上”字有例可援。但到此也要叫他们参考64页之〔注1〕，略加说明，用为定例。——凡练习例题时，都可仿照此法，从全书各章中指明某页来作参考。后再详说。

第四、五两章 第四章注重成分颠倒的变式句的图解法，第五章注重成分缺少的省略句的图解法。在初中，并不必逐节讲下去，只须于遇着事实上的困难时，便向这两章中去找解决的方法。大约第三章讲完之后，即当指定本学期中讲读过的国语文一篇作为练习例题。现在也举例并说明于下：

初步的练习

例题：《最后一课》

> 这一天早晨，我上学去，时候已很迟了，心中很怕先生要骂。况且昨天汉麦先生说过，今天他要考我们的动静词文法，我却一个字都不记得了。……

方法说明，约有六项：

（1）不论分句或子句，第一步都各当作单句看待；仍依第三章25节条列的“手续”第（2）项，先逐句指名发问：“哪个词是主语?”“哪个词是述语?”——如第一句“我”是主语，“去”是述语。这两点是本学程第一段落修习及格的最低限度（如有答错了的，须就名册记出，令其补习第三章）。

（2）即将所答的这两点图解于黑板上，令全级讨论对不对。

（3）再依第三章“手续”第（3）（5）两项，按本句其余的成分发问，——即先依第（3）项问：“这述语是哪一种动词?”“它应连带什么成分?”“哪一个词是它所带的宾语（或补足语）?”于是横线以上的成分完全了。再依第（5）项ㄅ、ㄆ、ㄇ的次序，问各附加的成分。须注意形附和副附各有两种，要使分别答出：如问“‘上学’是什么成分?”（副附。）“是副附的哪一种?”（介词“上”带副位“学”。）若答错了是副词，或答不出来，须令再看总公式中之〔6〕。——问时，可不指名，知者即答；有时亦可斟酌将那在第三章内已讲过、为学生所能答而且应该答得出来的，指名发问。总之，答对了的，即在图解上添加这一部分；答错了的，也要给他辨明，并且要从已讲的各节中指明他记错了或未经意之点出来，叫全级覆看。版上图解，须注意叫全级随手照抄于笔记簿。

(4) 但是这种例题，是就整篇的文章逐句练习，不曾加以挑选，故已讲的各节中所有图解公式大抵支配不来，——即如第一句“早晨”，是放在句首的副位；已讲的24节和（注9），只足以使他们认定这表时的名词是在“副词附加语”的位置，却还没有涉及变式的组句法。到此便要叫出页44来，即正式讲授第四章40节“变式的副位”（且守例题的范围，只以讲明（勹）式为限；又这例题中还有“昨天”“今天”两词的装置法，经此讲授，图解时便不待烦言而解了)。这就是“遇着事实上的困难时，再向课本中去找方法”的实例。现将这一小段例题中其余的困难和解决法列一个表：

这一“天”——领位，作副附底形附（已讲的页30)；介词“的”字省略（页52〔注11〕)

“上”学——介词，介所向的（细目见页151；“上学”已是复合词，但初步要分析）

“了”——凡两处，都在句尾，是助词（图解法见页42〔注7〕；细目页229—235)

“先生要骂”——名词句，作“怕”底宾语（页187)

“要骂”，“要”考——两要字都是助动词（图解法见页65〔注3〕：细目见页103)

“况且”——平列句底进层连词（页201—202)

“他要考……文法”——也是名词句，作“说”底宾语（页187)

“动静词”就是Participle（作静词用的动词，即本书所谓散动词第二种，作形容词用的)，不可当作动词和静词讲。

“一个字”都不记得——变式的宾位之第四（匚）式（页38)

〔注意〕这表所列的页次，并不限于第四、五两章。练习时，或者逐一翻检出来，从事讲授；或者再订缓急先后：须斟酌学生程度而定。

不过凡在第四、五两章的范围内的，必须翻出讲明。

又这表便是教员的预备方法。但不必照此列表，只须在原例题上用色笔记出页次的数目和必要提示的名称；图解所至，一查即得。可是预备之前，要把全书研习得很熟悉，否则预备时不免有找不出解决方法来之苦；虽然本书有目录和索引可寻，但总不如熟悉内容之能胜任而愉快。

（5）这种随练习随讲授的方法，是教学文法的一个很好的崭新的方法，最能唤起全级学生的注意与兴味，而且马上可使得着文法的应用——矫正思维和语言的错误，养成读书精细和下笔有条理的心习。但每小时的指名发问，大约至多只能轮流到六人；以每周一小时计算，全级轮流两次，便要满一个学期了。这个认明单句中主语、述语（述语的连带的成分也可算在内）的问答练习，算是第一学期及格与否的平时测验；每人轮到两次，也就足够了。所指定的整篇例题，并不必练习完结；没有完的就让学生自由去图解。

（6）初步的练习工作既完，接着要把第四、五两章顺着节次略讲一遍，作一概括的结束。到此，国语的单句构造法，或正或变，或整或省，可以了然于心。因为第四章虽是注重变式句，但以名、代两词的“位”为全章的系统，其条贯易明而易记；第五章虽是注重省略句，但以散动词组成之短语为全章的主眼，其目的在使学者对于主要成分的辨认，不至于胶柱而刻舟：故这两章，质虽似乎修辞，而貌仍不离乎文法。

进阶的练习

初步的练习只用问答法，进阶的练习便要叫学生轮流在黑板上图解所指定之整篇例题。每人或只图解一个割截的单句，或图解一组整体的复句，又随程度的高下而定：大约初中以单句图解得不错为最低限度（唯各单句组成复句的联结关系，也要随时指点；即等到每组复句中各分句都一一图解完结时，教者便准照第十九章所示的例范，将虚线彼此联络，并写出连词的位置和这复句的名称）；到了高中以上，渐宜使自行将复句的联结关系表示出来（参讲第十四、十五、十六章复句的分类）。练习时，可分句指定两人以上同时上台图解，视黑板的大小、多少而定；图解后，令全级逐句观察，批评、改正。总之，问答练习和翻书讲解必须参合并行，一直到毕业时为止。

词类细目的检查

第六章至第十一章 这六章是名、代、动、形、副、介六种词类的细目，专供自习时检查参考之用。如上面初步的练习题中，有副词“已”“很”“过”“却”“都”“不”，若于图解后要把它们归纳为几类，便可指导使查第十章的目录，按页次去检寻，参详例句，识其类别。有时遇着图解上或研究上较大的困难，也可以单提其中某章某节讲授，例如练习题起首“这一天”之下省略了“的”字，除参讲页 52 外，还可以酌量学生的程度，进一步参讲页 121 之 92 节；或者不讲授而标示页次，令于下课后复习时自行参阅。

复句研究的程序

第十二章 这章是说单句的复成分，其教学法和第四、五两章相同。练习初步的例题时，凡遇着两个以上的主语、宾语等，或带有连词，图解上必生困难，即当随时参讲这章中之某页，指示其处理之法。这是进修复句的基础。

第十三章 这章是专论造句时附加的成分的添加法，将“形后于名”、“副后于动”两点作骨干，加一番归纳的研究。其最后之 120 节，实是就句法先打一个叙记文谋篇布局的基础。单句的研究到此为止，以后便是复句了。这章重在修辞，可单提着讲授；但如“得”字的用法分类，也是练习时常要翻出来参照讲授的。

第十四、十五、十六章 这三章是分述三大类复句的系统和连词的细目：一方面供练习时的指点讲授，一方面也可供自修时的检查参考。大凡整篇例题，纵然特选短文，篇中也定多复句；在初步的练习时，也不妨随宜略说，只不必翻检细参罢了。进阶至于高中，即宜特重此点；所以程度很高的图解练习法，尽可不全写而只画成线条结构，写上主要成分，旁加分段提纲。

口语法的研习

第十七章 这章按语气来归纳助词，举例特多，意在叫学生把国语的音调、语气，练习纯熟，才算是有了国语文学的基础。非官话区域的人，必须注重这章的讲习：例句要多诵读，要照着标准地方语的音调而诵读。这章乃是“口耳之学”；耳熟口滑，再用心目。作白话诗文时，助词用得不妥的，更宜注意。

第十八章 本章根据北语，定叹词的标准，观古今之会通。既资实习，亦关学理。

以上两章，不拘何种程度，都可随宜讲授；最好是于练习工作经过若干周后，觉着兴味减少时，便将此等教材来调节心思的疲劳，宣畅口耳的湮滞。

“科学的”文学研究法

第十九章 这章为全书所用图解法的总示范。以前各章，除第三章有一个抽象的单句总公式、第十三章有一个完备的附加成分的图解式之外，其他都是就各节所标的要点，零星画成许多部分的、分析的图解式；到了这章，才就整篇的文章，把那完全的、综合的、具体的，而且“变动不居”的图解式表示出来。这章的大用处也在供自习时的参考检寻。初步的练习虽然说不到此，但高才生常爱向上寻求，便自然而然地要参究到这章了。这章并有古文的图解例，是指示研究古文文法和练习言文互译的一个总方法。最好于古文图解之后，便将所译的语体文用色笔逐词添改上去，即可得一个明细的对照，而发现古文和语体文用词组句种种不同之点——如古文多浑含的单音词，多灵活的意动词，多省略的成分等。这实在是很科学的古文研究法。若从语体文的翻译、比较、推敲一方面说来，也就是一种很科学的作文练习法。

标点符号的教学法

第二十章 这章将新式标点符号作一个系统的叙述，又把实用上常遇着的困难问题略加解决。但教学标点符号的方法，只须在练习图解、说明复句的联络关系时，一并指点讲授；本章或随时翻出参讲，或任学生自行参考，都无不可。若要单讲此题，学生程度高的即可适用本章；程度低的，则当依本章的目录，从所读的语体文中选出例句，逐项讲明，作为本章第一个圆周的教学。仍应随程度的高下，指定没有标点的语体浅文或古文，使自行练习；后乃印布范本，使自核改，有疑便问。

【注意】以上是就本书说明一个连续的进程；但实际上，高中也有未经过那种基本的讲授和初步的练习的，便也要补授前三章，不过时间可以更加缩短罢了。此外如短期的讲习所（如国语讲习所、暑期学校、师范讲习科等）、中等的补习科和旧制师范学校等，皆视初中；专门以上的文科、高等的补习科和旧制高等师范等，皆视高中；都可按照以上所说，斟酌教学。总之，尽管程度在高中以上，只要是未曾经过图解法的训练的，总应该先把第三章讲习一番，打好一个基础，再向前进。

以上所述本书凡二十章的个别的使用法，就可以证明全书的计划是“寓圆周法于进程之中”。意在：(1) 免前后的重复。(2) 省学者的购买力。而且 (3) 国语文法的本质原与西文法不同：用词既无烦琐的规律，故记忆上不须划分难易的阶段；而构句却常多奇诡的变化，故理解上必须综合前后而并观。(4) 本国人研究国语文法，其学习心理的进展，也与研究外国语文法不同：辞气言谈，早已惯熟，故徐进便觉沉闷，综览转易贯通。因此，我对于国语文法课程，颇主张采用这一书多级制：使学者出一书可代价，可多得几年研讨翻寻的利益；用一书作端绪，可不至常有改头换面的麻烦（试行道尔顿制的和自修的以及中小学教师，用这种书作研习品，更为相宜）。至于口语练习、作文练习以及古文法之深究，自然是不能以一书为限的了。

【附白一】本书正文中对于“底”“的”“地”和“他”“她”“它”等用字新法，有时采用，有时混淆；因为著者对于汉字的文法的分化，认为不关重要，当以将来的新拼音字制为断；至少也要将汉字词类连书，才可以表现文法，才可以说到字形的分化。但此意也并非反对目前的分化，不过认为非必要罢了，所以序文和引论中也就完全采用了。

本国文法教学改革案*

近年研究本国文法，并倡议革新的人，贡献的意见和创编的专著，有价值的可宝贵的当然不少，不过对于下列的三条路线，还得清清楚楚地认定，才能使工作有个确定的目标，而获得实际的成果。这三条路线是站在整个的语文学立场说的，就是：（一）某种语文在现代实用上的规范；（二）某种语文的古今沿革变迁；（三）某种语文与其亲族语的比较研究。

第一条路线的目标是在各级学校的文法教学。任何族语的作文说话，无论它的文法有没有明文规定，实际上都各有“约定俗成”不言而喻的自然规范。这种规范，只须从现代通行的语文资料中归纳一些大纲和节目出来，再就各级学校受教育者的语文程度，逐步顺序，施以训练，让他们的作文说话节节升高而都没有错。最重要的就是错与不错的标准，也就是通与不通的标准。在这条路线上进行工作，对于其他第二第三两条路线，绝对不可牵涉太多，纠扰不清，使他们目迷五色，反忽略了达到目标的切实训练。而且这种训练，也不是另外一套东西，其资料仍不能离开他们自己的作文说话，或者是他们作文说话范本，就着资料，指点规范；拿住规范，检察并宣示他们自己的错误。如是，文法才有实用，第一条路线才算没有走岔。

这第一条路线实在只是整个语文学的前奏，它的本身在学术上并没有很高的价值，只是语文学发达历程中的第一阶段。以一般逻辑为基本，就思想表达的习惯，分析因素，建立规则，区别正变，所成就的不过是一种规范之学。但说到文法，这却是典型的正宗，发达最早的是印度，约在公元前 4 世

---

* 选自 1941 年《国语周刊》（南郑版），缺期号。

纪时（战国初），波你尼（Panini）即著有文法八卷，因为印欧语族是一种字词诘屈的综合语，文法特别麻烦，所以文法规范的专书出得独早，后如希腊文法拉丁文法等名著，距今一千三四百年前（约当六朝以前）都出世了。可是我们本国的文法直到四十年前《马氏文通》出世，才算表示了一个分析的规范，而且是模仿拉丁文法之作，这并不是我们的落后，因为我们华藏语族是一种字词孤立的分析语，根本用不着这一套东西。四十年来这一套模仿综合语的文法，在指导纠正一般人的作文说话上，根本就没有发生过多少效力，这是不可讳言的事实。现在必须认清路线，这仅仅是一种规范之学，应该从现行的普通语文资料中归纳整理出来，正视目标，目标只在以科学的说明方式来帮助本国语文的教学，不必模仿，也不必不模仿；不可强合于拉丁文法的体系，也不必避忌那些拉丁文法的名词。但问所建立的规则有没有实用？在语文教学上能不能增进正确无误的效率？当然，也还有实施教学时的技术问题。

自《马氏文通》以后一直到现在的文法书，很少能老老实实走彻这第一条路线的，文法没有确切的规范，更不曾注意运用文法规范以助成实际工作的技术。语文教学之合理而有效的指导，就是这第一条路线应该达到的目标，这目标已等于放弃。这个失败的大原因，就在没有认清这第一条路线而老老实实地走去，就在喜欢牵涉纠缠到第二第三两条路线，而条件又不完备，以致成为文法上许多尚未成熟的“经院派”。经院派也是需要的，只要认清第二第三两条路线而老老实实地走去，不必对于第一条路线把所有正在研究过程中的资料与尚欠正确性的结论急迅地搬运堆积过来，那么，分道扬镳，穷追深入，成功在望，会师有日！

汉语语法初步教程·序例*

1951年7月，出版工作者和语文教学工作者几十个人在北京中山公园会谈，给《语文教学》月刊撰稿，我担任撰写《中国语法教程》，逐期登出。到1952年6月停刊时，完成三讲。现经修订补充后出版。

先向《语文教学》的读者给我提出批评意见的同志们致谢！同时向留心语法的先生们提出关于我那逐期登出的文字的声明：中间错误和缺漏不少，不可依据；今后请以这个经过修补的单行本为准。

《中国语法教程》（今按：这是原名；一九五八年重版，改名《汉语语法初步教程》）的编著旨趣，已在“引言”说明。现在报告几条略例：

一、书中用四号大字排印的，是试拟的主要教材，预备在课本中或黑板上提出来的，必须让学习者巩固起来的。语法是依照民族形式、根据社会习惯写出来的语文规律，这些规律在语文实践上要能掌握和运用，所以要把每个单元的中心术语和它的定义以及实践上的规则，有原则地有实用地说清楚、认清楚、记清楚。

本书主要教材，原想尽可能做到“至简而极浅”，“简而不漏，浅而不陋”，但似乎只做到一个“简”字；用时不必照抄原文，最好是各用自己的语言，向着不同的教学对象，适当地调整其词句。

二、书中用老五号字排印的，大都是教法说明、系统性的标题和典型性的释例。汉语语法基本规律的最大部分表现在“造句”，首先要就着句子把

* 选自1959年《汉语语法初步教程》，商务印书馆。本书初版为1952年大众出版社出版，原名《中国语法教程》。

句法成分搞清楚；“六大成分”是本书的中心系统，所有“用词”的位置次序，“词类”的划分转变，组织格式的“正变”和“繁省”，都是在六大成分上掌握住的。

三、书中用黑体新五号字排印的，都是例句。全书共举了228个例句（有少数重复的，也有少数不成句的语和词）。自从1951年6月6日人民日报号召大家注重语法，吕叔湘、朱德熙两先生的《语法修辞讲话》连载之后，又出了单行本，全国干部和学生普遍地热烈地响应学习；第一讲是“语法的基本知识”，所有例句，本书都引用了（只有第六段“复合句”中一、二、七、十、十一、十三、十五、十六、十八、十九共十例是专用作复式句例的，本书是初步教程，还不需要，没引用）。这在本书系统上当然还有不备的，就有少许例句引用到第二讲以下和新华书店的初中语文课本。运用语法，最好是每条规律记好一个典型的例句，最具体，最经济。

四、书中用新五号字排印的，就只是仅供参考的东西；除那些实习例题和例句解释之外，大都是语法理论和问题的商讨，要是教师或干部们没工夫看，就可以缓看或不看。

五、最后附上全书的“例句图解举例”，这是对于教学语法的部分同志研习提问时所作答案的汇集。本教程虽也利用图解法，但要按序提示，句法成分上讲到某一点，才图解某一点，不可不分先后，每一例句都随时整个地图解出来。例如讲“主要的成分”时，若就把所举例句中“占字量较多的‘附加的成分’也给解剖分析，那就不甚简单，不简单就不能迅捷；因为细分，倒把‘主要的成分’忽略，甚至弄错了，则又不正确。”（见1941年《文法教学改革案》。）因此，这一批“丝丝入扣”的图解举例，只是供教师们参考的。但是，要加强语法的科学性，要在指导阅读和修订习作上，把运用语法的教学技术和技巧，自己培养出坚定性、锐敏性和熟练性来，那么，教师们倒是有充分掌握图解武器的必要。

黎锦熙

（1952年7月1日）

【1953 年重版附白】 这一册是 1951 年 7 月起给定期刊物陆续写的短文，汇缀成书，体例上，前后繁简不齐；这次重排，对此点未能调整，只把错误和缺漏处订补了一些。根据这个“教程”，1952 年秋，和北京市第一中学语文教师刘世儒同志合编了一个“教本”，分十八课，名《怎样教学中国语法》（商务印书馆 1953 年 3 月出版。今按：1957 年重订本，改名《汉语语法十八课》）；又配合这个“教本”，合编了一部“教材”，系统地加详项目，补充例句；全面地研究问题，结合理论，名《中国语法教材》（五十年代出版社 1950 年 9 月出版第一册。今按：截至 1955 年，陆续出版共六册，又附编一册；1957 年修订改名《汉语语法教材》，商务版），其中多注明了参考本书的页码，因此把本书的总目加详，每节下酌标子目，较便查考。1953 年 10 月重版附识。

【1957 年重订附记】 这书 1953 年重版后不久就停止发行。到了今年（1957 年），《汉语语法教材》第一编（即《中国语法教材》的前四册修订合编本）出版，每课后仍旧注上了参考这书的某节某项，因此把这书重订改名为《汉语语法初步教程》，由商务印书馆出版。这是需要重版的第一个原因。其次，编辑任何课本，总得搞清对象，先订教程，这叫科学体系的“学科体系”。《汉语语法教材》是一种语法课本的教学参考书；这种语法课本就是初中程度初步学习的《汉语语法十八课》（即《怎样教学中国语法》的改名重订本），而它就正是根据着这个《汉语语法初步教程》编写的。因此就该把这书提供作为“学科体系”研究讨论的资料；若不把所拟订的“教程”摆出来，就不便讨论所编写的“课本”和“教材”究竟对不对。这是需要重版第二个原因。第三，这书是七年前（1951 年 6、7 月间）响应《人民日报》的号召，给报上连载的《语法修辞讲话》阐明要义，解答问题，并提出不同意见以备研讨而资改进的（参看本序例的第三条），所以当时有人批评这书是《语法修辞讲话》第一讲（语法的基本知识）的“注疏”——现在就着这个比喻来谈谈：两书所引的典型例句就算共同的经文。老话说的，“汉注唐疏”：汉人作“注”很规矩，宋人就爱搬动经文，不依原本（例如朱熹编的“四书”，《大学》《中庸》两种就把旧本改组了）；唐人作“疏”“例不驳注”，

清人的新疏就常对旧注提出不同意见。我这“教程”虽然可说是吕朱两同志《讲话》的注疏，但是，改组了，又在几个理论问题上提出不同意见了。不过，主要的不同意见还在于“学科体系”而不在于“科学体系”：我只是一贯主张教学上要“从造句讲到用词，拿句法来控制词类”的；对于现代汉语语法本身的科学的讲法，两书虽有几点不同，可是很少，而且后来也有了结论（例如“副动词”，通行的中学汉语课本也还是作“介词”的；“抽象名词”问题，汉语课本也说是动词和形容词的“名物化”了）。话说回来，自从七年前的辩论一开，以后大家出主意，作研究，写论文，编讲义，一直没有停止过。这当然是符合于“百家争鸣”方针的好现象，可也使一般语文教师在教学语法时感到困惑。我认为，在语法的“科学体系”上仍不妨展开研讨，在语法的“学科体系”上就还待“加工”（这个意见，详见师大学报6期《汉语语法的科学体系和学科体系》）。因此，这书在语法界也可以备最近一个时期的历史文献。这是需要重版的第三个原因。由于几年来的“争鸣”，促进了语法界研究讨论的深入，这书原版的错误处自当修订一些；新的说法已具他书的，这里就不重赘，必要处略注“今按”。是为记。1957年12月。

汉语语法十八课·序例*

（1）本书十八课，计划每周课堂讲授一小时，一学期完。（看各级和各类学校不同的情况，酌量伸缩。）书名原叫《怎样教学中国语法》，后改叫《汉语语法十八课》。

（2）这一阶段的教学目标是要初步地掌握汉语语法的基本规律。全书以句法结构的六大成分作中心，在成分里讲明词类，力求简明一贯，切实有用。

（3）第一个用处是：掌握语法规律来剖析阅读的教材，从而养成正确的、扼要的、深刻而迅捷的了解能力。所以全书所举例句和例题都采自初中语文课本；差不多每课有个练习题，就是前一堂语文或文学课讲读的新课文，这各级和各类学校不同的新课文，要请教师们照着本书练习题所要求的，充分准备。

（4）所采例句都出于初中语文（或文学）课本的第一、二、三册（第四、五、六册和1952年人民教育出版社改订本以前的“旧”一、二、三册，也采用了一些，都有注明），因为本书是打算用于初中的；但如果把本书用到高中或高等学校，这些例句并不浅陋，拿来具体地证验抽象的语法基本规律而有余。

（5）语法第二个用处是：密切联系写作指导和评改以及口语实习等教学工作，做到“正确地使用祖国的语言，为语言纯洁和健康而斗争”。因此，

---

* 《汉语语法十八课》，与刘世儒合编。这里选自商务印书馆1958年7月第13版（修订本）。

本书有个缺点，就是还没有从学生作文本中摘出“错例”来，配合进去；为的是也怕不能切合各级各类学校的具体情况。希望教师们注意此点，使用这系统的语法武器，随时解决写作上和口语中的错误问题。

（6）全书各课的进度，大体上是按照《汉语语法初步教程》（北京出版社出版）布置的。本书开头的“总目”就是这一阶段的“教学大纲”。还有些语法上的理论问题、教学上的方式问题，除教程中略有所商讨外，配合本书内容编的主要参考书是《汉语语法教材》的第一编和第二编的前半部（商务印书馆出版），教师可根据不同班次的需要，增添例句，扩大范围。（每课中的练习题，在教材中都有标准答案。）

（7）近几年来全国语文教学工作者都注意到语法了，又感觉到各家的语法书体系不同，术语歧异。这是事实。但我敢保证没有大问题：语法体系，基本上都是根据汉语的民族形式，所说语句结构无大差别，只是词类分合稍有异同；一般科学术语向来是歧异的，都待协定。本书语法体系虽以《新著国语文法》为主，但不对的已经改订了一些，名异而实同和大同而小异的也汇通了一些，在教学上总不让发生矛盾。（仅是术语不同的，也都注明对照。）

（8）1952 年以前，各处出版一些略依《新著国语文法》而编的简本，意在提供语法常识，但还不能实际改进语法教学。因此，我应当负责把三十年来的语法体系加以修订，把 1952 年提出来的语法教程加以实验。本书只是一种试用课本的性质；一切问题希望教师们随时通信商讨。刘世儒同志是曾在北京市第一中学实际教学并研讨语法而为本书起稿集例的合编者，他将继续收集各方的意见、问题和宝贵经验，大家共同讨论、解决，实际改进。

黎锦熙

（1952 年 8 月；1957 年 12 月修订）

古今作品分析“图解法”简说*

——汉语“句本位”语法的图解法提纲

（一）目标——全部落实

精读的作品无论古今，总该把它的字、词、语句、段落、篇章和主题思想作一番“综合性”的分析，使了解、欣赏和内容评价都能全部落实。为了贯彻“少而精”，就该清除评述、阐述上的浮词，并避免语法上术语名词的纠缠和各家语法体系的不一致，所以特采用图解法。

图解法主要是用线号来表示语法的；本篇只简述其方式，并在“附注”中略涉及其理论体系，以备讨论。

（二）方式和理论——这第（二）节另定名为：

汉语“句本位”语法的图解法提纲

（1）“句法”的结构成分——横线为界：横线上边是一个句子的“骨干成分”，即主语、谓语、谓语所连带的宾语（宾语若提在动前，横线就向上折）和补足语（可简称足语）。横线下边是“附加（从属的，修饰的）成分”，即形容性的定语（简称“形附”）、副词性的状语（简称“副附”，以在

* 选自《徐州师范学院学报》（哲学社会科学版）1983 年第 4 期。1963 年初稿，1972—1976 年多次校补，先后被河北师院、北京师院 、西安师院用作教学参考资料油印流传。此本系黎泽渝据作者 1976 年最后校补本并参照以前诸种手稿整理而成。

谓语前的为主）和“补语”（在谓语后的副附，即后附于动的状语，不列为独立成分，因其或‘补’或‘状’，灵活性太大）。这六大成分可拟定为汉语语法结构的基本规律。图解式如下：

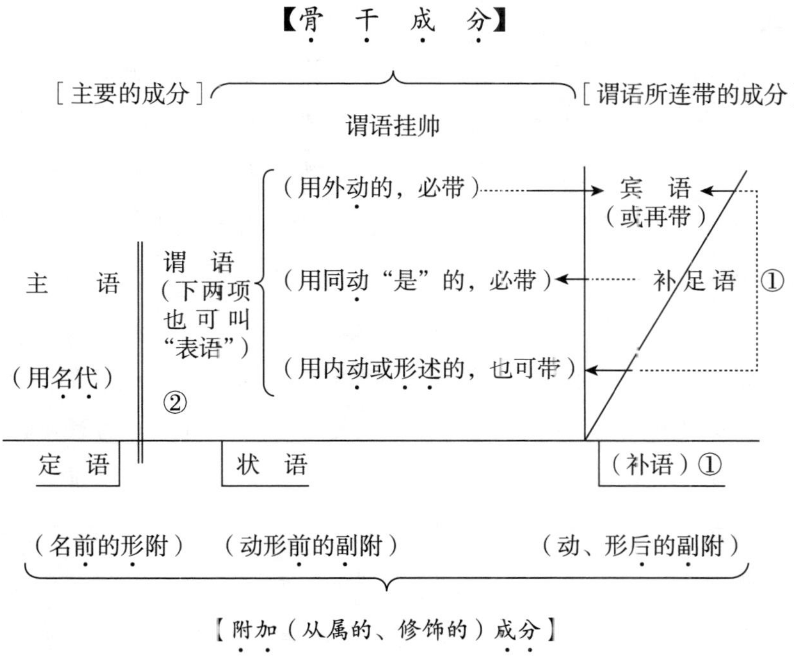

〔注意〕“句本位”语法，每一句子的“主语”虽是全句的主题，但分析时须知是“‘谓语’挂帅”（喻如一盘棋，士相只是帅的护卫，车、马、炮和兵卒都在听谓语的指挥作战。帅居中央，故可称“一帅制”）。

〔附注〕

①六大成分中包括一个“补语”名称，只因“状语”和“补语”同属于“副词性的附加成分”（省称“副附”），不过是对谓语或前附或后附的不同（前附较轻，后附加重），理论上不应再分为二——若要有所区别，就可把补足语单叫“足语”，意思是有些句型非此则不“足”，必以此使其“足”，不比附加成分的“补语”包罗广泛。并且各族语也不一样，例如古拉丁语没有补足语，只有宾语；而法语只有补足语，包括宾语，又都包括一些状语：本篇就是采用法语的补足语体系而提开其宾语的。因此，月“补语”这个名称

时，请“活看”(即广用、浑用)，只能从具体的图解上决定它的成分。

②“谓语”的下两项大都不是叙述“动”作，而是“表”明主语的情形，所以一般也叫“表语”。

③“宾语”和“足语”都可添上“附加成分”：宾语准照主语；足语准照主语或谓语。

④“附加成分”各有被它附加的“中心词”：“定语”可附加于一切“名词”之前，“状语”可附加于一切“动词”和“形容词”之前，“补语”可附加于一切“动词”和“形容词”之后。（这是说明不要误解这图式中“定语”只可附加于“主语”……须知一切成分，乃至一切词儿，都可依式添上某些附加成分的。）

⑤六大成分标题为“句法的结构”，但这“句法”两字是广义的，六大成分实包括不成句的一般“词组”(即“短语”)的组合法；连“复合词”的组合方式（即“构词法”）也包括在这图式之中，所以可拟定为汉语语法结构的基本规律。目前各家对于这个基本结构的说法，也是大同而只有小异的。——这里只是就一个“单式句”的缩小或切开来说的；单式句若放大，或串联，那么下边所说的“复成分”“复式句”和“多合句”等，也都是从这图式中某成分出发而扩展起来的。这些“包括”和“扩展”，初学时不必涉及。

〔**句法简图**〕这里补充一个单式句的“结构简图”，比上式较详，每一成分都下了定义，可先讲清。作为主要参考品——上式只是初学分析的“简式”，据此即可进行图解各例题；下图才是析句辨词的总体系，是进习词类、词组（包括“复合词”的构成方式）和复式句的基础。

汉语句法结构简图（汉语语法的基本规律）

横线为界，以上下别主从；上主干，下从附，下系于上。

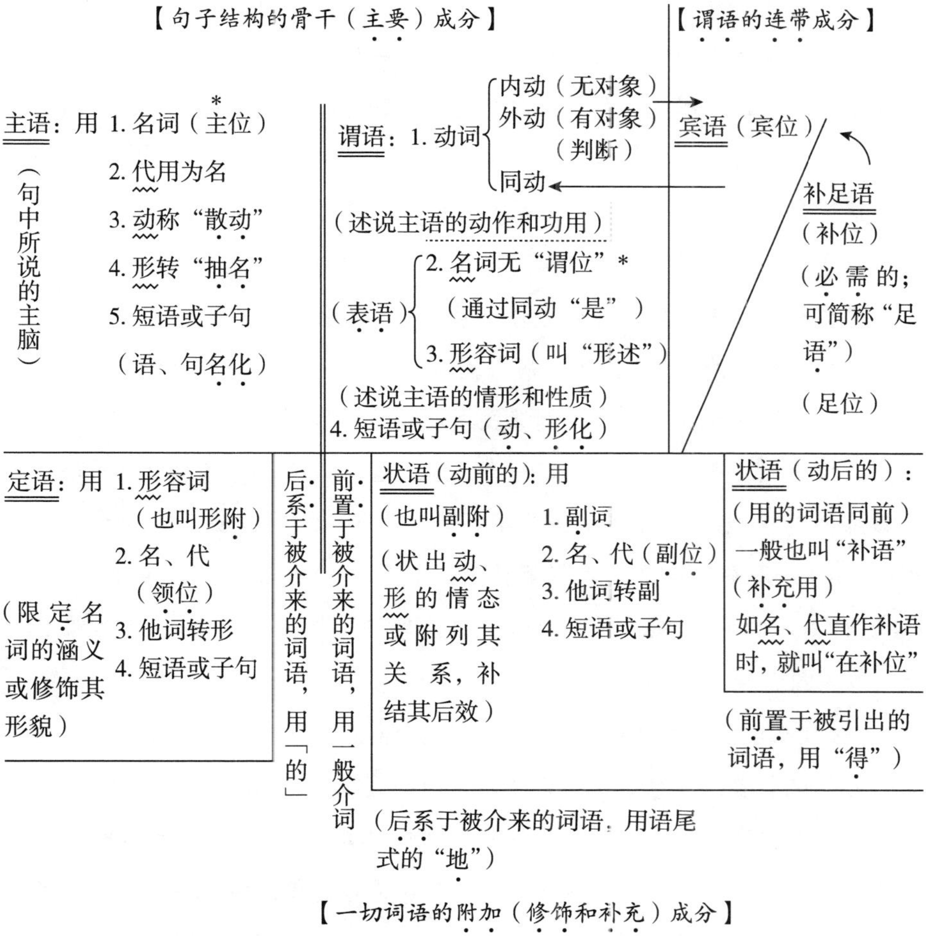

——原文不动，成分排队，以左右顺语序：左领先，右殿后，以左统右。

*名、代词在六大成分中，各有定“位”（谓语除外）；各词语大都可另有“同位”、是跟着“先行词”作注解用，遍置在句中的（又另有“呼位”，是叫醒听话的人，独立在句外的：数中未列。）合计名代词有七位。

〔附白〕近年来用这种“图解法”来分析读物中的句子的，多犯了“形式主义”的毛病，这里提醒一句话：形式是为内容服务的！一个人如果对于读物中某一个句子还没有把它的整个表达的内容语意看清楚，还不能正确无误地了解它的语意，就千万不要照着这个框框“依样画葫芦”地来画图解。原来图解法的用处只有两点：第一，是使句子结构“形象化”，在教学上可以多少避免一些专科术语（既烦琐而又不统一的语法术语），使初学者从线条上和箭头上看出那些词语的相互关系来，一经指点，就可能真正认识其组织规律。第二，图解是一种“考验”的工具，考验你是否看清了原文的内容语意：若还没有看清，就是瞎画。常有人说图解是考查人家文中的“病句”的。这话是单说它的反面了！如果自己瞎画的还是个“病”图解，怎么能考查人家的“病”句呢？要不“病”的图解才能反映出人家的是否“病”句。所以说图解是“先己后人”的一种“考验”的工具。形式主义者不明白“形式是为内容服务的”，瞎画些“病”图解，使人莫名其妙；把这种形象化、规律化，精湛简明的语法工具倒搞成烦琐哲学和形而上学一类的东西。因此特为附白于此。——上图虽简，是个总纲，若求详备，还请参考《汉语语法图解总公式》（见于《实践论语法图解》的附录，或《汉语语法教材》第二编附录4）。又关于汉语采用图解法的理论和学习程序，请参看1952年的《谈汉语语法的图解法》（见于《汉语语法教材》三编的附录）。各本略有异同，以本篇为准。

〔附白二〕合成谓语解纷　1949年初期语法书多采用了俄语的“动词合成谓语”这个名称，而拒绝了英语的“助动词”“auxiliary v.”)。把表示帮助主要动词的可能、意愿和该当等意义的叫“能愿动词”（表示动作趋向的叫“趋向动词”），用在主要动词的前头，这是合成谓语的第一类。另一类是“连动式”中的“承接的复谓语”，两动词不分立而节缩为一团（多因其后头共一个宾语），这是合成谓语的第二类。以上两类都在主要动词之前（或并居主要动词之职。）

还有在主要动词之后的，则导源于印欧语系的“形态学”，即动词因各种“语法范畴”而起的“语尾变化”，如汉语的“着、了、过”，今多列为“时态助词”（另一些如“上、下、来、去”等，则列为用在动后的“趋向动词”，这样忽“助”忽“动”，不免打乱了词类系统）。这些都用在主要动词之后，是合成谓语的第二类。因此合成谓语就成为一碗大杂烩、一爿杂合院，孤立于语法结构之中，如果不如此正本清源，越分析，越烦琐。

现在，增加这个“附白二”，对“句法简图”的“谓语”一栏补充一个图解上的公式如下：

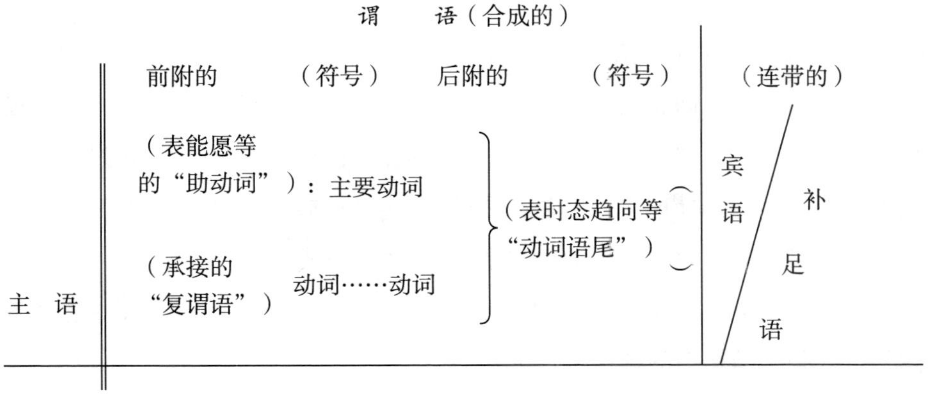

“：”——表示前动是帮助后动的，很灵活，凡动词（包括“形述”）或其他词语都可来帮。（英语把主要动词的形态变化放在助动词上，不够逻辑。）

“……”——表示前动是主要动词，而后动承接它的也是主要动词，原来就是承接的复谓语挤上了横栏，把上下直行的虚线改为左右横行，因为有必要而后在图解上这样节缩的（即一般所谓“连动式”中两个动词共一个主语又共一个宾语或补语的）。

“◡”——表示这种“语尾式”的后附助动（如“着、了、过”），跟一般语句后的“助词”的作用实在差不多，所以同用这一个图解符号。

图解法用这三种符号解决了“合成谓语的整个纠纷。——但请注意：合成谓语与谓语“连带的”宾、补两种成分无关。有人认为完全的句子只有两个部分：一是主语，二就是包括宾、补的谓语；那么，对“主语”部分说，也只能叫作“谓语部分”，不能混入“合成谓语”。

为什么谓语能有这种“合成”组织呢？由于图解法是比作“一盘棋”（象棋）的：谓语挂“帅”（主语若没有谓语，就没有“言语”了），将帅执行全盘棋局的统一指挥和行动，所以要有这些助手：助动词可比作“相”（参谋），后附的动词语尾可比作“士”（近卫）；谓语连带的宾、补成分则比作“车、马、炮”；附加的定、状成分则比作“兵、卒”。

总之，句法结构的本质单位只有六大成分，分级统摄一切；凡是参加“合成谓语”的各个因素，都自有其单位（本位），为了主帅（谓语动词）的需要，临时集中成为一个小组来帮助它，紧紧地前后依次挨着它，这就都属于附加成分中状语（副词性）的性质了（其中“连动式”一种应比作“友军”，除外）。

〔说明〕这是因为复大陈老前年在量词论文后，续出版一个小册子，我也曾批注意见；现在摘出这部分入拙作《作品分析简说》中，请评判、提意见。

(2)“词组”（即短语）和“子句”（即主谓词组，或叫“句子形式”）：其在句中的位置，即充当了什么成分，就在该成分上用个“人字形”成一根柱子顶着；其充当“附加成分”的，只须把词组或子句的一端接在附加的直线下部旁边。这样处理“词组”和“子句”，就使较大于“词”的语言单位同样地可以“成分化”而归纳于“基本规律”。图式如下：

（附 1） 词组（短语：不止一词，又不成一句的）和子句（主谓全备的）进入句法结构中的图解法：

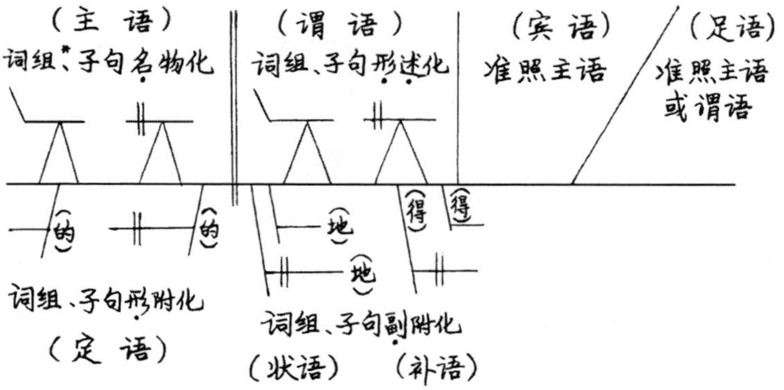

*词组不“化”入成分而能独立用的，则叫“固定词组”，若不在词间隔以“连号”，即成“复合词”（另详《汉语构词法》）。

〔附注〕

①“子句”就是一般具备“主”“谓”的“句子”，可是它只作为其他句子（即“母句”）中的某个成分，所以叫“子句”。这种嵌有“子句”（或嵌有长而复杂的“词组”）的单式句，曾叫“包孕句”，是单式句复杂化的一种。（句子拉得很长，所以更需要图解才易于使眉目清楚。这种长句，现代科学性的理论文和说明文中常见；古文中和口语不多见，常把它拆散而改短。）

②“成分化”了的“子句”也可叫“主谓词组”。近有扩大“词组”范围的，不是成分化了的而是独立的句子或半独立的“从句”都叫“主谓词组”，结构主义派是这样主张的，这就把“句子”这一语言单位根本取

消了。）

③有些“词组”进入句中要被熔解为几个成分，这叫词组的“熔解律”（参看《汉语语法教材》第二编590页）。——由于“主”“谓”是组成句子的“主要成分”，其余各成分都是它所“连带”的和“附加”的，可以说句子基本上可分为“主”“谓”两大部分（所以用“双直线”隔开）。“词组”在句中的任务，必须是“独当一面”地担承一个成分，既不被熔解于全句之中，也不太扩大到本位之外（才用“人字形”的柱子顶着），否则把“主”“谓”两大部分各结成一个词组，那么任何句子就都只有主语和谓语两大成分了。

(3)“词类”基本区分：即凡名、代、动和形述（即形容词作动词用的）都在横线上，形容词（形附）在左斜线上，副词在右斜线上（副词若提在句首，右斜线向左拐个弯）；此外如介词总在直线旁边，连词总在虚线旁边，助词（表语气的）跟随在句末（加括弧），叹词（包括呼位词）独立在句外。这是藉图解来练习区别词类，使汉语词类的基本区分与句子的结构成分互相适应的客观规律能够具体描写出来；进一步说，这就表明了不具备形态变化的汉语词类不陷于“孤立”，而又便于与其他语言比较、贯通和互译。图式如下：

（附2）各词类分别进入句法结构中的图解法：

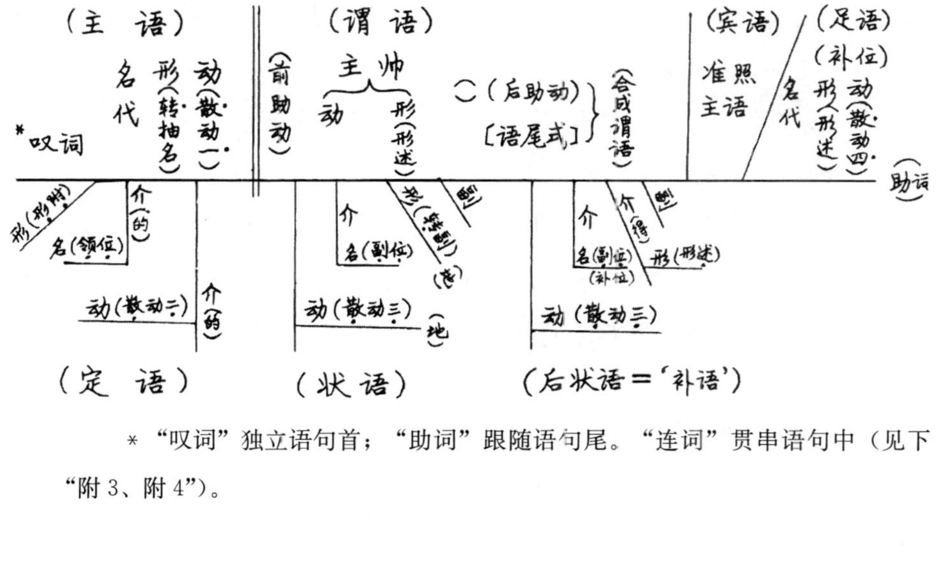

* “叹词”独立语句首；“助词”跟随语句尾。“连词”贯串语句中（见下“附3、附4”）。

〔附注〕汉语的实词有名、动、形三类，其基本区分一般是直接从词义出发的（许多外语的词类区分是具有形态规定的，但形态的根据也还是词义和用法），所以名、动、形三类实词，第一步就可在词义上建立它的大本营，这就是“词有定类”（即每个词都有扎根的据点）。然后拿“四级形态”（详《汉语语法教材》第二编“四级形态论”）来鉴别具体实词，或只属一个专类（即据点），或须兼类和转类，这就是“类有定词”（即每一类中都可排入所属的许多词，包括兼类的和转类的）。大致如下：

①“名词”（包括代名词；其本质都是“表实体”的，所以总名为“实体词”，数量最多），基本上不转类。在句法上，就六大成分分为在“主位”、“宾位”、“足位”和“领位”（作定语）、“副位”（作状语和补语），另加个注释性和分解性的在“同位”（在图解中只加个括号），还有个独立于句外的在“呼位”。只有谓语没有“位”，即不给名代实体词设“谓位”——这是现代汉语不同于古代汉语的最大特点，图解以今统古，凡古文中用名词作谓语的，实际上是同动“是”字的“足语”，“是（为）”等同动词省去了，也成个“判断句”，所以这种谓语又叫“表语”，一般应把这种表语名词划入足语，谓语留个同动空位，这样才符合于古代汉语的语意和逻辑。总共七位。于是名词可进入主语、宾语和足语以外的任何成分而不须转类。

②“代词”。一般语法书所谓代词，只有代名词能独立，代形、代副的都要各归其类（这样才不打乱成分系统）。汉语“者”“的”两字有“连接代名词”的用法，附其后。

③“动词”基本上也不转类。动词以作谓语为主要任务（也叫“坐动”，如同“坐庄”，它的词义本质是“表功业”的），它以四种“散动式”进入其他成分，“散动一”名物化（用作主语、宾语和判断句的足语等），“散动二”形附化（用作定语），“散动三”副附化（用作状语和部分补语），“散动四”特殊化（用于宾后足语和部分补语）。于是动词可进入谓语以外的任何成分而不须转类。

④“形容词”满转类，它以“表德行”的词义本质“坐庄”于形附（即用作定语）；若用作谓语，就同内动，叫“形述”（陈“述”前名，一般也叫“表语”，非修饰后名，异于形附）；若跟名词一样遍居七位，就转“抽象名

词”；若附加于动、形，就转“副词”（只用作“补语”时，一般应属“形述”）。各种语言的形容词一类大都是有此特殊性的。——凡转类，转而不返，就入“专类”；转而两用，就叫兼类；转而义变，才算两词。

“数词”为形容词的附类，“量词”为名词的附类，为简化计，并附于形容词（合用时可合称“数量词”）。

⑤“副词”多存实义，跟纯虚词不同，应叫“半虚实词”。除少数的专用副词（即不作别用的副词）外，它和属于“纯虚词”的“介词”“连词”两类都是敞开大门接纳各类词语来满足需要的，它们很少固定的、专用的词，图解上要灵活运用。所以说，虚词有“用”而无“体”。（外语中纯虚词也无形态可言），尤其是“连词”，它可以向实词和词组、子句等等临时“抓差”，抓到虚线上。

⑥—⑦纯虚词的“介词”和“连词”，请看下附的“简表”——它们是一种“关系词”。句中有了关系词，才表现一套语言的“神理”。

⑧“助词”，以语气词为范围，仅表态度（这样才有定职，好下定义，免得成为“蛇龙之菹”〔jū，泽也〕）。

⑨“叹词”，独立于句外，是一种表示强烈感情的声音——与助词同，属于“情态词”。

〔附表〕汉语与印欧语系最大的、根本的不同之点，就在于词类的划分是逻辑性的，不表现在文字的形态变化上，自由转类，无挂无碍。上表只是让初学者从作为基本规律的句法六大成分的图解简式上去辨认词类；下边特补充一个能突出汉语特征的五纲、九类的《词类简表》，并同一种外国语略加比较，以明优劣而便会通。

汉语词类简表（其特点在“与句法的联系”）

——附注英语词类（略号）比较

（与“句法”的联系）		
多用作主语和谓语、谓语连带的宾语、补足语。	实体词（实）	1. 名词（n.）——包括词汇上形（a.）、动（v.）转成的名词（但不表现于词尾的“形态”变化——以下各类都准此）。（附）方位词；数、量词（并入形（a.）） 2. 代词——以“代名词”为主（pro.）“人称代”之外有“指示代＊”和“疑问代＊”，各依词性分入形（a.）副（adv.）两类。（附）联接代＊（relpro.）
用作谓语——表语	述说词（业）	3. 动词（v.：v. i. 内动；v. t. 外动）——包括词汇上形（a.），名（n.）转成的。〔附〕同动动（v. i，如“to‘be’”）；助动（auxiliary v.）——用在动后的如“着、了、过”，似表动作时态的＊语尾。 4. 形容词（a.）——有两用：①作定语（attributive use，例如：“红”太阳。）
用作定语和状语	区别词（德）	②作“谓语”中“表语”（predicative use，例如：太阳“红”——不可照一般英译的 The Sun is red 译成太阳是红的）。〔附〕数词（num.）和量词——可包括英语的冠词（article）。 5. 副词（adv.）——专用作“状语”，包括形（a.）动（v.）自由转成的。——依着句法成分，“状语”分在两个位置：以“前附于动”为主，有时也后附于动、形（一般也叫“补语”）。副词半实半虚＊。
即「虚词」（一般把其他各类中也可看作「虚词」的表中以＊为记）	关系词（神）	6. ＊介词（prep.）——专介绍名词给其他词语，以表示其“附加成分”的各种关系。汉语应分两式： ①前置于名，分别介绍时、地、法、因、比较和对象等名词给动、形以表明“附加”的关系，属“状语”。 ②后置于名，只一“的”字（英语即“（名）’s”）专介领位（格），属“定语”；有时用为“形容性语尾”——近年汉字将“的”改写为“地”，用为副词“性语”尾属，“状语”。 7. ＊连词（conj.）——专表词句之间的“等立”关系和“主从”关系，以及篇章的“起、承、转、合”等关系。
这是语法中的特种词（与语言结构无甚关系）	情态词（情）	8. ＊助词（英语没有）——专用在语句的末尾，表示口气和语态。——有的语法书把“的、地、得”叫“结构”助词，把“着、了、过”叫“时态”助词，陷于求简转繁，且与句法失去系统的联系，无益于汉语的实际应用，有损于外语的比较会通，所以没有采用。 9. 感叹词＊（int.）——独立用，表情感。

(4)“复成分”和“复式句”的内部联系：只用虚线表示出来（有连词就写上）；复式句拟定十一个类型，其分“主句”“从句”的，从句在主句前也画在主句的左下方（如同单式句中“状语”在句首时直线先向左斜，再右折）。总之，不论单复句，都以上下别主从，以左右顺语序（如单式句中并肩分附的“复附加成分”和复式中多合的“从句”，在表达的意义上大都是以先统后的，图解上就可以左统右，不必如结构学派“层次分析法”的“叠罗汉”式〔倒叠或顺叠〕以免纷繁，因其只够作形式解剖的铺张，而无关于内容表达的指导。特注）。

图解如下：——以上都请参照《汉语语法图解总公式》及其《附则》，见《汉语语法教材》第三编 301 页，又第二编 594 页）。只要通过这些“基本规律”就不必在图解后加附注作琐细的说明，以节篇幅。

（附 3）〔单式句的复成分〕

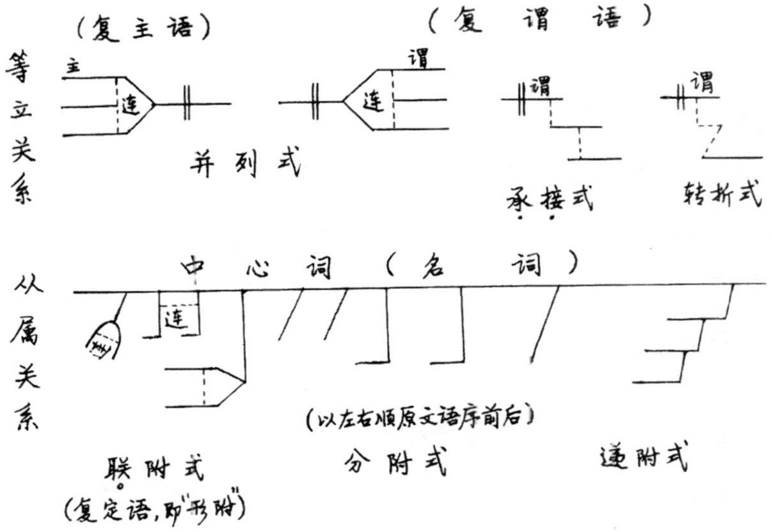

（附 4）复式句

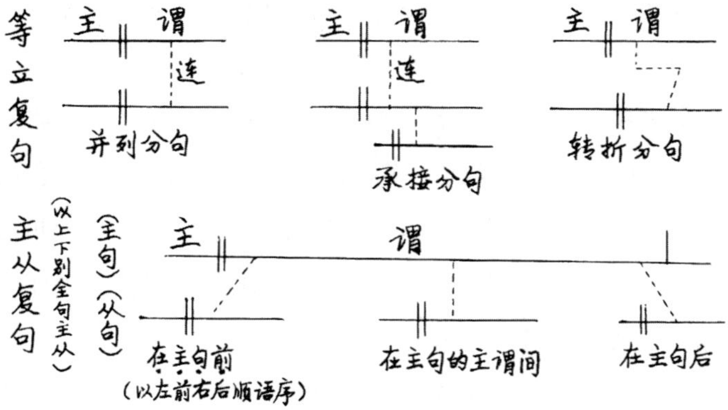

复宾语按复主语类推；复足语按复主语和复谓语类推；复状语和复补语〔即“副附”〕按复定语类推。

包孕关系——即“子句”的“成分化”，已见上“（附 1）”。

〔附注〕

①单式句的“复成分”也就是单式句复杂化的一种，它不同于成分内的“包孕”关系，而是成分间的组织关系，所以图解上不用“柱子”顶起，而用“连词”联结（句子也有拉得很长的；问题在于骨干成分的“承接式”常与复式句的“承接分句”难分；问题又在于附加成分的“分附式”应有“以左统右”的理解）。

②拥有复成分的单式句和复式句的区分标准，以“成分划定法”为简捷可靠（参看《汉语语法教材》第三编 3 页）。

③复式句的“十一个类型”：“等立复句”五个，“主从复句”六个，参看《汉语语法教材》第三编 9 页——。

④附加成分的“分附”和从句的“多合”，图解上应理解为“以左统右”，这是依“语序”的先后（先左后右）来看语意上统括的功能。例如 花/一朵/红/：“红”附加于“花”；“一朵”附加于“红花”。“一朵”并不是仅仅地附加于“花”而与“红”分裂，这就叫“以左统右”律；左边的和右边的虽然形式上是并肩排队的，但左边的该把右边附加的东西和中心词看成一

个统括的总体，而自己也是带头向心于“中心词”的一成员。若不这样理解着，“一朵”只向着“花”不统括“红”，就可能导致“红花不红”的诡辩。（多合的“从句”依此类推。）另一方面，若只顾附加部分的“层次”，重叠起来（或混同于“递附”式），但跟“中心词”越离越远了，那么也就可能导致“红花非花”的诡辩（如同古代公孙龙一派的“白马非马”论）。

（三）教学程序——附主要参考品（介绍“加线法”）

上文提到的《图解总分式》及其“附则”，只是备作系统的检查之用。若论教学程序，单式句可依《汉语语法十八课》的进程，逐课参照《汉语语法教材》第一编充实一些例子；上文所未详述的，如“变式”的句法（多属成分的倒装，即横线“上折”和“左折”等），“省略”的标志，“节缩句”、“成语”的解析等，都已述其要点。掌握了单式句的“基本规律”，遇着复杂化的单式句，以及进一步搞复式句和章法，虽面临一片汪洋，都不会张皇失措的。并且《汉语语法教材》第一编已把图解前的“读书加线法”，根据《汉语语法十八课》的第三课加以说明（见一编 19 页“初步析句实例”），而第二编又把完全的“加线法”介绍出来，并附 3 个“线号总表”（见二编 507—512 页），这“加线法”是图解一切长句子的必须通过的手续（若一时无暇图解，就可以拿它来代替）。至于图解法的本身，无论“严式”或“宽式”，也无论只用于部分难语句或作全篇全段的“总图解”，《汉语语法教材》第三编都已严肃而机动地摆出一些客观规律和具体实例。若进一步搞古汉语的作品分析，也就“六辔在手”，自不难对应异同；《比较文法》也把古汉语语法的八个“重点”和古虚词四个“难点”攻破，虽可列为一种旧书，还有必要参考和讨论。（关于图解法的理论、功用和学习法，还有下述的一篇《谈汉语语法的图解法》附录于《汉语语法教材》第三编 595 页，可先参考。至于图解法的沿革和批判，略见《新著国语文法》的“今序”6—7 页。）

（四）“词汇”意义第一——古汉语尤重“实词”

古汉语同今语比较和翻译工作的重点在“词汇”（正确的词义训诂，包括文字音韵和校勘考证)，而词汇的重点又在实词，作品的语法图解，并不能解决实词的词义问题。如果单凭图解，尽管对于“虚词”可以从图解上体会其语法功能，在附注中也作出较详的虚词考释，但对于这句话的内容意义还可能是莫名其妙的。因此，通过图解可以直观地、形象地了解语法（包括句法、词法、章法，附及修辞)，可是有个条件，得先通过“实词的词义”研究（包括含有实义的虚词)，尤其是古汉语。否则只是单扣形式，不顾作者表达的内容，脱离实际，错误必多。并且，我们对古作品都是批判地接受的，若词义不明，语义误解，凭什么进行正确的批判呢？

（五）篇章结构至上——分段提纲法

但是，作品全篇的总图解，其任务并不止此。还有：(1) 全文的分段标题（已分段的照原文分，古作品不分段的就得给分好)，标明本段内容的总括，还可注出其与前后段的关系。(2) 本段的句群（即句组）提纲（指长段说的)，提明用笔的层次，还可注出其重点词语和修辞精粹——这两者都是通过词汇上的正确理解和语法上词句的形式分析之后，进一步从章法上深入而细致地体会作品的内容精义和表达技巧，须做得简明准确，力避浮词；不废话；做得前后贯串，抓紧主题，不脱节。最后可就主题自由评论。(3) 至于图中标码，在段后“附注”，只是解证句法和词法中有问题的，随着需要或水平，可以少作，甚至不作；反之也可以多作，把难词难句或校勘异文都注明。

（六）附表——“词法”为主

总图解之后，如有必要而时间也可能，还可在横、斜、直、虚等线区分词类的基础上，系统地归纳出一个“词类检查表”(兼作词汇研究)：如实词的义类，虚词的不同用法，复合词的构词法，义近词的精析、对比等等，都须顾到。或者只作个“虚词检查表”，不兼顾其他的一般“词汇”研究（古今作品选本中一般词语的注解，都应属于词汇研究)。

（七）图解的快速化和“艺术化”

图解的技术方面，从分析单式句起，即须练习书面上（或黑板上）的安排布置，操作时要能快速化而又艺术化，要做到不要先起草而后誊正，不多费时间而又能整洁醒目。到了全篇的总图解更须精整，减少空白（不多占篇幅）；尤其是“以上下别主从，以左右顺语序”的规定要贯彻执行（让阅者不对原文也能读下去）。——这就是我们培养高级和中级师资时在语言科学和语文教学上一种“改革工具和改进操作方法的斗争”。

（八）后语

图解法只是借着几条线号如实地绘出人们思想表达的语言结构形象，只拿几个基本的语法术语来点明一下。反对某些讲汉语语法的只知道借着一大批语法术语来叙说他们自己学过的一些烦琐无用、脱离实际的框框条条。其实，对于指导写作，它从来就起不了多少作用（这是多年来大家承认的）。对于指导阅读，遇着较为复杂的“单式句”的语言结构，有时也都讲不明白，听着厌烦；何况是具有逻辑性的“复式句”“多合句”以及更具有科学性、修辞性的“章法”组织呢！因此采用形象的、直观的图解法。

〔1966年补白〕关于“教学程序”，除篇中第（三）节已有整个的说明外，还有一个应重申的补充：近来各方对“图解法”的意见，大都主张要加以简化，我接受了，所以本篇第（二）节起首就列了一个图解简式，意思是让初学语法的只要照“横线”上“骨干成分”作图解练习；至于“横线”下的“附加成分”，初步只须照“┘”“└”两种“曲线”上写上原文，完成这个对句法的进一步分析工作；统后走第二步看“句法结构简图”。如有必要，就请照它的“横线”下的“附加成分”进行教学，就是照“（附2）各词类分别进入句法结构中”的形式，作为练习图解的进程，那么“横线”下“附加成分”的较复杂的词法分析问题都得到解决了。——这是专对“教学程序”分作两步的具体的补充说明，方法如此，理论别详。

比较文法·后序*

现在一般中学的语文课，据规定应使学生“具有初步阅读文言文的能力”。但目前的实际情况不但是中学生，连中学语文教师和高等学校语文专业的学生也多数读不懂文言文，那么要在中学阶段培养学生阅读文言文的能力，更该着眼于客观现实，知道这不是轻而易举的事。这个关键就在于语文师资对于文言文教学质量的提高；要提高，就得精研教材和革新教法。

回忆 1938 年在陕南西北师院拟有一个《国文讲读教学改革案》，提出两纲四目。两纲是根本原则：（甲）白话文须与语言训练相联系；（乙）文言文视与外国语文同比例。四目是实践要项，其文言文的两目是：（1）注重背诵（预习时，即可熟读；已读者，分期背默）；（2）彻底翻译（逐词按句，译成白话，确依现代口语，勿稍含糊牵强）。

可是当时中学教师多认为背诵是科举考试时代的一种不合乎“教育学”的教法，而串讲只须“意译”，用不着“咬文嚼字”的。新中国成立后，中学语文科很少选读文言文教材；最近几年才为着要使青年们能批判地接受民族文化遗产，能参考必需的旧籍资料，不能不把文言文作为“学习和从事工作的基本工具”之一；而文言文的教法，也经过调查研究，总结了过去的经验，要达到要求，取得实效，就只能精选少数几篇，必须通过自己口耳间的熟读背诵和词句上“咬文嚼字”的分析。——所谓“视与外国语文同比例”。意思是说吸取古人的东西的工具与吸取外国的东西的工具在教法上有个同比

* 《比较文法》，1933 年北京著者书店初版。“后序”初稿写于 1963 年；1973 年经作者校订；1986 年收入《比较文法》校订本，中华书局出版。

例的看法，因为这两样工具，一个不是本族语，一个不是现代语，都不能采用与“现代汉语”一样的教法，而这二者之间倒是“同比例”地要在教学时建立自己口耳间一种新的语言环境和系统地掌握词句上与“现代汉语”的对应规律的。（这个《讲读教学改革案》见1950年北京师大出版的《新国文教学法》，今未重版）。

当然，中学阶段要选读一点文言文教材和改进一些教法，目的是在使学生“具有初步阅读文言文的能力”，而不是提倡写作文言文（各地中学师范现在竟有打算安排练习试作文言文的），目的若不明确，就难免出偏差。教法上也不能一味复旧，如熟读许多篇古文（事实上，现在中学的科目多，时间有限，读不了太多，背不了很熟），课堂上只能顺文解义；所谓“文言常用词”，所谓“古汉语语法”，也还是逐篇示例，铢积寸累，虽在选文中也是不可少的，但总类于旧时的经传注疏和“高头讲章”。其实，文言的词汇，讲是讲不尽的，如果有了一部较完备而适用的词典，贯通古今，许多常用的文言词若有问题也不难得到解决。至于构词法和古汉语语法，必须在“现代汉语”语法的基础上，全面地构成一种两相对应的完整的语法体系（包括虚词），才好个别地分析古今不同的具体词句，免得零碎应付，前后矛盾，简而有漏，浅而又陋，讲授者烦难，学习者不满。关于这一点，更是目前应讨论解决的问题。

因此又回忆到1920年。五四运动带起了文学改革运动，白话文跃进而取得了文体正宗的地位，大家要研究“国语文法”，第一个目的就是建立“现代汉语”语法的教学体系。当时我感觉到汉语的本质与西洋语不同，词类不像它们有那么多的形态变化，应当从语句结构的分析归纳入手，所以在1924年出版的《新著国语文法》中，首先把句法“六大成分”定为纲领。跟着又感觉到，西洋语法的形态变化，如性、数、身之类，固然是我们汉语本身幸免的麻烦，但“格”这种语法范畴，却是有道理的，并且印欧语系以外的某些语言也具备着。汉语的名词和代名词进入语句中，就得占定一个成分，何妨就着六大成分把它们也组成六个“零形态”的“格”呢？这不但在翻译上便于“通中西之邮”，并可能在文言和白话的比较上易于“达古今之变”。于是在“国语文法”中先摆设个“实体词的七位”（不叫“格”而叫

“位”，是表示并非“词形”的变化而是“词序”的位置；又从“主位”中分出一个“呼位”，所以是七位)，在这个摆设中，也解决了“现代汉语”一些句式变化和虚词可用可不用（尤其是介词）的问题。

各种语言的“格（位）”颇有多寡异同，世界语言学家也有想找出个共同合理的规律来的，在所谓“语言哲学”里可看到一些非常可喜可怪的理论。我想，汉语从六大成分出发而定出来的“实体词的七位”；虽然是“零形态”，但似乎可算是较合理的“格”吧？就从这个角度来观察古汉语，把首创文言语法的《马氏文通》捶碎而另造新型；把它那些比照“泰西葛郎玛”而不符合汉语事实的说法试给改编。结果，突出古汉语语法的八个重点，同时攻破“之”“其”“所”“者”四个虚词的难点（这四个虚词，《文通》特列入代字而详说之，代名词就是它们的基本用法，代名词是属于实体词的)。于是草成一部1933年出版的《比较文法》（1957年科学出版社校订重版)。

我写出这两个回忆，只是汇报一点儿自己对于文言文教学和文言语法研究的经验。现在如果希望完全的中学能“使学生具有初步阅读文言文的能力”，似宜先在初中阶段打好一个既有科学系统又能突出重点的“现代汉语”语法知识和正确的写作技能的基础；在这基础上把文言语法的对应规律适当地陆续地提示出来，提示在熟读精讲的少数文言文教材中，一直到高中毕业，可能较通畅地阅读一般普通的文言文。但根本问题还在培养师资上，必须使高等学校语文专业的学生以及进修教师和函授干部们先能充分掌握那一套“既有科学系统又能突出重点”的古今语法，以及符合实际的词汇、语音、文字、修辞等基础的知识、理论和运用能力。

《比较文法》从“词位与句式”这个角度上把古汉语语法和虚词的八个重点突出、四个难点攻破，但这部书的体裁仍是分章分节就着“实体词的七位”平铺直叙的。这里有必要把所谓古汉语的八个重点说明一个：

（1）疑否倒装——疑问和否定语气的词句中，“宾”“副”两位若用“代词”，有几种倒装的规律。

（2）“副位”免介——不论有无“介词”，“副位”始终不动。就是说，有介固可叫它“介词结构”作状语，无介就不成其为介词结构，也还是个状语（状语即“副附”成分，文言文多后附于其中心动词，今多把后附的另叫“补语”或并入“宾语”）。

（3）“足位”免谓——判断句常不用“同动词”（即“系动词”）作谓语，这是古今巨变，但“足位”始终不动（足位本书叫“补位”，即《文通》“表语”之一）。这样才能使对应鲜明，并保持逻辑观点。

（4）“宾足”意使——宾语后的“足位”常跳上来作谓语动词，即“意动式”或“使动式”。这就是实词活用的一种手段。下边四个重点，同时就是四个虚词的难点。

（5）形附标“所”——“所”是“形附（定语）性语句”的标志，其“宾”“副”两位代词的本质不变。

（6）主领标“之”——“之”是“主语性领位”的标志，其后置介词的本质和功用不变。（“之”的“宾”“副”两位代词倒装用法用上（1）项。）

（7）联代用“者”——“者”必联形附（定语）来充当指示代词。

（8）转化用“其”——“其”能代主语（主题）转化入其他成分。

当然不能说古汉语的语法特征就只有这些个，而且其中有些是和“现代汉语”共同的，又本书所谈文言与白话不同的地方还有在这些个以外的；这里不过是说，从“格（位）”的角度观察出来某些重点和难点，得到规律，利于对应而已。就此也可看出世界不同语言的不同格（位），少于七位的，理论上是太少了；多于七位和不大可理解的格（位），在汉语的“副位”中大都可以包罗进去——“副位”的介绍者是“介词”，现代汉语的介词可再分为十五种（见《汉语语法教材》第二编），从中大可以窥见世界语言许多格（位）的端倪。

现在中华书局重印这部书，为了语法的教学体系应当是科学体系的“加工”，所以把内容要点疏明一下，盼望同志们指正。又为了现代新中国的青年们有了“具有初步阅读文言文的能力”的要求，此书在教学上或许可供参考，特加标题为《文言语法举要》。

所谓“黎派”语法诸书的评介*

总　　目

（一）《新著国语文法》批评的开始，语法科学和教学两大体系的提纲并张目。

（二）六部书的详细评介——黎锦熙三部，与刘世儒合编二部，刘世儒一部。

（三）《实践论语法图解》和《矛盾论学习图解》。

（四）《精读作品分析图解汇编》的计划和《古汉语作品分析研究法》及其他。

（一）

承语文工作者在叙论各家语法书时把我的也列为一“派”，而以1924年出版的《新著国语文法》作为评述的主要对象；今年是1964年了，究竟这四十年来我对汉语语法的看法有没有发展变迁呢？当然是有的。古汉语研究第一部系统的语法书《马氏文通》是1898年出版的，距离这部现代汉语草创的语法书《新著国语文法》的出版不过二十多年，而现在呢？距离这部《新著国语文法》的出版已经满四十年；如果这两部书还要重版，就应该都属于“旧籍”了，不过马建忠虽成了古人，而黎锦熙还是活着的。况且这四

* 选自《语言教学与研究》1984年第4期。作者于1964年写成初稿，1966年订补，1972年重校。此稿为黎泽渝据作者手稿整理而成。

十多年间是中国历史上一个大转变的时代，学术思想、文化工作都在不断革命的洪流中淘洗至今，既还在搞这一行，断不可能墨守四十年前之旧，那么《新著国语文法》也就不能充分代表现在所谓“黎派”语法了。关于这部书，除1933年、1939年两次改进不必琐述外，1951年加了一篇“今序”，对于沿袭“英文法”问题有所批判和申述；1955年二十二版和1959年二十四版对于体系不明、思想主观和自相矛盾之处都有所修订（见1959年本书卷首“重订附白”）。更重要的是1958年北京师大展开批判资产阶级学术思想运动，我就着个人的经历，把“五四”到新中国成立时三十年间和新中国成立后十年间语法界的概况和自己研究、教学的方法以及理论体系从头到尾写了一篇《**关于语法体系的批评与自我批评**》（发表在1958年12月《中国语文》杂志），现在提请叙评工作者予以注意，把它作为《新著国语文法》出版后四十年间“发展变迁”的补充资料。

那么，所谓“黎派”语法体系究竟是什么内容，它跟各家语法究竟有什么异同呢？上述的《关于语法体系的批评与自我批评》文章中，除第一节是略述四十多年间语法过程外，第二、三、四节就是批判语法“教学”的方式方法（句本位和图解法）的，第五节就是批判语法“体系”内容的四个要点的，这就有了异同比较的大概了。但是所谓“黎派”语法，一直是主张把语法分为两个方面来进行工作的：一方面是“科学体系”，另一方面是“学科（教学）体系”。1957年我和北京师范学院教师刘世儒同志合写了一篇《**汉语语法的“科学”体系和“学科”（教学）体系**》（发表在《北京师大学报》1957年社会科学版第2期，后有修订本，未印），把我们的主张全面地、系统地、扼要地汇报出来。首先说明对汉语本质和语法任务的看法；其次是对词、词组（短语）、句法、词类和构词法等所拟订的体系概要和教程；最后说明“学科（教学）体系”（在“科学体系”上“加工”的，是从“精”到“少”的，二者之间并不是对立的），并提出四个口号，作为我们意见的总结。现在也提请叙评工作者注意参考，即此可知：所谓“黎派”语法，在“科学体系”上是没有什么的，是大家都在研究讨论中的，是跟各家“大同小异”的，这小异只是强调民族化，偏重创造性；在“学科（教学）体系”上是有所主张又有所反对的，是“小同大异”的，这大异就是坚持“从造句讲到用词，以句法控制词类”。——原则上，大家知道：“语言是为社会服务的”（特点就是作社会交际和交流思想的工具），而语法就是语言本身的组织规律，它当然要把指导人们学好教好某种语言作为第一任务，可以说，语法又是为语言服务的。中华人民共和国成立已十五年，如果语法这个任务还没有完成，那就说明各级学校语文课所讲的语法脱离了现实需要，脱离了群众，脱离了社会，不符合当前社会主义建设的要求，非把它的“学科（教学）体系”加以改革不可。

（二）

所谓“黎派”语法既有四十多年的发展变迁，为了协助叙评工作者调查参考，不避浅陋，除上述两种论文外，还自我评介几部专书如下：

《**新著国语文法**》 1924 年出版后，虽然经过四十来年不断的修订重版，但现在只能看作一种“旧籍”的修订本，正如 1959 年二十四版的“附白”所说，“这本旧书重版的作用，只是好让语法学者借此观察这几十年来汉语语法研究的发展过程而已”。1959 年的重印本，是最后一次修订的定本，再往后，打算除印校上的勘误外不再有所修改。读者请予注意：如引用，据此本，以免传讹。本书共分二十章，二十章的排列顺序正是当时所试拟的“学科（教学）体系”，各章内容则是当时初步研究所得的“科学体系”的拆开和分配。其实，二十章可归纳为四个单元：一、语法基本知识和汉语基本规律（即前三章，第三章句法结构的六大“成分”是中心）；二、单式句各种格式（第四、五章“变式”和“省略”，第十二、十三章“复式”和“后补”，第十四章“包孕”也应列入）；三、词类（第六至十一章名、代、动、形、副、介，第十五至十八章连、助、叹）；四、复式句、篇章和标点（第十五、十六和最后两章）。本书既承大家曾指定为评述或批判的主要对象，就请允许我把本书各单元中怎样蜕化的痕迹在下列的后出各书目中附写出来。

《**比较文法**（词位与句式）》 （今亦名《**文言语法举要**》）1933 年初版，1957 年科学出版社校订重版，1963 年加“后序”和亦名，由中华书局重印（未见出版）。“五四”后的二十年代，中学高年级一般还是教学文言文，教师们希望有建立在现代汉语语法基础之上的古汉语语法书。但这时文言和白话的斗争还相当尖锐，文字改革运动者则想把青年应读的古汉语作品大量地精致地翻译成现代白话文，因此要创造一个条件，就是把古今语文的对应规律客观地找出来，系统地编成一部"比较"的文法。还有，当时讲语法的"科学体系"都还不够，这就该把汉语跟非汉语也做一番"比较"，从普通语言学的观点来建立汉语的语法理论；首先就根据当时中小学外语（英语）课教学的需要，在语法的"学科（教学）体系"上指点中外对译的窍门，作为初步工作。这就是这部《比较文法》编写的三个动机，主要的是第二个——创造"古书今译"的武器。《新著国语文法》第四章（属于第二单元的）"实体词的七位"，就是《比较文法》的整个屋架。所谓"黎派"语法的特点之一就是谈"位"。这"位"，与其说是模仿印欧语系的"格"（英语 Case），不如说是因袭《文心雕龙》的两句话："置言（字、词儿）有位，位言曰句。"印欧语系的形态学上所谓语法范畴，只有"位（格）"较为合理，可是汉语不在词儿的形态变化上表现，而在语句中词的位置先后（语序）上表现，从而形成种种的句法格式。抓住这个关键来做古今语文的比较工作，大有利于系统地找出其"对应规律"来（对外语比较也一样）。因此在书名后注明"词位与句式"，意思是声明这本书只是从这个角度上看问题，不能算是文言语法的全面。而这样看问题的结果就如"后序"所说，"把古汉语语法和虚词的八个重点突出，四个难点攻破"。不过，《比较文法》表面（体例）上像是一部"学科（教学）体系"的语法书，实质上已经是"专门化"的"科学体系"了。到现在，更只能供高校研究之用。如果打算编写中等水平的《古汉语语法若干课》，还得对准语文学科的目的要求，调查目前受教群众的实际情况，拟订一个《古汉语语法初步教程》，作为古语法的学科（教学）体系。

《汉语语法初步教程》 1951 年为了响应《人民日报》提倡现代汉语语法学习的号召，语文工作者在刊物上交换意见，我才把《新著国语文法》的头三章作为基础，试拟了一个"大众语法"的架子［学科（教学）体系］，同时在各章中说明理论上对《人民日报》所连载的《语法修辞讲话》的某些不同的意见（科学体系）。1952 年整理成书出版，1957 年重订（有卷首的

“附记”)，1959 年改由商务印书馆出版。

《汉语语法十八课》 这就是以具有初中文化水平的“大众”为教学对象而编写的简明扼要的初学课本，经过合编者刘世儒在中学的试用和共同修订，1953 年正式出版（1958 年重订本，1964 年三订本出版）。这书纯属于“学科（教学）体系”，内容大致根据 1924 年的《新著国语文法》的前三章和 1951 年的《汉语语法初步教程》，但从纯“学科（教学）体系”的观点出发，也有所调整。这个教学体系，才是所谓“黎派”语法不同于各家之处，只就本书举出两点：一、“词类”怎样教学？必须分配在教学“句法六大成分”之中，而分类系统则宜总结于六大成分教好之后。六大成分作为汉语语法的“基本规律”，把相应的词类适当结合进去，这就是“以句法控制词类”（如本书的第五、七、九、十一至十五等课）。但是，在这以前，也要提示九种词类的名称和例子（如本书的第二课）；我们只是反对模仿外语的教学体系，起头就在每一词类之下开列许多条的“特征”（外语是有词形变化的，初学不能不先讲而强记。《新著国语文法》第二章“词类”虽标出“定义”，不过是“词有定类”的一种基本知识，不越级到词与词之间的结合能力，因为这是要在搞清句法成分之后才能懂的）；在讲好句法六大成分以后，才可以讲系统的“词法”，即：各词类的语法特征、构词法的三类和合成词的六型、词组（短语）的五类型。干脆说，这在初学语法基本规律的阶段是应当把那些“条条”完全省去的。二、单式句的“变式和复杂结构”怎样教学？审阅过《新著国语文法》的朋友们请注意：它的第四章“实体词的七位”这个标题是“科学体系”的（如上《比较文法》所说），而内容落到“变式句”，就可以“加工”转入“教学体系”了。六大成分在句中的颠倒、游离，叫作“变式”（对“常式”说的）；句式分常、变，好记些，并不是“变”应返“常”和复原；变式句也就是汉语结构中的正常规律。（在初步教学上，只须提“成分”名，不必提“位”名，如“宾位移前”只须说“宾语提前”

或者说“宾语的位置倒在动词之前”。①）又，第五章“主要成分的省略”，实际是借着主语省略的逻辑观点来说明动词用法中的“散动式”和它所构成的词组（短语），本书则把这些都分配给各成分的本身去了，只采取几个通行的真正的“省略”格式。至于第十二章“单句的复成分”和第十四章的“包孕复句”，本书也一律纳入各成分的本身（包孕着“子句”的格式仍属单式句，是单句的“复杂化”，不算复句，这就是《新著国语文法》被修订的一个重点），因为后边要讲的各种复式句都是从这些“复杂化”的单式句出发的，也就是单式句和复式句的分界线。还有第十三章“附加成分的后附”，本书系统地并入“副词性的附加成分”，叫“后附副”，即所谓“后补”的句法格式（后附副一般叫“补语”，前附副叫“状语”）。——这么一来，所有单式句的变式和复杂结构，都从《新著国语文法》前后凡五章集中为一“单元”，而按部就班地分途走上了六大成分的轨道，成为语法初步的“学科（教学）体系”。所谓“学科（教学）体系”，就是要“少而精”；所谓“少而精”就是在高度的科学体系中突出实际需要的重点，以简驭繁，简而不漏；由浅入深，浅而不陋。②

《汉语语法教材》（共三编）　《汉语语法十八课》这本“大众”语法出版后，当时采用者要求出一种教学参考书，因而从1953年到1955年陆续出版七小册《中国语法教材》，以扩大教师们关于语法的知识领域，并结合语

① 所谓“黎派”语法中的“实体词的七位”，在科学体系的研究上是很重要的，在学科（教学）体系上是一般不用的：“七位”的前五位“位”名，除“领位”外，都与“成分”名一致（如名词、代词用作主语就叫在“主位”；用作副附（状语）就叫在“副位”，只有用作形副（定语）的叫“领位”，这是历年来在外语中用成了习惯的，没有改为在“形”位，因为法语中仍认为兼是全句的主语的。初步教学的《十八课》只说是用实体词（名、代）作什么成分，并不重复地提“位”，更不系统地讲“位”；直到第十六课要教学句式中副位和主位的“活看法”，才把“位”交代一下。七位中，主、宾、补（今改“足”位）、领、副五位之外，还有“同位”和“呼位”，就列为第十七课，这就把其他语法书中孤立的“同位语”“游离成分”和“独词句”等，都组织化、纪律化起来，分配于这两“位”系统中，节约术语、贯彻“以简驭繁”，“简而不漏”的原则。

② 《十八课》最后一课是系统地总结“词类”，借此就把“助词和叹词”补充进去。这两词类在《新著国语文法》中联系着“语音学”（包括口语练习）和“古汉语”讲的，基本上是科学体系的研究性质。《十八课》的目的在指导学好现代汉语的书面语，所以正课中这两词类都从“简”而并入最后一课，略加指点，就可不错，这也就是“简而不漏”的措施。（又如标点符号的指点，也是安排在课文内的，重练习，不单教。）

法的“科学体系”的研究。到1957年，把前四册“句法成分”修改合订出版为《汉语语法教材》第一编（包括《十八课》中例句的类推和练习题的标准答案）；跟着把后三册“词法”修订补充（经过三次），于1959年出版为第二编；又从1959年起编写复式句和“篇章”分析（经过六次修订），于1962年出版为第三编。共三大编，分述其要点和读法如下：

第一编：基本规律（以“句法”成分为主）——应属于“逻辑·语法范畴”（这逻辑，主要是指“判断”即“命题”部分）。 从大众语法的教学需要出发，所以先编《汉语语法十八课》为纲，这《教材》就作为它的教学参考书，同时插进进修的理论和当前语法界的问题。理论上，“六大成分”的单式句结构，是对准汉民族语的客观事实集中概括，作了逻辑形式的对应，所以说是“基本规律”。但在具体运用时，须反对“死”规律，坚持“活”规律——“活”就是结合（至少是不违反）语言事实；“死”就是有些写语法的先生们低水平地、主观片面地提出些孤立的、烦琐无用的规律来作尺度，事实上多是行不通的（例如本编第五部分的“主”“副”两位的“活看法”，就是纠正这个毛病的）。但有两点要注意：一、“活看”必先掌握初步的基本规律，不可于无意中违反了。二、“活看”仍是在两个（或多些）一定规律之下加以选择的，而选择的标准就是“章法”这个灯塔，就是要准确地了解说话人的完整的表达。

本编的读法：(1)《十八课》的练习题都要做好，在本编中对出“标准答案”。最好是实际教学一次，依《十八课》备课；或者设想是在备课也可。）——我们的意见：讲语法的必须通过对一般群众的教学实践，从中确切认识语法在语文学习上的目的和要求，以便清除“学院派”“为语法而讲语法”的积习。(2) 这样才可把“图解法”的基础逐层打好，把分析句法的“基本功”练好。(3) 要掌握每章纲领，从系统中抓重点，不可把“插曲”（即黑括弧内的插题）当正文看，转入一些枝节问题的讨论。(4) 若同时参看其他语法书，最好是把不同的术语和不同的讲法要点登记在本编系统中，注上原书的页码。

第二编：词类和构词法（以“词法”为主）——属于“词汇·语法范畴”。（词汇仍与逻辑的“概念”部分有关。） 从第一编“句法成分”出发来讲“词类”，就掌握了汉语区分词类的主要标准（即“第三级形态”：结合能力），并密切联系着“词汇意义”，这就能贯彻“词有定类，类有定词”。这是汉语词类的“活规律”（“死”规律也是行不通的；即如词汇中一词多义和义近用异的词，在语法上也要“活看”，不能扣死一词只归一类）。“构词法”也如此：其第一类“合成词”的各式，就是从成分结构出发的，因而与“词组”（即“短语”）的类型基本上取得一致。其第二类“派生词”，可窥见汉语的“形态学”（指第一、二级）；第三类“单纯词”，又联系到汉语的“语音学”。①

本编的读法：（1）注意纲领；例词是可增可减的，例句多数是突出的，都只备依纲查目之用，这些都不须细看。（2）“构词法”只须记住提纲的三类六型（见本编 516 页）。（3）最后“附录四种”是全书的理论根据，要细看的。

第三编：复式句和篇章结构（以“章法”为主）——属于“修辞·语法范畴”。（这修辞，仍包括逻辑的“推理”部分。） 复式句在学科（教学）体系上一般仍属于语法；从科学的“发生学”的观点来看，它也就是由单式句的“成分”扩大而独立的。可是，复式句结构的必要性和它的典型性，倒是要把“修辞”看作它的主要的出发点。可以说，“修辞”是它的第一性。人们思想（事物反映）的完整的表达，如主题论点、语文体类别（基于语言的对象和环境），层次先后（所谓谋篇布局）、组织条理（一般就叫合乎逻辑）等，应都属于修辞的范畴。而本编统叫“章法”。以“章法”为主，就

① 这第二编的词法，在印欧语系是以“构词法”和“构形法”为主的，在汉语则以词类区分和词性转化为主，而构词法（包括构形法）也当然统摄于其中。“词类区分”基本上是准照现代的“词汇意义”，每个词首先按词义归于某类（可兼两三类）为其大本营，所以基本上可说词有定类，类有定词。（至于总共定为几类，各家虽有异同，其实有些类可分可合，不过是大同小异。）“词性转化”则理论上是根据汉语的“四级形态”：第一级是汉字的变音和改字（即“词根”的变化）；第二级是词根外黏附成分和词根的重叠等式（即构词法中的“构形法”）；这两级在汉语实应划入“词汇”范围。第三级是汉语词类区分的主要标准，就是看这词与那词在“词组”中的结合能力；第四级是看词在“句子”中表现“成分”的功能。前两级形态变化是汉语表示词性转化的手段，大可以由汉语“词汇学”去分担一部分的研究任务；后两级形态是词的本身并不具备屈折形态的汉语所特有的从“词类区分”到“词性转化”的鉴别标准，才是属于纯语法的。

是说，分析作品的语言，要准确地了解和描出说话人（作者）的“完整的表达”，不得有任何割裂或者增减、歪曲，来硬配入不合实际的“死”规律（即如单复句之分和句中虚词的类别，都要“活看”）。“章法”研究，照例不属于纯语法，本编也只就分析的具体作品予以记述，不抽象地详列规范。但目前一般讲修辞的对章法也不够重视（或划入“风格”）；本编则认为是重点。分析作品全篇（或一全段）的“总图解”就是本编的主要内容，教学上，要求达到一定水平，作为贯串全书的“基本训练”。

本编的读法：(1) 掌握复式句十一个基本类型。(2) 运用于“多合句”（见本编 199 页），指出“纲型”——结构学派的层次分析法可以参考，但必须以“纲型”为主（即第一层），余层要活看，要合乎章法，不可太机械，致失语意；层次不可太烦琐、太拘泥，成为包袱，不知何用。(3) 主要是练习“总图解”（见本编 297 页），注意“实例”。(4) 卷末的“标点符号用法”只是全书所用标点的总结和必要的补充，看一看就得。

总的说来，《汉语语法教材》三大编每一编的主要内容概括如下表：

第一编讲“基本规律”，是“逻辑·语法范畴”——句法为主；

第二编讲“词类和构词法”，是“词汇·语法范畴”——词法为主；

第三编讲“复式句和篇章”，是“修辞（也包括逻辑）·语法范畴”——章法为主。

至于这三大编的相互关系，又可以概括为三点：

(1) 章法决定句法——例如上述的第一编第五部分“主”“副”两位句式的“活看法”，要决定是“主”还是“副”，就得看章法。章法原是一般“语文”课都在作品讲读的课堂上着重讲的，并且在批改习作时都相当注意的；一到指点“语法”，就多数跟章法脱节，而把那些孤立的、烦琐的、行不通的、不合语言事实的句法和词法生搬硬套，对于本来可通的词句，拿着那些死框框来吹求错误而以为近于“纯洁”；对于理论知识，又把人家“骈拇枝指”的畸形发展强加于自己的汉语而以为可致“健康”。这大约就是多年来语法教学不起作用甚至引起反感的主要原因吧。《汉语语法教材》从第一编起，就以有主题思想、有语体（即说话和文章的体裁）环境的“章法”来决定“句法”，反对学院派的离开实际，琐细分工；适当地联系逻辑和修辞，也不抛开“作文法”，到第三编就以总结章法为主要内容。

（2）句法控制词法——句法是指结构成分，汉语区分词类、剖解复合词和固定的词组，都是受它的控制的。又例如词类的再分类，大都是因组句的格式有所不同而派生出小类来。总之单式句（包括一般词组）的六大成分、复式句的十一类型、都足以控制词法（尤其是虚词），都已密切地联系了逻辑和修辞。句法就是汉语的“结构学”，是第一编和第三编前半部的主要内容。

（3）词法又贯串于章句——转过来又以有定类、能活用的词法贯串于句法和章法之中，严式图解法就是表示汉语的词法在章句中是十分精严的，汉语并不需要在每个词的形态上来那么些的烦琐变化，可是要紧密地联系词汇意义。词法就是汉语的“形态学”，是第二编的主要内容。

如此说来，《汉语语法教材》三大编，是勉图构成前后一贯，以简驭繁的完整体系。特别是第三编对于加深加高的语言研究的贡献，试就整篇或整段的作品或文件作几次分析“总图解”，再不会孤立地看句法而徘徊不决，再不会琐碎地辨词类而拘泥难通。我们要为使语法能结合语言实际、确有实用价值而奋斗！加深加高的语言科学研究，其理论也必然要建立在实用语法基础之上。而更好地“为社会服务”的“学科（教学）体系”，也就是在科学体系之上不断“加工”的。所谓“加工”，众所周知，任何科学在教育上必求准确地达到学科设置的目的要求，必须有效地满足受教群众的实际需要；为教学而“加工”，也就是教育学、心理学的一种科学实验。

但是，《汉语语法教材》全书三大册共计 162 万多字，分量这么多；体例也不单纯，是一部科学体系和学科（教学）体系的混合编制，而三大册的“总索引”还未附上，因此阅读不容易，检寻也不便。说到学科（教学）体系，《汉语语法十八课》算是交代了一种初级课本，《汉语语法教材》第一编和第二编上半部算是交代了它的教师用的教学参考书。如果语法课本只定为初、高两级，那么这样繁复臃肿的《汉语语法教材》不能算是课堂讲习适用的高级语法讲义。只能从中提纲节要，选例设题，各按课时，突出重点，而本书也只能作教学参考和理论研究或问题解答之用。全国高校的语文专业，特别是师范院校的“现代汉语”课必须供应“语法”部分的讲义。近年来，各高校师院自编讲义，单独印出语法部分的较多，也可以选择试用，按照“少而精”的教学体系加以调整。①

（三）

高级语法，在科学体系方面，总求对汉语能阐明“民族化”的规律，从而建立“创造性”的理论（也不排斥“描写语言学”近来各派的科学分析，但认为是“专门化”的研究，还不宜于搬上一般语文学习的课堂）；在学科（教学）体系方面，则必求其在大众的阅读和写作上能起一定的指导作用，那么，对于各级阅读教材的典型作品和正在学习的重要文件，就必须能从语法教学中提高他们正确的、扼要的、深切而迅捷的理解能力，这就该把《汉语语法教材》第三编所强调的分析整篇或整段作品的“总图解”，作为语法上综合研究的武器，具体示范，学活用活。我们这种具体贡献还不够，除上列各专书中附有分析作品总图解的少数实例外，成书的如下列一种：

《实践论语法图解》 1958 年江苏人民出版社出版，1963 年第三次校订重印本。主要目的是帮助学习毛泽东同志的著作，如“例言”中所说：“在于精密地通过语言形式，更深入正确地了解内容意义”。全文已分二十六段；工作起首只是每段概括大意标个提纲。再体会“章法”，类聚几段论点成一节，标个“节题”。学习者颇称便，但这样做，究竟做得是否正确，是否合

① 例如 1962 年，《十八课》和《语法教材》的同编者刘世儒本着他在北京师范学院实践教学十来年的经验，编写了《现代汉语语法讲义》试用本（附标准答案 1963 年商务印书馆出版）——所谓学科（教学）体系，由于学科程度和教学对象的水平有所不同，必须按照实际情况适当安排，这部讲义对上述的教程也酌改了两点：一、《十八课》把单式句的变化（即“变式”和“省略”）和复杂化（即“复成分”）都结合到各成分中，只是简而浅地提一提，以免基本规律显出漏洞；进一步在高级课本中则须把这些作较详较深的述说，就不宜挤在每一句法成分中，使这一成分讲得过量而费时，与其他应讲的成分隔离太远。因此这部讲义特别出来划成“单句的变化”和“单句的复杂化”两章搁在“复句”之前、各种成分之后。二、图解法的学习程序原分四步（见《语法教材》三编 396 页）：第一步重点析句（划清成分）；第二步定位辨词（在附加成分中再分线号）；第三步深究章法（从复式句起）；第四步体会修辞（指点技巧）。这部讲义接受初学者的群众意见，把第二步暂行省去（就是附加成分只表折线，不分斜线），让受教育者集中思考在第一、第三两步，趋简避繁，便于练习。——这就是语法的“学科（教学）体系”应当结合实际，灵活运用的一个实例。

乎原意，仍须把全文逐词逐句精读深思一番，以凭检定。恰巧 1955 年北京师大有个进修班（一年结业），由我指导汉语语法，就每人分配几段，进行“严式图解”，先将词法、句法，如实分析，归纳于大众语言结构的简单六大成分，然后在较长而复杂的成分中运用严式图解法。这是从毛泽东同志的文章中找出典范的精密的词句规律，而不是先造许多语法框框来寻求和配置一些典范例句进去的。至于“图解说明”中注出的参看语法书的“页码”，只是因为各家语法术语未统一，所以暂用《汉语语法十八课》的教学参考书（即《汉语语法教材》第一编）作个根据，注出图解说明中所用术语和体系的出处，以便参检。总之，这书是从毛泽东同志的著作中阐明汉语语法规律的灵活运用，打破死框框，建立活语法。尤其重要的是考验读者是否读通了本文：假如对于本文的语言形式有所误解，就可以在图解中得到纠正，以免影响到内容意义的正确理解。当定稿时，通过这种词法（词组）、句法和句组的研讨工作，才把所拟的章法（段题、节题）确定下来。经过三个学年度的讨论修订才出版①。

《**矛盾论学习图解**》（稿本共三册）——今按：在 1958 年后十年间，由《实践论语法图解》的主编者继续完成《矛盾论学习图解》的初稿。这稿把内容思想的分析研究放在第一位，与语法的篇章结构和逻辑推理的形式联系起来；而句法成分的图解则放在第二位，图解仍采“严式”，“附注”则多从略，卷首有“学习者的说明”一篇，述明总图解使用的颠末及使用范围的扩展。（1972 年 1 月补述）

（四）

此外，在准备中的有《**精读作品分析图解汇编**》，分“现代汉语”和“古代汉语”两类，按作品时代排次序，也可出活页本，文章主要从中学语文课本选出，现已完成数十篇作品的“总图解”。《汇编》（第一部）的卷首

---

① 1958 年 6 月第一次初印本出版，又曾分送中央和各地有关方面审核。1961 年“高等学校文科教材编选计划”（周扬所主持的）“现代汉语”课中并未规定采用“图解法”。各方对于此书的内容意义未见提出意见，到 1963 年 7 月出版社函称“该书发行以来，社方尚未收到什么反映”，为适应社会需要，才出了第三次校订重印本。

拟编入《**古今作品分析“图解法”简说**》一篇，现在特先提出来，请叙评各家语法的同志们参考所谓“黎派”语法在教学体系上落实的特点并予以指正。

说到古汉语语法，在《比较文法》的“后序”(1963 年发表在《北京师范大学学报》第二期，1973 年重订）中，我已略提两体系的意见，现拟提出来编入《汉语语法论丛》。至于初步教学，拟集体编写一种《**文言语法十八课**》，但须在高级研究中做一番准备工作，拟有《**古汉语作品分析研究法**》(**六条**）一并附在《论丛》中，统希评正！

所谓“黎派”语法的完整体系，本来还计划集体编写两部综合性的书：一是《**古今虚词通典**》，一是《**语法术语通释**》(已选三则 1962 年 12 月发表在《北京师范大学学报》第 4 期，有脱误，另有 1972 年校补稿)，这当然是属于科学体系的，但为了便于学科（教学）体系的适用，避免一般专家巨著的形式，宁可采用便利大众检寻的“辞典”体裁。内容务求通贯古今，类比中外，扩大知识领域，解决实际问题；也不同于一般辞典纯机械式的平衡排列。说解务求至简而极浅，简而不漏，浅而不陋；又要能详而可深，详而不费（不费话)，深而不晦（易看懂)。

最后我还提点不成熟的意见：讲语法无论是现代汉语或是古汉语，出语法书无论是科学体系的或是学科（教学）体系的，第一不要盲目崇欧，第二不要幽情思古。这两种偏向当然属于资产阶级学术思想；其远因，似乎还是几十年前知识分子所遗留的半殖民地和半封建社会的思想残余。今天大家必须站定无产阶级政治立场，把革命任务结合到自己的专科业务中去。

整理者附言：

本文中所提到的语法诸书，作者晚年大都加以修订或校补（今后发表或品评均应以最后修订本为准)，其中《古今作品分析“图解法”简说》和《语法虚词通典》样本（AY 字稿）已于 1983 年分别刊入《徐州师范学院学报》第 4 期，《信阳师范学院学报》第 2 期。作者晚年还曾撰写许多语法新著大都未发表，仅有《古汉语言语入门・序》1983 年刊入《延安大学学报》第 3 期。

古汉语言语入门·序*

赵步杰同志把他的《古汉语“言语”入门（修订稿）》从延安大学寄给我；前几年我初见他的这部讲义原稿，就觉得“言语入门”之说有点儿突出；他说当时同人多不赞成这个名称，而他坚持，我就觉得这个突出是有创造性的，是从教学实践的经验中得到的一种启发。我就想把自己的看法给它阐发一点儿理论，以备群众的研讨。不过，现在写业务性的文章，都得提到政治思想上的原则上来，所以我先把答复张文焕同志的信节引两段如下：

> 承你对1953年初发表的《汉语语法两体系》批注完。但有一段较为重要的阐明：
>
> 我和刘世儒两人为什么要把《汉语语法两体系——科学体系和学科（教学）体系》定为这篇论文的篇题呢？这里用“体系”这个词，指的是在学术业务上表现出来的思想政治体系：第一、大家知道，语法是语言科学的一个部门，研究它，首先要问应当是“什么目的”，是不是对于人类社会要有所贡献？是不是要有所发明、创造为世界各种语言规范改进其理论和方法？这就是属于第一“科学体系”的研究。其次，就得问应当是“为什么人”，这个答案很简单，就是要把自己所研究而认为是较好的理论方法来应用于实际，“为祖国语言（汉语，全民的，大众

* 选自1983年《延安大学学报》第3期。又见1991年3月《古汉语言语入门》（赵步杰著），陕西人民出版社。

的）的纯洁与健康而斗争”，然后能为社会主义革命、社会主义建设的宣教工作服务，为无产阶级的文化工具服务。这就是属于第二“学科（教学）体系”的研究，因为实际问题就是要把小、中、大各级语文“学科”和“教学”方法彻底改进，把教材课本编写得进一步完善。所谓“两体系”，只是一码事的两方面；科学研究和学科（教学）研究是应当同时进行，“迭”相改善的，我们在这论文“结论”的第（3）项已有强调的声明：研究这两体系时，“可以说‘学科（教学）体系’简直就是‘科学体系’的加工”（因为要联系其他有关的科学，主要是教育学和学习心理学）。——打个比方，以大喻小：我们两人（当然还有参加讨论的）这个集体的语法小工厂，就是把这篇论文当作《鞍钢宪法》看待的；所以，二十年来，从“学科（教学）体系”研究出版了初步教学用的50多页的小册子《汉语语法十八课》，再把每一课扩充起来，安排到“科学体系”中，陆续出版了进一步研究参考用的150多万字、1,600多页的《汉语语法教材》三大册。

所谓“加工”，就是本着上文“两体系”的研究和出版的原则，要同时并举，迭相改进的意思，不要把普及教学的东西看作是要减低水平、降下程度的，一句话：普及是“在提高的指导下普及”的。接着下一句话：提高是“在普及的基础上提高”的，就是说，不要把普及对象广大群众的水平误看作是一成不变的，他们的思想和理解能力正在发展中。例如你若要研讨语法教学（大众性的）问题，就该想起这是语法科学研究的“加工”，要加一种“精简”的工（如系统分明，重点突出，易学管用），绝不是改成些“粗漏”的东西。下一句话尤其重要：你若求语法科学研究的前进，就要确实地认识那些并不知道语法的人民群众，其口头“言语”就没有不合于所谓“语法”的，它就是“语言”的基础、“语法”的根据；是语言科学一切资料的源泉。——这“言语”一词，英译可特用 spoken（即动词 speak 的 p·p 形式，指谈话、口头报告），一般泛用的名词即 speech。十年前南方语法界有人建议与“语言”一词分开来用的，今姑从之。

“画龙点睛”，引文到了末尾就把“言语”两字跟序文焊接起来了。那么怎么样才是“言语入门”呢？任何一种“语言”，总要入“言语之门”，才能完成这种“语言”的任务。尽管说的是某种语言的“普通话”，共用这种“语言”的人听了都懂，若只够互道寒暄，共喊口号，那是才跨进门槛，还未升堂；到了堂中，彼此发言，意通辞达，总算入了“言语之门”了；然而还未入室，必须是在会议室中高谈雄辩，引起共鸣，或是在起居室中，促膝谈心，“推襟送抱”（这是个表示“亲切友好之谈”的成语），然后尽了某种“语言”的能事。

上边是就某种语言的“普通话”说的，中国的汉族“语言”过去提倡“统一”已历七十来年，由于祖国地方大，人口多，现在还在大力推广汉语的“普通话”，要求“尽其能事”，还得努力进入“言语之门”。假如双方会话，不能用普通话而各用其本地“方言”（四大方言区和北京标准的“普通话”的差距，就跟像英语和德语的差距，所以教学上是与外国语同比例的），那就是还未具备入“言语之门”的基础（不过四大方言区之外还有“普通话”范围内的“小方言区”，对应转变，升堂较易）。更由于祖国的历史长、文化古，还有一大批的用统一的汉字刻印流传的“古汉语”书刊和现代的“文言文”作品，是不是也要入“言语之门”呢？恰巧，赵同志这部讲义就替我答复了：必须要“古汉语入言语之门”。

那么，又怎么“入”法呢？任何不同的语言，都可以在直达“言语之门”的程途上搭一道过渡的桥——翻译。

这种“翻译”，与一般翻译的意义有所不同，不是不同语族整个内容的口头翻译（例如外交上的“对话”），也不是同一语族的方言翻译（这是说话时“口音”和“词汇”不同，属于音韵学和词汇学即词典所管），这乃是“语言”中用词造句的“言语”翻译，是专属于“语法、修辞”一类的。而赵同志所编写的正是一部“语法”讲义。

“语法”中这个“言语之门”的问题，过去是很不被重视的，现在却有了关于政治的现实意义了。几千年工农兵广大群众从来不能读、不让看的书现在都到眼前来了！二千多年前的作品，如《荀子》《韩非子》和《商君书》，如果有人要读一读原书，注释本又特少，大家正在设计这个“翻译”的桥梁怎样架造法。

我得到赵同志所创“言语入门”这个名称的启发，于是兴奋地写了一篇论文，题为《古汉语语法的“言语入门”的研写法提纲举例》。现节引其一部分如下：

古汉语作品分析的三部曲（1974，二月稿）

第一部曲　简注本篇古“词汇”的音义，串讲内容，只求“达旨”。例如在今天选讲《荀子》，初步只能按词句略阐明其内容大意。如果听众中有要学习原文的，才可逐词逐句对应“言语”奏出第二部曲：

第二部曲　把原文“翻译”成现代白话。——要讲得人人能懂，又完全符合原文的语意，准确无误。

举《荀子·劝学》篇第一段中的一组复句为例：

[原文] 木，直中绳；輮以为轮，其曲中规，虽有槁暴，不复挺者，輮使之然也。

[译语] 木料，直本可合于绳墨；但人若揉它成为车轮，那么它的曲又改合于圆规，虽然有些枯槁和暴露在太阳里，可是它再也不能挺直起来了。（这是什么缘故呢？）就是揉的力量使它变成这样的呀！（圆点是原文已有的字、词；⌒是加的虚词；（　）中是加的语句）

[注意] 必须先把原文像这样如实地翻译成现代人们都听得**全懂意思**的白话（在四大方言区，索性暂用其本地风光的方言，以达成真切的了解），这就进入了“言语之门”。以上一、二两部曲，一般大都奏得出来。然后逐步按**“语法”规律**把原文图解起来，自然不会误成“病图解”的，这就是奏的第三部曲，进行“科学体系”研究以提高“学科”质量的“加工”。

第三部曲　画出原文的“总图解”——自学和教人合并进行，分两步骤：

(1) 前奏——就着原文，先在骨干成分的字、词下标出：＝，主语；—，谓语；﹏﹏，宾语或补语。（原为“读书加线法”，是初步析句时“图解一切长句子的手续”。因为这样把“六大成分”的四个骨干成分“抓紧标记”，才便于安排图解的间架。——“骨干成分”都画在每个单句横线的上边，其下边是“附加成分”，可不在初步分析之内。但若以机械为喻，这“前奏”究竟还是整理“零件”，不是安装全部机器。）

（2）交响乐，大合唱——总图解：（“总图解”是全篇集合的“大合唱”。）

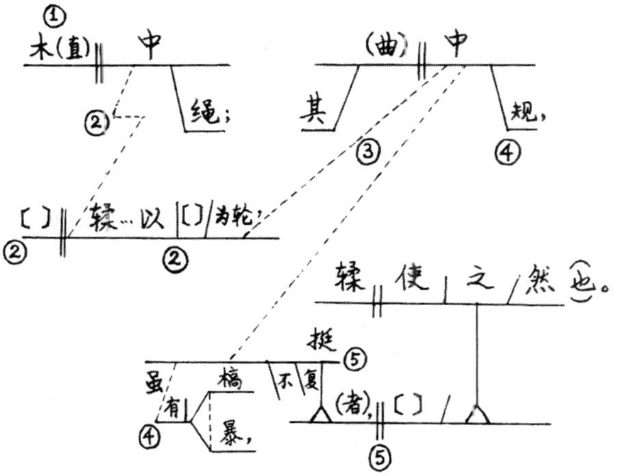

①“木”，主语，“直”“曲”是主语的“部分同位”。

②转折句：〔〕，省略号；主语，泛指“人们”，照例省；宾语是代词“之”（它），指“木”，承前省。

③这对上文是转折句，对下文兼作“其曲中规”的条件从句（条件多用假设语气。但若把语意放轻些，也可认作时间从句，如同说“当‘揉以为轮’时”）。

④“不复挺”是对上文“曲中规”的承接语；可是它前头又用连词“虽”连着一个让步从句——在它后边的主句对“虽”总是转折关系，要注意。

⑤“者”，古汉语（文言）中特殊的联接代词，与上文“不复挺”为同位（如同说“这个”“这件事”“这个缘故”），为下文“〔是〕輮使之然也”的主语，合成一个总结这一组复句的“判断句”，——“輮使之然也”这个补语子句，就是章法上照应全篇主旨的。

〔注意〕请参看《古今作品分析图解简说》。

“总图解”是从词汇音义，句法成分，文白对译，词类、词组，复句，句群，段落、篇章等教学程序进证其科学体系，综合而成“一盘棋”。看图解，就能对原作品了解其文从字顺，脉络贯通，语法上烦琐的术语名词可以“不着一字，尽得风流”。请参看《汉语语法教材》第三篇 396 页，这里附录其末段如下：

> 图解法如果运用得适当，在帮助汉语语法的科学研究上，可以总结它的几个优点：一、绘出思想表达的“语言形态”；二、思维规律（逻辑的）和“语言规律”（民族习惯的，包括文学的）的统一；三、句法成分和“词类”的统一（就是说，可看出句法成分和词类的关联性和一致性）；四、词形、词义、语意（包括语势、口气等）和“词序”“句型”“章法”的统一（就是说，对于语法，可以把形态学和结构学结合起来；而语法研究，同时又能联系实际，结合修辞）。
>
> 总而言之，不论古汉语和现代作品，也不论分析图解的繁简高低，全都是要通过某种“语言”的“言语”的，大都是要跨过“翻译”桥梁而入“言语之门”的。
>
> 最后赘言：研究语法，教学语法，两般体系，一条纲领，就是：不要“为语法而语法”！——如果说，全世界学术专科里有语法，我们也得追随着搞语法；我们学校里有语法这门课程，我就照例担任语法；为了学生毕业，我就“对本生歌”地讲完这部语法……这些说话并没有什么错误，只是把语法弄得“没有灵魂”了；没有灵魂则“幽灵”将起而代之，说不定在语法业务工作上不自觉地犯了路线错误，因为他的意识中还没有清醒正确的世界观和人生观。赵同志的语法老师是前西北大学的傅子东教授，新中国成立以前与我不约而同地尽心于“句本位”的语法规制和“图解法”的教学方法。至今少数高足得其传授，赵同志即其一人，近有信对我说，傅老师的语法创业未半，其“要害”就在“为语法而语法”。善哉此言！足以作为语法的科学研究和学科教学“同时并举、迭相改进”之“新生事业”的启示了。是为序。

黎锦熙

1976.3.18

（时年满 86 岁）

下编

新著国语教学法*

中等学校用

序

我这书可又近于“结集”了。民七（1918）在武昌、民八（1919）在山西视察讲演的结果，出了一本《国语学讲义》；民九（1920）在江浙一带调查讲演，同游的朋友又替我结集了一部《国语讲坛》。民十（1921）至今，整整地过了三个年头，我的光阴和精力，仍旧是全部贡献作宣传国语的牺牲——这牺牲乃是自己心甘情愿的，所以虽常常感着精神上和学业上的大不满足，但一咀嚼牺牲两字的真滋味，便自然而然地得到一种慰安。这三年间，除对于国语文法曾用了一点儿较有系统的功夫，成了一部专书而外，每年一到暑期，总免不了东驰西突，所讲的大半是国语教学法，讲稿或由他人笔记，或由自己写成，断简零篇，充满行箧；若把它辑录起来，也照例编为“文存”“近著”或“讲演录”之类，那么既不是富于趣味的文学作品，又不是东西文化和人生观等等广阔的问题，不但人家不愿意看，连自己看了也要觉得讨厌。况且这路关于教育的著述，不必有“我”，只要有“人”！“为己”与“自度”，乃是伏案自修时的金科玉律；但一动手写，一开口讲，便是“为人”，便要存心“度他”了。因此，我就不揣冒昧，简直地避去零星结集

* 《新著国语教学法》，1924 年 7 月商务印书馆初版，1930 年 12 月订正三版。本书据 1933 年 9 月国难后第一版。原著正文后有“附录”三种，本书未录。

的形式，用了教科书严整的体裁；把三年来比较可存的稿件，修正、编次，重要的作为正文，备考的作为附录；我并不希望它能侧于教育专著之林，只望它对于师范生和初中以下的国语教员稍有裨益。但是，教育的著述虽然和文学等性质不同，应该无我有人，说不上什么自己的表现，然而自己总得有个一贯的宗旨、一定的主张。也许一个人的牺牲驰突的生涯，为的就是要贯彻自己的宗旨，实现自己的主张；要说“为人”就是“为己”，“度他”便是“自度”，两无差别，只是一事，也无不可。那么，我这三年来牺牲驰突的生涯，也不可不留一点儿记载；我于是乎列一表，以结此序，以当引言。

<table>
<tr><th colspan="2">章次</th><th>（原讲题）</th><th>（原讲时期及所在）</th><th>要点说明（或附记）</th></tr>
<tr><td colspan="2">第一章</td><td>国语科之四大目的</td><td>民十（1921）七月，在天津直隶女师校国语讲习会</td><td>这章很简要。其《国语要旨图表》，可看作国语科课程标准之概括的说明。</td></tr>
<tr><td colspan="2">第二章</td><td>国音字母的初步教学法</td><td>民十一（1922）八月在湖南省教育会暑期学校和武昌中华大学暑期学校</td><td>这章是历年在各地考察国语教育，往往发现小学教授字母的种种困难和方法的不合宜，便随时开会商决，逐渐积了若干条的结论，最后在长沙定稿的。</td></tr>
<tr><td colspan="2">第三章</td><td>国语教材和教学法的新潮（设计法）</td><td>民十（1921）三月，在安徽教育厅附设国语讲习所</td><td>这本来是民九（1920）考察江浙国语教育时的参观笔记，后来引申杜撰而成此章。</td></tr>
<tr><td rowspan="2">第四章（读法）</td><td>第一节</td><td>儿童文学的分类和支配法</td><td>民十（1921）四月，在上海江苏二师校</td><td>研究这一节时，可将现在新学制下通行的各种小学国语教科书、儿童文学丛书、以及定期刊的《小朋友》、《儿童世界》……等，分别归类，藉作本节的例证，一方面就可算是儿童文学辩体的练习。</td></tr>
<tr><td>第二节</td><td>国语教科书的革新计划</td><td>同上
（以上三篇，曾编作《时事新报·学灯》的国语专号）</td><td>民十（1921）以前，各书坊新出版的国语教科书，大都还是旧文言作的翻译本，最大的毛病就是分量太少；当时儿童文学初有一两人提倡，副读本还没有盛行。这篇就是为他们对症下药的。自此而后，便大大地改观了；现在的情形，大体上可以说和这两节所主张的差不多了。</td></tr>
</table>

续表

章次		（原讲题）	（原讲时期及所在）	要点说明（或附记）
第四章（读法）	第三节	国语科读法的新教学法	民十一（1922）四月，在天津直隶省国语讲习所	这一节和第二章相同，也是逐渐修改而成，也是因解决实际教学上的困难问题而引出来的许多结论。
第五章（话法）	第一节	国语的特质和客观的标准	民十一（1922）四月，在济南山东地方学务讲习会	这是一篇“国语概论”，将本国语言作一番分析的研究，说明标准的国语究竟应该是个什么。在本书中，是有关学理的一节。
	第二节	因地制宜的国语话教学法	民十一（1922）在北京教育部第三届（1月）和第四届（12月）国语讲习所	这是依方言研究的结果，断定教学“国语话”不能单采一种方法与单用一种编制，故将全国略分为四大部十二区。
	第三节	国语科话法教学的新案	同上	这是提倡采用现代外国语的新教学法来教学国语话的，但也主张不可太拘，还是因地因时的好。所举各条办法，都是切实可行的。
第六章（缀法）	第一节	文法图解法在国语教学上的应用	民十二（1923）七月，在杭州浙江暑期学校	这是把两次讲稿合编为一节。须参考拙编《新著国语文法》；因为这一节就是教国语文时怎样把《新著国语文法》来应用的一个实例。
		词类检查表的编制法	民十（1921）十二月，在北京东城小学教员讲习会	
	第二节	作文课程纲要详解	民十二（1923）在上海商务书馆暑期学校和国语专修学校	这两节也是重在解决实际问题。但次年又改组为一篇文章，登在《教育杂志》，却是重在提倡初小先授国音字母。现在又酌改，仍以缀法教学为主。
	第三节	作文教学的要项	民十一（1922）五月，在北京西北城小学教员讲习会（编而未讲）	

续表

<table>
<tr><th colspan="2">章次</th><th>（原讲题）</th><th>（原讲时期及所在）</th><th>要点说明（或附记）</th></tr>
<tr><td rowspan="7">第七章（书法）</td><td>第一节</td><td colspan="2">教育部公布《注音字母书法体式》三种的全文——民十一（1922）</td><td></td></tr>
<tr><td>第二节</td><td>“印刷体”详解（附版片玩具）</td><td rowspan="4">这四节可说是第一节的公文详解。本来是提出于国语统一筹备会的一个草案，经字体委员会删节送部公布后，原稿恰好成了一种详细的说明书。民十一（1922）又略为改编，曾用作第三四两届国语讲习所和湖南暑期学校的讲义</td><td rowspan="4">自从民七（1918）注音字母公布后，一般人对于它的声韵方面，研究得很精详。可是它的“形体”方面，也颇含有重大的意义和微妙的作用；只因书法体式未定，故大家只嫌它丑陋，而好处便全被抹杀了。这四节就是阐发它形体上种种优美的作用的。</td></tr>
<tr><td>第三节</td><td>“楷书体”详解（附版片之又一用法）</td></tr>
<tr><td>第四节</td><td>“楷书体”与汉字笔法</td></tr>
<tr><td>第五节</td><td>“草书体”详解（附“别体”）</td></tr>
<tr><td rowspan="2">第六节</td><td>习字教学改革案</td><td>民十二（1923）预备提出于北京小学教育研究会</td><td rowspan="2">这两篇文字，本来彼此无关，只因本书似乎要叙一叙测验方法，故说到习字的 Scale，便附带地加上了教育测验的概论；因概论测验，又附带地把全书的结论也写上了。为节省篇目起见，故统合于第六节。</td></tr>
<tr><td>言文科测验方法叙评</td><td>本年提给北京两师大湖南教育研究会的一篇论文</td></tr>
</table>

黎锦熙

七月七日（旧历六月六日），民十三（1924）

目　录

(2) 编纂的体例
(3) 分量的斟酌
〔附录〕吴研因《国语课程纲要说明书》的一段
(4) 插画的考案
(5) 种类的多少
(二) 副读本(补充的)
(1) 教材和分配法(分三种)
(2) 副读本的形式
(3) 使用上的注意
第三节 "读法"的新教段和注意事项
自动主义的新三段法图表
"理解"段的要项(预习法,讲解法,诵读法)
"练习"段的要项(表演法——六种好处)
"发展"段的要项(读书的能力和兴趣)

第五章 标准语与"话法"——语言
第一节 国语的特质和客观的标准
中国语言的特质(附图表)
客观的标准语
(一) 语词和语句
(二) 字音
(三) 字的声调(四声)
(四) 词调和语调
(五) 总图表
第二节 "因地制宜"的话法教学法
(一) 北京
(二) 北方官话区域
(三) 南方官话区域
(四) 苏浙语和海滨语区域

（五）总图表

汉语方言十二系区域略图

第三节 话法的编制和教学上的新方法

概论（两种办法）

〔附录〕张士一《究竟怎样去统一国语》（节录）

（一）读法“前”的话法（幼稚园，始业时）

〔附录〕杜威《教育哲学》的一段

（二）读法“内”的话法（口讲法，朗读法，复习法）

（三）读法“外”的话法（直按法，演进法，命令法）

〔附录〕吴研因《国语课程纲要说明书》的一段

第六章 国语文法与“缀法”——作文

第一节 文法的图解法和词类检查表

课文图解法举例（《陶侃》）（语句深究法）

词类检查表举例（同上）

〔附录一〕《国语中基本语词的统计研究》

〔附录二〕巴必《课程论》的一段

第二节 各学年缀法的新课程纲要

（一）第一、二学年（注意“音字”）

〔附注 1〕 教学实例（杜威《教育哲学》的一段）

〔附注 2〕 缀法释名

〔附注 3〕 缀法两大原则（节录《教育杂志》）

〔附注 4〕 汉字三大障碍（同上）

〔附注 5〕 从“音字”走到汉字的三条路（同上）

（二）第三、四学年（作文两个要素）

（三）第五、六学年（高级）（四种文体）

第三节 缀法教学上的要项和实例

（1）缀法外的缀法

（2）共同构成的作品（《小鼓》实例）

(3) 作文的艺术化（绘画实例）

(4) 缀法与读法的联络法（劳动节实例）

(5) 出题法

(6) 批改法

〔附录〕《国语作文教学法》的结论

第七章 字体与书法——写字（存目略文）

第一节 国音字母的书法体式

（一）印刷体（说明六条）

（二）书写体 1. 楷书（说明三条）

2. 草书（说明五条）

〔附录〕教育部公布书法体式公文

第二节 字体“间架”的基本教学（版片玩具用法一）

版片玩具的制法

版片玩具的排法举例

第三节 楷书“笔法”的基本教学（版片玩具用法二）

版片排成的楷书体式范本（插页）

第四节 汉字的基本笔画（楷书笔法六系）

第五节 国音字母草书教学法和别体

草书的运笔法和教程

〔注意〕标声调的符号

〔附〕直行的草书体式（说明两条）

别体(1) 历史的（篆书等）

(2) 世界化的（罗马字母）

罗马字母与注音字母对照表

第六节 书法的新教程和 Scale

新教程(1) 第一、二、三学年（设计，音字）

(2) 第四学年（行楷，简体）

(3) 第五、六学年（行草，临帖）

〔附录一〕《汉字书法教授规程》

〔附录二〕《汉字运笔则》

Scale（测验的尺度）

〔附言一〕论西洋技能的书法测验

〔附言二〕概论言文科各种尺度和测验

（1）关于缀法的（再分三项）

（2）专验文法的（再分四项）

（3）关于读法和话法的（再分三种）

（ㄅ）默读测验

（ㄆ）朗读测验

（ㄇ）识字测验

（4）关于书法的——拼法测验

总括测验的三种目的

总论教育测验＝全书的结论（两个相辅而行的根本事项）

附录一

附录二

附录三

第一章
国语教学之目的

（小学国语科课程标准）

先问：语言文字有什么用处？

单就文字讲来，杜威（John Dewey）说：“一切文字及数目，都是符号（symbol）；都是拿它来代表事物和思想的。把这种符号习熟以后，（一）就是得到了研究学问的工具（即我们施行教育的一种工具）；（二）就是得到了种族中历代所积聚下来之知识的钥匙（因为它能记载人类生活的过去经验）：这真是一件重要的东西。”

语言的用处：（一）是表情达意；（二）是人类共同生活的唯一媒介物。它产生在文字之先；文字就是帮助它能“行远”而“持久”的。

所以文字和语言，都是代表事物和思想的符号：文字这种符号，是用手写、用眼看的；语言这种符号，是用口说、用耳听的；不过我们运用的官能有不同罢了。所以文字和语言的用处，虽然各有所长，但这四项用处可看作共通的。

再问：为什么要改国文为国语？

（一）要使文字和语言一致。文字以语言为背景，才是真正确切的符号，才能作普通实用的工具，才能成有生命有活气的艺术。

（二）要使全国的语言统一。第（一）件果然办到了；若是国语不统一，那文字不也跟着它不统一——分裂了吗？所以一国的语言，要有一定的标准语法、语词和语音。今列表如下：

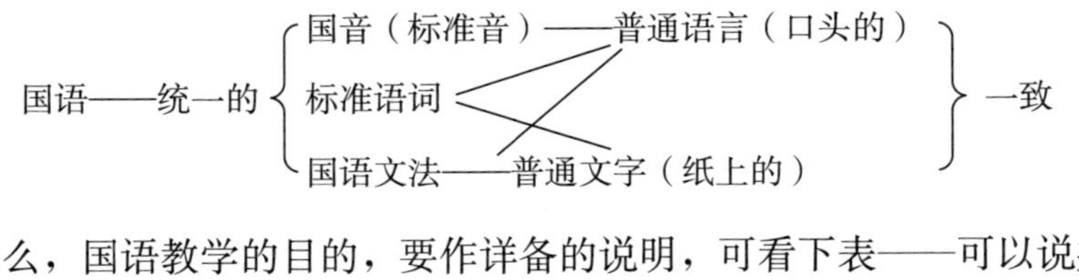

那么，国语教学的目的，要作详备的说明，可看下表——可以说共有四个目的：

国语要旨
- 语文方面（形式的）
  - 理解
    - 学习普通文字……能读（读法）…… 自动的研究与欣赏（1）
    - 学习普通语言……能听
  - 发表
    - 用语言发表己意……能说
      - （能听、能说）（话法）…
    - 用文字发表己意…
      - 能作（作法）
      - 能写（书法）
      - （能作、能写）…
    - （话法、作法、书法）→ 社交上的应用（2）；艺术上的建造（3）
- 心意方面（实质的）
  - 扩充知识与经验……智
  - 启发想象与思想（智、德）
  - 涵养感情与德性……德
  - （辅助锻炼人格）…个性与趣味的养成（4）

〔附录现行小学国语科课程标准，见卷尾《附录一》〕

第二章
注音字母之初步的教学

（一）注音字母三十九个，加上变音的“ㄜ”母一个，合为四十个，可以仿照蒙特梭利（M. Montessori）练习罗马字母写、读的教具的制法，制成幼稚园儿童的玩具。

（二）幼稚园的儿童，若将注音字母四十个都认识了，到了小学校初年级，只须从拼成的“语词”教学起。

（三）小学初年级教学字母和拼音，有八个要项：

（1）先学会字母和拼音，再教汉字。万不可把新教授的汉字，与新授的字母和拼音（注在字旁的）同时提示。

（2）国语的初步教授，应该用直观教授，即事物教授。实物和实际的形象、动作，必各有名称，就是大家口里所叫的名称，这就是语词。字母拼音，就是拿来作这些语词的声音和符号。所以初年级所教学的字母拼音，要看作标记儿童生活环境内一切实际事物名称的工具。

（3）实际事物名称的词要依标准语；音要依标准音（即国音）。

有人问：本地方言、方音，和标准语音有不合的时候，这实际事物不是换了一个新名称吗？不怕减少儿童的兴味而增加他们的困难吗？

答：实验的结果，适得其反，儿童富于好奇心，他最欢迎新名称；又富于求知的欲望，有简明熟习的符号可以标示这新名称出来，他最为满足；又发音的本能最完全，新词，新音，他比成人易学、易记。

（4）复音词 不可分析割裂，——如ㄇㄠㄗ（帽子）不可单作ㄇㄠ，ㄇㄟㄇㄠ（眉毛）不要单作ㄇㄟ。

（5）同音异调（五声）的词，若是单音词，便要把两词同音而异义的，（儿童碰到这种词，也自有怀疑和不满意的表示）加上标示声调的符号——如马作ㄇㄚˇ（或˙ㄚ）麻作ㄇㄚˊ（或·ㄚ）；骂作ㄇㄚˋ（或ㄚ˙）；若是复音词，也要把拼音相重复而意义不同的，从那比较少用的那个词上面加上符号——如眉毛作ㄇㄟㄇㄠ，美貌作ㄇㄟˇㄇㄠˋ，又如知识作ㄓㄕ，指示作ㄓˇ

ㄕˋ，知事作ㄓㄕˋ。——在初年级儿童所能运用的“词量”还有限，单音词本来少，复音词重复的更少，所以这种符号，在事实上究竟用得不多。不过既已添加上去，就要看作固定的，简直就算是那个词上固有的笔画。又此时还不可便提出阴平、阳平、上、去、入五声的名称，更不可便说明五声波动的状态（→↗↖↘→）和原理。

（6）若是幼稚园没有利用玩具教学字母，小学初年级生并不认识这四十个字母时，也只要照（2）（3）（4）（5）四个要项去教学，不可先费工夫叫他们死记着无意味的字母。只须等囫囵的语词认识得多了，再利用相当的机会，分析字母出来（四十个字母就算是构成各语词的四十个原素的名称，和汉字的点画撇捺等名称一样地看待），再把字母的发音和拼法教给他们，是很容易的。

（7）从语词分析字母、教学拼音时，只用双拼法，不用三拼法。——声母二十四个，韵母十六个（三介母在内），又结合韵母二十二个，合计韵母的音有三十八个。介母韵既成结合韵母，所以只有声韵双拼。但有时因为教学上的便利，也不妨把ㄧ、ㄨ、ㄩ和声母已经拼合的音，再拼别的韵母——如ㄇㄧ（米）加ㄢ成ㄇㄧㄢ（面）等。

（8）到了儿童能够自动地运用字母拼音来表情达意的时候——最好能写出他们口语的文学（儿歌、童话等）的时候，再教学汉字也不迟。

〔**附录**〕

（一）《国语问答一束》的一段（有所修改）

从前欧美的课本，初教他们的拼音文字时，已大都是如我所说的，“与事物教授拼合”。现在他们改良的方法是：只将已经拼成的词（words），按照嘴时的发音部位，一个一个教儿童读出来，不像从前把一个词的字母分开来拼读。我们自然也该进一步用这个法子：先将四十个字母有实际事物可指的提示出来；继此就顺着发音和拼音的难易（这难易须由各地方自定标准），把所有拼成的四百多个音节（syllable）的国音配列于代表实际事物的“语词”之内。教学时，又有两个正音的方法：一，合音法；将已经教过的两个字母，合起来读成一音。如纸（ㄓ）、屋（ㄨ）两个词，已经教过了；现在教“竹子”，就可以把“纸”“屋”两音，教儿童“连着快读”出来，便是正确的国音“竹子”的“竹”（ㄓㄨ）了。这是利用儿童的经验，联合旧观念来作综合的发音练习，与无意味的分析的拼音法不同。二，归纳法；譬如画一匹马，旁边写着“ㄇㄚˇ”，教儿童囫囵的发音，不要分；等到木头的“木”（ㄇㄨˋ）和“猫”（ㄇㄠ）“毛”（ㄇㄠˊ）等字都教过了，他们自然知道“ㄇ”的符号就是表示闭着嘴唇来发音。到了将同音的字或同声母（或同韵母）的字综合复习的时候，再乘机将这“ㄇ”母分析出来，利用心理上的类化作用，教他自动地归纳这个“ㄇ”声到两唇组里面去。这种教学法，乃是利用反复熟练的“官能”，逐渐地引起分析、类化的“心能”，很合于儿童心理上本能之自然的发展，并不像从前用分析的方法勉强注入。欧美改良的新教授法，劈头不教拼音；何以他们的儿童，也自然而然地渐渐知道一切词的拼音呢？也就是这个道理。我们若要合于世界上语言教授的趋势，只把注音字母所拼普通语词的音，当作欧美的拼音文字，一样用新法教授就好了。何况注音字母这种表语音的符号，是现代人造的，比欧美历史上传来的拼音文字，整齐、规则、简易、合理得多呢！

（二）民国十一年（1922）中华教育改进社第一次常年大会议决案之一

议案主文（修正案）（黎锦熙提议）

国民学校初年级教注音字母者，可用注音字母试代汉字。（参观“用科学方法修改注音字母，使成为国语字母案”）

理由：

一、汉字形体，复杂、混淆，早已不足为普及教育之工具。

二、用新教学法教学汉字读法时，虽只要求儿童辨认其体势，不必强记其笔顺，但在阅读方面，固尚可能，而在“发表”方面，仍为阻碍。

三、国语科外一切科目，凡遇需要文字时，无不受其障害。

四、若能视注音字母为一种“直接语词”之文字，则教学上之困难悉祛，实用上之效果自见：（一）儿童能将其所学得之语言尽发表于文字上。（二）方能使之对于儿童文学有真切的欣赏。（三）通行后，社会上始真能食教育普及之赐。（四）儿童续学汉字，事半功倍。

〔附记〕本案原文，“理由”第三条后，有“四、注音字母，现在小学教育界只认为‘正音’之工具：或在初年级先授，或在高年级渐授。其结果：渐授者仅于检查字典时识得新反切；口头上乡音已惯，云何能正？先授者泥于正音，分析拼切，大违儿童之心理。故两者均归失败”云云。讨论的结果，删去此条。但此条在提案人个人的意见上，却很视为事实上一个重要的理由，所以附存于此，以备参考。

又本案原有“办法”两条：“（一）国民学校于教学汉字前，一律先授‘直标语词’之注音字母。（二）书写注音字母，概用草体，横行！词类连书。”讨论的结果：修正主文；并将这办法两条删去，但办法第二条，应由原提议人另作一议案提出。后来因为会期很短，议案颇多，实在来不及另提，所以原提议人对于这议决案“理由”第四条中“直标语词”四字，特地附加一段注释，声明这“试代汉字”的注音字母，决不是用旧法拼写的，如此，方与提案的原意不相违反。注释如下：

小学儿童能懂得到、说得出的“语词”，而不能用笔画繁杂的汉字表示出来，教他读、教他写的，可先将注音字母作“直接标示”的工具。这一定要把注音字母的拼写法改良，才可以试代汉字，否则只能仍旧作注汉字、正音读之用。因此，目前拼写上应该急求改良之点有三：（一）不要拘于单节的字音，故必须“词类连书”。（二）连书则直行不便，故须改作“横行”。（三）横行而仍用旧式的笔画体势，笨拙、易淆，且不美观，故须照教育部新公布的《注音字母书法体式》，读物改用印刷体；练习书写，可改用书写体的“草书”。——这才可以独立使用，作一种应急的直标语词的文字；一面还得用严格的科学方法去试验、研究它。

（三）北京小学教育研究会（是教育部、北京师大、女高师及其附小所合组的）民国十一年（1922）十月第十六次常会议决案之一

改良注音字母教学法案（黎锦熙提议）

小学校初年级“先授注音字母”，经民国九年（1920）教育法令规定公布之后，据我在和各地所调查的情形，实行的实在很小；有的实行了，又因为遇着困难，就取消了。凡事必经充分的试验，然后可以判定他的得失；“先授注音字母”，并没有经过充分的试验。即令经过了充分的试验，假使结果不良，也应该考究这不良的原因，设法改进，断无“向后退转”之理。依我的愚见，且不用管将来试验的结果良不良，现在教学注音字母，必须跟着新的教学原理和教学法一同改良、进步，才够得上说充分的试验。谨简单地列举几条，请大家讨论：

一、由小学校初年级起，于儿童需要文字时，就要把“直标语音”“连写语词”的注音字母供给他们。

参考：中华教育改进社第一次常年大会议决“国民学校初年级授注音字母者可用注音字母试代汉字”案

教育部公布《注音字母书法体式》

二、儿童文艺教材，按着年龄程度，尽量供给；务使他们阅读这种字母写成的文艺教材“能滑熟，无阻滞”。然后应社会目前不得已的需要，陆续地教学汉字。

三、必须为儿童造成注音字母的环境，并须多发生应用文字的机会；如物件标记，课业名称，校室名牌，设计标志，以及各级通信，学校布告等，都应该独立地应用这种标音而连写的注音字母。即必要汉字时，也须一律旁注注音字母。

四、学校须与社会联络，更须用教育的力量改造社会。儿童家庭的怀疑，必须善为解释、启导。进一步，即可劝他们补习注音字母，以便日常应用。——此外如官厅的文告，商店的招牌，也能够用起来，那么，儿童注音字母的环境，更可逐渐扩张了。

参考：教育部国语统一筹备会第四次常年大会议决“废除汉字，采

用新拼音文字案”和“呈请教育部公布注音字母独用案”两案合并修正的报告

教育部咨内务部交通部等及函各省商会等请推行注音字母公文

〔附录教育部传习《注音符号》训令，见卷尾《附录二》〕

第三章
国语教材和教学法的新潮

（设计教学法举例）

国语教学的材料和教学方法，可分三等：

（一）以读本为主体的。照现成的国语教科书，按课，分时，依法教学，是最普通的办法。——可是要列下等。

（二）从实际事物（或标本、图画、故事画等）的观察认识入手，使儿童确实了解那事物的内容，然后学习那表示内容的声音（语言）和符号（文字）。读法，话法，写法，作法，随意运用，有时一气贯注。读本不过拿来作一种重要的教具，不看作教学的主体。——这是把读本中所依据的实际事物直接用作教材。除纯重音节的儿歌之外，一切童话故事等，也要利用环境和图画，观察问答，引起儿童真切的想象。读本是用作整理儿童的经验、指导儿童的发表、准备儿童的创作之一种工具。以实际事物为主体，以书本为辅助品，这种教材和教学法，可称中等。

（三）随时随地利用儿童生活中的种种事实，联结他们的种种经验和环境，作一种普遍而流动的教材；按着他们身心发展的过程（大约可比照人类学中初民进化的过程），施一种辅导自动、共同创作的教学法。不但读法、话法、写法、作法要打成一片，就是国语和其他科目也要打成一片。读本（一部分）乃是教师和儿童们共同的作品。

这段话恐怕不大明白，举一个“设计教学法”的实例来证明：

一个学生捉了一只麻雀。 …………………………………… 偶发事实

师问：“怎样的处置呢？”

讨论的结果：“关在笼子里喂养着。”

“鸟笼子找不着，改用什么东西？”

“小竹篓子也可以的。”

师指导大家将这麻雀儿连同饲料“装入篓子”。……………… 教室工作

装好了，“搁在什么地方好？”

讨论，“挂在壁上好。”

挂好了，“人家不知道里边藏了雀儿又怎样？”

“还是要写个纸条儿贴在壁上。”

师提议：“这纸条儿怎样写法？” ………………………………〔国语〕

学生们口里都拟了几句话。 ………………………………………〔语法〕

共同批评论讨了一回，最后由师选择了一句最好的：

“这篓子里有麻雀，请大家不要动手！” ……………… 作法一（先口说）

“写起来吧！”

先叫学生写在黑板上。有不晓得写的生字，就单写注音，由师正误；再由师斟酌提示几个生字出来。 ……………………………… 作法二（次手写）

就此教学这几个生字的发音、注音、字义、笔顺等（生字提示要少：难写的先用注音字母表示，夹在语句中间也不妨。）和语词实质上、语句形式上等应有的教学。 ……………………………………………………… 读法

大家读一读。读完了，各用纸条儿正式写来。……………（习字）书法

拣着最好的正式“揭示”。

这天的功课，下午，可以讲一讲麻雀的生活 ……………………自然科

还可以做一做“鹰捕雀”的游戏。 ……………………………… 体育科

到了第二日，麻雀死了。

师问：“怎么会死的呢？”

大家讨论这个原因，

师为浅说“生物要在空气中生存”的道理。 …………………… 自然科

师提议：“这死麻雀应该怎样处置呢？”

有的主张“扔在院子里”。

有的主张“给猫吃”。

有的主张“埋在土里”。

师付讨论——自己加入讨论：

“扔在院子里，腐烂了，有种种害处。” …………………（卫生）社会科

“它在篓子里闭死了，很可怜的；应该埋了它。” ………（仁爱）社会科

先替它做一个棺材：

棺材的料子用厚纸，分组工作 ……………………………… 教室工作

（甲组）计算要多长？多宽？多高？ …………………………… 算术科

（乙组）绘出一个图样。（或省此项） ………………………（图画）艺术科

（丙组）切纸，糊接。 ………………………………………（手工）艺术科

下午的功课，大家到学校园里去“埋雀”。…………………… 校园工作

师问：“大家看，什么地方好？”

“这里要种植。”

“那边是水道 。”

“大路旁边有碍交通。”

结果，找着土山坡里一个幽僻的所在。 …………（地理常识）{自然科 / 社会科}

“大家来掘一个坑罢！”

这坑多深？多长？多宽？ ……………………………………… 算术科

量好，记上。

埋好了，这坟堆子多高？怎样量法？

它的周围多长？怎样量法？

连高带深几何尺？怎么算法？

算完了，收拾工具；大家在这“雀墓”旁，随意演说追悼。

……………………………………………………………（礼仪）社会科

并可同唱一个熟歌，当作安慰死雀的祈祷歌。…………（唱歌）音乐科

第三日，师提议，“雀坟没有标志，恐怕不能长久的存在。”

讨论的结果，立碑。

先制“碑文” …………………………………… 国语（作法、读法）

次用木板造碑 …………………………………………… 算术科、艺术科

次书写…………………………………………………… 国语（习字）

次竖碑及碑的附属品 ………………………………………… 校园工作

这天所包含的功课，如国语的作法、书法、读法等，都可仿第一天写“揭示”的例，不赘说了。

这段教材，连续地用了三天，经过十几个时间，关涉全部的科目。授课和工作联成了一气；知识与行为打成了一片。他们的“揭示”和“碑文”两种作品，便可作读本中应用文材料。教师再把这次经过的事实，整理、修饰，简单地记载出来，便成了读本中间一两课真切的记事文章。——这种经验，可创造他们的自己的环境；这种记载，可保存他们自己的经验；而这种文章，又成了他们环境的一部分。

取这样的教材，照这样的教学，
可以使儿童的经验
一天一天地深入而扩张；
他们的环境，把经验做基础，
也就一天一天地新鲜而恢廓。
他们的精神、思想，声音（语言）、符号（文字）
自由自动地在里边运用着；
受了教师的辅导，
经过共同的整饰，
便成了他们的“文学”。
这就是“读本”；
这就是“国语科”。——此为上品。

〔注意〕上品之教材教法，也不是限于用一种设计法，更不专从偶发事实引起动机。如说故事、童话，如读诗歌等，有时要从一定的实物、图画等观察，或径从读本文字上运用起，不拘泥。

现在再将黎傲非《国语教育新趋势的动机》文中替我从这实例的四日起续成的计划，和另定的“竹”之设计法，附录于后：

第四日，征集关于“雀子”的故事。学生讲了一个“衔环报恩”的故事……………………………………………………………………历史观念

先生讲的故事很好：

张君哲欢喜捉小动物。有一天，老雀打食未归；小雀飞到地上，被他捉住，关在卧房里纸盒子里。一会儿出去看，老雀在窝旁乱飞大

叫。君哲很惭愧，就问那老雀：

“老麻雀！请你告诉我：你为什么，这样不快乐？你为什么，不进你的窠？你为什么，唧唧地叫着？”①

他的姐姐君美和他说，我知道老麻雀的心思，我要代替它说话：

“我的小女儿，今天不见了。不知道：飞到什么地方去了？有谁人给他东西吃？到夜里有谁人招护他睡觉？今天不回来，一定活不了！”②

君哲听了，心想若是我被人捉去了，我的妈妈一定会每天哭，时时着急，我也一样要哭，要着急。现在老雀也急，小雀也急，我怎样做了这样的恶事呢？便连忙跑到屋子里去，把盛小雀的纸盒子拿出来，将小雀轻轻地放在草地上，说道：

“麻雀你快来，我真对不起你！你的小姐，就在这里，请你抱回去。”③

小雀便飞起来，老雀把他带进窝里去，口里不住地叫着：

“谢谢！”

设计将这个故事，编成剧本“国语”。

第五日，拿什么做的麻雀？做麻雀怎么能飞？结果：鸡毛、纸、泥等做麻雀；青线、铁丝、钉等可以使它飞：——艺术。派定职务：布景——美术，艺术，算术。读脚本——“国语”。上午，开演，兼带唱歌（把这故事内“君哲和君美”问答的话，编成唱词如上）——音乐，艺术，“国语”。

下课以后，教师把连日大家所欣赏、建造、思考、练习的成绩，分类列入表册，再总结一次。此五日内，经过二十小时以上，所有的科目都加入了。

儿童所获得的，可以列成一表：

〔表见下页。——编者〕

①②③ 本段原文每个汉字上面都有注音字母，本书从略。——编者。

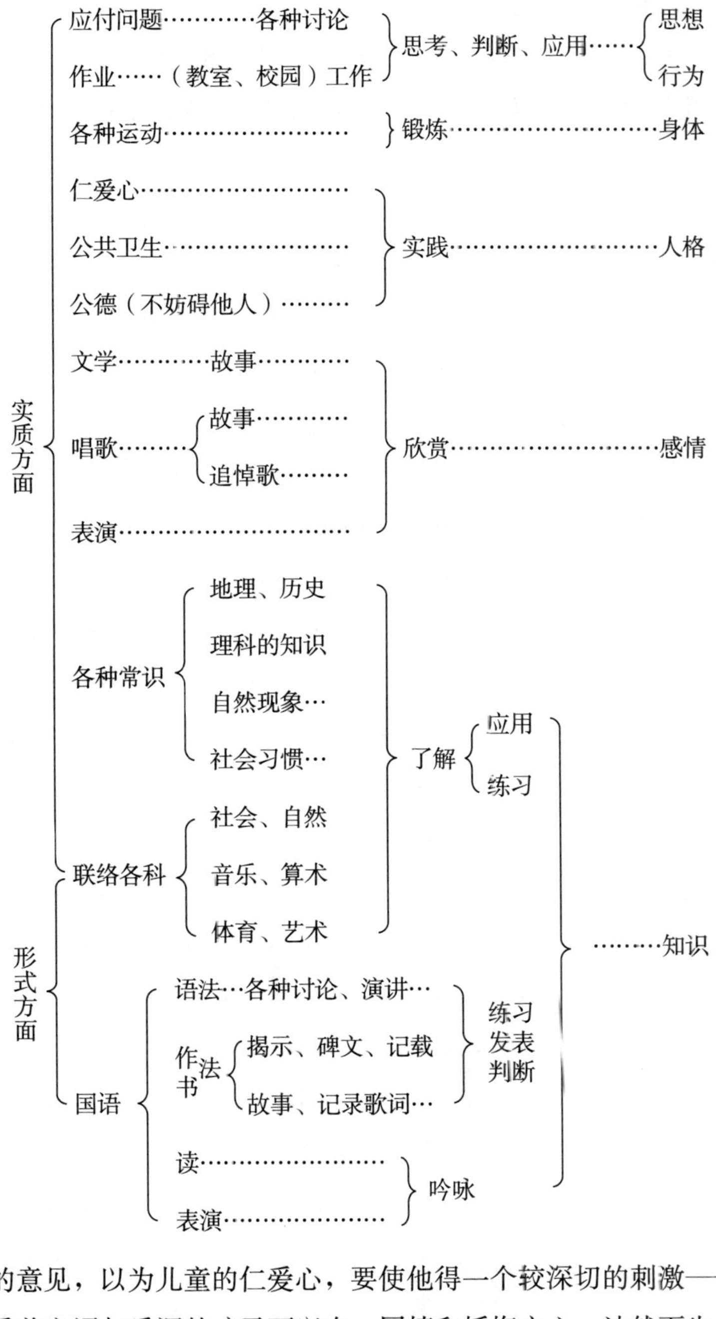

我的意见，以为儿童的仁爱心，要使他得一个较深切的刺激——让他们的感情受着文词与乐调的暗示而兴奋，同情和忏悔之心，油然而生，在人格的锻炼上，自然很有力量；所以加了讲演和表演故事的那一段。并且在国语练习上，也供给了他们许多学习和欣赏的机会。我们试从第一日起，逐段检查，哪一项不是使用语言或文字的？教师趁学生有发音不正确、用词不妥当，或是不明白词句意义的时候，都可以随时矫正、指导。

也有一种，不须借着偶然发现的事实，只由教师预定一个大概的计划，看要与哪几科联络，看要用什么方法，随时辅助儿童自动的取决。这种联络教材，都可用设计教学。

(星期一) 山里找材料——笋，竹…………………………校外工作
实物写生………………………………………………图画 (艺术)
题字——竹竿，叶，节，笋壳尖 …………………“读法，书法”
儿歌或寓言——关于竹子的 ………………………………“文学”
编歌词——即用儿歌或寓言中的材料 ………………“作法”，音乐
用竹竿跳高 ……………………………………………………体育
(星期二) 竹子的用途……………………………………………“谈话”
编竹篱 …………………………………………………算术，艺术
收拾园畦，预备种植 ………………………………学校园工作
摇船表演 …………………………………………(唱歌，游戏)
(星期三) 竹子的用途……………………………………………“读法”
计划水枪制作法 ……………………………“讨论”，“记录”，艺术
分组工作 ………………………………………………………艺术
竞赛场划地 ……………………………………………………算术
竞枪 ……………………………………………………………体育
(星期四) 竹子的用途……………………………………………“读法”
关于竹子的故事 ……………………………………………“谈话”
弓箭的历史，及制作法……………………(历史) 自然科，算术，艺术
赛射 ……………………………………………………………体育
(星期五) 故事——孟宗哭竹…………………(公民)，自然科，(历史)
编故事 …………………………………………………………“作法”
表演 …………………………………………………“读法”，艺术
练习玩具歌 ……………………………………………………音乐
两种玩具大比赛 ……………………………………体育，算术

（星期六）总计竹的用途及生长的状况（种竹法）

…………………………………自然科，社会研究，“作法”，“读法”

总而言之，工具的使用，总要有材料可以凭借；自然界里，社会上，书本上，无一不是材料，大家捡着适宜的来工作。工作时，看应该用什么工具，就用什么工具。现在，有许多小学教师都明白了这个，并很想实践，可惜为环境所拘，暂时不能实现；不过有了这种志愿，就是成功的一个先兆，所以我敢断定：这就是国语教育新趋势的动机。这种动机，只有一句话可以培植他使他长成。什么话？就是“只要去做，没有做不到的！”

〔附言〕前面一举设计法的实例，在汉字这种记载的工具没有改革，或整理、改良以前，施行起来，虽然教材教法是崭新的，而必处处遇着“文字障”。我以为讲到国语教育，总要能够打破从前的“形式教育”“书本教育”，所以对于教材、教法，总须有这种改造的精神；但是汉字的障碍，实在是改造不能彻底的一个大原因。所以我主张初年级简直要把注音字母当他们表情达意的工具（注音字母的好坏，是另一问题）。切不可因为汉字在社会上占了势力，便在那活泼自然的新教材、新教法运行的时候，突然注入这许多烦琐无意识的汉字，打断儿童的生趣和天机，他们运用那简易真切的注音字母来，作表示语音的符号，是很容易的。要用那种改造的教材和教法，而没有这种改造的符号——工具，怎么能行呢！为顾全社会的势力起见，等他们这种工具运用得纯熟了，逐渐地教学汉字，也是事半功倍的。

第四章
读本与“读法”——读书

第一节　文学的国语教材之分类和支配

大凡正式的国语读本，运用教材，总要合于文学的体式，总要是现代国语的儿童文学。现就近人的专著和译述，参以私见，将小学教材单从“文学的”方面分为十类，各按年级略为分配：

（一）儿歌　在小学初年级（或幼稚园），可就地方现成的采取。重自然的音节，以儿童爱听、爱唱为主。实质方面，不必一定要有什么确实的或深远的意义，有时或径无意义（还有对唱的，以及急口令、拗口令等，此时很适宜）。最初只拿字母拼音来表示，学了几个汉字，便夹入里边重读一遍。到了二年级，再采取或创作意味较深长的儿歌（吟咏景物、时令、风俗，或有寓意的）。但凡以前读过的儿歌，都还可逐渐地改用汉字写成，拿来重读。因为内容多可深究，文字借此练习，并且很好的儿歌，实具有“百读不厌”的文学兴趣。——到了高级，便无须此了。

（二）新诗　小学读本中依教材自然的性质，编成韵语，便是很适于诵读的新诗。或采取，或撰著，都要注意下列的条件：

（1）诗句的组织，要适合儿童“语法”的程度——这程度也是与年俱进的。

（2）要音节自然和谐的有韵诗。无韵诗不取。——无韵诗在读本中，只算语句调适的散文。

（3）要合于现代普通语言的体式和气息。——古歌行式的、五七言式的、词曲式的、大鼓或小曲式的新诗，在一般作者不妨尝试。可是在小学读本中，不能算是纯正的新诗；因为这些都是成人受了过去诗歌戏曲的陶冶，从那内心习惯的“模型”里自然发出来的，在儿童“白纸一般”的精神界，并不能一样的感受这种文学的趣味。

（4）要合于本国语言的习惯。——翻译式的新诗，在没有受过外国文学陶冶的，也同前项一样地不感趣味。

（5）实质材料，要适宜于歌咏。

（三）歌谣、曲词和旧诗　歌谣以现时流行于民间的为范围，其中除“儿歌”可尽量地采作初年级的教材外，如山歌、田歌等“杂歌谣词”，和整炼的或有韵的“谚语”，还有类于“故事诗”的弹词、大鼓等，以及可以“谱之管弦”的小曲、小调等，都可采其音节雅驯、词旨妥适的作二三年级以上之文学的读物。最好是略仿其体而创作，或加以改正、修饰，因为如此可兼收矫正流俗，促进文化之效。

至于旧诗，不适用于初年级。但年级渐高，便须酌量采取：古代的乐府、歌行（如《木兰词》之类），比较最好。唐宋人用当时语体所作最平易而清浅的记事、抒情的古、近体诗次之。虽然近体诗中，如律诗，未免拘于音节，但也颇合于美学上调合的原则；又太讲求对偶，但也可说是合于均齐的原则。且在国民的文学中，也应该知道有此一格。可是只能在高级的读本中略采一些；教学时，以歌咏音节为主，不必有语法上文法上的深究。此外如宋元的词、曲，虽词句渐成古语，何亦间有可采。

（四）寓言（又笑话，谜语）　在初级所采用的寓言，原也可算是“童话”之一种，只要内容有趣味，能用程度相当的国语表示出来；所以不可太长，尤忌繁复。所含教训的意思，也不必求他了解，等到程度渐高，他自然可以理会的。

年级渐高，选择寓言的标准，虽然还是重在趣味，但要注意下列的几项：

（1）实质方面，要能帮助儿童理智的发达。

（2）从理智上推想的结果，要能悟得一种教训。寓言后面照例多附一两句训词，可是不要提出太快，留着等他自动地推想最好。

（3）形式方面，要能启发儿童在修辞上（兼作法、语法而言）能运用譬喻法。

寓言材料，外国的，例如《伊索寓言》；中国子书中（如《庄子》《列子》《韩非子》等）和佛经中（如《维摩诘经》《楞严经》《百喻经》等）也多有可采的。但在初级，要完全翻成国语才可应用。高级渐可以照用原文，但过于古僻的词句，还须酌改。至于寓言小说中（如《镜花缘》等）可取的材料更多；只要适合儿童的程度，不悖教育的主旨。

又有一种类于寓言的“滑稽谈”（即“笑话”），也足以唤起兴味，助长理智。或流行于社会，或偶见于记载；都可以按着儿童心理上理会的程度，略为采取。“谜语”亦如是。

（五）童话（神话，无稽的故事等） 在初年级，也和儿歌一样，可以就地方固有的搜集、选择。现在各小学校有翻译外国的神仙、妖怪等故事，用来作这种教材的，究竟也多合用。不过要注意——

（1）须要受国语的洗礼，不可常有语句不自然的翻译本的臭味。

（2）须要按着本国语法进行的程序，配置于各年级。

关于童话故事的种类，如何选择分配，也有要注意的：

（1）在小学初级一二年（或幼稚园）采用童话——

（ㄅ）不忌神怪；但以不惹起儿童的恐怖心为限。

（ㄆ）不避野蛮时代的故事；但凡残酷的行为，和过于苦痛悲哀的描写，必须拣去。

（ㄇ）不怕虚无缥缈的想象；但一面也要引起他的怀疑，并导入现实的观察。

因为这些生活，都是儿童身心发展上必经的过程，不妨顺应这种过程，满足他的兴趣；使他那要求发表（用语言）和把捉（用文字符号等）的本能充分发展，不受他方面的限制。——这一点，乃是初步国语教育的精神。

（2）在三年级以上，情形便渐渐地不同了。观察力和辨别力渐强，记忆力也发达，对于现实界便积了许多经验。他那身心发展的过程，渐渐推移；对于前项所列那些种类的童话，自然觉得有些荒唐乖谬，不能容纳于意识界了。到了这种程度，童话就要逐渐减少，而代以历史的传说。

（六）传说（有历史根据的故事，史话）和传记

传说中也有关于神怪荒唐的故事（如本国的“嫦娥奔月”“中山狼”和《西游记》等），所以大部分也可属之童话；但是它的结构和描写法，多与简短浅朴的童话不同。三年级以上儿童，对于它自然能够移转从前客观的、虚幻的想象，而成一种结构的、趣味的想象了。传说的材料，本国历史小说

（如《东周列国志》《三国演义》等），故事小说（如《今古奇观》《七侠五义》《儿女英雄传》等），中间可采的实在不少，可是实质上要大加一番修订的工夫，因为旧时流俗所崇拜的，大都是些勇武粗暴的英雄好汉；那时代的心理信条，到现在大有变迁，自不消说；就是那些粗率的、专横的态度，和暴戾的、残酷的行为，也不宜多留影像在儿童脑筋里。所以儿童本能的崇拜英雄之心思，虽不妨借这些传说略为鼓动，但是要有一定的限度。

这种材料，到了四年级，便可代以“名人的传记”；最好就选了那班能够代表各时代的历史人物，或传其一生，或记其数事，当作断片的历史教材。到了历史科独立了，这些名人故事，因为最适于文学的记述，还可以精采入正读本，或详编为副读本。不过要注意——

（1）要能引起儿童对于社会团体和道德的感想，而养成其概念。

（2）要能鼓舞志气，辅助儿童自我意识的发达。

（3）不可引起过量的英雄崇拜和不适当的爱国心。

（4）外国的名人故事，和本国的一律收采，使儿童常能作世界观、人类观，不至于流于国别、种别的偏见。

（5）文字要特注重于“文学的”：第一要描写得真切近情，不可肤泛，或作过火语。遇着奇异多趣的故事，尤其要有文学的伎俩。

（七）天然的故事（物话——旧译物语）这也算是一种变相的寓言。在初级所有关于自然界、地理、理科等教材，要使在读本里叙述得不枯燥，最好是用此等体例使成“文学化”。近年国语教科书中，也间有此种课文，如雨水旅行、铜铁谈话、动植物拟人的动作问答等，很能表出自然界与人生的关系，和动植物生活的状况。本来在初级和高级间的儿童，恰相当于人类由野蛮时代进而为游牧农业时代的时期，所以对于这些天然教材，极有研究的兴趣；若是文字上又能用这种灵活、生动的故事体表达出来，更适合他们好新奇、爱活动的心理。——从此引到描写风景、记述天然的作品，自然势如破竹了。

（八）小说　整部的历史小说（如中国历代的演义），在高年级，大可作“历史科”副读本；翻译的如《鲁滨孙漂流记》之类，也是良好的读本。社会小说如《水浒传》之类，神怪小说如《西游记》之类，寓言小说如《镜花缘》之类，在初级的读本中，已经截取；至此可再把他略为删订——最好是新编适宜的——整部的供给儿童，满足他们读书的欲望，就此指引他们前进，而发生新的兴趣和要求。在高级的正读本中，也宜多选有名的短篇小说，或节录新旧长篇中最有精彩的几段。

（九）游记　游记可按着国内外各名胜和交通要道，新撰短篇的或小说体的：一面记述社会情况，一面描写天然景致。旧的如《老残游记》之类，很是可取。这种游记体例，最能流走变换，不但有文学的趣味，并且是“地理科”必要的副读本。但旧的多杂有玩世自伤的话头，或形容过当，或铺陈失实，都要注意修订。在初级的地理或社会的教材，几乎都可以依此处理。高级于读本节采之外还要另有整部的供给。

（十）戏曲　最好是从儿童的团体游戏，或化妆讲演，由教师指导，自行创作出来。实演的时候，固然大足以发扬高等的想象作用——模仿的，综合的，构成的；但谱成戏文，作为读物，也足使兴趣环生（歌剧比话剧尤可供玩读）。改良的旧戏，多半取材于传记小说，究也有可取处。翻译的也可采；但要到高级的程度，才可提供。

第二节　国语教科书的种类和使用法

【附言】中国近年以来，教育经费到处拮据，师资造得不多，并且不完备。革新教育，根本上要从师范教育的扩充和改造做起，这是大家知道的。事实上一时既办不到，小学教员，自然人才不够，那么，目前最重要的，就在作教育工具的教科书。“文字障”打破了，书也好教了；只要编得不错，用得得法，就使教学的方法还徘徊于下品，总也可多收几分效果。所以国语教科书的新计划，实在是小学教育界一个很重大的问题。并且比较地还紧急一点。

照我国各地方的情形和教育界的程度，小学国语读本应该分作两种，同时兼用。就是——

一、正读本（文学的国语读本）

二、副读本（补充的国语读本）

（一）正读本

（1）实质方面的材料之分类与支配　正读本固然以文学的教材为中心，但文学教材的内容，也要从实质上加一番分析工夫，作很适宜的支配。实质方面的分类，就是——

（ㄅ）关于健全人格和公民道德的知识。

（ㄆ）关于家族和社会生活上种种伦理的常识。

（ㄇ）理科和地理的知识（如自然现象、动植物、生理、地质、地文等）。

（ㄈ）历史的知识（从乡土及童话传说等引入）。

（ㄪ）日常生活上事物的知识（如衣、食、住、器用、交通等）。

（ㄉ）实业的知识（如关于农、工、商等业务组织和工具）。

（ㄊ）不属于以上六项之纯粹文学或有趣味的材料。

要以上七类，在小学六七年的期间内，分量层次，都支配得很适宜，便有两个最重要的标准：

（ㄅ）合于本国的教育宗旨。

（ㄆ）适应儿童身心发展及生活需要的程序。

【附言】我国教育实在还很幼稚；乡村小学，因财力师资的缺乏，一时断难办得完整。所以这种正读本，在事实上只能取这样广泛的教材，用普遍的标准，作整齐的分配。好在我国的教科书并不是国定制，一面通用这种广泛普遍整齐的正读本；一面多出副读本以通其变，济其穷；一面还可由教育界随时自由改造，实地试验。

（2）编纂的体例　分两项说：

（ㄅ）仍取学年别的组织。现在通用的小学读本都是每一学年，分配两册。日本也是如此。欧美取学年制组织的，大都每学年一册。但是德法英美等国，多不取学年别，各将小学期限分作上中下三级，每级分配一册（如德法）或数册（如英，但也不必尽读，随学生的资质供给）。不过折中起来，再斟酌本国的教育情形，这种正读本，还是取每学年两册的组织为妥。

（夂）一二年级以“杂辑体”为主，三四年级，以“类联体”为主，高级“类联体”与“连续体”兼用。这是根据英国教育家对于体裁问题的意见。因为读本体裁向分三种：

（甲）杂辑的读本（Miscellaneous Reader） 把种种断片的教材排列起来，各个单元大都不相连贯。我国通行的读本，大抵如此。（在德国，就是低年级也不用这种。）但就适合现在中国情形的正读本看来，一二年级所用，实在这种较妥：一，免使教材流于单调；二，能教学各方面的词类。

（乙）类联的读本（Connected Reader） 教材虽也是断片的，可是排列法不一样。或顺季节分类，或按材料（如童话、故事、趣谈等）和实质（如公民、乡土、理科等）分立总题，再行排列。这种在德国最通行。我国的正读本，到了三四年级，也应该参取这种体裁；教儿童所收得的知识，略得蝉联，渐成统系——便可养成他们对于科学和文体的类别观念。

（丙）连续的读本（Continuous Reader） 首尾完备，差不多是一部专书；有文学上的结构，能引人入胜，读之不倦。（我国章回体的白话小说，高年级的学生，没有不嗜读的，比较读那些杂集断片的教科书，兴趣大不相同。可见连续与结构，在高年级的心理发展上大有关系了。）但也不必是叙述一件事物，首尾要相呼应，就是节节变换，也可以的（例如《儒林外史》《今古奇观》和各种历史演义，都不是一件事到底）；不过叙述的形式上必要连续下来。这种连续体的正读本，应该替高级学生，专用语体，精编几种。高级学生，因为改用国语，各科都没有以前的“文字障”了，实在可以同时用两种正读本。一种就是连续的读本，要完全用语体文。此外还要用一种类联的读本，专选优良文学的材料；只要合于现代文学批评的标准，只要认明白文学史上的时代观念，也就不必限于语体。——所谓“高小语文并用”者，并不是因高小学生有古体文的需要，乃是国语文学上自然的趋势；学习国语，到了有文学趣味的时候，自然了解古来文豪诗圣的思想精神，自然可以把语文的界限打破。再将语法、文法随时指点，叫他们整理比较，自然更易贯通。照这样循序渐进，不说别的效果，就是儿童对于旧文学的理解和趣味，比那从前只读国文而不先受国语教育的，也一定要高明得多。

(3) 分量的斟酌 自从改国文科为国语以后，儿童精神界得了一个大解放，知识的需要当然增加，读本比从前当然要增加分量，才够供给。否则不但儿童精神界贫乏如前，且更压抑他的“求知欲”，减少他的兴趣——初改国文为国语时，因通行的读本分量太少，教育上已有发生这种弊害的。但是语文翻译的桎梏虽然解除，而汉字形体笔画的难题还没有解决；固然初年级可全用注音字母，而汉字在事实上也不能不逐渐添授。在欧美的读本，比我国多七八倍，读法教授时间又比我少，而教授的效果反比我彻底些；这根本的原因就是“文字障”没有我们这样的利害。我们虽然去了“文障”，还有“字障”，因之读本分量，也不可极端的增加。最好，这正读本，体察各地方的普通情形，定一个适中的分量。再按各校的特别情形，应儿童的需要，供给几种副读本，来救济那些贫乏枯燥等流弊。读本全部和各册的分量，既有标准；每册各课的分量，就不要再加限制，可一任教材之自然（欧美日本的读本，都没有限制每课字数和每册课数的）。

【注意】有人疑惑：汉字障既未破除，初年级读本的分量，似乎还很有限制，何能遽然运用文学的教材？须知文学的教材之处理法，在初年级的读本中，有两个要点，无论用简易的音字，用繁难的汉字，都要注意的：

（1）只记载教材中的要项——课文便不至于很长了；

（2）课文中的字句多反复——生字便不至于太多，而又容易变成熟字了。

【附录】近见吴研因氏《国语课程纲要草案说明书》，中有两段，与这两个要点有关，特补引于下，以备例证：

记载要项的童话故事——

第一，口述故事全部，而记载重要的一部分的。例如《大黄鸟》，详述商人得鸟……求鸟医病，后来有病者，都想去找大黄鸟医，但不可得，所以唱起一个纪念歌来：“大黄鸟，大黄鸟，不见了！不见了！”口述故事后，把四句写下，由儿童诵习。

第二，口述故事全部，而记载全部要项的。例如《三只小猫》，详述“一只老猫吩咐三只小猫自求生活，三小猫各拿兵器去打猎，岂知兵器都被老鼠衔去，只得空手哭回，老猫说这是不学无术所致，因教三小猫读书，而三小猫始勤读不辍”。末后把要项记出来，给儿童读：“《三只小猫》。三只小猫，一个叫花狸，一只叫黄狸，一只叫黑狸。花狸不会捉老鼠，黄狸不会捉老鼠，黑狸不会捉老鼠。老猫说，花狸！你来读书，学捉老鼠。黄狸！你来读书，学捉老鼠。黑狸：你来读书，学捉老鼠。花狸读书，黄狸读书，黑狸读书，大家读书。”

字句反复的童话故事——

如上两例《大黄鸟》《三只小猫》都是字句多反复的。又叙述故事全部的文字也可如此。这类最适宜于一二年级。例如《吃了一半》：“老黄狗找了一袋米，吃了一半，寄在猫的家里。猫把米吃了一半，寄在老鼠的家里。老鼠把米吃了一半，寄在小鸟的家里。小鸟把米吃了一半，寄在螳螂的家里。螳螂把米吃了一半，寄在知了的家里。知了把米吃了一半，只剩一粒米了。老黄狗向猫讨米，猫说：‘寄在老鼠的家里了。’老黄狗向老鼠讨米，老鼠说：‘寄在小鸟的家里了。’老黄狗向小鸟讨米，小鸟说：‘寄在螳螂的家里了。’老黄狗向螳螂讨米，螳螂说：‘寄在知了的家里了。’老黄狗向知了讨米，知了说：‘只剩一粒米了。’老黄狗说：‘这是猫不好，我去咬猫。’猫说：‘这是老鼠不好，我去捉老鼠。’老鼠说：‘这是小鸟不好，我去咬小鸟。’小鸟说：‘这是螳螂不好，我去捉螳螂。’螳螂说：‘这是知了不好，我去捉知了。’知了没话说，躲在树上哭。”

（4）插画的考案　近来德美两国的读本，最讲究插画的鲜明、新颖；因为在美育上有重大的关系。我国的正读本，册数有定，分量又不甚多；不但应该加入彩图，就是装订印刷也要力求优美。单就插画说，有要注意的：

（ㄅ）要明了——要点更宜鲜明，不复杂，不模糊，才便于直观教授。

（ㄆ）要新颖的考案，能够唤起儿童的兴趣——儿童趣味的发生，也随年级不同，要预为研究。如初年级儿童的趣味，多从“动”的事物发生，那么插画中间静止的景物要少用，须改为动的考案。

（ㄇ）多用粗笔法，就便可供儿童的摹写——因为国语的教学有时要把儿童描写或想象的图画当“缀法”的；读本中的插画，就是他描写（作文）的蓝本。

（ㄈ）就是容易提示实物的教材，也不妨附加彩图，用来涵养儿童的美感。

(5) 种类的多少　正读本在我国虽不能不有普遍、整齐的性质，可是除日本用国定制——最近也打破了——外，在欧美各国，种类都极繁多。不但随地不同，并且随时更变。我国教育界果有改进的精神，正读本也不妨依据下面所列的两条件，多编若干种。

（ㄅ）适应地方情况　因为读本教材，应该从儿童的经验和环境中选择出来：都市、乡村，各各不同；此校、彼校，亦复有异。若是依上品的教法(见前章)，更是把本校的儿童生活为教材的中心，自然要产出特别的读本的。——可是上述的普遍、整齐的正读本，也还要采作副读本。

（ㄆ）根据教育学说　小学教员，积有教授上之经验，或于教育哲学中偏重一种主义，或要应时势的潮流，都可编成特种读本，自行实验。

无论普通或特殊的正读本，最要紧的，就是要随时订正，逐年修改。就使因此而前后不联络，或新旧错杂，都不成问题。

（二）副读本　正读本的中心教材既限于文学的；实质的知识，又要支配平均，自然不能十分丰富；有文学的牵制，分量又不能过多：有这三个原因，所以副读本最为必要。——副读本的目的，第一，培养儿童读本的趣味和能力；第二，补充儿童的知识，使之丰富而确实。

(1) 副读本的教材和分配法　分三种说明：

（ㄅ）初级班所用的：

（甲）凡正读本所不能容纳而又为日常生活必要的知识教材——如前项正读本第一条所列的理科、地理、历史等类，可以编作副读本。

（乙）童话故事等，正读本限于分量，不能收集太多，都可以依题分辑，或选择合编，作副读本。——高级班有些也可通用。

（丙）足以养成儿童趣味的文学作品，如儿歌、趣谈等，不便采入正读本的，也可编作小品的副读本。——高级也有些可通用。

（ㄆ）高级班所用的：

（甲）关于自然科、历史、地理等材料，堪作本科目之参考的，可略依文学的裁制，编成副读本。

（乙）整部的故事丛谈和历史小说等，只要于少年时代的教育没有妨碍，或将旧本略加修订，都可以选作副读本。

（丙）诗歌、戏曲，可以选那程度相当，旨趣最好的编作副读本。

（ㄇ）初级、高级通用的：

（甲）各地乡土材料，不能采入正读本，又不能自编正读本时，可随地采集，编作各地不同的副读本。——分量、程度，也要随年级而定。

（乙）世界，或本国，或本市、本乡临时发生的重大事件，在报纸或校内揭示的新闻上，不能详其原委曲折的，可按儿童年级所需常识的程度，编成小册或活页的副读本。

以上两种，最好是学校（或一校或数校组合）能够自己编印，或由地方书店编印发行。

（2）副读本的形式　或小册（低年级用），或大部（高年级用），或装潢精美（美的教材），或单张活页（随时编制的），都无不可。总之要看教材的性质和儿童的程度而定。

（3）副读本使用上的注意　有三事：

（ㄅ）副读本只须教儿童“泛读”，不必和正读本一样的精读；因为泛读最能增进读书力，培养读书趣。

（ㄆ）既是泛读，就不一定在教室；可利用课外时间，或在校内，或往图书馆，或在家庭，自去玩读。如德国的小学儿童，多由学校把这种少年文学的读物借给他，每周一册，回家玩读。每人在一学年内可读三十七八册。英国也多是如此。

（ㄇ）副读本有时也要在教室内使用；就是——

（甲）普通所用的正读本，或分量不够，或有所删节，便可从副读本中选出可精读的教材来补充。

（乙）用“分团式”的教授法或行“道尔顿制”时，资质高或年龄大的儿童，所授正读本的课文，有时不够他们的深究；便要把副读本中与所授正读本有关系的教材——对于正课文，可以扩充意义、旁证事实、增加趣味的——供给他们。

第三节　“读法”的新教段和注意事项

从教学国语读法的根本上说来，一般所用旧式的教段，须改用自动主义的教段。且先述之：

- 自动主义的形式教段
  - 理解（第一段）
    - 预习
      - 指示目的，唤起学习的动机
      - 预备的指导
      - 儿童预习（并欣赏）
    - 整理
      - 儿童问疑
      - 教师试问
      - 儿童发表
  - 练习（第二段）
    - 比较（并概括）
    - 应用（表演等）
  - 发展（第三段）
    - 创作
    - 活用

【说明】国语科的教段，虽非专为读法一部分而设；但所列事项，大都是属于读法的，所以列在本章之内。现在先把关于教段应注意的事件略为说明：

（一）教段不过是教法上一种形式的段阶，切不可拘泥。

（二）只要是把文字作工具时的国语教学，或先提实物图画，或径用读本，都可适用这种教段。

（三）无论教学何科，凡“整理”一项——问疑，试问，发表，都是练习话法的机会。

（四）“比较”一项，在四年级以上，可以略授国语文法的要素。至对于课文要旨之“概括”，要注意论理的条贯。

（五）“应用”一项，要注意读本课文的表演和实质的谈辩。

（六）“创作”一项，除作文外，还要注意语言的技术。

（七）“活用”一项，便是读书能力和研究兴味的养成。——最要紧的，就是养成儿童到图书馆自由参考的习惯。再进一步，便要养成儿童对于文学（广义的）之鉴赏与批判的能力。

现在专从国语读法的教学方面，依这教段的顺序，说出几个要项；不能详尽，只就一时所感触、所觉察的，略为发表，以待商榷。

（一）读法上向有形式主义（偏重言语文字的玩味、练习）和实质主义

(偏重内容事物的深究)之分。须有采择的标准:

第一,就是看教材的性质如何:

(1)有关实科知识的教材,须从实际上观察、试验的,要多采用实质主义。

(2)偏于文学的教材。以感得趣味为主,不必十分深究内容的,就要偏重形式主义。

第二,要随儿童的程度而定:

(1)低年级的读法,总宜从观察实物和了解课文内容的实际入手,不必先提文字。因为要使那“能”表事物的符号和他所“表”的事物,两下的结合得极牢固,方能免意识界的影响模糊,方能免将来运用语言、文字成不真切、不精确的习惯;所以无论何种教材,只要可能,总应该从实质方面入手。

【注意】因此自动的教段,初年级也应该“预习”,不过不是预习课文,乃是“预备的指导问答”——或依实景实物,或依标本图画,或单从问答引起旧观念。

(2)年级渐高,儿童运用符号、理解文字的能力,因为锻炼日久,渐渐地发达了;就可让他从文字方面去探究内容,构成想象,所以不妨比较地多用一点形式主义。“预习”一项,就是教他自动地径从理解文字入手。

【注意】自有注音字母标音检字之后,读本课文中又没有简古不通用的词类了;查字典是容易的事,“预习”大可从二年级起,不必等到三年级了。

(二)一个题目下的教材,可以让儿童囫囵的、连续的“预习”下去,不要勉强分节。儿童质美的自然会欣赏、吟味。但是当正式教学时(就是新教段的“整理”一项),分节与否,却要看教材的性质:

(1)诗歌、趣话,结构浑然,只能全课通读。

(2)故事、游记,段落明了,自宜分节讲读。

(三)“儿童的问疑”,“教师的试问”,就是将儿童脑筋里预习的课文印象,多方整理,教他能得明了、确实的理解——如矫正发音,练习话法,新汉字的形义、笔顺,难解的词类、语句(就是方言和国语不同的词句)的解释,标点句读的分别、名物内容的疏证等,都在这“整理问答”一项处理好了,再也用不着“翻译式”的讲解了。

【注意一】国语教学上和国文大不同之点，就是从前指名逐句“直译讲”的法子要根本取消；因为课文就是口语，除掉闽粤等处方言方音，实在和国语大不相同，或者有“直译讲”的必要之外，那些照旧法教儿童的逐句译讲的，不过是逐句复读一遍，虚费时间罢了。

【注意二】提示个体的汉字，只以教学笔顺与发音为限。讲解意义或疏证内容时，总宜以课文中的语句为主。最小的单位，也不尽是个体的字，大都是已经联合的词类。例如“太阳”“耳朵”，决不可分作两起解释；又如“玫瑰”“蜘蛛”等名词，向来是双字合成的，更不可分析割裂了。现在提示生字，还有一律以个体的字为主的，它的毛病：（一）离开了复合词的本意而说到个体字旁意去了，支离杂乱，难于记忆。（二）个体字若是没有旁意时，如“玫瑰”，就把“玫”字解为“玫瑰的玫”，“瑰”字解为“玫瑰的瑰”，枯窘可笑。有时倒把“玫瑰是一种花名”的意思丢掉了。（三）复合词是常与实际事物结合的，若分开了，就须要求儿童起抽析的作用，和类比的推理；他们的心理程度实难胜任。（四）教学识字，在教授原理上，是应该应用“联合原理”的，把观念安排在一处，运用时才能同时发现，减少错误。况且双字复音的词类原是代表一个概念的，更何能把它勉强隔离呢！

（四）诵读就是儿童将声音与意义结合的一种“发表”（属于“整理”项下的）。除预习时的诵读，不过研寻意味外，要声音真与意义相结合，便要练习论理的读法——注意词类和句读的断续和轻重；要表现文学的意味和兴趣，就要练习审美的读法——注意声情的抑扬抗坠。（个读，齐读，随宜用之；范读最不可少。）

【注意】诵读的方法，语文也有大不相同之点，就是从前诵读国文的腔调和那严整矜持的姿势，完全不适用了；因为课文就是口语，要用谈话的语气和姿势才对。不过诗歌等韵文，在美读时，还可以稍带一点从前吟诗读文的调子。

（五）“练习”段的“比较”，常带有批评的意味；因为批评的结果，可以助长判断力，又能使理解更加彻底。

（六）“概括要旨”的手续，也不可少。但须指导儿童确能将教材的中心点把捉得住，将课文的条理系统分别得清。低年级只作讨论大意的问答；稍高便可标示出来，但是标出的语句也不要拘于原文。若是照例将原文机械似的缩约一番，在国语的读法上，实在毫无意义。

（七）“表演”在国语教学上最关紧要，实在是读法的“应用”了。只要可能，什么教材都应该表演。因为它的好处——

（1）使儿童设身处地，把书中的人物与自身合而为一；书中人物的感情、意志，就是自身的感情、意志。不但亲切有味，而且感发甚深。

（2）由儿童各自认定做课文中的什么人，就引起他一番选择的考虑；课文的精彩处，多由此触发出来。

（3）表演总在两人以上，（若是一个人登台，便是“讲演”，可属于话法去讨论；否则要属于第四条“美读法”的范围了。）因此就有一番共同的安排布置，并且大家负了联络贯串的责任，很足以养成儿童通力合作的社会精神。

（4）课文中一切词类、语句的背景，如名词所代表的事物、动词所代表的动作，问答、讲解的时候，不过得其大意；到了实地表演的时候，便要真实不虚，曲尽其致地表示出来，那词句观念便格外地明了确实了。

（5）儿童心理，以化装演剧为最有趣味的游戏。表演不但引发他们对于读法的兴趣，而且可满足他们的生活。

（6）从表演的练习，进而作课外的化装讲演，再进而结构、创作，实演戏剧，都可以把读本的文学教材作为出发点。——一切故事、小说、历史、游记等教材（副读本中更丰富），都是创作戏剧、表现心能的好资料。

【注意】表演有这种种的好处，自然是改用了国语读本以后才得着的。可惜一般国语教育界所行的表演还不大合宜。第一要知道儿童表演能做得好，有精神，乃是将课文多读、熟读的效果。若是诵读的手续还没有完好，课文语句的前后关系还有不明白的地方，便带着书本上台去表演，又不指导他们如何连贯、布置，哪里能够有效果呢！所以“表演”在新教段中，是要属于应用一项的。若只就文字方面说来，仿佛也有从前“背诵”的意味了。

（八）儿童对于教材，彼此自由地讨论、辩驳（关系话法），或自将前后教材记述起来（关系缀法），便是“创作”“活用”的动机了；这都可以辅导、奖励的。

（九）以上八条，大体是就正读本的精读法而言。至于副读本的泛读法，教师只须随时解答学生的疑难便够了。若是学生中有高兴把副读本深究的，教师也要立于辅导的地位，指示种种深究的法门，介绍种种参考的读物，因为就“活用”一项说，于读书能力和研究兴味的养成，副读本与正读本实具有同等的效力。

【附言】我国普通社会的根本弱点，就在没有研究心，缺少求知的兴趣。当初固然是因为有文字障；现在实行国语教育，文章障渐渐地可望破除了。但国语教育若不彻底——读法的教学不彻底，研究心和求知的兴趣，在儿童时代不能够培养出来，那么，一般国民还是没有读书欲，还是不能收得适应时代的知识，还是不能有清新的活动力：这种国语教育，也不免要归于失败的。所以我很希望教育界大大的注意“读法”这件事！

第五章
标准语与“话法”——语言

第一节　国语的特质和客观的标准

先说中国语言的特质：

（一）须知中国语言，本来不纯是单音语系（Monosyllabic）；后来更渐渐地向关节语系（Agglutinative）方面运动。但为文字的形体所牵制，所以这种运动，到了现在便使中国语言成一种特异的现象。我们试拿一篇口语体的文章，——（1）先从纸片上观察，一字一音，一音一义，实在要属于单音语的系统。（2）再从口头上听来，复音的词很多，大半是用双音表一义的（所以有人定一个特别名称，说是“双音的单节语”）；其中或带着无甚意义的词尾（如“子”“儿”等），或带着关联各节的“关系音”（如“的”“得”等），而语根（就是那些表义的词）却永远不随他们变化：这不是关节语是什么？

（二）因此，中国语言中所有大多数的复音词，可分可合：分之可以各成一义，合之又往往别为一义，这叫作“语词”（Words，或即称“词类”）。合之大都仍是双音，分之又各为独立的音，这叫作“字音”（Syllable）。

（三）一个独立的字音，是附着那字的形体而存在的。但是又能够分析为种种的“音素”。发声的音素，叫作声母（Consonant）；成音的音素，叫作韵母（Vowel）。在从前叫作“反切”或“纽与韵”，到现在就制成了四十个标字音的符号，就是“注音字母”。（但注音字母中，也有复声母、复韵母，不全是单纯的音素。）

（四）一个独立的字音，又有长短高低轻重的不同；向来每字分作四部，所以相沿叫作“四声”，我们可以叫它作“字的声调”，简称“字调”（Tones of syllable）。

（五）四声乃是就一个“单独的”“静止的”“字”而分别的。这字若是被组织在“复合的”语词（即复音词）里边去了，它那声调，又要随位置的前后或用语的习惯而变更（例见后）。若是被使用在“活动的”语句中间去了，它那声调，又要随语气的轻重或疑决而变更。语言原是“综合的”“活动的”；所以“单独的”“静止的”字的声调是靠不住的，是变动流转而无一定的。练习语言，要把词类作单位，把语句作标准：在一种标准的地方语中间，每一个词类的声调，必有一定的“律动”，这叫作“词调”（Tone and Accent of a word）；表现超于地域性的心理作用，每一个语句，常随疑问、感叹、命令等语气，而变动其中词类的声调，这叫作“语调”（Intonation）。

（六）以上既把中国语言的成分分析清楚了，再总括作一个图表：

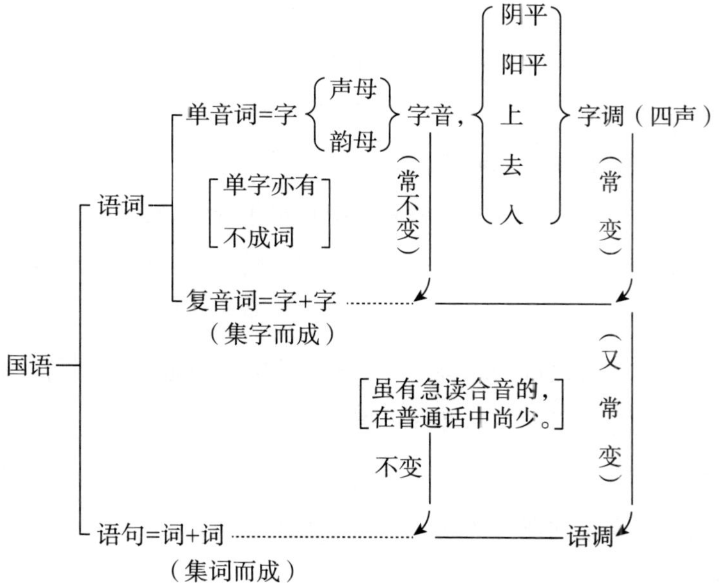

再说客观的标准语：

练习国语的话法，当然要先定一种客观的标准语，可是中国语言既有上节所述的特质，就应该看清它的各成分是否要一桩一桩地分别处理，才能定一个适于改进的标准。不可全仿照教学外国语的法子，简洁笼统地指定一种现成的方言为标准。

何以不可呢？因为我国语言的各成分实在各有特质，是应该分别处理的。依上图分作三项来说：

（一）语词和语句　语词的繁简分合，语句的组织配置，因为中国语言不受文学家“尊古”的束缚，能够自由改良，力求适用；所以在形式方面，大体是进化的。但是到了现在，世界的文化突进，生活的情形剧变；普通社会因为缺少教育，无法肆应，所用的语词语句，内容既感贫乏，形式也觉枘凿。新名词大宗的输进来了，西文式日本文式的语法也有些“习惯成自然”了，社会中的知识阶级，早已如此；在大多数职工和劳动的社会，却还没有和它同化，然而也就正在那里渐渐地同化。所以现在无论何地的社会，都因教育的作用，和交通的影响，它那文化与生活都是于无形中变动得很激烈的；它们都没有适应时代的现成而固定语言可作标准。——虽然这种情形，欧美也略相同，但它们的程度已经达到一个水平线；我们除知识阶级以外，离这水平线未免太远了：语言中的词类，多半是从古代遗传下来的，而又因族姓迁徙，转地变音，写起来多半没有字的；……语言中的语句组织，多半简而且拙，晦而且涩，没有层次，又少曲折……所以无论何种社会，它那固有的方言大都是没有随时代而进化的，又是限于地域不能普及的，又是常常跟着教育、交通而转变混合的；怎么好把它定作现成的标准语呢？

那么，单就语词和语句这一项说来，练习国语的时候，应该定一个怎样的标准？且条列四个要件：

（1）适合于语言改进的趋势；——虽是没有十分通行的词句，只要知道它有一定通行的趋势，便不妨及早提倡。

（2）易于普及；——写不出字来或要另造新字的土语，总应该在淘汰之列。又如同时用两个同意义的词句，一个限于一地，一个通行各地，就要把那通行的作为标准。

（3）合于论理；——可也不要违乎习惯。

（4）接近文学。——适用文法和修辞学上种种定则，加一番整理修饰的功夫，这在话法上本是可能。

这些抽象的标准，且不多说；若要定一个客观的具体的标准，便可综括作一句话：

就把含有文学意味的国语读物中一切语词和语句作话法的标准；因为它们已经是普通公认的标准语，而又经过人工的整理修饰，具有“创造性”的。

（二）字音　中国语言中间的字音，实在是一个奇怪的东西——但也不足为奇：因为中国语言向来是用单音字表示的，所以复音词类虽然渐渐地发生，而它的成分还是单字；这单字的读音，在历史上、制度上、语言的变迁上，都有很重要的关系：

(1) 科举制度以单音字组织的诗文取士，所以读书的字音，向来最有讲究。因此讲究，故也有一个粗略的标准；也成了大系统上的统一。

(2) 因此而读书的字音（读音）和语言中的方音又往往生差异。一个字在一个地方，书中的读音如此，说起话来其音又如彼；一个字在各地语言中，方音不同，而读起书来，其音又大致相同。此例到处可证明。

(3) 五六百年来政治界所用的官话，接近文言，又须“共喻”，因之官话中的字音，多半是各地大致相同的“读音”。

(4) 社会上通行各地的戏曲，所谓京调者，也把这种“读音”为正音——叫作“字正腔圆”。

以此种种关系，研究中国语言的音，第一，必须知道从一个词类分析出来的音不就是“音素”，还有一个作单位音的“字音”。这是与研究拼音民族的关节语或诘诎语（Inflexive）一个根本不同之点。于是可得一个结论：

(1) 在语言的词类、语句之组织中间，字音是静的，不常变的。至于随着位置或语气而变动的，乃是长短轻重的声调，不是声韵拼合的字音。字音却是有因急读而合音的，方言中较多。(参照上节图表)

第二，就要知道中国的这种字音，又有“读音”和“语音”的不同；不统一的是语音，相对统一的是读音。于是又可得两个结论：

(2) 书本上的读音是死的，口头上各地不同的方音（语音）是活的。

(3) 然而在比较统一的官话中间，死的读音又大多数是活的语音。

根据这三个结论，就可评判民国二年（1913）读音统一会所公定、民国十年（1921）及二十一年（1932）教育部所颁布的国音了：

第一，国音是“字音”，不是语言中自然的“词音”；然而因中国语言既有这种字的单位音之特质，所以字音在语言中是不常随词句组织而变动的，(变动的乃是字的声调，例详下)，所以有先行规定的必要。

第二，国音是规定“字的读音”，不是选定一处地方自然的“语音”；然而因普通流行的官话中间的字，原是用的这种读音，所以国音却也是活的，不是死的。

第三，国音出于官话，在历史上、地理上原有统一的根基，所以最宜于统一的国语教育之初步。

第四，国音以官话为标准；官话出发于首都（即五六百年来的北京），传布于各地，复会合而混同而改良而进步于首都；故北京知识的社会所用活语言中之字音，就可以代表国音。所以国音能够取一个客观的标准，来供话法的模仿。

民十（1921）所颁布的国音中，也有百分之几异于北京语中字音的。这百分之几，大抵是北京语中尚未会合混同之字音。那时改从普通读音，为的就是要使这标准的活语言添加色彩，易于普及。——但是国音的规定，原不是一成不变的：那些少数异于北京音的字音，实在有渐渐地会合混同于北京音的趋势；因为这几个特别的北京字音，也就取得文学上的地位（色彩），和交通上的势力（普及）。所以民国二十一年（1932）公布的《国音常用字汇》，便明采标准地方，以整个北平音系为国音了。

所以话法中，要练习"静的"字音，来作"动的"语言的单位音，在现在，只能以国音为标准。——就是《国音常用字汇》，就是小学读本中各生字旁边注的字母拼音。

（三）字的声调（四声） 字音（反切）是声母、韵母的拼合，声调（四声）是音浪的长短高低，（清浊问题，与国语话法无关，不论。）向来是分别处理的。在中国死的文字中，四声是一个最统一、最神圣的东西；在活的语言中，四声乃是一种最纷歧最秘怪的物事。听我道来：

（1）凡是作过诗的人，或能知道四声的人，任你举一个字，他总能辨别是属于四声中的"某声"。

（2）集合全国知道四声的人，任你举什么字，他们所说的"某声"是一致的——诗句错了平仄，全国的诗人是一致说他错了的。

（3）集合相隔百里的两个人，请他把这个"某声"的字读出来，就不一样了，彼此就要互相非毁了。——两个不同地的诗人，各哼一首诗，彼此就要互相笑乐了。

（4）然而他们若是把这首诗逐字检查平仄，说出来这字是"某声"，那字是“某声”，这许多人的意见，又是完全一致的。

你看这不是又统一，又纷歧，一件最神秘的物事吗？

现在且不管他，只要问：字音的声调，在话法中究竟有无关系？——有关系的！可是在国语统一上说来，就要分作两步：

（1）语词、语法有了标准，声韵拼合的字音也有了标准（国音），就使各用本地——百里以内的声调，和他乡——千里以外的人，谈起话来，只要彼此都是受过教育的成年的人，一定能够互相了解的。所以第一步的统一，只要能说普通话（合于标准的词句），能用国音；声调如何，可以不问。在练习话法时，只求儿童的字音不错，没有写不出来的乡词土语，到了将来，自然能够大家通词达意：这就是大致统一的国语了。不必再要另定什么声调的标准，本乡本土的声调就算是标准了。但这种统一，是粗枝大叶的；这种国语，是要再加一个形容词“某调”，如“徽调国语”“汉调国语”“川调国语”的。这些调的总名，就叫作“蓝青官话”。——所以是第一步。

〔附言〕有人疑惑，国语统一有这样容易吗？须知统一两字，其中虽有程度之不齐，却没有绝对的一致。国语统一，先立了一个最低的限度，就是只要大家能够通词达意，所谓“辞达而已矣”！二十二行省的人，荟萃于北京，在各机关商议他们所谓“军国大事”，试问：这许多能够打蓝青官话的人，又何尝因语言不通，弄坏了一件事呢？只要他确是说的蓝青官话，确不杂有他的乡词土语，又何尝要请翻译来翻他的演说词呢？至于在会议席上，演说台上，北京人听了他的话，不承认他是北京人，并对他说：“听您的口音，许是个广东人。”那又有什么要紧！只要他的话能够通词达意，做了北京人又有什么光荣？做了广东人又犯什么法？

（2）再进一步，觉得“蓝青官话”不漂亮，不中听，只能使全国受过教育的成年的人大家通词达意，还不能完全“抒衷曲”，“推襟抱”，“类性情”，因之不能使“美的”语言（方言）成统一性；更不能使真切的儿童文学和朴素的民众文学，受一种“统一的”“美的”语言化。这就不能算是练习话法的最高目的。那么，也不难！定一个声调的标准就得了。

声调的标准，是应该定在“动的”语言中间的；“静的”字音，实在关系很少。不过因为中国语既有这“字音单位”的特质，所以四声也不能不顾及；习熟了这种静的单位音之标准声调，也就可以做活的词调、语调之基本。——这是第二步。

这四声的标准又怎样定法呢？它在口头上既是一个纷乱的、秘怪的东西，我们只有用“快刀斩乱麻”的手段，指定一个地方做标准。再不要从中分析，选择，自讨麻烦。再不要说某地的四声不完全，不合乎音理；某地的四声不好，不合乎天地自然之正音：音理是什么？天地自然之正音在哪里？

所以话法中，如要找一个统一的音调，当然是以北京的四声为标准。

〔注意〕有人问：国音点声的符号，明明是阴平、阳平、上、去、入五声，北京明明没有入声；这不是自相矛盾吗？答道：这不成问题。《国音字典》所规定的点声符号，和从前所用读破的圈儿一样，都是悬虚的一种符号，并不能表示实际上的读法。因为从前的入声字，中南各省的人大都能辨别出来，所以也就规定了一个入声点号；实在就和浊音符号一样，用不用随人自由。什么是标准声调？标准声调有几声？直到民二十一（1932）《国音常用字汇》公布，定北平音为标准音，国音中才有明白的规定。大家要依北京的四声，废除入声点号就是了。——在口头的标准四声，绝对不能够从点声的符号上辨别出来；最好是直接和北京人传习。若是不能，便要利用一种留声机片。（《中华国音留声机片》第六课“五声”，和商务书馆《国语留声机片》第七课“声调”，前四声都很明晰而正确，可作传习字的声调之标准。）懂得音乐的，也可以按五线谱在纸片上简单地表示出来。此外再没有别的法子了。

（四）词调和语调　四声是单个的字的声调，我上段已交代了；它在“动的”语言中间，是关系很少的，而且它一到了“动的”语言里，又很靠不住的（参看前说“特质”的第五项）。因为：

（1）字的声调，在复合的词类或短语（Phrases）里边，多随位置的前后而变更：统通谓之“词调”。且举一例来说明：譬如北京人读的上声字：（一）单读，或用在语句下（除语尾的“子”字大都是轻声外），确是它们的上声；如“您‘好’”“葡萄酒一‘打’”，（这“好”“打”两字，声调律动的状态为“↑”）。（二）若是加在平声、去声等字的上面，合成一个复音词或短语，就变成一种下沉的声，仿佛是川鄂一带的入声了；如"'好'花""'好'人""'打'尖"（↑）。（三）若是两个上声字连成一词或一短语，那第一个上声字，又变成一种上扬的声，仿佛同阳平一样了；如"'好'酒"（和"豪酒"差不多）"'好'马""'好'好的"（的字是语尾，很轻，上面第二个好字也变成下沉的声）"'打'扫""'打'米"（↗）。所以，北京的上声字，单读字音，似乎有一定；合成复音词类或短语，就因位置不同，变了三个样子（参"听"《国语机片》第八课"声调相连的关系"，并看《课本》同课的说明）；若是用在一个表情的长句中间，那更不消说了。可见单字的四声是静止的、死的；词调以及语调是流动的、活的。把单字的四声记得牢，读得准；说起话来，若不知道变通的法子，还不能算是那种标准方言的道地话。

（2）词调又常随"语调"而变更；因为语调是跟着辞气的轻重和语意的疑决等而变更的。且设四对问答，四个答句一样，但辞气轻重不同：（一）问：谁今天上这儿来？答："他"今天上这儿来——重在"他"字。（二）他今天怎么样？他今天上这儿"来"——重在"来"字。（三）他什么时候上这儿来？他"今"天上这儿来——重在"今天"。（四）他今天上哪儿去？他今天上这儿来——重在"这儿"。——在外国语的教授法中，也最重语调。语调加重的词，四声最真；轻而低的词，四声有时竟可不辨。在说明各国语的发音学（Phonetics）专书中，很多论及，列有图解。

所以语调和词调，都是变动不居的，是要实行综合的练习，而不能拘守分析的规范的。——就如修辞法，本也可作话法的一种规范，然而适用于作文，不尽适用于话法。因为提起笔来，大有惨淡经营之余地；说话的时候，兴到神来，稍纵即逝；只有囫囵的模仿，不容细密的"匠心"。要讲究修辞，也只在反想或预备的时候，按照着规范加一些批评校正的功夫。正当说时，心理上只有冲动开展的作用，只能取简洁活泼的手段，所以必行综合的练习，才得自然。

综合的练习，全靠一个能操这种标准的地方语，而且说得最纯熟、最美妙的教师。这种地方语，当然和上节所说"字的声调"一样，只好以北京语为主；北京语的词调和语调，便是话法中词调语调的标准。娴熟这种词调、语调的教师，便是练习话法时一个综合的、活动的、客观的标准。

〔注意〕把这个人说话的声调作话法中声调的标准，实在就是把这个人的全套语言作国语话法全部的标准。这个人自然就是儿童的教师；他的语言自然要合于读本中的标准语词和语法，自然要合于标准字音的国音，自然是采用标准地方的四声。所以这个人的语言，是许多标准的结晶体，是站在许多条件之下的。不是随随便便地拉一个北京人来，和他笼统地学些北京话。

（五）以上把客观的标准语分作四条说明，现在总作一图：

	（成分）	（标准）	（标准物）
标准语	（一）词类和语句的组织（Words，Phrases and Sentences）	普通话	文学的国语读物
	（二）字音（Syllable）	读音	《国音常用字汇》
	（三）字的声调——四声（Tones） （四）词调（Tones and Accent）和语调（Intonation）	北京语	国语教师或留声机片

第二节 “因地制宜”的话法教学法

（汉语方言分区略图）

话法与读法，性质上本略有不同之点，因之两者的教材和教学法，不能完全一致。现在依上节所说的各成分，先行分项说明：

（一）语词和语句，话法读法固然要用同一之材料与同一之标准，但在读法方面，读本上的语体文，可力求合于论理，合于文法；又可尽量适用修辞法，不但比语言多合于美的规律，在事势上也要比语言“简约”些。在话法方面，因为心理上直觉、冲动、反射等作用太多，所以词类的使用和语句的组织，当然不能完全和读法一律。

（二）字音，固然都要依照国音，但话法上因轻重、疾徐、抑扬、抗坠种种的语势，和所模仿的标准地方语的习惯，急读合音之词类，未经改变的方音，有时势不能不冲口而出。

（三）读法上字音的四声，依第一步的统一办法，可暂用本地的四声为标准。但话法则不然：若只就本地方言练习而不用标准语，则已；如欲用统一的标准语，那字音的四声和说话的词调语调，都要脱离方言的习惯，而完全模仿这种标准的地方语，才能免于“南腔北调”之讥。

话法的性质上既和读法略有不同，那么，它的教学法似乎应该“因地制宜”，不但不必与读法一致，就在它的本身，也不能求通国一致。现且分项说明：

（一）标准的地方话既在北京，那北京本地的儿童，在家庭社会上所用的普通习惯话，就是话法上所取的标准，也就和读法上的语体文差不多。教读法时，便可连带地教学语法；不过为提高语言程度起见，便要拿读法上的标准语词、语句和字音，来矫正习惯话中间应该改正的地方——可也不多。

（二）很近于北京语的北京官话区域——可依河流再分为三系：一、河北系，直隶、山西（但太原一带土语较多）、东三省、山东的北部（登莱半岛土语也很多，但可属这系）、河南的河北道属之。二、河南系，河南中部开封一带、山东的南部、江苏安徽的淮北一带属之。三、河西系，陕西、甘肃连带新疆属之。这三系的地方，也可以照北京的教学法，读法、话法，不必分离。无论说话、读书，都用普通的词类语句、标准的国音、北京的语调。因为在这区域类的习惯语音，除开应该特别处理的（如太原东北一带山地和登莱海角）以外，实在容易矫正，变更不多。

（三）较远于北京语的南方官话区域——又可依水道分为四系：一、江淮系，江苏的江北一带（但东边要除开北岸的南通，西边要添加南岸的镇江和南京）、安徽的中部芜湖安庆一带及江西的九江属之。二、江汉系，河南的南部和湖北等处属之。三、江湖系，湖南的东部、湖北的东南一角、江西的西部南部属之（这系中的土语，也很复杂，唯江西的赣州语较为普通）。四、金沙系，范围很广；四川、云南、贵州、广西的西北部，湖南的西部属之。这四系教学读法时，要用普通词句和国音，但四声和词调、语调就可不必拘泥。一面宜特设话法教学时间，便要用北京的四声和词调、语调。儿童平常说话，虽不能骤然叫他们打京调，和话法所练习的一致；但不妨随时用国音矫正他们说话的字音，渐渐地模仿标准的声调。——在这四系区域内的习惯语音，唯有江湖系地跨湘江赣江两流域，因为数百年来，族姓转徙，最为频繁；又比江淮、江汉两系的区域，山地较多，交通不便，所以土语土音，实在复杂得很；在话法教学上，也许有些地方要特别处理。至于金沙系的区域，虽多在万山中，但因历史上改土归流、设官移民等政治上的关系，除通行官话外，便只有种族不同的苗语，所以这一系的地方虽大，交通虽也不便，语言倒也很纯正而普通，与江汉系、河西系很是接近；不过声调异于北方官话罢了。

（四）最远于官话之苏浙一带；和东南滨海区域——又可依流域分为五系：一、太湖系，江苏的苏常沪海两道、浙江浙西的钱塘道（即旧杭嘉湖三府；但杭州和附近的话，要另属于南方官话，似近乎江湖系）、浙东的宁绍等处属之。二、浙源系，浙江上流的金华道（即旧金严衢三府）、溯源而上，安徽的徽州宁国等处和江西的饶州广信等处属之。三、瓯海系，浙江的永嘉道（即旧称温处台三府）、福建的福宁等处属之。四、闽海系，福建的闽江流域、南及漳厦和广东的潮汕一带属之（福州和厦门汕头的语音本不同，但还可以归总作一个系统；例如潮汕一带的话即名“福佬话”，一作“福漏话”）。五、粤海系，广东的大部分和广西的东部属之。这五系教学读法时，要用普通的词句；但事势上若过于困难，暂时可不必一定依着国音。若是采用方言的文学教材，更可连词句也不用普通话，并可不用汉字，将添加闰音的注音字母表示出来。然而除这种读法之外，必须另加话法时间，完全依着国音和北京的声调，教学国语。平常说话，自然不能就把土语方音彻底改变；但须使儿童能操两种语言：一种是本地习用的方言，一种是统一的标准的国语。——前面（二）（三）两项中要特别处理的地方，也同此例。

（五）现在依统一的难易，分汉语的方言为四大类；又略依江河的流域，按着方言的分布，就上三项所分别的共十二系，列表于后：

<table>
<tr><td rowspan="3">甲，北方官话</td><td>一，河北系</td><td rowspan="3">话法可与读法同授，同用一种标准语。
（应特别处理之处，不在此例。）</td></tr>
<tr><td>二，河南系</td></tr>
<tr><td>三，河西系</td></tr>
<tr><td rowspan="4">乙，南方官话</td><td>四，江淮系</td><td rowspan="4">话法读法可分授，而同用一种标准语；
唯读法的声调，有时不必拘泥。
（应特别处理之处，不在此例。）</td></tr>
<tr><td>五，江汉系</td></tr>
<tr><td>六，江湖系</td></tr>
<tr><td>七，金沙系</td></tr>
</table>

丙，苏浙语	八，太湖系 九，浙源系	特设话法时间，完全用标准语，读法应与话法分离。——遇必要时，读法不妨暂先用本地的读音。但总以一律能用国音为准。
丁，海滨语	十，瓯海系 十一，闽海系 十二，粤海系	

第三节　话法的编制和教学上的新方法

话法本来比读法重要些，而且要用在读法教学之先，因为读法是教学“阅看文字”，而话法是教学“运用语言”；儿童运用语言的本能和经验，比阅看文字来得多而且早。所以国语的读、写、作种种教学，乃至其他各科的教学，都是从“说话”方面打进来的。所以话法教学实在是一切教学入手的基础；而一切教学又处处都有施行话法教学的机会。

但是这样贯彻一致的话法，唯有在标准语地方的学校能够办到。若是方言离标准语太远的区域（如上节苏浙语、海滨语、以及官话系统中掺杂特别方言、应特别处理等区域），在目前的事势上，国语科的话法，不但难与其他各科所用的语言贯彻一致，就是与本科的读法有时也难贯彻一致，于是有两个办法：

（一）彻底的办法，就是另造一个学校说话的环境：各科各级的教员和学生，无论授课或谈话，都一律用纯粹的标准语。那么，话法教学自能与读法乃至其他各科贯彻一致，和在标准语的地方一样了。——学校的力量，原是可以转移社会的；这样的学校，一天一天地加多，而交通又一天一天的发达，那个地方自然会流行这种标准语。等到社会上需要了，学校说话的环境也就自然扩张起来了；话法教学也就和各方面都能贯彻一致了。

（二）若是事势上一时不能将全校改成标准语的环境，那国语科就要另设话法教学的时间。现在略定几项要件：

（1）从初级小学的初学期起，每日利用儿童的学校生活中之相当机会，特殊地教学话法，至少半小时。

（2）这话法的教学时间，也应列为国语科的正课；或与朝会时的“训话”合并。

（3）话法教材，或演说故事、童话，或作日常生活各种常识与美感趣味等的问答、谈话。

（4）不用书；专作“口”“耳”的练习。但若儿童能活用读法中所学得的字母或文字，来记载这种话法的材料，亦所奖许。

（5）年级较高，有师生合组的辩论会、演说会等，便可于开会时施行这种特殊的话法教学——或由师订正，或互相批评。

（6）期间长短，不能预定；总以练习纯熟，到与这种标准语的相当程度为止。

（7）到了相当程度，就可以把时间减少或缩短，但是还须特设话法教学的时间。因为要使他们运用这种标准语的技能，能够跟着他们意识界的经验、思想等一齐发展，便不能不继续的教学。

（8）高级小学以至中学以上的学校，也还要斟酌情形，继续的特施话法教学。若是以前没有学过的，更要另定补习时间。

〔附言〕从前闽粤设有官话学堂，专备官商子弟要出省的学习北省语言之用，意思却也不错。自从小学改用国语以来，方言差得很远的地方，反多专靠读法的教学来统一语言。结果：（一）矫揉方言，使读法内容的精神意旨多生障碍；（二）教师的标准语操练未纯熟，距离太远，没有对证，所教学的音调，未免有以讹传讹的毛病。这是两个很普通的流弊。要免去这两弊而又能促进统一，唯有使这些方言很远的地方“特设话法教学时间”之一法。张士一《究竟怎样去统一国语》文中，有论话法“教学法”的一段，待录于下，以备参证：

“标准口语教学法，有以下几个要点：（一）和语体文要先分后合。就是小学校一年级起手的时候，单从耳口教学。文字在另外的时间教。到了以后，年级渐高，文字学得渐多，才可以互相沟通。但是还是分开时间教标准口语的好；不过可以利用文字去记口语罢了。这种办法，实在不但在教学法上最为适当，并且也可以免教员徒然的吃苦。因为‘文字的国语’和‘口语的国语’，不是现在的小学教员个个人所能兼教的。在高小和以上的学校，虽是学生在文字上工夫已经用得较多了，还是入手先用耳口训练的好。每次耳口训练已经学到的材料，才可以拿文字来做一种帮助记忆温习的辅助品。

（二）口语的教学，要先使学生多听，再使多说，天然的次序是先用耳，后用口。没有听熟的东西，断不能说得对。（三）不要教单独的字，而要教完全的句子；并且还要使句子串成篇段而教。这样，所教的才是有头有尾的活语言，不是肢解的死语言。（四）少用学生已经会说的方言来翻译，那么，才可以使所学的语言得到充分的练习。（五）教口语的时间，与其每次很长，而每星期的次数很少，不如每次的时间略短而每星期的次数略多。这是心理学上所谓‘分布的学习法’，最为经济。（六）所用的教材，须要有趣味而切实用。在小学校里头，应多用故事和演进法的语料。”

以上所说的是“读法‘外’的话法”，是方言较远的区域权宜适用的。至于标准语地方和方言很近的区域，或是另造说话环境的学校（如上第一项的办法），教学话法，便该用正式的方法，就是：（一）读法“前”的话法，（二）读法“内”的话法。分述于下：

（一）读法“前”的话法　在初级小学没有用读本作教学的工具以前，就应该先有话法的教学。条列于下：

（1）儿童由“牙牙学语”的咿呀时期（Babbling stage）进而至模仿时期（Imitive stage）的时候，最好就使他的母语（Mother tongue）向着标准语方面发展去。——这在标准语地方当然没有问题：因为家庭中日常交谈的语言就是这种标准语。但旅居这地方的人家，情形却不一样，如北京，常有父母亲族是用他们家乡的方言，而保育儿童的奶妈或与儿童最接近的雇工们又是本地人，于是儿童开始就学得两种语言；若是以后转地太多，这儿童的语言大抵渐渐地化为一种混合的音调，为他个人所特有。所以在标准语地方，而不是本地人的家庭，虽平时不能不说说家乡话，却要认定一种标准语，作日常的用语，那么，在怀抱中的小孩才能得到一个模仿的定范。

（2）幼稚园自然是要用标准语的：一、因为保姆不能全是本地人，若不大家练熟一种标准语，于保育的组织上便生出许多障碍。二、标准语地方也有应淘汰的土语，也靠这种有教育性的标准语来矫正一些。

（3）若是在家庭受了标准语的训练的幼稚生，到了幼稚园，自然没有什么困难。若是在家庭说惯了异乡话，那就要施特别的训练，叫他从这新的环境内学习第二种语言。——在事实上，一个都会的蒙养园，断没有能说许多异乡话的保姆；所以这种幼稚生势也不能不模仿第二种语言了；不过训练上的精神和兴趣，一时间要稍微受点障碍罢了。

(4) 幼稚园的功课，大都单是使用语言的，便可随时随地施话法上相当的教学。——虽然幼稚园有时也可以练习写、读，但主要的教学工具还是语言。

(5) 初级小学也还不可开始便教学读法。因为：

(ㄅ) 读法所用的教材，总要比儿童语言的程度略低。文字原是表示语言的符号，他的生命全在语言上；儿童不会说的话，须先教给他，使他能说，然后看、读这种符号，在心理上才有根据，所以读法教材必须跟着儿童语言程度的后面走。

(ㄆ) 因此，初年级先从话法教学（就是从实物或图画上问答或谈话）入手，在读法的预备上，就有两个好处：一、可以约略地测定他们所能运用的"词量"；二、可以约略地整齐划一他们语言的习惯，使将来读法上减少许多困难。——大约从开学起，至少一星期，不要用书。

(6) 若发现初年级儿童中有语言上的障碍的（如未经标准语训练的，或从他乡初来的等），便须另行处理：或看学校情形，另设一班；或特加教学话法的时间，从新练习第二种语言，和远于标准语的地方一样。

(7) 本来初年级教学读法，应该从"实物示教""图画示教"入手：一方面固然是叫儿童从经验上、直观上真切地了解那教材的内容；一方面也就是叫儿童从经验上、直观上、真切地学习种种生活必需的言语。趁这机会，施行相当的话法教学，利用儿童发表的冲动和模仿的本能，整理、矫正并改良他们惯用的语言，叫他们能够一致地向着标准语的进程练习去：这就是读法前的话法之精意所在。

【附录】　杜威《教育哲学》的一段：

学习语言的过程，大约可分为三步说明：

(1) 增加词句的数目　不但所见人物的名称，就是行为等，总要愈多愈好：这是词句分量的增加。词句的数目有两种：(a) 主动的，自己可以随意运用，而且总能了解；(b) 被动的，自己不能随意运用，只能看人家运用而领略其意。总之这两种都是想把经验推广。经验的范围愈广，语言的数目愈增。

推广经验的方法——学习语言的方法，就是要与环境接触。环境中一切词类，都是从实事实物中生出来的，所以总能精切了解。但是学校所教的语言，大概从死书本里来的，所以是死的，不明意义的，不能运用的。

（2）认识逐渐精切　普通对于词句的意义，大概是含混不清，所以对于一种事物，似乎有十个八个词都可以合用，而不知究竟用哪一个最妥当、最能表达这种事物的意义；所以他就随意用了七八个似是而非的词，以为总有一个可以命中；而不知只要发射一个子弹就大可以命中的。

（3）使所用的词句前后衔接　语句的组织（uniting）最要紧。学校里常用两三个不成句的词类来表意义，又如用"填字法"，都不足以造成联络衔接的习惯。常人说话，多重复，意义常不清楚，前后又不相贯串。所以教授语言的要点，在于使儿童的经验，能够前后一贯，中间无空。范话之后，再使反复练习，那儿童就能有天然的连贯，天然的系统，天然的组织了。可是要使他能自由发挥，才是自动的贯串；不要照教师对书本去作抄袭的机械的死的贯串。否则终不能养成有系统组织、有条理秩序的语言。

（二）读法"内"的话法　到初级小学要用读本作教学的工具的时候，国语科的教学，算是以读法为主体了。但是读法决不专是对着书本讲解诵读；这种送子弟上学校去"念书"的误解，在中国，因为科举遗毒太深，大多数的家庭还是如此；小学教师也还有错认读法只是对书讲读的。退一步说，读法的范围，只是教儿童讲解诵读；国语科的最大目的，原在求儿童能够看书：尽管如此，也不可不从话法教学上培植一个基础。因为现在国文已改为国语，语体文中精密的意义和活动的精神，断不是能够从书本上得到的，一定要把这种作语体文标准的语言，了解得真，运用得熟了，根据这种语言上的经验，才能得到这种语体文里头的神味。所以单靠读法上的方法来教学读法，是决不能使读法教学彻底的；所以在"读法前的话法"外，还要注意"读法内的话法"。条列于下：

（1）读法教材，尽先从耳中听熟、口头说熟的材料中去采取，再加意匠经营，使成文学化。若到不能不用儿童经验以外的（即他们语言之中所未有的）事物作教材时，便须注意以下两事：

（ㄅ）形式方面的语句组织，要比较正在学习的话法程度容易一等。——如此，读法才可以得透彻的了解，不至印象模糊；并且儿童预习时才易发生阅看和进求的兴趣。

（ㄆ）这种经验以外的新教材的内容，总须设法先从说话方面打进去，这就是新教段中“预备”一段的职务（参看第四章第三节教段表）。

(2) 某课要从“实物示教”“图画示教”入手时，那问答、说明所用语词的选择和语句的组织，或示范，或矫正，处处都要看作话法的实际教学。——在新教段的“整理”段中，儿童疑问，教师试问，儿童发表，都要如此。

(3) 初年级用故事、童话等作教材时，读本只记要项，文字尚短，自然不能尽其原委曲折；那么，教师应先用口讲（斟酌可用故事画），使儿童们静听。然后叫他们问疑，然后试问，或使他们学讲，然后看书。教师当口讲时，要注意以下两事：

（ㄅ）语词要多使用儿童已经学过的；语句要适合他们语言的程度。

（ㄆ）新的语词（就文字言，即是生字），名词要用实物或图画来示意；动词、形容词等要用“仿效的动作”或拿“比喻的形状”来示意。这些新词的示意方法，必须预先酌定，总须使听讲者真切地了解，毫不含糊；学讲者也真切地发表，词意交融，“意内言外”，并非机械地朦胧地仿说一遍。

(4) 年级渐高，课文渐长，儿童又有了“预习”，上课时应先使他们口讲。要注意的也有三事：

（ㄅ）第一不要对着书讲。

（ㄆ）只须简单说个大意，不是背诵全文。

（ㄇ）留心考察他们对于这课中的新词句，究竟在预习时真切的了解没有。

(5) 当儿童口讲大意完了，还没有把新词和难语句质疑（即“整理”段中事项）以前，还有一段很重要的手续，就是：教师要把课文朗读一二遍，只叫儿童静听，不看书。这是磨炼他们的听官，使之渐渐地和正确的语音语调结合得极纯熟而牢固。耳根既利，口齿自清。这是话法教学的要点。教师朗读时，也有三个要项：

（ㄅ）要用谈话或演讲的态度（即能表情的美读法），不只是读出课文的字音。

（ㄆ）遇着新的词句，也要逐一地用“示意方法”表明出来，如上第（3）条（ㄆ）项所说的法子。——于是儿童预习时所有的难语句，要质疑的，就此可以从教师的说话和动作中，得到一些真切的意义了；这是离开书本，叫他们从耳、目的经验上得到字义、解释疑团的一种方法。

（ㄇ）新词句既用了适当的方法示意了，还可以把这新词句设为种种的例句，马上（在朗读一遍之后）叫儿童们先从口头上模仿练习，以为读解的准备。——这也是离开书本，叫他们从口、耳和肢体的动作里，把所得到的字义，更加一番精切的体会。即此可以增加他们语言的经验。而这种活动的方法，更可帮助记忆，引起兴趣。

（6）教师朗读和示意练习的种种手续完了，接着便可以打开读本，从事整理吗？还要慢着。且叫全班儿童跟着教师的范读大家朗读一遍。新词的发音，难而长的语句，不妨多读几遍。然后看书。

【注意】以上（5）（6）两条所说，似乎要属读法的范围，可是这种手续，重要之点在“不看书”，专作口耳的练习，所以是话法教学一种“示范”的方法，并且是使话法和读法连贯一致的最好方法。

（7）自此以后，打开书本，就可以完全按着读法上的教学程序施行了。可是在“整理”“比较”“应用”等阶段中，在有练习话法的机会，都可以照第（2）条所说的方法做去；而“表演”一项，更是和话法教学融成一片的了。

以上七条，都是就教授新教材方面说的。至于复习旧教材，向来只是按课温习，不离书本；若是要从读法里运用话法的教学，便须另用一种复习的方法。读本的复习，与话法的练习，可使发生很密切而很便利的关联。

（1）当新课未教之先，至少要把一时间复习前课。寻常的方法，未免偏重眼和手的练习，如默写、缀句、笔答等。应该添加口、耳方面的练习法：起首，就叫学生静听教师朗读一遍，再使全班跟着朗读一遍。这是很容易的练习，然而也是很重要的练习。因为上课之始，专心致志地听读一回，对于正确的发音和语势，可以得一种清新明了的注意。然后作较难的练习，便可预防许多记忆上、习惯上的错误。

(2) 其次，要把前课的材料作十几分钟的“会话”：或师问生答（指名问答，全班批评，再由师决；或全班同答，均可），或互相问答（要指定程度较高的；使他生听，或批评）。

(3) 于是教师在以上两项练习的时候，应看明白全班对于旧课的成绩究竟怎样。其中若有普通的困难之点，便须特别指出，另设种种方法，反复练习。——这些困难，有时在教材内容的实质方面，好像不是语言词句上的问题；但是也须从语言上去矫正他们的谬误。其实，语言的困难，究竟较多，如选词不能命中、组句不能达意种种毛病，是最要留心矫正，特别提出，设法练习的。

(4) 若是没有这种困难了，便须把旧课里边最重要、最有用之点，也特别提出，设法再加练习。如前课新出现的句式，在以后各课常要用的，便须就从前已学的实质材料，多设同式的句子，使他们作口头的反复练习。又如前课有习用的成语，便须多设不同样的句子，叫他们知道语言中活用这些成语的方法。——上条是“矫正的”练习法，这条是“扩充的”练习法。

(5) 读法中关于内容的练习，以及其他各科的练习，与其多出题目作纸片的问答，不如多用语言作口头的问答。用语言的练习，不但能增加话法教学的机会，就在各科的教学上也有许多的好处：

(ㄅ) 要知道所教学的功课，儿童们真能领会吗？没有误解吗？记得清楚吗？可以活用吗？唯有用语言的练习，可以立刻考验出来。

(ㄆ) 发现他们的谬误和缺点，可以立刻设法矫正、补救。

(ㄇ) 问答时，容易唤起他们的注意；并且常可变换方法，容易添加兴味。

(ㄈ) 尽管反复练习，所费的时间，比较地总经济得多。所以各种教材的练习，若都能注重于使用语言，那么，话法的教学，就可如“水银泻地，无孔不入”了。

话法的正式教学法，一在读法前，一在读法内，已如上所说。在标准语地方，施行此法，自然便利。若是方言太杂的区域，势不能骤然完全改变；虽也不妨采用这种正式教学法，但只算是方言的话法教学，不是标准语的话法教学了。

（三）读法“外”的话法　读法“外”的话法倒是多数地方要实行的；必如此，方不苦教师以所难，又易收统一的功效。本节开首已将编制和教学法的要点论述一个大概，现在再补说一点具体的教学方法。

在远于标准语的地方，如闽粤苏浙……一带的人，语词、语言，十分之九和标准语不合，一旦要学习标准语，实在和学习一种外国语的情形差不多；不过彼此还有统一的文字罢了，然而在话法的教学上，文字也是用不着的。所以这“读法外”的话法教学法，实在可以斟酌采用欧美近来通行的“外国语教学法”。条述于下：

（1）现在远地教学国音国语的，大都先教注音字母的发音部位，次教拼法，再教四声，都用汉字注明。这是先把无意义的音素，和自短而长的音组，教给学生；从音的方面打一个基础，然后教学有意义的语言。旧法教学外国语，也是先从字母拼音入手；一般批评的，说“他的短处，是不用音来达意，枯燥无味；是很近‘论理’的方法，不是合乎‘心理’的方法”。所以此法用来教成人的标准语，倒有一点提要钩元、举一反三的妙用；用来教小学生，便不合他们的心理而效果减少了。

（2）也有起首就教有意义的单词、短语的，先练习字与词的国音，再练习句子。（因为字母拼法多已在读法中教学，所以不列入话法。）这和一般所用读法的步趣相同，未免将话法的特质混于读法；压抑语言的活气，使屈就书本文字的范围；还是偏重读书，不是精练“口”“耳”。

（3）又有用固定的“会话”课本的，起首就用句子，自然比较地合乎语言的心理了。可是固定的材料，往往与目前的生活环境无关：在儿童，固觉凭空问答，情景不切；在成人，也觉无谓寒暄，了无佳趣。——以上两个方法，在外国语的对话，旧法也多用之。

（4）近来外国语的教学上风行一种“直接法”（The Direct Method）。其要点：

（ㄅ）用眼前实物或图画作提示的教材；从而发生种种的言语，教学生听和说。——先就教室内所有，如提示一本书，说“这是一本书”，“这本书是我的”……或指着一幅风景图，一一用简单句子说明；程度依序渐进。

（ㄆ）遇着动词等，教师兼用仿效的动作或态度示意。

（ㄇ）非必要时，不加译解。

（ㄈ）以能发表思想的整句为主；非到相当的时机，不用分解法（The Analytic Method）剖析字义［前面所列（1）（2）两法，却是用分解的材料起首的］。

（5）直接法所包含的方法甚多：还有一种偏重语料的组织的，就是法国孤昂式（Couin System）的“循序演进法”（Series Method或单称演进法，或译为连珠法）。此法最注重动词的用法；教学的时候，描摹各种事情的动作，大都依着次序，蝉联而下，毫不参差凌乱。用此法时，教师须有优美活泼的姿势，随说随做，教学生完全模仿。现在举一个教学英语的例：

拿I open the door（我开门）做题目，照开门时候所做的各种动作，顺自然的次序，用短句说出来：I walk towards the door（我冲着门儿走去）。I stop at the door（我站住在门边儿）。I stretch out my arm（我伸出手来）。I take hold of the door handle（我攥住了门把手儿）。I turn the door handle（我把门把儿一拧）。I pull the door open（我把门儿拉开）。

（6）以上两种方法，都有长处；大可以采作纯粹话法的教学法。若在低年级要再加确切的程度和力量，还可参用“命令动作法”：开首就用命令的句子，教学生照着实行各种的动作，使语言立刻发生效果。且引张士一《英语教学法讲演录》中一段来说明：

> “例如教员说Stand up，同时用手势示意，使学生做。学生照做了之后，教员说Sit down，也用手势示意，使学生做。全班同做几次之后，教员可以单指一个学生说。这两句变化练习了多次，可以再添两句。
>
> 例如指一个学生说Stand up. Come here. Go back. Sit down. 教员随说，学生随做。等到学生听得回数很多了，才使他们学说。起初学说的时候，教员可以指一个学生说Stand up，而使其余的学生也向他说这句话。以后可以使一个学生说给又一个学生做，或者说给教员做，可以

用种种变化练习的方法。这里不过举一个例罢了。

用这个法子教授，要注意以下四点：

（一）所命令学生做的动作须要是显而易见的大动作，例如上面所说的四句，还有如 Open the door．Close the door 等类。

（二）命令的时候，教员所在的地方和学生所在的地方须要逐渐变换。例如起初教员站在讲坛上对一个学生说 Come here。以后教员站在别的地方，或坐在别的地方，说 Come here。使学生在各种情景里头得确切的意义。

（三）拿句中所用的字来做各义的配合，成为各种新的句子，反复练习。例如 Sit 一个字见在 Sit down 一句话里头以后，Here 一个字见在 Come here 一句里头以后，再要配合成为 Sit here 一句去练习。

（四）所用示意的手势等类，须要逐渐逐渐脱离，使学生能够单从声音上得到意义。

这个命令动作法，大概有以下几个优点：

（一）自从第一天起，就用英语来发生语言的效果；因为学生要听他做动作的。因此，学生的态度，较近于人生真的用语言时候的态度。注意较多而学得真切。

（二）在初学入手的时间，宜乎使学生先听得清楚。不必急于使他们说得出，因为凡是没有听清楚的声音，必不能仿效得清楚。过于早说而没听清楚，反使说错，是不经济的办法。强迫他们不说，又是不好。现在使他们听音而做动作；他们就自然多注意于听和做，而急于要说的倾向减少了。这种倾向的减少，在入手的时期以内，实在是很有益的。

（三）这种肌肉的动作，可以帮助得到语言的意义。因为动作的经验和语言的经验连在一块之后，语言的意义更加真切而丰富，也更加容易记得了。

（四）显明易见的动作，做得对不对，大家容易看见；因此教员容易立刻晓得学生懂不懂。同学在旁听而看的，也容易明白做的对不对；因此也得到较多的温习。

（五）因为有动作，多活动，所以多变换而有兴趣。

（六）这种命令的句子，以后在上课的时候，就有日常应用的价值。

（七）这个教法，不但起首就有用全句的好处，并且各句天然相合成组。例如 Stand up 之后，天然是 Sit down. Come here 之后，天然是 Go Back. 还有 Stand up. Come here. Go back. Sit down 之类，也连贯成组，递演而进，记忆较为容易。

这种命令句教了许多之后，自然要逐渐加入其他的句子，如 This is a book 之类……

(7) 以上 (4) (5) (6) 三条，虽然是教学外国语的方法，但在方言太远的区域，学习他们素所未闻的标准语，那些新的名词、动词等和新的成语等（至于句法组织，各地方言却大抵相同）。若要避去那富有依赖性的翻译法、音注法，而使脑筋里有直接的结合，筋肉上得充分的操练，便须多多地采用此法了。等到程度渐进，可用故事、传说、风景等作教材之后，这话法教学的大部分也就可与读法联合了。然而有不能尽纳入"读法'内'"的，还是仍旧添设"读法'外'"的话法时间为宜。

【附言】近张士一氏《小学国语话教学法》出版，其中第六章至第八章（页 41—81）述话法教学上的新方法甚详，可以参考。至于本节所说读法"外"的话法编制法，也可参阅该书的第三章（页 16—22）；还有话法教学上的原理，本章不曾详说，可参阅该书的第四第五两章（页 23—40）。

又：吴研因氏《国语课程纲要草案说明书》中，将小学六年间教学语言的事项——即程序表中各年的 2 款（见第一章附录）——都加了一番解释。因为国语中的话法教学，即注意的人向来很少，大都以为按着国音读语体文便可以算数了，所以国语统一收不到好效果。要矫正这个误会，本书对于话法的说明特别加详；现在更将吴君此段说明补引于下：

(1) 演讲语等　含命令语、演进语、游戏动作三种：

一、命令语　就是教师在教室里所常发的命令语言。教学的时候，要把好几句连贯在一起，成为一组，例如："站起来！走过来！走过去！坐下来！"

二、演讲语　把各种生活上的情形，顺着天然的层次，编成语料，每套有一个题目，表明一个动作。例如："老先生喝茶，老先生看了看茶碗，老先生把左手去拿茶碗。老先生又看了看茶壶，老先生的右手把茶壶拖过来，老先生把茶壶里的茶到在茶杯里，老先生右手放下茶壶，老先生的左手把茶杯送到右手去。老先生的右手拿了茶杯，老先生把茶杯放在嘴唇边，老先生喝一口茶。老先生放下茶杯。老先生咳几声嗽。老先生捋一捋胡须。老先生又拿茶杯喝一口茶。”

三、游戏动作　略如唱歌表演。例如：“六个好宝宝，三个前面跑，三个跟着叫；前面不多，后面不少，扑扑扑扑学飞鸟。七个好朋友，一个打头跑，六个跟着走；少的在前，多的在后。”

(2) 会话　从儿童生活上或偶发事项上，拣一个有趣的题目作为资料。互相谈话；或扮了主客的表演问答。

(3) 童话讲演　把童话（神话，传话，寓言，物话）做讲演的资料。(童话都是想象故事，距离现实生活较远，所以在一二三年很注重。)

(4) 笑话、史话、小说的讲演　把笑话（滑稽可笑的）、史话（有历史根据的）、小说（不必有历史根据而多假托的）做讲演资料。(这类资料，多适切现实生活，所以从三年起渐渐加入)。

〔附注〕凡童话等讲演用的故事材料，须合于下列的三个原则：(一) 所用事物的分子，要把儿童经验里所有的，与他经验里所未曾有的方法去配合。例如：“蚂蚁”“扫地”“钱”“桃子”“衣服”……是儿童经验里所有的事物；蚂蚁扫地，因而拾到大钱，因为买桃子，最后买到衣服，这是儿童所未曾见过的；如此配合，儿童就觉得奇异可喜，愿意听讲或练习了。(二) 要一步一步地推移变化，不可凝滞在一点上。例如说蚂蚁扫地，忽而拾到大钱，忽而要去买桃子，忽而嫌桃子不好而改买别的东西：……变化多端，力避单调。(三) 要多重复的语句。

(5) 普通的演说　就是不必用故事做材料，而用常识等做资料的讲演。

(6) 辩论会　拣定一个可正可反的题目，例如：“语言与文字哪一种功用大?”分儿童为正反两组，各持理由辩论，由公正员评判结果。

第六章
国语文法与“缀法”——作文

第一节 文法的图解法和词类检查表

作文在儿童方面，是完全以读法、话法为基本的；在教师方面，却全靠文法来作出题、设例的指针，和正误、计分的标准。当儿童学习读法时，心理上“欣赏”的作用较多；虽然也要运用思考力，可是不能偏用在词类的区别、语句的分析、段落的剖合种种文字的形式上。话法更是利用心理上囫囵的、连续的“综合作用”，又偏口、耳的器官练习，再也来不及作文法上的考虑了。所以国语文法的教学，在读法、话法的时间，都是没有完全的机会的；只有练习缀句与自由作文时，才与文法有密切的关系。因此，一说到作文的教学法，便须先完成一个根本的条件，就是“教师要能够彻底了解国语文法”。文法并不是教小学生的，乃是教师教作文时的指针和尺度。怎样出题，怎样指导，怎样评改，这些似乎都是作文教学上的重要问题，其实说来说去，都是些空话；只要教师真正懂了文法，“神而明之”，自然能够发生许多巧妙而有效果的方法出来。所以教师从初年级起，便要在教学读法之前，自己努力对于读本的文法，作一番基本的、实用的研究，这就是“作文指导”的预备功夫。其程序：

（一）于每次读法授课前预备的时候，先把读本的课文，用文法上的“图解法”，逐句完全图解出来。

（二）再把图解法所分析的词类，一个一个填入“词类检查表”。

先说图解法：

读本既是儿童作文的模范；就学习心理说，只须读得多，读得熟，自然可以从耳朵、眼睛和嘴里直达到手上来。可是，作得错不错呢？不错了，美不美呢？这种指导、批评、改正的责任，是应该由教师负着的；教师若要有把握，第一须对于儿童所诵习的模范文有充足的预备和透彻的了解。这一课文章，有几种造句的型式？句子里有难解的词类吗？有新出现的成语吗？各句间又是怎样的几个结合？全课天然的段落是怎样分的？标点符号是怎样使用的？——要明白这些，非把这一课全部图解起来不可（图解法的详细说明，可参究拙编《新著国语文法》。）现举一例：

陶侃 〔课文第一段〕陶侃是晋朝人——距现在约一千六百年——他每日早起，把一百块砖搬到屋外；夜里临睡时，又搬回屋里。有人问他为什么要这样。他回答道："我立志要替国家做事；如果 V 疏懒惯了，将来身体不强健， V 怎么能做事呢？"

图解的第一步，不要就动手作图解，要先将课文各句的"主语""述语"用笔在字的上面（或字旁）标记出来——主语作 ══，述语作——，主语（或述语）的省略作 V，句间的连词作～～～。

只要把主语述语两种组句的主要成分看得清，拿得定，标记得不错，于是依次图解起来，其余各成分便一点不会错的。——图解如下：

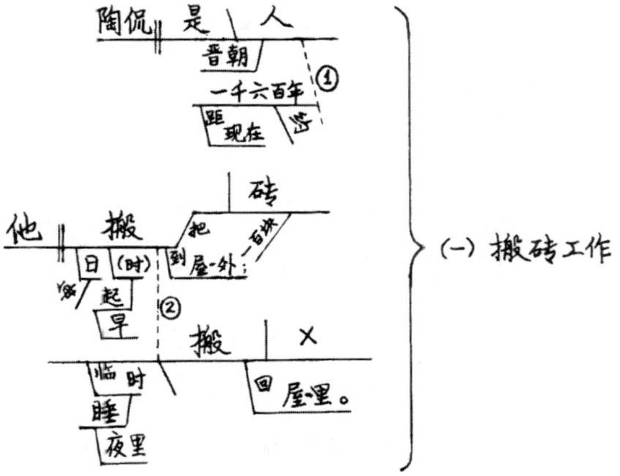

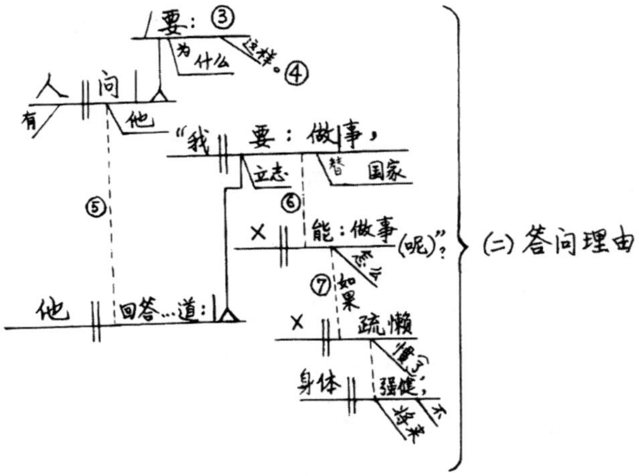

【注意】这图解中一切文法上的说明，这里从略；仍请参看拙编《新著国语文法》(其中的第十九章，全是图解整篇整段文章的例)。但将几个有关教学的要点说明于下：

(1)“距现在约一千六百年”，这是一个插句，用来作“晋朝人”的注解的，所以课文里用了“破折号”——这是破折号的第二个用法，和“夹注号”( )一样。但须注意：这个插句，是说陶侃那时的晋朝人距现在约一千六百年，不是单指晋朝。若单指晋朝，便要照下句加破折号：

陶侃是晋朝——距现在约一千六百年——人。或，陶侃是晋朝（距现在约一千六百年）人。

这是关于标点符号的深究和练习的。

(2) 这两个述语“搬”字是承接的关系，所以下一组叫“承接复述语”(时间的相接)。关联的词就是“又”字，本来是副词，在这里也可认为连词。这一长句的要点，只须看图解中的大字：“他搬砖；又搬〔砖〕。”两组中，每组有两个附加的成分，彼此都配得匀匀整整的；可是两个主要成分，第一组用“把”字把宾语“砖”提前了，次组又把宾语“〔砖〕”省略了，所以两组形式虽同，却合于语言的自然，不因骈此而呆滞。

这个研究，是关于造词法的变化（修辞法）的。

(3)“为什么要这样”，不是说“要”一个“这样”的东西，乃是说“要这样〔办〕”;“要”是助动词,“这样”是副词,被副的动词“〔办〕”省略了。这个省略,是国语习惯上常有的;可是在讲读时要深究出来,才合于文法与论理。

这是关于造句时省略词类法的深究。

(4)这句中间的问语“为什么要这样”,乃是记者的“间接语”,不是说者的“直接语”,所以标点时切不可用“问号”。若要用问号,便须改成直接语,并且要加上“引号”,如:

有人问他:“〔你〕为什么要这样?”

这是用标点符号时最易错误的一件事,须多设题练习。

(5)上句是叙述“人问”,下句是叙述“他答”;这两句是平列的关系,叫平列的复句。

(6)因为“我要做事”,所以须“能做事”,下句是承接上句的,略有因果的关系,这是“顺序的承接句”之一种。

(7)“如果疏懒”,“怎能做事?”前句是“假设句”。假设句是副句之一种,所以图解在正句的下面。

(8)因为“疏懒”,必致“身体不强健”,下句也是顺序的“承接句”,与(6)同。——对于“怎么能做事”那个正句讲来,这乃是假设副句中所带的承接句。

这(6)(7)(8)三项所说明的四个句子,文法上有自然连续的关系,这关系全在虚线上表示,必须看得十分清楚,才能使一段语言、一组文字的思理分明,词意朗澈。

以上按着图解说明造句的要点。至于篇章上,这一全段可分为两小段:

(1)述陶侃每日搬砖的工作——先说明他是什么时代的人,这是“传记”文通常的体例。(计两句——凡用“句号”处算作一句;插注因有破折号,故有时可省去句号。)

(2)述他答问做这工作的理由——理由就是练习身体,预备替国家做事。(计两句;答语是混合的复句,颇长。)

等到全课图解完了,再将每一大段的大意概括地标写出来,写在小段旁边,用括弧把它所统的各小段括起来。

每教一课书，都能照这个例子预先作成一个图解，那么，不但教学读法时，就是一切关于作文的正误、填字、仿作、改作种种基本的形式练习以及构成指导、命题自作的种种方法，教学时都有一定的把握了；教师必须做到这步田地，才算有充分的预备。

再说词类检查表：

每课图解之后，便须把所分析的词类，逐一地填入词类检查表。接着图解去分九品词类，十分便利；因为图解法不但析句，且可辨词。现仍就上例说明：

（1）凡写在图解中横线之上的，定是名词（如“陶侃”“晋朝”），代名词（如“他”“我”），动词（如“搬”“起”“睡”）或同动词（如“是”“疏懒”）。

（2）凡写在左斜的横线上的，定是形容词（如“每”“一百块”）。

（3）凡写在右斜的横线上的，定是副词（如“约”“怎么”“不”）。

（4）凡写在直线（照例微斜）之旁的，定是介词（如“距”“到”“把”）。

（5）凡写在虚线之旁的，定是连词（如“如果”）。

（6）凡写在横线的一端，有括弧的，就是助词（如“呢”“了”）。

所以填表时，某词应入某类，只看图解，便可一目了然，不烦临时斟酌。

至于词类检查表的编制法，可由学校自定体式（或单印表格，或即用普通纸本）；每一词类作一个表，依文法书*所定各词类的系统，先列大纲，再分细目，下留空白，以备填记。现只就上例中所有“名词”，列一个“实体词表一”来作例：

实体词表一

（1）名词（名词在语文中用得特多，所以于文法上的分类之后，还须从实质上分列子目，以便兼检查读物的内容和顺序，作儿童词汇之一种。）

---

* 〔注意〕文法书，可参照《新著国语文法》；其第六、七、八、九、十、十一、十五、十六、十七、十八各章的目录，便可照着制表。

（ㄅ）特有名词

(A) 人名——
- 普通的
- 历史的——
  - 本国的“语六”陶·侃（15）二
  - 外国的
  - 假设的　（如童话故事中的）

(B) 国家种族名……——
- 本国的
- 外国的

(C) 地名（分目如人名例）

(D) 时代名……——
- 本国名　“语六”晋朝（15）
- 外国名

(E) 其他（如机关、学校等团体名及主义名等）

(F) 书篇名

◎〔注意〕这就是填表法的例：“语六”，是《国语读本》第六册；凡人名，姓与名之间可加·以为别；(15)，是第十五课；二，是在本课中出现了两次（此项不记亦可，因为这表是以生词为主的；若要检查每词出现的次数，当另制表，以便陆续填记）。以下准此类推。

（ㄆ）普通名词和抽象名词

(A) 关于公民的　“语六”国家（15）

(B) 关于社会的——
- 道德（或列入公民亦可）
- 生活——
  - 衣
  - 食
  - 住……“语六”砖，屋二（15）
  - 器用
  - 交通
- 其他（随宜列入）

(C) 关于自然的——
- 地理与天空
- 生物界——
  - 动物“语六”人（15）二
  - 植物
- 矿物界
- 生理……“语六”身体（15）

(D) 关于实业的——如农、工、商等业务和工具

(E) 抽象的事物——
- 名义……“语六”志，事三（15）
- 方位……“语六”里，外（15）
- 时间……“语六”年，现在，日，早，夜里，时（15）

(F) 量词……………………“语六”块（15）

实体词表二（以下不具列了）

（2）代名词（代名词以下，都依文法分类，不必再问实质了；不过动词和形容词，还可以权宜地就实质分别子目。）

〔注意〕国语科读本之外，如社会、公民、自然、以及史、地等科课本，都可按年级将所有生词逐课填入表内，于是词类检查，得有统一的便利，而且便于各科教学上的联络。

填表时应注意的事项，要紧的就是：

（1）一词多义的，要把本课现用的这个意义为主，填入某类。副词以下的虚词更宜详细的分别，因为语文中造句的关键全在这里。

（2）多义的词，即是数类并列，若要把熟词或熟字表明出来，可加一个横括弧为记。例如“陶侃”后出现“陶器”，便可作“（陶）器”。

这词类检查表，不但在教学作文方面有许多的用处，即在“小学识字的最低限度”的问题，它也算是一个根本事件，因为识字万不可把单个的汉字作标准，必须按照有定训、无歧义的词类计算。词类或是单字，或是复字，离合之间，仍关文法；从图解法分析出来的词类，每一个词必担任句中一分子的职务，必是有定训而无歧义的：这才真是语言成分中的单位。生词、熟词，必据这表检查，不可仅照向来读本生字栏的样子，只从单字上分别生

熟。（至于小学认识词类的最低限度，尚待精确的统计研究。但如桑戴克（Thorndike）的 *Teacher's Word Book* 一类的书，便很可作参证的资料了。）

〔附录一〕《国语中基本语词的统计研究》［见民十一（1922）北京师大《国文学会丛刊》，略有增改］

运用科学的测验和统计方法到教育上去，以解决教育上种种问题，这个解决才算得精确。但是“方法”固然是世界所共同，而“材料”往往为本国所特有。即如国语中所用的“单位词”，向来都以为就是“生字”；究竟汉字这样东西，实在是一种很特别的符号，用作统计测验的材料，还得先加考虑才行。我们若不根据言语学、文法学上的原理原则，从国语的实际上，先将这些单位词彻底整理一番，那就不免为这种“传统的符号”（即汉字）所迷惑；虽有精密的方法，而材料未整理，对象不正确，那测验和统计的结果，恐怕只是纸上一种空虚的把戏，而不是实际上可生效果的东西。

现在教育界的人已有对于目前的国语教科书，提出这种“识字”的疑问的；这是：

（1）你们的一部教科书，总共有多少生字？不多吗？不少吗？

（2）你们将生字编入教科书时，用什么做去取的标准？

（3）你们将生字编“各册”教科书时，有的采入第一册，有的采入第二册，……或先，或后，究竟是用的什么标准？

且看西方教育家的统计，列表如下：

（统计者）	（统计根据）	（总字数）	（不同的字数）
Eldridge	四种日报	43 989	6 002
Ayres	两千封信札	23 629	2 001
又	信札外，加报章和精选模范文三种，作者共二二千五百人	368 000	〔摘取〕1 000
Jones	二年级至八年级	15 000 000	4 532

	学生所作五十六字至一百零五字的各种短文，共计七千五百篇，作者共一千零五十人		
Cook and O’shea	三十人的家信	200 000	5 200
Starch	现代四十位文学作品	……	5 903
Anderson	代表三十五种职业成人所作的文字	361 184	9 223
Thorndike	四十一种文学	4 565 000	10 000

以上所列七家之中，世尔士（Ayres）、琼司（Jones）和桑戴克（Thorndike）三家（皆美人）最有名。桑戴克所作字汇，尤晚出，他费了许多年工夫才告成的。

可是据从来一般教育家的批评，其中 Starch 博士根据四十位文学家作品统计制成的“Starch 表”，要算是比较合用的标准。但是依他的统计，儿童应该学习的字数也将近六千；在我们小学的国语科，实在用不了这许多的汉字，即在成人的普通文字里边，常用的单字，实在也没有这样多。（这种断定，虽没有经过精密的统计研究，但我们儿童应用汉字多少的大数目，依大家的经验来判断，总不过三千左右；无论如何，不能到五六千。）

至表中 Ayres 第二次“摘取”的一千字，是将统计研究所根据的范围再加扩充，故总字数的量独大；最后才制成英语最常用的一千字表。这乃是最少量的基本教材（Minimum Essentials），是初学英语有人应该最先学的。在我们国语中，小学校低年级（或一般平民）也得把最少量的基本教材学习完熟。可是也要将表示整个观念的语词作这基本教材的单位。若是把汉字来作单位，一千的数目，在低年级儿童的辨认形体、记忆笔画上，恐怕还觉得太多；而儿童日常言语中必需的词类之运用上，一定又要觉得不够。

西方又有把儿童语言中所用的字数，顺着年龄的增进，作成统计报告的。如瓦得路（Waddle）的《儿童心理学引论》（*An Introduction to Child Psychology*）所引的一个表：

年龄	人数	字的平均数	极端	
			最少	最多
一岁	10	8.9	3	24
二岁	20	528	115	1127
三岁	8	1407	681	2282
四岁	6	2171	1020	3915
五岁	1	3950		
六岁	1	6837		

这表调查各岁儿童语言所用字数，平均计之，三岁的儿童便能运用一千以上了；到了六岁，竟用到了七千字左右。我们除开古典的文学家，实在没有在笔端能够运用到七千个不同之字的，何况日常生活中的口语！更何况几岁儿童的口语！

所以我们如果要作一番客观的统计研究功夫，必须先从国语的本质上找出我们语言中表示整个观念的真正单位出来。这单位，有时固然就是“单字”（如名词之“人”“马”，形容词之“红”“大”，动词之“来”“去”等）；有时却是双字以上联成的“复音词”（如“蟋蟀”“秋千”“玻璃”“荒唐”“逍遥”等，是本来折不开的；“合同”“聪明”“便宜”“太阳”“点心”“老头儿”等，都是联合成词，不连续就不能表示这个观念而另是一个意义了。分开虽是“熟字”，合起来又成为“生词”了）。这种复合词，在西文都要认为一个纯粹的字（Word），还不能比照他们的合成词（英语合成词如 At all，According to，For the sake of 等，这类在国语文法中叫作“短语”，就是英文法中的 Phrase。他们教育家用统计法研究的都是单词，就是字；这些 Phrase，当一个词用的，还不曾听得有人统计过）。我们若不先从国语文法的范围内，将这些组成语句的单位分子作一番检查归纳的工夫，明白规定出来，而一味率循旧章，把一个一个方块的单字，比照他们的词，便仿效他们的统计方法，来研究解决这基本的词汇问题，其结果，纵然制成了精密的图表，恐怕那所得的数目很少很少，比他们要相去霄壤，而且和自己语言中运用词类的实际也不相符。何以呢？因为大多数的单字，只是语词（Words）里边的音节（Syllable），虽可分释，但必连用；现在只把抽析的分解的字——Syllable 作单位，自然数目很少了；然而活语言中许多联结旧字、表示新义的复音词——Words，都没有计算在内了，自然又与实际不符了。

这是国语文法上一个根本问题，也就是小学国语科的教材上规定“词汇”的多少和次序之一个先决问题。

〔附言〕写完了这段意思，忆及从前讲文字训诂者也曾有见到这一点的。且举章太炎氏《检论》（旧名《訄书》）五，《订文》，附录《正名杂义》的第二则如下：

西方以数声成言，乃为一字；震旦则否。释故、释言而外，复有“释训”；非联绵两字，即以双声叠韵成语；此异于单举者。又若事物名号，合用数言；岁阳、岁阴，义则难解；放勋、重华，古圣之建名；阿衡、祈父，官僚之定命：是皆两义和合，并为一称，苟自西方言之，亦何异一字邪？仿通俗所用，虽廑跂“二千”，其不至甚忧困匮者，固赖此为转移尔。由是言之，揄于文俗者，亦“数十万”。然于理财、正辞，或忧不逮；若有创作，用缵旧文，故（一字）训（数字）两端，皆名一字，是则书童竹笘，数必“盈亿”也。

〔附录二〕美国教育学者巴必（Bobbitt）氏于他的《课程论》（*The Curriculum*）中曾举了一个编制“科学的文法课程”的例：

"……各种语言中，都含有几个必要的原素；我们可以把这些原素分析出来，作语言训练的目标。但对于这些目标，并不是一一都要特别训练的，只要使儿童们生长在一个很好的语言环境里，他们便能自然而然地学会许多正确的语言。于是我们再细细地调查他们的语言还有些什么特别的或普通的错误；这些错误之点，便是需要特别训练之点。所以凡要特别训练的教材，便是儿童在自然的环境中所发现的错误。……文法教材，近来有许多人应用这个原理来研究的。第一个用科学方法研究文法教材的是霞特尔（Charters）教授，他起首是派许多教师在恺撒城中调查儿童们的语言，看他们说话和作文时有些什么文法上的错误。这些教师各带着笔记簿随时随地注意儿童们的说话，遇有文法上的错误，便记录下来；这样费了五天的工夫。又费了三个星期的工夫，调查儿童们所作的文字，也都把文法上的错误记录下来。结果，关于语言方面的文法的错误共有二十一种；关于作文方面的共有二十七种。……这些错误，就是儿童语言的弱点之表征。弱点怎么发生的？或由于文法智识的缺乏，或由于有不良的习惯和态度，或由于使用时的粗忽。儿童语言文法上的缺点和其发生的原因，若都调查明白了，便可根据着来定教育的目标。这些目标，乃是他们在普通语言环境里所不能够达到的；所以，学校应该特将这些目标收纳于课程中，加以适宜的指导。

"依据科学的方法来编制文法课程，要注意两方面：一方面是要在学校中尽力养成一种极好的语言风气，让儿童们能够于无意中得到良好的语言训练，这是极重要的事，其功用可占语言训练的大部分；又一方面是要使儿童们自己明白自己的错误，并供给他们语言上所需要的文法知识，使他们拿来从事于错误的改正或抑制。前一方面是无须指导的经验，后一方面是需要指导的经验；若前一方面的范围扩大，后一方面的范围便可以缩小。……"

按巴必氏将人类全部活动归纳为职业、健康、公民、休闲、语言五大类，按着再去调查社会情况种种，以规定编制课程之具体的目标（objective）。他所主张的特点，就在不仅把语言看作生活的工具，而认有"语言生活"（Language Life）自身的存在。我们看上两段，便自己知道应该努力做下列的几件事：

（一）将“统一的标准语”中固有的文法归纳、整理出来。——从前出版的古文文法书，固然充其量只够作读古书时辨析词句之用；至于国语文法，应该把一个活社会中语言的律令，用归纳的方法整理出来，确当、详备，可以用来作考正错误的尺度。没有这个，就是根本上还没有共认的文法；要想照霞特尔氏的方法，调查本地方人最容易犯的错误，以便规定各学年国语上应注重练习的诸要点，可说是茫无根据。所以，这是国语科一切教材和教法上应先决的根本问题。

（二）小学国语课程第五学年，即须“注重国语文法”。因为第五学年以后的作文教学，正是要叫儿童们“自己明白自己的错误”的时期，所以文法上必要的术语和方式，应该就这作文的机会，随意说明，以便作“经验上的指导”。

（三）可是，无论第五学年以前或以后，第一要在学校里“培养一种极好的语言风气”；换句话说，就是造成“统一的标准语”的环境。因为这种“无须指导的经验”，是国语科自然的教材，也就是文法之真切的背景；若没有这个背景，国语文法也就和“八股”无异，作文也就和说鬼话差不多。——这事极关重要，因其属于话法的范围，本文且不详论。

（四）再单就第五学年以前说，文法上的术语和方式，固然不要向儿童提出，可是教师自己必须作一番彻底的研究。因为从初年级起，文法这样东西，在说话作文的教学上，就是教师暗中指导儿童走向正路之唯一的明灯了。故本节所举文法上两种预备的工作，是小学教师，无论担任何年级，都要十分注意的。

第二节　各学年缀法的新课程纲要

（一）第一、二学年　简单语言的记录发表。可分两期说：

（1）初年级的缀法，应实行下列的四项：

（ㄅ）实行设计令儿童用纸片自行标记教室等处的物名人名等，以练习单词的写法。（尤宜注意“沙箱”中所排列的东西和自作成绩品之标签。）

（ㄆ）教师的命令，先用口说，次即令儿童用听写法（或参用他法）笔记其简短的语句，使照着实行。（参看〔附注 1〕）

（ㄇ）一切容易遗忘的事件，都随时指导儿童作简单的记录，使亲自获得文字"持久"的好处。

（ㄈ）设计令儿童书写一切用文字代语言之条幅标志、通信、报告等简单的语句，使共同获得文字"行远"的好处。

以上四项，就是第一年级的缀法教学，就是作文的基础。（参看〔附注 2〕）但若是使用汉字，除（ㄇ）项可以纯然依赖教师的指导外，其余各项，都难办到。因为儿童用来"记录""发表"的工具，即文字，必先受了读法和环境的陶冶，又必这种文字确有陶冶他们的可能性，那么，到教学缀法时，他们才有工具可以操使。汉字是不合于这个条件的。所以说到这里，仍旧要根据本书第二章，从读法方面建设一个初年级练习运用国音字母的新课程（参见〔附注 3〕）；大略如下：

（ㄅ）读本第一二两册，全用国音字母"拼写确定"的"音字"编成。

（ㄆ）故事挂图中的重要文字，或预备口讲中辍而记出下半段的文字，又已熟的儿歌、谜语等记述的文字，这都是初年级的重要读物，一律用国音字母。

（ㄇ）读本虽完全用了比汉字易记的国音字母，而所采用的童话故事、儿歌、谜语等教材，仍宜多用重复的词句，以便诵读、吟咏或表演时得有反复练习的机会。

（ㄈ）校名、教室名牌、学校地段、课程表、学校布告、家庭通知簿等，一律用国音字母，造成国音字母的环境。

以上四项，虽属于读法，实在是缀法的先决问题；因为必如此才可以于较短的时间内，使儿童阅读这些国音字母写成的文艺教材和他们生活上需要的文字，能滑熟，无阻滞；才能够实行所谓"简单语言的记录发表"。（参看〔附注 4〕）

〔附注 1〕单词的写法，是记录发表的初步，是作文的基本单位，那么，第一要记得分量多，第二要记得意义精切：这在第五章第三节附录杜威《教育哲学》所论“学习语言的过程”中已经说过了。作缀法基本的写字教学，也不是离开字的用法和内容而专作机械的笔顺练习可以发生效果的。且再引杜威《教育哲学》的一段，作一个教学的实例：

“文字不但有‘说’与‘看’的动作，必定还要有‘写’的动作（writing）在里面。……即此动作，最要紧的须有一种意义，绝不是机械的动作。

“文字不但有形式，并且要有意义，就是形式与事实连合，使意义可以附着（In connection with experience to invest with meaning）。我从前参观某校，有一事很有趣味，就是这学校里一切标本、物品，总挂着纸片在下面，纸片上就是学生写的这物品的名称。学生写这纸片时，就看着这物品，那么，物品和名称便有一种关系。写时，一方面认识字形，一方面了解意义；这是很好的法子。……又有的时候，教师发出命令，就叫学生记录下来，这也是学习文字的方法。……把命令写下来，然后叫他怎样去做，这‘写’与‘行为’的中间，就生出一种关系来，对于文字的意义，必定能十分明了。……这些还是教授文字的普通情形；再进一步，就是使儿童练习笔记。儿童有了经验，或是听见人说什么东西，或旅行时看见什么东西，或是有什么新接触，总要叫他记录下来。起初记录的时候，不妨简略一点，后来渐渐地加详细。我以为这种记录非常之好，尽可以当作教科书用。……”

依这段实例看来，初级作文，第一个方法便是写出环境中一切“目见”的物件名称，第二个方法便是记载学校里“耳闻”的教师命令了。

〔附注2〕“缀法”的名称在小学校国语科，作文向来称“缀法”，（这是当初从日本寻常小学课程中沿袭而来的。可是“缀文”一词，其来已久，如《汉书》“自孔子后，缀文之士众矣。”“缀文”即“属文”，缀和属是一声之转。《汉书·贾谊传》“年十八，以能诵诗书、属文称于群中。”《史记·贾生传》作“属书”，属书即今所谓“缀字”，缀辑字句以成文也。）但在法令上，如旧学制《国民学校令》则称“作法”，（这个名称，在日本是怕与修身科的作法相混，所以不用；中国当初定学校课程时，将修身科的作法改为“礼仪”，——有人又根据《礼记》的篇名改称为“少仪”，——于是就把国文科的缀法改称为作法了。）而新学制《小学国语课程纲要》草案则称“作文”。

综合说来，缀法、缀文、作法、作文四个名称，还是缀法这个名称好些。因为所缀所作，在初年级并不尽是用符号标记出来的“文”，大部分还只是“语言的活动”，故不将“文”字表著出来，而只称“缀法”，可以使这名称的界说多包容初年级的那一部分，而且称用时可以减少那一定要执笔为文的误会。所以，“作文”这个名称虽然觉得直截了当，但不如向来沿用的“缀法”义正词严。

〔附注 3〕小学作文最重要的先决问题，就在初年级先把国音字母练习纯熟；否则只是“坑”他，所谓“犹欲其入而闭之门也”。因为在缀法教学上有两个重要的原则（转录《教育杂志》第十六卷《小学各科教学法号》中拙作《国语的作文教学法》）：

(1) 从今以后，国语科的文字，是要完全以语言为背景的；至今若还说中国文字不必要与语言一致，这在普通的国民教育上，简直是不成话。其中即有一部分与语言不能完全一致的，也是修辞法上的问题，绝不是文字本身上的问题。国音字母是“音字”的成分，好处并不专在使儿童易学、易记、易发表，于作文时去了许多障碍，尤在它能合于这个“以语言为背景”的原则。就字形可辨语音，“即从语音以现字形”；发表时，在心理上决不会像使用汉字的困难，意象上有了语音，而要从识阈之下去搜求那些千奇百怪和语音不相干的字形。

(2) 文字既大大的改良，以语言为背景了，但这背景太乱，怎么办呢？于是我们的初级教育马上便要厉行“国语教育”。文字所表示的，便是“统一的标准语”：若在高年级不能参用汉字时，国音字母也可按着标准语来范正语音；若在最低的年级还不能不参用方言土语时，国音字母也可按着方言土语拼切出来以博发表时的兴趣；可是学校课程中正式的语言文字的教材，便绝对地要准照统一的国语。到今日若还说语言教育不要紧，或说语言只求适切目前生活的环境，而不必求统一的，这在通俗教育上还说得过去，若在国民教育上，也简直是不成话。其中即有一部分的词类不能定于一尊的，也是文学上的地方色彩问题，绝不是“以语言为背景”的文字本身上的问题。国音字母是“国语音字”的成分，好处并不专在使儿童易学、易记、易发表，于作文时去了许多障碍，尤在它能合于这个“统一背景”的原则。就字形可辨语音，“即从字形以范语音”；发表时，在心理上决不会像使用汉字的胡闹，心里既没有这种情意，口里也说不出这种语言，而会依样葫芦，瞎扯胡诌，养成一种模糊浮伪而不清切的表示。

以上两个作文的原则，一个是作文必须以语言为背景，一个是作文的背景要用统一的标准语；换句话说，一个就是言文一致，一个就是国语统一：实在都是的近来一种新的“老生常谈”。要适用这两个原则到实际教学作文上面去，第一步，初年级便绝对的非先教国音字母不可。

〔附注 4〕所谓“简单语言的记录发表”，在初年级的缀法教学上，若非改用“音字”，简直要成为一句空话。而且汉字作文，不但缀法自身感着困难，并使国语科全部教学——读法，写法，话法——都受它的影响。现在节引《小学各科教学法号》中拙作数段来申说之：

（1）妨碍读法　儿童们常是不记得字的笔画；对于简单语言，能听清，能照着说，独没有记录发表的简单工具；因此，初年级儿童，要想渐渐地做到这个“简单语言的记录发表”的作文基础，事实上便不得不拼命地先做一番“繁难文字的机械记忆”的写字功夫。于是一般小学校里，大都觉得生字的反复辨认，自然面熟，固然是读法上识字的一个新法门，但是，虽然面熟，而这些面孔往往三目四耳、八鼻九嘴，数也数不清，记也记不住，差一点儿就换了一个人；“乍认”固容易，“复显”则万难。研究小学课程的人，常太息于我国文字特别复杂，虽每星期费四百至七百分钟之久，而卒业生每尚不能获得发表思想的能力。因此，他们担任实际教学的，为增加“养成记录发表之能力”的效率起见，旧式的各种机械的记忆生字法，如书空唱数笔顺，如无意义的比较记写等，都还不免用之过当。他们非不知道这种机械的操练不合于儿童心理和学习心理，只宜参用，不为常法；只因为这些特别面孔的怪物，非用特种野蛮手段，便决不能收服他们，驱使他们。——这是因为预备作文的基本单位太繁难，而使“读法”受其影响，不能尽量进展其合理的教学法；可叫作“汉字‘妨碍’读法。”

（2）牵制写法，压抑读法　杜威讲演的《教育哲学》中所举“写出物件名称”和“记载教师命令”两个初级认字方法的实例（详上附注 1），在我们用汉字的小学校里，简直不是初年级所能办到的事。其有闻杜威之说而兴起的，也只好把这两个“写字作文”的方法挪到“读文”的方法里面去改为：

（ㄅ）教室等处用文字标记的物名、人名……的“认识”。

（ㄆ）用文字代语言布告的简短语句的“认识、诵读”。

固然，这两个方法也是教学“认识、诵读”的好方法，也是读法教学时必要的方法，不过这些物名、人名和这些简短语句，本来都是儿童经验和环境中所有的，他们不但能说、能读，而且能写、能作；只是我们故意摈弃那简易的写、作、工具而不用，偏要逼迫他们从小就跟在我们的背后，费尽气力来操练这种将要废弃的恶工具罢了。我常劝小学教师改良机械的写字法，而教儿童标记实物。他们说：只这时时刻刻在儿童眼前的“讲桌”“黑板”两个名称，就没有方法使他能写。我常劝小学教师多用设计法，使儿童从实际的需要上练习作文。他们说：一句命令，一条规则，一个通告，一纸便条，就是设计法中的大障碍物，因为儿童照着抄写还不免费事，何况听写或自行发表呢！高年级还有时闹笑话，何况低年级呢！——这是因为预备作文的基本单位太繁难，不能不加紧作机械的训练，而人家施行有效之崭新的写字教学法都不能完全适用：这可叫“汉字‘牵制’写法”。汉字难写，初年级更不以胜任，只得仍旧诉之于读法，于是把 writing（写）的功课挪移到读法中，专作“认识、诵读”的教材；这又是因作文有基本单位太繁难，而使“读法”一面增加负担，一面减低程度：这可叫“汉字‘压抑’读法”。

（3）侵占话法　只因为文字难写，作文的基本练习便与读法、写法生出许多互相妨害的轇轕，而终于不能使儿童尽其发表的本能；于是《课程标准》的方法中第六项，规定“语言可独立教学，或与作文等联络教学”。在教学实际上，初年级竟有以问答、谈话、口述故事替代作文的，就是把初年级的话法教学当作文教学的初步。本来谈课程的，有时把缀法分成两种：曰笔述缀法，曰口述缀法。这口述缀法，在初年级固可以问答、谈话、口述故事等等形式出之，在高年级便是演讲、辩论等的练习；总而言之，都是话法教学范围中的事项。口述缀法这个名称，实在就是话法（口语教学法）的异名，它与作文一门实在是对立的。若把作文分成笔述、口述两部分，那么，作文便把话法并吞了。说作文要以话法所教学的口语为背景，则可；说话法教学便是作文的一部分，则不可。因为心理的作用、学习的过程，彼此并不完全相同：作文可用匠心来经营，口语偏重筋肉的练习，即此一端，教学上的性质便是两样。初年级的国语科，练习发表的教学时间，口语的话法应该占得分数多些，笔述的作文应该占得少些；年级渐渐地加高，这两门也渐渐得其平均数。如美国纽约省所定的支配表：

	（口语）	（笔述）
第一年级	八分之七	八分之一
第二年级	五分之四	五分之一
第三年级	四分之三	四分之一
第四年级	四分之三	四分之一
第五年级	三分之二	三分之一
第六年级	三分之二	三分之一
第七年级	二分之一	二分之一
第八年级	二分之一	二分之一

依此看来，到了第五年级，当我国高级小学的程度，口语的教学时间还应该比作文的时间多一倍；可见话法一门自有独立的价值，决不是专为作文初步的方便起见的，也就不是作文一门所能吞并的。而初年级教学笔述的作文，其时间的支配，至少对于口语教学，也须为一与七之比，也不能完全以话法代替作文。——只因作文的基本单位太繁难，便又使“话法教学”受其影响，名为“与作文联络教学”，实际上竟只看作作文的一种预备工夫，遂失了话法自身的价值；这又是因汉字而使缀法“侵占”话法了。

(2) 第二学年缀法的要旨，仍不外乎“简单语言的记录发表”，不过“简单”的程度渐次减低，而进于较为复杂的语句组织罢了。实际教学上仍可用前条所列的四项方法。唯关于缀法的工具，也有应注意的四项：

（ㄅ）尽已熟识的“音字”供记录发表之用。第二学年的读本中，当然已有汉字；但作文时，记得汉字，就用汉字；忘了汉字的写法，马上就代以“音字”。（参看〔附注 5〕）

（ㄆ）从第二学年起，作文时运用汉字，当使逐渐地加多而习熟。但有两点和从前的形式不同：

A. 要和“音字”一样地写成横行；

B. 要和“音字”一样地词类连书。（汉字的词类连书法，别有条例，暂可参看《国语月刊汉字改革号》的《复音词类构成表》。）

（ㄇ）有两个以上音节的复音词，不妨先把易写的汉字表示其中的一个音节，如“讲台”不妨先写作“ㄐㄧㄤˇ台”，“大米饭”不妨先写作“大ㄇㄧㄈㄢ̀”或“大米ㄈㄢ̀”。

（ㄈ）标点符号，通常在第一学年下期的读本中已经出现了；儿童既在字里行间常常地看见了这些东西，也就是他们环境中所要知道的事物，故第二学年应当渐渐地使他们认识。认识了，不是就能够使用的；不过使用的方法，总宜于作文时随机指导，先简后繁，与年俱进。作文时，第一要养成的习惯，就是写完一个语句，就一面加上标点，不要等到全文写完后再加标点，（常见中等以上的学生尚多以标点为苦，这上大原因就在没有养成“随写随标”的习惯。现在国中从事著作的大师，还有作完了长篇大文，交给书记们代加标点的，以致有些错得一塌糊涂。）

〔附注 5〕读本中从“音字”走到汉字的三条路（录自《各科教学法号》）

第二学年的读物，究竟是参用汉字，或是全用汉字，或仍旧全用注音字母呢？我的意思，以为参用汉字最好：读本参用汉字，作文也照着参用汉字。不过在第二学年内，汉字的分量不能太多；若不是已经拼写纯熟的“音字”，便不得提出汉字。汉字在读本中出现，有三条路可走：

ㄅ、将最常用的汉字（暂可用南京方面所测定的《语体文应用字汇》作标准），按儿童生活的需要和心理发展的程序，分配于第三册以后的读本中。先以反复法使能辨认，次多方设计使练习写法。汉字能写与否，或写得不错与否，都不至于影响到作文，不至于因为作文时的需要，而多用机械的练习，以遏抑儿童的活动与兴味。为什么呢？因为儿童作文时，有已熟的“音字”可以供他们尽量地发表故；记得汉字，就用汉字，忘了汉字的写法，马上就可代以“音字”故。

ㄆ、从汉字笔画的繁简着想，先把常用而笔画简单的汉字出现于读本中。好在笔画繁难而极常用的汉字，如学校的“學”，如讲桌的“講”，如“書”，如“鷄”……，早已把“音字”表示，儿童们已经运用得很纯熟了；

这些汉字就慢一点儿出现，也毫无妨碍于它们的记录发表。这种分配法，和日本的《寻常小学读本》正同。

ㄇ、从汉字形体的分析、配合上着想，先把独体初文出现于读本中，不管它常用不常用，乃至不管它用不用、是不是字。记得十年前曾看见马裕藻先生一篇文章，叫《小学国语教授法商榷》，主张教科书第一册的单字，当依文字孳乳的次序：先独体象形指事，次会意形声中最简单之字。第二册注意形声会意字之形母（即义符）、声母（即音符）；若形母声母，儿童不易了解，而从之之字，一二册内必须早见的，即将其形母或声母列于其字之前或本书眉之上。这文的篇末并列举了七百余字，以备分配于第一二册中之用；且说明其中如“卜”“爻”诸字，于今日社会情形不合，而普通之字，从之者多，有不得不列之势。（原文见《东方杂志》第九卷第九号）又记得民国六年（1917）在教育部和亡友刘以钟先生商议小学国语读本的文字问题，相约把字典部首和常用的字加一番系统的整理。因为西洋字是拼音制，而汉字的合体字多，实在是一种“拼形兼标音制”；只要把条理弄出来，按着条理，依次分配，的确可以使学习的人得事半功倍之效。那时他简直主张不一定要把常用字配在前面，因为不常用的字往往是常用字之母，倒是应该先识的；编书的只求教学上的经济，不必顾全俗论，把实用两字太看死了。到了现在，我才恍然大悟：从前这些主张所以难于实行，就是没有一种简易的“音字”供实用上的发表记录之故。现在既把注音字母的读本先读了一年，以后汉字怎样分配，随便采用一种主义，都可迎刃而解。而撇开实用，只依孳乳的顺序，儿童对于汉字的了解与运用，其正确的程度，一定比现在的中学毕业生要高得多。不过有一个重要的条件，就是要“音字”通行于社会；汉字的用处只是作参考旧籍、研考历史的工具。不然，教学汉学时，一面依合理的顺序，一面又要顾全社会的实用，两下纠缠不清，根本上这种教学法便不能成立。所以这第三条路是将来汉字教学必由之路，不过究竟走得通走不通，并无关于汉字本身研究的成绩怎么样，只看社会实用上的文字改良不改良，“音字”的传播与通行快不快。

综上（ㄅ）（ㄆ）（ㄇ）三条路，就目前的形势看来，恐怕还只能走第一条路。因为社会上种种改革，尽管大家同感旧制之不便，也不能于弹指之间就涌现一个新制，居然毫无罣碍地通行；所以中国在十年之内，还是汉字称霸的天下——也就还是教育不能普及的时期。因此，第二学年以后，读法和作文，为应付社会事实上不得已的需要起见，只好暂以“汉字的增多与熟练”为一个教学的目标。好在“音字”已经熟练了，作文时，记得汉字，就用汉字；忘了汉字的写法，马上就可以代以“音字”。

这“参用汉字”的办法，是作文工具一个紧要的“过渡”。总之，第二学年的作文，音字为主，汉字参用，实在活像日本式的文字；但在儿童方面，便是得到了一种“福音”，和乡下的女儿得到了“不缠足”的解放一样。

（二）第三、四学年　通信、条告、记录的设计，和实用文、说明文的作法研究、练习。这也有三个要点：

（ㄅ）多用设计法　多用通信、条告或记录等的设计，以练习实用文或说明文，乃是现代缀法教学上一个最要紧而最合于教育原理的方法，可以说，现在语言文字的教育和从前科举时代不同之点就在这里。实施写、作的设计教学时所最感困难，甚至于使一种设计完全归于失败的，就是因为开始只有汉字作传达的工具；现在初年级既可全用国音字母，第二学年以下又可将“音字”与汉字参用，设计上的困难和失败便可以大大地减少了。儿童作文，在设计法中，就是使它可以应付环境，发生实效，那么，作文的兴味自然增高，而且大都由于自动。从前作文教学上一切陈法、旧套，只在纸片上闹的那些玩具儿，有了设计法，便不妨一笔勾销，不必再加研究了。

（ㄆ）注意初期作文的两个要素　作文的要素就是：

A. 真切　多用设计法便可办到，因为设计法是从实际上引起作文的动机的：或计划（如学艺会的说明书或剧本、演讲会的演稿等），或报告（如旅行、远足等的见闻报告等），或通知（如各级间有所需求帮助的通信、请假的理由书、各级或全校游艺等会的请柬等），或记录（如朝会训话、自然园艺科关于气候变化、动植物生长的逐日轮流记载等），借这些机会教学作文，自然都有目的，都有兴趣，能真切地发表，而不是对着凌空而来的题目绞出一篇肤廓塞责的东西了。

B. 迅速　儿童作文太慢，完全是写字耽搁了工夫，有时更因为字形、笔顺的记忆、搜求，将作文时敏活的灵机完全打断。所以初期作文，白字连篇，是当然的事实，不可视为“厉禁”；通行的俗体减笔字是应该提倡的；行书是早该练习的（行书的练习应从第三学年起；只因向来行书太无标准，所以事实上要等到厘定之后）。至于“国音字母草书别体的练习”，更为紧要；因为“音字”与汉字并用时，音字本来易写，到此便可进求其美观，而更增加迅速的程度。总之，换句话说，第一个要素“真切”，是要“不以词害意”；第二个要素“迅速”，是要“不以文（古人称一个一个的“字”为文）害词”。

（ㄇ）依文法指导并矫正错误（说已详上第一节）

（三）第五、六学年（高级）　实用文、记叙文、说明文、议论文的作法研究、练习、设计。且先就这四种文体略说明其要点和课题法：

（ㄅ）实用文　如书信、条告、契约、公文等。书信、条告，在前期初级四年中已练习得有基础了，此时只须从文法和修辞法上指导。实用文的命意、遣词，大有巧拙的讲究；可是不要讲究那些虚伪而无实的俗套款式。契约、公文，早就该通行语体，改良旧式，以节省有用的脑力与光阴。社会拘泥旧习，我们从事教育的人，大可以持反抗的态度。既是实用文，迟早总要化繁为简、黜虚崇实的，再不要拿那些无谓的讲究来苦儿童以媚社会了。

（ㄆ）记叙文　第一学年作文的开始，就是“简单语言的记录发表”，第三学年也注重“记录的设计”，可见运用文字，起首就是记叙的机会多；到此，便渐要讲究谋篇布局，构成完全的“记叙文”。记叙文的教学，必须先有事实，再整理儿童对于这种事实的经验，然后就这些事实的各方面多设题目；简言之，就是先观察，次讨论，次出题。例如“纪念日之所见闻”“学艺会或旅行之经过情形”“某人言论之记载”“自然界之描写”“耳闻故事之笔述”，以及“平时之日记”等，都不可凭空在教室里临时出题，使儿童茫无依据，专造谣言。

（ㄇ）说明文　记叙文重在客观的描写，以“真实”为第一义；说明文重在科学的分析，以“有条理”为第一义。在第三学年，便已将“说明文”的作法研究练习和实用文同样重视，因为儿童在学校生活中，如各科课本、教师板书、自己笔记的文字，大都是说明文的体裁。到了后期，更宜使运用平时学业上所得的各种自然或社会的常识，以及科学上最有系统条理的表述方法，来说明某种事物的形态、功用、理由、方法等。例如“狗的种类及特征”，“语言和文字异处的比较”，“爱吃零食的害处”，“怎样叫作自治?”，“自治的必要”等，可以多方命题；不过写作时的“动机”和“预备”，也和记叙文一样的要注意，不可叫儿童临时着想，徒然搜索枯肠，敷衍完卷。

（ㄈ）议论文　议论文的要点又和记叙文、说明文不同，重在批评的精神，以“有见解”为第一义。到此，程度渐高，非联络他科，验其所得，不可轻易命题。例如“论某事之利害”，必须先使对于某事作多方的考究和口头上的讨论。议论文之后，不妨课以建设的文字，就是使对于所论的某事作一个新的“计划书”：这是养成他们不徒尚空谈而务求实施的习惯，所谓负责任的言论。

以上四种文体，可以包括一切散文；唯有陶情淑性的诗歌韵文，是可以自由仿制或创作的，不须规定在正式的缀法教学中了。

至于所谓“作法研究”，全靠“注重国语文法”；指导练习和改正错误，乃是授与学生文法知识的最好机会。文法上必要的术语和方式，一面学得，一面应用，全以缀法教学为关键。（参照上第一节的附录二）根本上还靠教师有国语文法的“素养”；否则，什么是“作法”呢？怎样去“研究”呢？根本上就是莫名其妙的。

第三节　缀法教学上的要项和实例

关于缀法教学的要项，还有前节逐年课程纲要中未能列入的，今约略地条举五事：

（1）缀法外的缀法　缀法教学既多用设计法，自然不一定要每周划定若干时间为范围；而且课程上又常有互相参错的地方。且分两项略为提明；方法则前两章中都已说过了。即——

（ㄅ）话法中的缀法　初年级的儿童，当未能提笔为文时，话法就是所谓“口语的缀法”。年级渐高，话法教学之中，有两件事和作文最有关系：

A. 讲演　用故事或常识做材料。

B. 辩论　用正式集会的形式；拣定一个题目，正面反面，都有理由的，分全级为两组，各主一说，互相辩驳，由公正员评判胜负。

这两事，本身上虽属于话法的练习，但事前的预备、事后的记述，都是作文的最好的机会和材料。

（ㄆ）读法中的缀法　就是读法中常用的——

C. 表演和演剧　表演虽很简单，但已大有影响于作文。进一步就是演剧；其剧本的编制，便与作文有直接关系了。

（2）共同构成的作品　即如剧本的编制，以及实用文的公启、布告等，大都是教师帮同学生们构成的。共同构成，有一定的手续：第一决定目的；次即事实和材料之观察或搜集，要由教师指导如何观察的方法或到哪里去搜集；次即共同讨论这些材料中应该记述的要点和如何记述的方法；次即实行记述，或各自拟稿，或一人主稿而大家参助；次即批评订正；最后即按照初定的目的去应用（不可徒然列为成绩品）。现举一个关于编制的实例作参考品：

《小鼓》——缀法教学的实例（见吴研因氏《小学国语国文教学法》九十三、九十四页）

（ㄅ）编剧的经过

第一步搜集材料　大家知道要开学艺会了，要编剧本了，就讨论搜集资料的方法：（一）到图书馆里去看各种童话、小说等书籍；（二）到家里，或者书店里，或者朋友那里觅故事；（三）把自己已知道的故事细细想一下。

第二步共同选择　在国语时间中，各人把已有的故事演述出来给大家听。每次（五六人）演述完毕，选一件最有趣味，而且适合剧本材料的故事（得到三件）记出。再把选出的几件，行决选。（《小鼓》当选）

第三步讨论编法　把本来的事实，详细讨论，要加的加入（例如乙樵到庙里，得到小鼓，原本没有的；要显出他的贪心，所以加进去）；要删的删去（例如乙樵知甲樵得到小鼓，原本在樵柴的时候，由甲樵讲出来：因为做法繁，所以删去）。把事实修改过了，就分出段落，定幕数。（三幕）

第四步分工编辑　本剧分三幕，每幕有一组人去编。（各人归各人编法）但本级教室座位有四行；就便利起见，三行人编剧，一行人做说明书。

第五步修改剧本　各人编完，每幕由教者选出两三篇，共同讨论；注意话法的修饰，表演的精神，前后的联络。讨论修改完毕，编剧手续也就告终了。

（攵）说明书（高级一年国语）

第一幕　得鼓

有一个樵夫，到朝庙去玩，忽然听见野兽叫的声音，他就躲在神像的后面。他看见野兽也到庙里，一只狼敲了鼓，就有仙女送食物来，并且跳舞唱歌；后来又敲了三下鼓，仙女就拿着食物去了。两个野兽走了，他就拿鼓照样试验，果然灵的；他拿了小鼓就回去了。

第二幕　回家

那个樵夫到了家里，他的妻子骂他，“你为吗买这个小鼓”？樵夫说，“不是买的”。他就把道理说给妻子听，并且照样试验起来。那时又有一个樵夫，经过他的门前，听见里面唱歌的声音，站定静听，知道得到小鼓的原因。他听明白了，也就到那庙里去了。

第三幕　遇祸

乙樵进了庙，也去寻，果然又有一个小鼓。他也敲了一下，有一个财神送金钱出来。他得到宝贝，就回去；走到半路上，他想怕还有什么宝贝，便又回到庙里去了。野兽回来了，寻小鼓，寻到乙樵。乙樵要逃，后来不知逃脱没有。……

还有一个连编带演的实例，《玻璃鞋》；见《教育杂志》第十四卷第七号盛朗西氏《文艺表演（儿童戏剧）实例》，也可参考。

(3) 作文的艺术化　小学自由作文，大都以记叙文为多；记叙文的要素在于真实而深切的描写。这好比艺术科的图画教育：不但描形、施色、投影，必先有详密的观察认识，是和写生画一样的历程；并且艺术上的写生和作文时的写生，简直可互相参用，化为一物。现举一实例如下：

> “一篇文章，或一幅图画，都可以表现一种感情、一样景物或一桩事体，所以学校里教授图画和作文的目的，可以说有多半部分是相同的，并且有时候还可以相得而益彰。东京女子大学附属之丰明寻常小学校，本着他们提倡自由创作的宗旨，研究了十余年的结果，知道小学里所学的文字，用来自由发表思想和描写情景，有词不达意的毛病。所以，他们寻小高年级（相当于中国旧制的国四和高一二）的作文，都和图画联络教授，联络应用。如六年生成绩中有一文，题是《惜别》，是一篇很不差的口语文，但是学生与多年教师话别时的景况和情绪，有好多是很难用笔写出来的，况且小学生所学的文字不多，当然更难以尽量表现；可他文中插这一幅图画，绘着毕业生别教师时依依欲泣的容态，使人看了就把惜别的情况更深刻地印在脑海里边，这样效力真比空空的一篇文章大得多了。但若只有一幅小学生绘的《毕业生惜别图》，也未必能表现这样深刻的情感。可见图画和作文联络应用，是很能补小学生作文所不能及的了。还有一篇五年生《石神井远足》，中间插以当地之风景写生，便能补文字描写风景之不足。更有他们礼堂里的校训和教室里的学生自治公约，都只用了几幅学生自绘的“友爱”“清洁”等想象画来显出。……他们所以能如此，也是因为他们学生在幼稚园里，有两年的自由绘画的陶冶，而寻小一二三年每周一小时的自然科学，也供给了他们脑海中许多自然现象。……”
>
> （节录吴鉴《赴日修学旅行见闻提要与感想》）

拿图画来补助作文之所不足，或就图画加以叙说，以引起作文的思致，都是初级所能办得到的；就此法引而伸之，便是作文的艺术化。

（4）缀法与读法的联络教学法　就低年级高年级各说一事项：

（ㄅ）低年级儿童最爱的是“故事”，所以读法教材比较地以故事为多；利用这点，以为作文出题的标准，可以培植并助长他们自由创作的心能。其方法：

(1) 挂一幅故事图，使照着图中的意思，揣摩描写出来。

(2) 教师以动作示意，演一故事，使用文字记述出来。

(3) 教师、同学或家庭中讲过的故事，使从记忆中用文字表述出来。

(4) 将已经读过的短故事改成长故事，或把未读完的故事自己续成。——高年级便可把故事改编为剧本了。

(5) 就已读而心爱的故事，仿作一篇。

(6) 纯粹地为想象或理想中自由创作。——这虽靠想象力发达，但副读本读得多的，想象的构成，材料的支配，也较容易。这种作品，有好的，便要揭示或传观，或投稿于儿童画报，因为这就是儿童副读本了。

(ㄆ) 高年级学生的心理，渐渐地趋向于现实界，渐渐地爱讨论他们环境中所有的或新发生的“事实”和“问题”；利用这点，就国语科或他科论究一个问题的结果，便命题作文；等到批评发还之后，即选读关于本问题的名著，使可比较已作，自知缺点。现举江苏第二女师附小的一个实例：

“五月一日，是世界劳动纪念日，于是在这天公民课里，讨论这劳动节的来源、历史，使大家明白什么叫劳动节，为什么有这劳动节。……到了缀法课里，就令大家把关于劳动问题的意思发表。发表的意思有了，各人自己先拟定了一个题目，然后去做。这次拟定的题目，归纳起来，有下面十四个：

①劳动说　⑥劳工怎么可以解放

②劳动者言　⑦劳动问题与中国

③什么叫作劳动节　⑧劳动的必要

④劳动主义的来源　⑨劳动节演说词

⑤劳工运动后的影响　⑩劳动的要旨

⑪劳动和健康的关系　⑬一个劳工的人

⑫说劳动主义　⑭劳动者与资本家

批评发还之后，读法教材就选了几篇关于劳动问题的文章，如：

①五月一日万国联合示威运动

②李卜奈特西“五一宣言”(以上《新青年劳动纪念号》)

③《劳动纪念号》题词(吴敬恒)

④劳工神圣(蔡元培)

⑤劳动歌(星期评论)

使他们读了，可以自己知道发表意思的欠缺，运用文字的谬误。(本实例采自《中华教育界》第十二卷第十二期朱麟氏《小学校读缀联络的教学法》)

以上(ㄅ)(ㄆ)两个事项，凡自由作文时，都可按着程度，参用这种联络的教学法。——其他可联络的事项还多，这不过举出两个最重要的罢了。

(5)出题法 小学作文题目的范围，自然以切合儿童的经验为第一义。但学校里既能施用设计法，能参用上项所说的联络教法，那么，或依设计之目的而共作一题，或以讨论之结果而各自想题，或于练习创作时多出数题，而使自由选择，都无不可；故“出题法”可以不成问题。退一步说，只要教师有了相当的常识，并略通教学的原理和儿童的心理，也决不会再把“八股”时代之抽象的题目拿出来了。现且举美国纽约省《小学校作文题目的范围》十八条作一个参考：

一，个人的经历 二，故事的重述 三，故事表演或剧本 四，运用语言的游戏 五，图画研究(即用语言或文字说明图画中人物、风景或故事) 六，游记 七，本地的风俗 八，逸事 九，滑稽谈 十，灯谜 十一，歌曲 十二，地理、历史、自然研究和时事的演讲或记载 十三，演讲会、音乐会、影戏、展览会、游艺会和休假日的报告或记事 十四，手工、家事的说明 十五，旅行的记述 十六，学校生活之议论 十七，读文后之批评 十八，传记

〔附言〕民国十年(1921)，教育部为预备加入日本长崎的万国小学成绩展览会，征集各省区的小学成绩；因已过期，仅于部中开一小学成绩展览

会。其中有十六省区的国文成绩；有人审查那些题目，其最可笑的，如：

国民学校作文题，有——

《孔子世家赞》书后　南北和战之利害论　政在养民论　戒色论

高等小学校作文题，有——

向友人借银完婚书　中国现在财政万分困难宜如何设法办理以图救济策　五柳先生宅记　不敬何以别乎义　曰古之贤人也论

这些笑话，其根本原因在于小学教师多数还没有教育的“常识”；这决不是单从枝节上和他讨论缀法的“出题法”所能改良的；所以出题法用不着详说。

（6）批改法　作文簿的批评、订改，是最耗教师的精神和光阴的苦事，而于儿童又实在无甚益处，因为他们只注意等第、分数或圈点、评语，至于先生的改笔如何，自己的误点何在，能够细心玩味的，可说是绝无仅有。这也是狃于科举时代传统的方法，做教师的仿佛不能不如此；而且每级学生数十人，每周卷子数十本，事实上哪能批改得精细，恐怕有时还要“师不必贤于弟子”呢！现在改良的批改方法是：

（ㄅ）要使学生自己明白自己的错处　教师只须对于文法有彻底的研究、有一定的把握，便可规定一种标示错误的符号，用彩色笔在卷子上标示出来，发还自看。

（ㄆ）要使学生自动地改正　发还自看之后，限期自行将错误之点逐一改正，誊清再交。

（ㄇ）要使学生反复地推敲　再交之稿，若仍有小错，即由教师点窜数字；若还是大错，再标符号，发还再改。若真是推敲不出，持来请问，便与指点，细为剖析——这便是授以文法知识的机会。

〔附录〕《国语作文教学法》的结论　这段结论，其中所说，实可移作本章的结论，故附录之。

国语作文教学法的根本问题，总括起来，不外两点：

（一）儿童先学注音字母——要以“音字”济汉字之穷，便须先以“音字”代汉字之用，然后作文教学，才能免除种种无谓的障碍，以求深合教学的原理，而尽量运用教学上的新方法。

（二）教师深究国语文法——要使作文教学的指导、矫正、批评、测验等都有一定的标准与把握，便须随时将文法精确而彻底的研究。若只讲求那些枝节上的方法，终于无济而徒劳。

这是平易显明的话，并非新奇可喜之谈。进一步说：

1. 若是眼光太浅，不深解教育与社会有互相改善的功能，而徒然把教育来博社会的宠眷，那么，先授“音字”的胆量必消灭于无形：我以为这便是教育界的耻辱。

2. 若是只顾理论的稗贩和花样的翻新，不务适用科学的方法，把实际的教材作一番彻底的整理，那么，深究“文法”，似乎可以无须；苟简以“偷工”，装点以“取巧”：我以为这也是教育界的不长进。

最后，我要从根本上解决国语作文的教学问题，按着这两要点，提出两个目标，希望我们教育界的人大家自勉：

（1）犀利的社会眼光

（2）绵密的科学头脑

第七章
字体与书法——写字

（存目略文）

新国文教学法*

总　　目

---

* 《新国文教学法》由北京师范大学出版部出版，1950 年 10 月初版。本书所刊据 1952 年 1 月第四版。原书所附《作文四种错误表(举例)》《标点符号检讨(举例)》二篇及“补白”四则，本书未录。

总目后记（一）

右开本册选集的篇目共四种：前两种是关于中国语文“讲读”教学的，附两图表；后两种是关于“写作”教学的，附两实例；最后附上一个研究“中学语文课教材教法”的提纲表。这四种都是旧作，但也都是重新修订的。修订的办法，一、插入“今按”，不动原文，如前两种，请以“今按”为准；二、略加改补，如后两种。

这里面所谓“改革”，并不是全面的，大都是语文教学技术方面的改革（当然也不能不有理论方面的根据，则经教学研究组的批评，当随时修订）。对于教材的内容思想方面，只在第二篇教案举例的起首，补充了一个用新观点分析批判的示例（这是关系“教学目的”的）；又根据这份批判，在“教案乙”的后面，拟出了九个关于思想政治的提问（这是关系“巩固新知识”和“指导课外阅读”的）。全书在教学技术上主张改革的要点有五：一、把向来没注意也没办法的“语言训练”，渗入白话新文艺教材的“讲读”教学中（就是加强朗诵和课内报告等指导），使今后青年必需的口语技能，就在诵习示范的作品中，正确而有效地培养出来（许多课外活动本不乏口语练习的机会，但那是自然的个别发展，这才是计划的统一领导）。二、假如要讲读文言旧作品，主张通过“背诵”。三、充分掌握科学的教学工具和方式：不但对教材形式方面的分析要运用实用的逻辑的文法（图解），就对内容方面也要先作学术的系统的分析（类码）；使艺术上和思想上的指导批判都打下了科学化的基础，不再犯模糊影响的毛病和畸轻畸重的偏差。四、“写作”教学，采用领导自动反省和互助修订的符号批改法及错误检查法，使迅速地获得文理通顺的效果。五、总关键是建立和加强学习组织（这一点是从老解放区的教学经验得来而新添的，但互助讨论仍要以个别自学为基础，教师在课堂的主导作用也不要因此减轻）。一切都待大家批评和试验，请随时提出意见！

1950年8月，黎锦熙识于北京师大中文系中学语文“教材教法”教学研究组。

总目后记（二）

《新国文教学法》这本选集出版后一周年间，北京师大“中学语文教材教法教学研究组”主任副教授韩文佑同志给我作了一份批评的“总结”。这份批评，就是中国语文系十三个同学在“中学语文课教材教法”一学年课程学习、教学实习和教育参观的过程中，把自己的经验和心得，各就这本书批注出来作成报告的。这个“总结”，我把那过去在西北“十多年来，经过了三几次试验，征得了百个左右国文教员的批评意见”（见本书页廿八）所作的三次小总结，仅仅摘录汇集在这书原本上的，比较起来，这就更全面些，系统些；现在照录并附注“按”语如下：

原改革案的基本精神和对于许多具体问题的提出与解决，优点甚多。连树声同学在他的报告首段有一个概括而扼要的评语，也散见于其他同学的报告和批注之中，不一一摘录。这里只就同学们提出的原案中重要可商之处，在原件上打出△号；并稍稍归纳如下，择尤系注原件数码，权代索引。

（按：这里照录的，把“原件数码”省略，改注件数统计）

（一）应再加强原案的实用性。（三件）

（1）对象不宜太广，最好专就中等学校同学立论。（二件。按：原改革案中应属高等学校的，“今按”中注明先画出）

（2）文法图解斟酌精简。（五件。按：拟改用“读书标记法”，并另草“教程”，参考品略见页九）

（3）切实讲授标点符号用法。（二件。按：中央出版总署有新颁的，提纲见页七八）

（4）文言文背诵不甚必要。（八件）

（5）作文尽量在堂上；札记不宜太多，并应活用。（四件）

（6）作文批改符号尚可精简一些，并针对不同的对象斟酌使用。（四件。按：三版附有勘补表，在页五一次行后补了三条“附注”：“①凡

‘欠妥’，对于初学写作是通得过的；批改时若不是仔细推敲，就不宜多打欠妥符号——杠子。②非绝对通不过的不要滥打叉；批判错误要分轻重，所谓大错‘不通’要有一定的标准和明确的规律，滥打叉反失效力。③批改符号要打中要害，使原作者能看出句中错误之点，认识应该着手修改或删节的‘字眼’和添补缺漏的‘地方’。”现四版未排入，补在这里。）

（二）加强教师的主导作用。

（1）“预习”应有指导，简化，改变方式或更动次序。（十件。按：三版附表勘补；现四版加入“重按”，见页三）

（2）“整理”应照直改为“讲授”。（二件。按：现四版已照改为“授课”）

（3）加强“复习”。（三件。按：也见“重按”）

（4）学生自改作文应在堂上，应有领导。（一件）

（5）小组讨论可不用；问答式宜活用。（一件）

（三）加强教学目的性。（一件）

（1）每篇具体目的，应在教案中明确写出。（四件）

（2）原教案举例过于重视文法、诵读和词句，对于思想教育应更加强。（二件。按：“今按”定为教材研究工作，见页十五，但应写成教学目的，入教案中；又将教材内容思想拟成讨论问题，见页四四，但应渗入讲授阶段中）

（3）学生作文中的思想性和“思维错误”，应加重视。（二件）

此外，各地来信对这书提出批评意见的，除分别函复并致谢外，现在重加核对，要点也都包括在这里面了。有让我改编《选集》为课本的；我今报告：一九五一年暑假后我已不担任这门课程，因为没有充分的时间和同学们在一起做语文教学实习和参观的工作，也不能展开这中学语文教材教法教学研究组的各项工作，脱离了实际，脱离了群众，就搞不好的，所以把这全份工作都交代给韩文佑同志了。这本选集只打算供参考用，四版重印，略加校订，敬候批评！

一九五二年元旦，黎锦熙再识于北京师大大辞典编纂处。

〔附记〕书中所附《国文教材文体分类图》(页四八后)太旧，三版勘补表在“说明”(3)下补了一段：“(今按：这可详举‘现行体裁’，如‘批评’可属论辩，‘缘起’‘按语’可属序跋，‘指示’‘决定’在古为诏令，‘报告’‘总结’‘宣言’‘通知’就是古之奏议、书说，‘通讯’‘报导’就是叙记，‘会议记录’‘章程’‘资料’就是典志等。)”四版也未排入，附补于此。

国文讲读教学改革案（纲要）

（1938年原订于城固，1942年提纲补订于重庆，1945年校印于兰州，1949年登载上海开明国文月刊，1950年6月重校并加“今按”于北京师大工农中学师训班）

今按：这个改革案的要点在中等学校国文讲读教学时要把白话文教材和文言文教材分别处理。今后的中等学校，尤其是新型的工农速成中学以及各种业余补习学校的高级班，对于文言文教材，势将被精简而去的，尽可以不多予考虑了。但现在重校本案，还是保留了那些说文言文教学法的（属于两纲四目的纲乙，三四两目），不删节，备参考，意在借此看出一种相对的反映来，就是三十年来中学白话文教学的一直无能，而尤其是四十年来中学文言文教学的节节惨败。

中等学校国文教材和教法的改进问题，方面很广，事项至多，在造就中等师资的师范学院课程里，“分科教材教法研究”，已经列为必修，而学分不少，且辅以实习的科目。时贤对于中学国文教材和教法改进的种种意见，近年在各种刊物上也不断地提出发表。愚意以为历来全国中等学校之本国国语文成绩殊不见佳，其原因在教材方面的少，在教法方面的多；要谋中等学校的国文教法的改进，泛说固无益，遍举也太繁。宜以纵横统筹的眼光，察看其症结之所在，抓住病根，对症下药。

症结何在？就在教学讲读时，不知道把白话文的教材与文言文的教材分别处理，而只知道笼统地用一种大概相同的教学法。我于数年前曾拟具一篇《中等学校国文讲读教学改革案》（登在各师范学院合编之《中等教育季刊》第一期，又西北师院抽印单行本），案中之主要点，就是针对着这种症结，想下一副根治的药剂。现在把那“两纲四目”的原则重述如下：

改革国文讲读的教学法，白话文与文言文各具一根本的大原则，每一原则又各具实践的两要目，合为“两纲四目”：

纲一　白话文须与语言训练相联系：

目（一）通过“耳治”（初讲时，学生不可看本文。）

目（二）注重“朗读”（须用美的说话式，并随时矫正字音、词调和语气。）

纲二　文言文视与外国语文同比例：

目（三）必须“背诵”（预习时，即可熟读；已读者，分期背默。）

目（四）彻底“翻译”（逐字按句，译成白话，确依文法，勿稍含糊。）

这两纲只是两个大原则，四目也不过是对于这两大原则各做两个实践的说明，究竟当实际教学时，白话文与文言文教法不同之点安在？再把原案中较为具体的“教学程序”——四大阶段及其节目——及所举教材实例中的重要说明，合并提述，并各补充如下：

（ㄅ）**预习**（在本篇讲授以“前”，全体课外各别行之。）

注意照两原则：

（甲）白话文之预习，令其偏重“理解”；

（乙）文言文则偏重“记诵”。（第三目云：“预习时，即宜熟读。”凡文言文预习，最好即用简明的注解本，或令略检普通字典辞书，并不要求其完全理解，不理解处，尽可预备“质疑”；最要在偏重“记诵”，因为教材多是简短作品，同于歌唱，如可能，即熟读。）

今按：在教材每一单元教学的全部过程中，“预习”仍为重要的阶段。（重按：过去一般预习法，今不可能普遍适用，尤其是非正规的学校时间不够。并且全课总预习对于长篇教材本来不易完成。现拟无论长篇的课文分节，或短篇的教段分项，“预习布置”都应于每一课时之末，与“复习布置”的“留作业”等结合起来，例如朗读未讲的新课文等。如全篇教材是分节讲授，则第二节以下的“预习报告”——属下（攵）之壹，又可与每节开始时“巩固旧知识”的“复习检查”配合进行。如此，“预习”和“复习”两种布置就可很自然地结合起来了。）

一般的预习就是“自学”，就是“精读”。但现在的“自学”比过去的“预习”有进一步的条件：

（1）准备完整的便利“自学（预习）”的“精读”教材（=课本）。（参看吴奔星《试论中学国文课本的选编》第四节，见《新建设》二卷七期，1950 年 5 月)。

(2) 建立全班学习组织（以培养同学间的“互助”精神为主，分编为五人左右的“互助小组”，自推“小先生”；再联合两三个互助小组编为“学习小组”，同时也为“生活小组”，每一学习小组选“小组长”一二人，负责总结报告。“自学（预习)”工作须在此种组织下进行)。

(3) 教师对于“自学（预习)”中的要点诀窍及如何正确地使用力量与支配时间等，也须随时指导（不像过去对于“预习”，认为“课外”，听其“各别”自流)。

(攵）授课（上堂讲授，一面整理其所预习者，主要是内容旨趣提纲〔明确教学目的〕和课文朗诵。质疑、反问、矫正、补充。教员主导，启发自动。本阶段须使对课文词句完全“理解”。)

(壹）预习报告（本篇开讲时指名行之，至多以五人共十余分钟为度。)

注意照两原则：

(甲）白话文报告全篇大意及分段要点，但“不可对看本文”。(是为第一个“不可”)

(乙）文言文除略述大意外，短篇或韵文，如可能，即“背诵”；如办不到，则对本文试为美的朗读。(生字之读音，预习时最低限度须查明国音，自注字母，故理解虽未易而诵读实无难。)

(甲)(乙）二者，皆须随时矫正其口头之字音、词调和态度。

今按：“预习报告”是对于全班每人的“预习”工作成果的一种“测验”，所以要“指名行之”(=抽验)，这是进行讲授的开始，并不等于开会汇报的性质，所以不需要小组长作总结报告。(小组长的总结报告只须以简明书面提交教师作参考，教师可据以解答问题；在解答某问题时，及教学进行到相当阶段时，方可酌报有关的全班各组的总结。)

(贰）教员范读（长篇一遍，短篇或韵文可二遍。散文，逻辑式的美读示范；诗歌式的吟诵，重读押韵各字使合辙。)

注意照两原则：

(甲）白话文之范读，必兼“表演”风味，学生只用耳听，目视教员，

“不可对看本文”。(这是第二个“不可”；第一目云：“通过耳治。”白话文初讲时，最忌离开语言的声音笑貌，而专以目治文字)。

（乙）文言文亦用“美读法”，但学生须对看本文而听。

（叁）学生齐读（全体相和。）

注意照两原则：

（甲）白话文只跟着教员循声朗诵一遍，仍“不可对看本文”(这是第三个“不可”。以上“预习报告”“范读”“齐读”三项，在白话文皆须“不可对看本文”，是名“三不可”，即必须“通过耳治”并训练“朗读”以结合语言，乃本改革案精要处，请特予注意：若不实行此“三不可”，则此三项教学手续可能完全失去效力。再此法是根据语言教学的原则，可参看《新著国语教学法》——商务馆 1925（民十四）年版，1939（民二十八）年修订——页 100)。

（乙）文言文则全体对书自读，教员不复导读，但亦须正其字音、词调和语气。

（肆）学生个读（个别表现。指名行之，长篇则分段轮读，至多以三人共十分钟为度。）文言白话皆对看本文而读，一人读完，共同批评之。(注意自此项起，白话文始令学生看本文，以目治。)

今按：教员的“范读”和学生的“齐读”“个读”，这三读是开始讲授的前奏。主要的意义第一是把“语言训练”有效地融合在“诵读”中，其次是“通过耳治”而后进行讨论式的讲授则基础巩固些。但实践上“三读”不必全备，可看教材的性质和分量而酌定。

附引《新著国语教学法》“读法（＝讲读）‘内’的话法（＝语言训练）”一节如下：(因此书现已绝版)*

（伍）学生质疑。

（陆）教员试问（无非考问，乃反问其应疑而不知疑者)。此“质疑”与“试问”两项手续，即系将全篇中难字、难词、难语句之解释以及名物内容之疏证等，经过预习尚未了解者，用此问答的“启发”方式，一一讲授，择

---

* 此处删去，见本书第 462—467 页。——编者。

要板书，督其笔记。向来所谓教国文，仅仅办了这个，而且很少用此问答方式，只是“注入”而已。）

但若采用本改革案，教至此“质疑”与“试问”阶段时，白话文与文言文又自然大不相同。注意照两原则：

（甲）白话文已提前，此补充。——即在前（贰）项“教员范读”时，学生尚“不可对看本文”，纯以“耳治”，则如或遇有听不真与记不清（谓已预习，听范读时应能了然，但或记不清楚）之“难字、难词、难语句”，每一句组读毕，便命自由发问，即当“提前”行此（伍）质疑（陆）反问之两项手续，且即提前板书并笔记，而学生仍绝对“不看本文”也；及到正式的（伍）（陆）阶段时，学生已看本文，必尚有“难字、难词、难语句”，在（贰）项范读时未及提前教学者，至是则“补充”之而已。

（乙）文言文则循序，不提前。

今按：“质疑”就是“自学（预习）”时经过各小组讨论总结而以书面提出的问题，须一一解答；但在本阶段须尽先将关于本篇的“文字音义（包括名物事实等，概以篇中的词语标题），文法修辞”各条，充分地作注解式的解答，然后系统地解答其他（属下阶段，详后）。“反问”就是各小组都未提出而实在应当质疑的问题（教员须有准备），在本阶段亦尽先就“文字音义……”各点反问，随予说明。（其他亦留待下阶段作有系统的反问。）

（冂）总结、深究或练习

（壹）概括图解

形式方面：篇章词句之文法总图解；

内容方面：全篇主旨及每段大意之标题（如上项总图解完成，本项可即标列于其上方或左方；此即将前“整理”节目开始之“预习报告”作最后之修正补充，写成定本也）。

注意照两原则：

（甲）白话文以思想内容方面之分段标题及总括全篇主旨为主。（对于文法形式方面，须侧重篇章之组织；其词句之分析，可但挑出其难语句而作文法的图解；若全篇或篇中之一段须准备作白话译为文言之练习者，则宜完全图解。）

（乙）文言文则以文法形式方面之词句分析及篇章组织之总图解为主。（此即使学生练习手抄课文一遍，但非呆抄，须依教员之板书，节节图解，随讲随抄耳。又宜特注意者：此并非教学文法，乃依文法的图解形式，以统整其对本篇所得之知识，明确其思想表现之规律，俾能细入而大涵；但若就此图解随意提示文法上之术语，或另于规定之作文时间借此实例以略授文法系统，亦无不可。）仍于图解之上方或左方，作内容方面之全文主旨及分段大意之标题。

今按："概括图解"就是对全篇中心思想及其表现方式的探讨总结，须就各小组提交的总结报告，综合修补其意见，并解答其关于本项的问题。[如（甲）项对白话文的概括图解，可只分析综合其内容组织；（乙）项对文言文的文法分析，应是高等学校中文系科的工作了。重按："文法总图解"问题，应从简捷的"读者标记法"入手，参照中国语法与词类；又《语法教程》，见语文教学月刊。]

（贰）批评讨论

形式方面：如本篇文体之种类，文法及修辞之特点（此项不可泛说，最好是就着早已准备的"总图解"指点），与其在文学上之地位等。

内容方面：如本篇作品之时代关系及其影响，作家之生平及其著作背景，（今按：重点作者可提前介绍，以引起学习情绪。）又如对篇中重要的名物、事实及问题作更深一层之探讨与辩论等。

今按："批评讨论"就是广泛而深入地讨论关于本篇的各种问题（要把各小组已提出来的问题引其端，有误则指正，不够则补充）。前项"概括图解"是纯客观性的，先使对教材有"如实"而周到的理解；然后接着本项的"批评讨论"，这是带有主观性的，依新的观点来尽量批评和自由讨论，或者随机补授一些应当充实的资料。

——重按：以上（壹）（贰）两项，如全篇教材是分节讲授，应在最后一节"总结全课"时进行。但在每一节的"新课"讲完后，为"巩固新知识"起见，仍应本着这两项的精神，重点提问，指名口答，三五人，数分钟。只是教员要准备好。至于一般"巩固旧知识"的温课（提纲，提出重点）和检查（口答，笔述，抽查笔记）等，当然要随堂布置；每一单元讲完，学期中和学期末，当然要综合地测验成绩的（属下第肆项）。

（叁）比较翻译

（甲）白话教材译为文言（以高级班需要练习写作文言文者为限；可择篇中重要部分偶一为之）；

（乙）文言教材译为白话（原则第四目云："彻底翻译。"故精读的文言教材，应以篇篇翻译成白话为原则）：

凡文白对译，皆须根据"文法总图解"为之；若无总图解，而但以对译为作文题，则非"彻底"研究，而不属于讲读范围内之"练习"工作矣。练习文白对译，亦须用问答式。每翻定一字，即令学生用铅笔在所抄之"总图解"上照改一字。每读毕一句，就已改者顺文读之，随读随再指酌，或省或添，务使文从字顺，两体判然，举凡易犯之不通或欠妥等应注意之点，无论文白，在此均可触机广说，而皆有文法上确切的根据与通贯的关系矣。全部译完时，（甲）白译为文者，可只就"总图解"齐读一遍，不必另写；（乙）文译为白者，齐读后，各自誊写一遍，附于文言教材本篇之后。——大抵文译为白者，须教员有充分的准备。愚曾详举一实例，名曰"《礼记·礼运》篇《天下为公》一节的文法图解和译白"，实以注释为主，简称《天下为公》（登在民廿八年四川省《中等教育季刊》第一期，又西北师范学院抽印单行本）；又于《国文讲读教学改革案》后，用此实例编成三个教案：意在贡献于中等学校国文教员，参采此法，每学期试就其应讲授之文言教材，成立组织，分配担任，每人准备两三篇，各撰成《天下为公》式之小册子，以图解为控制，以译白为归宿，则关于本篇名物训诂、文法修辞一切应解决之问题皆得解决，一切应备之材料皆充实而精当，而巧妙篇的教法与具体的教案皆自在其中矣。

今按："比较翻译"一项，白译为文的，在今后中学可不需要；文译为白的，须先决定中学教材中是否应选文言文，如选有一两篇，则先准备"文法总图解"，然后酌办（在高等学校的中文系科，这才是必要的）。

（肆）分期温诵（温诵篇目，应统括以前一切已读而应温习之文，为之分配适宜的期间与分量，不应以本学期新授者为限，特新授者宜随篇趁势更多复习耳。其作业自在课外，但考核须在课内，半月一次，每次平均半小时。）

注意照两原则：

（甲）白话文对文朗读（第二目云：“注意朗读：须用美的说话式。”此与语言训练关系最大；朗读时，可个别考核其字音、词调、语气和态度，不须记忆，并非背诵。只须文字音调不误，高下、疾徐、抑扬、气度又与自然的审美的说话无殊，斯为上等。若关于所读内容之考核，则于正式考核时出题条答可也。）

（乙）文言文背文诵默（第三目云：“必须背诵：已读者分期背默。”“背”即背诵，择定某短篇或长篇之一段，指名令掩卷口诵；“默”即默写，亦择定篇段起迄，令全体掩卷手书。各记其错误之有无多少，定为平时成绩之一部。背诵时之考核，亦须偏核其字音、词调、语气与态度。默写亦可参酌“听写法”，听写法在白话文温习时亦可适用，但其功用大半在练习“写字”之赴速急就，与语言训练殊少关系，即在文言文，亦缺少考核读音之作用。

白话文以“耳”治始（初讲时，“不可对看本文”），以“目”治终（练习考核时，只须“对文朗读”，其成绩之表现则全在“口”，口与“手”相应，而白话文之写作进步矣。文言文则始终以“口”治为主（预习时即可熟读，已读者必背诵，总之，中学生之诵读文言文，有如小学生之练习唱歌，以上口合拍为准），口治之极，自能影响“目”与“心”，若一霎时之“眼到”与偶然间之“心到”，而“口”则长期不“到”，如今学生之听讲文言文者，则其效果必等于零无疑也。口与耳关系密切，自读熟，自听惯，万法皆通；文言文若能贯彻“口到”，自然“声入心通”，既得于“心”，而应于“手”，故亦足促进其写作。

今按：“分期温诵”乃是语文“复习”与“检查”制度之一种。在今后的中学，（乙）项可不考虑；（甲）项白话文的温诵和考核办法，看来甚为简易，但对于加强语言的基本训练，使学生尽快地学会在群众场合做口头报告、讲演、发表自己意见或参加文艺表演等，都有莫大的关系。（合着前（攵）“授课”阶段的“口头预习报告”“三读”及“三不可”，都是本改革案关于语言训练的精要处。其成果并可扩大到“阅读”的精明与“写作”的健快，不仅仅是口头技术的提高而已。）至于温课提纲，理论测验，用问答式，当然是必要的普通办法（同时作教学检查）。

（匚）**发展与应用**（此系本篇讲读以“后”，与一般课业及生活之联络关系。）

（**壹**）**创作**（此指本篇在讲读上与“作文指导”应联络之诸点。大凡作文出题与指导，必使与已讲读之教材有密切的关系；批改，亦必使能据已读之文而反省。）

（**贰**）**活用**（除活用于一切课外活动外，并指本篇在精读上与“略读”指导应联络之诸点。大凡略读教材之选定，必以“精读”诸篇为中心，组成系统的大小“单元”，而使对于精读之文得补充及扩大之益；一方面即使将精读所得之基本规律结合于略读所收之广博知识，进而据以研讨解决工作中生活上各种实际问题。）

今按：“发展与应用”就是对于课内的“作文”和“略读（＝阅读参考书）”，对于课外的一切有关语文的活动（如开会记录、写报告、壁报、通信、投稿、口头的宣讲、辩解、问答、以及文娱的朗诵、演剧及看电影等），都实际联系起来，而予以有计划有系统的指导，使在讲读课上所学习的，能应用到现实生活上去，获得真切的意义，更增加学习的兴趣。

〔附言〕上述改革中等学校国文讲读教学法之两纲四目，及其在实际教学程序中文言白话两类教材分别处理法，是卅一（一九四二）年所草《大学国文之统筹与救济》文中之一节，题曰《根救》，意在“对着大学生的症候，预下中学生的药剂”。总之我对于国文讲读改革的主张，只有两个要点：第一，假若中学校竟不选授“文言文”的教材，我一定绝对赞成，毫无犹豫；但若选授文言文教材，则一定要熟读背诵，否则全是浪费（但已有旧文学根柢的极少数人不在此限，这是专就要学习文言文的初学少年青年说的）。第二，假若中等学校所授“白话文”教材，一律改用国语拼音新文字，我向来如此主张，毫不退转；但现实上仍不能不用方块儿的汉字，则一定要照国音京调，高声朗诵，读成活泼漂亮的标准国语，否则全民族共同欣赏的真正新文艺，乃至普遍应用的语文新工具，都不易希望有建设成功之日（但成年失学、待受速成的补习教育的大多数人不在此限，这是专就受定期的正规教育的中小学生说的）。

民国三十四（一九四五）年五月，识于兰州。

国文讲读教学改革案附教案（举例）

（1939年原拟，附在“纲要”后；1942年“纲要”别行；
1950年7月重校并加“今按”）

今按：这教案是十年前就《礼记·礼运》篇“天下为公”一章的白话译文连带原文组织拟成的。现在，首先要对于这篇教材，用新的观点加以分析和批判，评定它在现代国文教材上的教育价值。——对于一切过去的、现有的或新选的国文教材，都要首先完成这份工作。《礼记·礼运》篇“天下为公”章所谓“大同”世界，我们初步参考了并征得了集体的意见是这样的：

一、是人类在阶级社会对“原始公社”（＝原始共产主义社会）的追怀（但只是主观地向往其某些部分，因为从孔子到《礼记》的时代，并不像现在能认识社会发展的历史规律，并且原始公社的情况，到那时已是古代传说，究竟能了解多少呢?）

二、也就是主观的理想世界的拟构（但只是从“怀古”而构想未来以“复古”，出发点是主观的，唯心的，理论也不是辩证的，方法大致是类推的，是非科学的。郭沫若氏曾批评它“正确的程度实在有限”。它所拟构的固然可算当时一个进步的“最高纲领”，但也是跳跃进行式的希望，在当时实际无法办到）；

三、也就包含着对其当前现实的否定（但也只是用怀古非今的态度而“托古改制”的）。

因此，它在现代国文教材上的教育价值是：

一、使学生认识民族祖先在二千年前的一种有代表性的进步思想（大约是代表战国时代一派思想家的，“孔子曰”只有祖述，不可确信；也不可把它和现代的理论与情势来牵强附会）；

二、使从议论文中看出一些当时实况的反映（就是要就本文的理论，细心寻绎与之相反的战国时政治、经济、道德等实况——本文以下各章就有事证，可作为古代社会史料的参考，有益于历史知识）；

三、准备进一步的研究，可作为检讨中国古代学术史上儒家思想及其派系的基本资料；

四、联系政治学习，“原始共产社会”也可就此想象而得其些微的轮廓(但也是进于发展阶段而明确的)。

经过如上的分析、批判和价值评定，这篇教材是可以适用的，根据着这篇教材所组织拟成的教案，还是可以作为“国文讲读教学改革案”的教案举例的。并且这篇教材的古典原文，在十年前已经过一番综合性的“教材研究”(就是甲、文体类别，乙、内容分析，丙、时代演进，丁、文字音义和名物考订，戊、文法修辞和文白对译等研究，如“国文科教材教法研究题材表”所列)，而具体地表现在“文法图解和译白”一个小册子里(这小册子简名《天下为公》，把古典原文彻底翻译为现代白话，用当时的国语拼音新文字——国语罗马字写成的，这是文字改革运动和“教材研究”结合起来的一贯性的工作，参看《国语新文字论》六七页所引叙的经过)。根据着这个小册子的“教材研究”，才能组织拟成这三通“教案”来试验这种“教法的革新”，现在仍举为实例，但供参考，做个样子(重校时无所改订，但请注意加入的“今按”，概以“今按”为准，与前本案纲要同例)。只因它的内容是属于政治思想的(类码是三百二十号)，所以先用新的观点来做个较正确的批判和评价。希望大家对于其他应精读的文艺等等教材，也各从综合的具体的“教材研究”，而集体地拟定简明的教案来做“教法革新”的试验工作。(1950年7月，中共廿九周年纪念日，识于北京中国大辞典编纂处。)

本教案举例，用民廿八(1939)年城固西北师院“天下为公”的文法图解和译白本，分印为两篇教材。即：

(甲)白话译文一篇，用汉字(因原本后页系国语罗马字重录的全文，尚不能用，可照篇中各段汉字译文抄印)，但不必分段。

(乙)文言文一篇，最好照诗歌式，每句一行(依原本首页抄印)，但押韵各字的注音，如排直行则可改用注音汉字(因原本系用国语罗马字括注在字下，不甚便)。

此两篇教材，其性质皆重在内容，而其内容又系中国古代政治与社会理想的问题，故程度较高，须用于高中。唯两篇内容相同，只有文白形式之异，其排列先后如下：

（甲）先授白话译文，接授文言原文，分编为上下两教案，但须取得密切的联络。

（乙）若学生曾唱过“孔子纪念歌”，将比段《礼记》原文已念熟者，则只授文言原文，其白话译文则纳入“练习”段中，合编为一教案。

此系教材之一种特别编制，与普通文白两篇异题者不同，但彻底言之，凡文言教材，均应“逐字按句，确依文法，译成白话，毋稍含糊”，照此编制，进行教学（至于现代近于白话的长篇文言教材，自不必尽照此例）。凡为国文教员者，似皆宜将一学期中选定之文言教材，略依此“天下为公”图解和译白之例，逐篇自加研究，编成小册子，方算对于教学上有充分的准备，同时也是对于自身学业上之进修的工作。

教案 （甲）

【说明】(1) 本教案既系举例，故随时加以“说明”。此种“说明”，只备参考，编制其他教案时，不要依样插入。(2)“说明”，条举之外，或更用括弧随行夹注。此种夹注，编制其他教案时，亦当一律删除。(3) 本教案（甲）是两篇教材，同一题目，分为（上）（下）。

教材 古代理想的大同世界（上）（《礼记·礼运》篇“天下为公”一章之白话译文）

【说明】教案中，“教材”一项，照例只标出题目，因全文另有课本故也。但此篇非普通国文课本所有，特照“天下为公”文法图解和译白本，录此备查：

当“大道”实行的时候，“天下”是公共的，不是哪一部分的人能够占有的。选拔贤良，委任才能；讲求信义，修习和睦。所以那时候的人，不仅仅把他自己的父母当作父母，也不仅仅把他自己的儿子当作儿子；使老年人都有赡养终老的地方，壮年人都有出力服务的机会，幼年人都有教养成长的场所，鳏夫、寡妇、孤儿、独身以及残废疾病的人都有抚恤疗养的设备。男的，各有本分的职业；女的，各有归宿的家庭。世间的货物和财宝，总不让它抛弃在地下，可也不必收藏在家里；人们的能力和血汗，总不让它不出在身上，可也不必单为着自己。这么一来，一切阴谋诡计，都收起来，用不着了；强盗，小偷，乱徒，贼党，都自然肃清了；那么，人家的头门也就永远不用关上了。这就叫作“大同”世界。（共计二百六十七字。）

时间 二小时。（如抄授总图解，可延长一小时；如练习译文言，可另定一小时。）

教法

第一大阶段 理解，再分（ㄅ）（ㄆ）两阶段：

（ㄅ）预习（在课前）：

（一）引起动机：将平时所唱歌词、所呼口号。所见标语、题额或文件中有“大同”“天下为公”等字样的。提出泛问：作何解释？出何古书？（皆仅作疑问语，不须答复，即发课文。）

（二）指示目的：（1）这是中国二千四百年前孔子提出来的“大同”方案。（2）这是从二千年前中国经典中之《礼记》，译成的一段现代白话文，先读此，再读《礼记》原文。

（三）提示参考品：普通用的辞典或字典（但必须有注音的）。

（ㄆ）授课（第一时）：

（壹）预习报告（注意：只用口谈，绝对不可对看本文！）

（一）全课大意：这篇文章是说明“大同”世界中各种重要事项，如此才算“天下为公”。（指名报告；如有不对或不完全，再指一人；三人为度。注意：这是抽查，暂勿展开讨论。）

（二）要项列举：（1）公务员皆人才。（2）信义，和平。（3）×扩大孝与慈爱。（4）公共养老。（5）人人有事做。（6）教育普及。（7）救济不能做事、不能生活的人。（8）美满的家庭。（9）×为社会开发资源。（10）×为公众尽力服务。（11）得到“夜不闭户”的效果。（指名一二人列举，教员随手板书，板书时依本课内容次序如上，漏者留空，泛问补充。有×者，最重要。如补充不完全，仍留空。）

（贰）教员范读 可二遍：慢读一遍，快读一遍。（注意：学生只用耳听，绝对不可把本文拿出来看。又本课的范读，要用“逻辑”的读法，讲演的姿势。又如遇有学生听不真记不清之难字、难词、难语句，即须参照下列（陆）项各条，提前问答，择要板书，学生笔记；俟授至（伍）（陆）阶段时，再予补充。）

（叁）学生齐读 一遍。（注意：仍只是耳听而口学，勿看本文；教员按照标点停断，学生逐句仿读；如较长句读之词调或语气，仿读得长短、轻重、缓急、抑扬不易合式的，应即将该句重复读一二遍。如有提示难字、难词、难语句之机会，亦如上例；务使全文意义，尽先从“口耳”灌输进去，然后“目治”本文。）

（肆）学生个读 （指名，三人至五人为度，可依标点分“句”递读，每人读一长句或二三短句。至此，始全体拿出本文来看；被指之生对着书读，全体对着书听；每人读完，共同批评其字音、词调、语气和态度。）

（伍）学生质疑（并在下项条举。）

（陆）教员反问（有×者，学生或尚不知疑，则反问之，待其答得不对而后告之。）

1 ×大道 中国古来意义最高的名词。（若解为“大的道理”，不算对，宁解为“广大的办法”。“大”者，最大，“大道”即所以谋“最大多数的最大幸福”。

2 ×天下 中国古代是封建制度，诸侯称列国，全中国即称“天下”，今云“世界”。

3 天下为公（题目） 乃《礼记》原文中之一句，意谓把“天下”作“为”人类“公”共管理享受之物；课文是译为“天下是公共的”，语气轻一点儿，所以还有下面的一句。

4 哪 亦作“那”（读ㄋㄚ上声），表疑问，与表指示的“那”（＝去声），用法不同，故加“口”旁以别之（参照《新著国语文法》页第一一八）。但此句并非疑问语气，“‘哪’一部分的人”是泛指，犹云“无论是谁”，此“哪”字是不定称，犹云“某”（参照《语法》页一一七）。

5 ×哪一部分的人 此是何等人？即皇帝、诸侯、贵族。中国当辛亥革命以前，全“天下”总是皇帝占有的；上古封建时代，诸侯贵族们又各分占“天下”之一部：孔子生当其时，便已觉得不大应该。现在是“民主政治”，全民之中，无论哪一部分有势力的人，都不能占有“天下”或“天下”之一部。

6 贤良，才能　前者有道德，人格高尚；后者有才干，或技术专家。

(7) 选拔　大家推举，政府“选”定，从群众中“拔”出来。(上古尚无考试制度，故与今学校所谓“选拔”意义不同。)

(8) 修习　修养和练习之意；与学校所谓功课之“修习”略同。

9 讲求信义，修习和睦　人与人，国与国，都如此。(随意举实证。)

(10) ×不仅仅　“仅仅”是表单独的副词（参《语法》页一八八，可再举一二同义的词），“不仅仅”如此，乃进一步的说法。(此副词在文法上甚重要。)

11 不仅仅把他自己的父母当作父母　孝自己的父母，再推广此孝以及于全社会的老年人，所以下文说“使老年人都有赡养终老的地方”(即公立的“养老院”，又如政府制定的“养老年金”)。

12 不仅仅把他自己的儿子当作儿子　慈爱自己的儿女，推广到社会，便是“仁爱”，下文“〔使〕幼年人都有教养成长的场所”，即其具体的办法(如公立的“托儿所”，与教育机关即“幼稚园”“小学校”等，要教育普及)。

13 壮年人　也就如一家的弟兄伯叔一样，希望“都有出力服务的机会”(即人人都得到相当的职业，服务社会，维持生活)。

14 鳏夫、寡妇、孤儿、独身以及残废疾病的人　此是泛指无家可归而又不能自力生活的人们，也就要当作一家人看待，“都有抚恤疗养的设备”(如公立的“孤儿院”“救济院”等，可随地方情形举例；总之要使社会上没有“叫化子”，如有，就和家里人出来“要饭”一样)。

(15)“不仅仅”至“疗养的设备”　此须照上11至14四项讲明文章上贯串的笔法：以孝与慈爱的推广为原则，所以有“使”字下的四种办法。

16 男的，女的　无失业的男子，无不嫁的女人，都成了美满的家庭。

17 ×本分　分（去声），指职业高低不一样，各尽所能，各安其业，是为“本分”。

18 货物　如各种矿产、森林等，若不开发培植，即为“抛弃在地下”；

若必要收为自己私有的产业而后开发培植，即为“收藏在家里”。

19 财宝 如货币、现银、金条等都以流通为主，现在须存于银行，若“收藏在家里”，是乡下人的见识，就等于“抛弃在地下”。古玩、字画、版本之类也应该宝藏在公共的博物馆、图书馆，以供大家欣赏。

(20) 不让 “让”，使也；听其自然，任其如此也（“让”“任”声母同为“ㄖ”，是为“双声”）。

21 能力 如学问技术，所谓“劳心者”；

22 血汗 普通的劳动，如农工，所谓“劳力者”：——无论劳心或劳力，人人都要努力工作；若自己有本事，有力量，不肯拿出来，就是“不出在身上”；若必要有益于个人的名利而后拿出来，就是“单为着自己”。

(23) 单 同上“仅仅”；世人没有不“为己”的，个人求生存也是应该的，但不可“单单的”为己而不顾公众耳。

(24) ×不必 “必”，一定如此；“不必”是可以如此，但不一定，意最轻，与“不可”、“不要”等词意不同（参照《语法》一九〇之“注意”。此种区别，在文法上甚重要，阅读时易误会；写作时亦易误用）。

25 “世间”至“自己” 生活资源，尽量开发，民智民力，尽量贡献；谋全社会的发展与利益，而个人利益亦在其中。（如今抗日国难时期，“有钱的出钱，有力的出力”，胜利才有把握，亦同此理。）

(26) 这么一来 用如连词的成语，承接上文以表综合，开起下文以明效果。（成语外有简单的承接连词，可参《语法》页二七六。）

27 阴谋 “阴”，秘密；“谋”，策略；因欲损人利己，故不能公开。

28 诡计 “诡”，诡诈；“计”，计划；因欲达到损人利己之目的，故手段奸巧。

29 收起来，用不着（ㄓㄠ阳平） 天下为公，非利人即不能利己，自然“用不着”秘密和奸巧；所以社会上向来所有的这些策略和计划“都收起来”了（随宜举实例）。

30 肃清 是用一种正当的权力去取缔消灭之。“自然肃清”则是自动取消，因为“强盗”等行为，都自动地“收起来，用不着”了。

(31) ×那么 与“这么一来”同一样的文法，但词意较轻。

(32) ×不用　与“不必”同一文法，但较重；犹“用不着”，但只作副词用，国语可写作“甭”(读ㄅㄥ阳平)。

33　头门　都市与乡村不同，使各自想象其实际。“不用关上”是可以不关，“永远”是昼夜都可以不关。此是偶举一事为例，以明“天下为公”的效果。(所谓“夜不闭户”，还有“道不拾遗”随举此等成语，象征治安之极致。)

34　×大同　中国古来理想政治的名词(可解为“全世界大家一样相同”；也可解为“最大的和平幸福”，因为“同”字古代也有“和平”的一解)。

【说明】(1) 以上所举三十四条，是准备解答学生的“质疑”与学生不知疑而教员“反问”的，也许还不够，也许太多(因为在“预习”时有些也许学生已经了解了)，随机增减，不必拘泥。(2) 这种准备，在普通的教案编制中，每分为“形式”“内容”两类分列；今但随本文次序标举，于数码上加直括弧(　)者，即示属“形式”方面。须知实际教学时，在这“整理”段中，“形式”与“内容”是综合的，不易分离的。(3) 这种准备，就是国文教员平常上课时，所谓“预备功课”，在课本上随文批注的东西，这里不过是写在教案形式之中。实际上，教员并没有工夫每课都预制教案；课本上的批注，也不能如此详细，每项只能略注几字而已。但当十分注意下列的条件：

(A) 尽管不预制教案，但除课本上此等教学资料的准备外，不要再像过去简直不顾全课的教学程序(如前后各“教段”及其中应特别注意之点，也须在本课课文前后或上下批注为记)。

(B) 课本上此等资料准备，须记清：只是“整理”阶段中之(伍)(陆)两项，必须以解答“质疑”及不知疑而“反问”的教学方式出之。此即所谓“启发式”。若一上堂，就把所准备的顺文讲解，甚至尽量板书，则是陈旧的“注入式”，其流弊是：学生完全处于被动的地位，机械化；不注意；无兴趣；尽管教员预备得充实而精当，竟可以毫不发生效力，辜负了一番苦心。

(今按：现在须建立“学习组织”，此弊可免。参看“纲要”的“今按”。)

(C) 不过，课本上此等资料的准备，要做得“充实”而“精当”，也是不容易的事。要“充实”，就得教员自己对于这篇文章的内容（理论）和形式（文法）两方面，平日有具系统的学识，临时又加一番很精细的研究，否则定感空虚，或者只准备些不必要的废话；要“精当”，就得更进一步，明白教育原理和青年心理（学生程度），视这班学生应该需要的，着重些，加详些；否则，或躐等，或落后，或感材料太多，时间不够。

所以看这三十四条“授课”阶段的准备，须知不是随意偶然列举的；教员“预备功课”，必须时时注意这（A）(B)（C）三个条件。

第二大阶段　练习应用，再分（ㄇ）（ㄈ）两阶段：

（ㄇ）总结，深究及练习

（壹）概括图解（第二时）

（一）形式：总图解（全文计二六七字，总图解见另页。假定这班学生有可能了解的程度，假定这门功课有充分富裕的时间，又假定这篇文章要做译成文言的准备，就可由教员从头板书，或择要板书，让学生全体照抄。并延长其教学时间。如果这三条件不够，则只能照下项进行内容的概括。）

（二）内容：（注意参对前“授课”阶段“预习报告”之板书笔记，在此再加精核、修补，配合本文结构。）

（1）全文主旨：“天下是公共的”之“大同世界”。

（2）每段大意：（如用总图解，即标列于其下方，如未授总图解，则只就下列的各项，板书为表解式，口头分配课文各句。）

①总标语——“天下是公共的”（＝“天下为公”）。

②政府方面——人才治内，和平对外。

③社会方面——

A　扩大家庭道德——推广孝慈；

B　孝慈怎样推广？——1 养老；2 用壮；3 教育儿童；4 救济孤苦。

C　男女生活安定。

D　财力民力归公。

④效果——夜不闭户。

⑤总结束——“大同世界”(=“大道实行的时候”)。

【说明】(1)全文二六七字之总图解板书令学生照抄，这种工作而列在“概括”阶段中，就可知道：这个目标并不全在教文法，因为文法是无须硬教的！但若不让学生自己用手如此这般的照抄一遍，就算不得“精读”。精读须“手到”，熟读须“口到”，这是国文教学上铁一般的原则。(概自中国兴学以来，国文教学失败，原因就在学生的“筋肉运动”太少，不训练他们的口和手，只随顺他们的眼和耳，所以现在须要改革。但从前科举时代，讲究手抄，当然根底牢实些，现在这个办法似乎是复古，然而不然：朗读改用“表演式”，训练了语言的技术；手抄改用“总图解”，培植了文法、修辞、逻辑的基础。形态上看似复旧，质与量完全革新。)(2)总图解也不是呆抄，例如起首“当大道”至“占有的”一段，可先问：这几句中，哪一个名词是最主要的？答：“天下。”教员就先板书此二字。再问：“天下”这个东西应该怎么样？答：应该“是公共的”。再照图解写上。三问：若不是“公共的”，就怎么样？答：“一部分的人能够占有。”于是告以须要不是如此，才算是“公共的”。然后图解此“不是”至“占有的”，再指图告以：凡说明一事，只正面一句怕不够，须从反面再加一句而后明了、有力。(修辞法。)若学生已知道文法上“主语”“述语”名称时，便可告以：这种句法是一个主语而有正反两面之“双述语的”。(文法。至于“不”字为“否定副词”；后一“的”字为“代名词”，代“天下”的；“哪一部分的人能够占有”又是“的”字的“形容句”；这些词类和子句的文法名称，还可不提，除非学生能够问到。等到另有时间教学系统的文法时，方可提示文法上之名称和规则，而搬出这些图解来，就其中找例子；凡文法举例，必须是已经讲读的材料，必须就已抄的图解中去指点，否则简直不可教文法。)四问：何时始得“天下为公”？答：“大道实行的时候。”然后图解此首一读。(3)这样的总图解，如本课虽只是二六七字的短文，也有一个普通的困难，就是教员预备不出来，或患预备时间不够；但既当了国文教员，每学期应自选定几篇“精读”的课文，无论文白长短，都该随手一画，“旁行斜上”，文理秩然；所费时间，至多也不过比誊写本文一遍加上两倍。此种素养，此种技术，就是当国文教员的第一个主要的条件。

今按：这样“精读”，过分地科学化；这样“随讲随抄”，费时太多；这样“准备”，教员的“素养”“技术”和时间精力都感不够。十多年来，经过了三几次试验，征得了百个左右国文教员的批评意见，总结如上。后来改用“抄书加线法”（更“简捷化”为“读书标记法”），但也只可用于教员研究和准备的工作。前面所举“假定”的三条件，（见前壹之1），现在应当是高等学校文科的事，而都不是中等学校所能具备的条件了。

（贰）批评讨论（第二时）

（一）形式：（1）白话文（文法立场）；说明文（普通分体）。（2）翻译的，非著作的。（3）其他文法修辞上的问题讨论。

（二）内容：（1）转述二千四百年前孔子对于社会制度的理想。（若是现代人的意见，当然应该还要说得详密周到些。）（2）距今二千四百年之久的古代，孔子便有这种好意见，故应重视。（3）其他关于内容思想的问题讨论。（今按：可参照下之教案乙同项的“今按”中所拟问题，但须斟酌学生程度。）

（叁）比较翻译（如有此需要，可特定时间。）

将白话课文翻译为普通的文言文而比较文白之异同。[注意：必须根据前壹之（一）教员预备出来的“总图解”；若无总图解，此事即毋庸办理。又：凡翻白话课文为文言，每翻定一字，即令学生用铅笔在所抄之总图解上照改一字，不必另写。若用为作文题，则另写，交卷后，仍在堂上就总图解指正。]

1　全篇几“的”字？（顺图解一览即可数出，因其有一定的位置也。计十九个。）

2　何“的”可翻为“之”？（如首句中“大道实行的时候”之“的”；凡“介词”“准介词”皆翻“之”，计十五个。）

3　何“的”不翻？（如第一段第二句“公共的”之“的”字，普通文言亦可照用，因“公共”是“形容词”，其后加“的”，即“形容词语尾”，计一个。）

4　何“的”可翻为“者”？（如第一段第三句末尾之“的”字，可看作“代名词”，犹云“东西”，以代“天下”，计一个。——教员如欲彻底究明其文法，则可参看《新著国语文法》页八七——九〇。以下凡遇需要参考时，可就该字或词先检该书的索引，此不复举。）

5　何“的”应改为名词？（如第三段C组之“男的”“女的”，“的”亦可看作“代名词”代“人”，即当翻为“男人”“女人”或“男子”“女子”而不可翻为“男者”“女者”。因为“的”要翻“者”，须是前面形容的部分较长较杂，如上条之例，或如“老者”“少者”已成通用之词方可，否则宜用本名。计二个。）

6　“是”字翻何字？（“为”字。）

7　“不是”呢？（“非”字；凡“是”之否定翻“非”，“有”之否定乃翻“无”，不可互乱。）

8　“哪”与“那”？（其分别已详前（攵）阶段（陆）之（4）。“哪”可翻“某”，如欲更有力，可翻“任何”：第三段A组之“那”则翻“彼”，或“其”，此“其”字是一种“形容词”用法。）

9　“把……当作……”的句法，如何变文？（第三段A组两句最难翻；但“把”字照例翻“以”，此处须取消；而将“当”字提上翻“以”，“做”字翻“为”，即得。凡白话此种句式，翻为普通文言皆如此。教员可参看《比较文法》中“以……为……”之式。）

10　“他自己的”？（“的”已翻“之”；“他”亦可翻“彼”，“那”之翻“彼”是“形容词”，此“彼”字是“人称代名词”。但文言中之“其”字可用作代名词，即当白话“他的”讲，而“自己”之意并括其中，故“他自己的”四字可节省翻为一“其”字。）

11　“也”字共有几？翻何字？（共四个，一“连词”，三“副词”，皆翻“亦”。）

12　“都”字呢？（共六个，皆副词，翻“皆”。）

13　“都”与“各”何别？（先令就第三段BC两组各句，比较说明两字内容意义之区别，然后告以一为“统指”，一为“逐指”。）

14　“和”？（翻“与”或“及”，是文言；“和”“同”皆白话，北语更云“跟”。）

15　“让”？（依前（攵）阶段（陆）之20所释，翻“使”或“任”。）

16 “它”?（此字是“他”字所改，或从“牛”旁作“牠”，不指人，此处所代即其上文“货物又和财宝”，同作“让”字的“宾语”，故图解上加括弧（ ），为“同位”。凡前有动词，后有“补足语”（如“抛弃”）的“代名词”，文言皆可用“其”。“他的”可翻“其”，“它”或“他”亦可翻“其”，但后者须有如上之限制——对上动是宾，对下补又是主、名兼格。）

17 “在”?（三“在”字皆“介词”，翻“于”。）

18 “可”?（翻“但”，“转折连词”，旧白话文作“却”。）

19 “人们”?（“们”表多数，例翻“等”，但“人等”文言不单用，其上须有形容的部分，如闲杂人等，可只作“人”，去“等”字。）

20 “为着”?（“着”是附在动词后的“助动词”，文言例不用，去之。）

21 “单”?（不文，翻“专”。）

22 “这么一来”与“那么”?（依前（攵）阶段（陆）之26、31所释，皆承上启下之“连词”，前可翻“如是则”，后可翻“然则”或“于是”。又前第二三两段间之“所以”，其用亦同，虽文白通用，但求其更文，则可翻“故”。）

23 “收起来”?（“起来”不文，去之。）

24 “用不着”?（此“着”字是“副词”故读ㄓㄠ阳平；上文“为着”之“着”是动词后的语尾，故读ㄓㄜ轻声—此等读音上之区别，朗读时即宜注意勿误。——“用不着”亦不文，可译为成语“无所用”。

25 “了”?（三“了”字皆句末“助词”，翻“矣”。）

26 “就”?（两“就”字皆翻“即”。）

27 “不用”?（翻“不须”，“须”即“用”也。）

28 “这”?（“代名词”，代以上全文，翻“此”，更文则翻“是”。）

29 “叫作”?（翻“称为”，更文则翻“谓之”。）

【说明】凡文白对译，其关键第一在“虚字”；以上所举29条，将此全课中必须改译的俗词（大都是虚字）依次摘改，或通贯总翻，在图解上照改后，大体已成文言，且使知文白两体不同之要点矣。然后，第二关键在省改“复词”为单词：仍从头起，就图解照所改者顺文读之，随读随再省改，或宜有所添加，如下：

30 “时候”(此白话复词，文言须省作单词“时”，下第三段A组同。)

31 “能够”(省作“能”。)

32 “任何一部分之人”(“之”字可省。)

33 “能占有者”(其前宜加“所”字，句方圆熟，此是文言习惯：凡“者”字上之“形容句”中，动词前常有“所”字，与“者”相应，式为“所……者”。)

34 “是”“非”两述语间(可加“平列连词”“而”字以联之。)

35 “仅仅”(省作“仅”。)

36 “父母”(可改为“亲”；如恐意义不普通，则毋庸改。)

37 “儿子”(省作“子”；如上句“父母”不改，则本句仍须用复词，方不失修辞骈偶之美，唯“儿子”可改“子女”。)

38 “老年人”等(原文“老”“壮”“幼”皆“形容词”，可省作“老者”“壮者”“幼者”，用通名也；“鳏”“寡”“孤”“独”在原文亦作“形容词”用，而古义却本为名词，可各将其下“夫”“妇”“儿”“身”省去，亦使其下之一“人”字总承之也。)

39 “地方”(如嫌俗，但无可改，姑仍之。)

40 “出力”(改“尽力”，虽意义较别，但雅而无碍。)

41 “抛弃”，“收藏”(省作“弃”，“藏”。)

42 “地下”，“家里”，“身上”(“下”，“里”，“上”皆“方位名词”，文言所忌，皆省去。)

43 “自己”(省作“己”。)

44 “收”(此单词却须改为复词“收敛”，因下有“无所用”为承接语，上用单词则无力也；且须加一“承接连词”“而”字，方成文。)

45 “强盗”(省作“盗”。)

46 “小偷”(改为“窃”。)

47 “乱徒，贼党”(本不俗，但上两名既改单词，下两名须与之相称，可省去“徒”“党”二字。)

48 “人家”(改为“居民”。)

49 “头门”(改为“外户”。)

50　“永远”（不俗，但可省作“永”。）

51　“关上”（省改为“闭”。）

【说明】（1）以上 30 至 51 计二十二条，更将全课中非文言惯用之词（大都为复词），依次省改。经前度改译虚字后，此诸词语已于文言大体无碍，然如此再加省改之后，始通体净化矣。至此，令学生齐照所改，就图解重读一遍。其文如下：

当大道实行之时，天下为公共的，而非任何一部分人所能占有者。选拔贤良，委任能才；讲求信义，修习和睦。故其时之人，不仅以其亲为亲，亦不仅以其子为子；使老者皆有赡养终老之地方，壮者皆有尽力服务之机会，幼者皆有教养成长之场所。鳏、寡、孤、独以及残废、疾病之人皆有抚恤疗养之设备。男子各有本分之职业；女子各有归宿之家庭。世间之货物与财宝，总不任其弃于地，但亦不必藏于家；人之能力与血汗，总不任其不出于身，但亦不必专为己。如是，则一切阴谋、诡计，皆收敛而无所用矣；盗、窃、乱、贼，皆自然肃清矣；于是居民之外户亦即永不须闭矣。是即谓之大同世界。（注意：此不过是练习文白比较的工作，所以只用铅笔改在图解上，以后也只须对着图解看，不必重抄。如欲斐然成章，尚须修饰润色。）

（2）总共五十一条文白对译的要点，熟练的国文教员，并不须像这教案的样子条条写出来，只须准备一个“总图解”而已，就那总图解用色笔改注文言字样而已。所以实际上此种准备工作极简易，只要一个条件：教员自己有把握，自己彻底明白文言白话在“文法立场”上的区别，科学化，系统化，精确无误。假如教员自己也还是糊里糊涂的，那么这个“比较翻译”的练习工作，就根本谈不到，而近来中学生大多数竟不知道文言和白话是怎样区别的（例如二十八年度统一招生国文第三道试题“语体译为文言”，原题是一篇很近文言的白话，只须把其中若干虚字点改一下，便成一篇接近白话的文言，但试卷中大多数仍是译成一篇不文不白的东西，“吗”不知改“乎”，“的”或全易“之”，“这”“那”仅互换，成语尽改造，由于根本不知道文白有何异同而已），又何足怪？

今按：“白话教材译为文言”的练习，过去本案已是在：一、高级班，二、又是需要练习写作文言文的，三、已预授本文“总图解”，四、特定时间——这几个条件下进行教学的。现在及以后的中等学校，对于文言文，尽管还要讲读几篇，但绝不再需要练习写作，所以讲读白话教材时，此项文言的“比较翻译”工作当然取消。但在高等学校的文科，有时对于参读文言旧籍还有明确地准备文法基础的必要，则本案此项办法，高等学校仍可参采。

（肆）分期温诵（另行统排时间，本案不详）

（匚）发展与应用（课后及课外）

（壹）创作：作文拟题（此但准备作文时选用。）

1 救济院参观记（其他与本课旨趣有关之公共机关团体亦可，视本地所有者。记叙文。）

2 抗属（抗日军人家属）慰问记（其他与本课旨趣有关之战期各种实际工作亦可。记叙文。）

3 “有钱出钱有力出力”（议论文，宣传体。）

4 述本地乞丐盗匪之情况及其来源（先使访问调查。说明文。）

5 广孝慈（议论文，说理的。）

6 理想的新村（记叙文，小说体。）

7 实现“大同”世界之方案（议论文，条陈体。——以上三题，程度较高，酌用。）

（贰）活用：略读及参考之书篇（今按：所列过时，删去。）

教材 古代理想的大同世界（下）（《礼记·礼运》篇“天下为公”一章之原文）*

大道之行也，天下为公：选贤、与能、讲信、修睦。故人不独亲其亲，不独子其子；使老有所终，壮有所用，幼有所长，矜（同鳏）寡、孤独、废疾者皆有所养。男有分；女有归。货，恶其弃于地也，不必藏

---

* 原书在本章的一些汉字旁边注有注音字母；有的字后有关于字音的括注。本书都已删去。——编者

于己；力，恶其不出于身也，不必为己。是故谋闭而不兴，盗窃、乱贼而不作，故外户而不闭。是谓大同。（计一〇七字）

时间 二小时。

教法

第一大阶段，理解（再分ㄅ、ㄆ）：

（ㄅ）**预习**（参照上之教案乙行之。唯“引起动机”须加一项：前已深究译文，今更诵习原作。又“参考品”须令对看前课已授之白话译文。）

（ㄆ）**授课**（第一时）：

（壹）预习报告：只须背诵全文（参下教案乙。其“全课大意”等报告则从略，因前课白话译文已行之，内容一致，不宜重复也。）

（贰）范读

（叁）齐读

（肆）个读

（伍）质疑

（陆）反问（以上均参下教案乙。唯“反问”所列各条中，有与前课完全重复者，则省略之。）

第二大阶段，练习应用（再分ㄇ、ㄈ）（第二时）：

（ㄇ）总结，深究及练习：

（一）概括，比较（因已读了前课，故本课“概括图解”与“比较翻译”可以合并行之。）

就前课总图解再度照文译改。（前课总图解，已练习对译浅近文言一次，此系将所译文言再度修改，改成《礼记》原文。修改时，即逐句讨论文法异同要点。盖此已经过文白比较，进一步而为现代浅近文言与旧籍简古文言之比较矣，故须随文指点，参照“天下为公”之说明各条，择要究问，俾能透解其文法异同，而《礼运》原文之词句意义，借此深究即可十分明了。唯总图解既经两次译改，则本次所改定之《礼记》原文总图解，须令于课后另誊清——以“天下为公”之原文总图解为准，参照“天下为公”的图解和译白原书，此不复录。）

【说明】若前课因条件不够而不能抄讲白话译文之“总图解”，则本课本项“概括，比较”可以完全省去，而展开今古文白比较之讨论于下项“批评讨论”中（即将前课已授之白话译文在本课预习“对看”时所发生之问题，除整理阶段伍陆两项中已择要解答外，更可扩大提出，展开讨论，借以授予并使领会文法上一些知识与诀窍。）

（贰）**批评讨论**（参照下之教案乙。今按：注意其“今按”中所拟问题。）

（匚）**发展与应用**（同前课，不另）

教案（乙）

教材：中国古代理想的大同世界（《礼记·礼运》篇“天下为公”一章）

【说明】全文见上教案甲下。依前所言编制法，其白话译一篇，系“纳入练习段中”，当另印单张，俟至“练习”段时再行布发。

时间：三小时

教法：

第一大阶段，理解（再分ㄅ、ㄆ）：

（ㄅ）**预习**（在课前）：

（一）引起动机：原则上，唱过“孔子纪念歌”，课文已念熟，即以合唱此歌引起动机。但若未唱过，或未练熟，则须联络音乐唱歌一科，印发歌谱练习。

（二）指示目的（指定课文而说明）：此是相传在二千四百年前孔子发表的一段理想高远的政谈，也就是从二千年前的经典中挑出来的一段韵调铿锵的作品。

（三）提示参考品：(1)《礼记集说》（元陈澔，世界书局铜版四书五经本，甚易得）；(2)《礼记正义》（汉郑玄注，唐孔颖达疏，世界书局影印十三经注疏本，亦易得易检）：以上两种，参考其一即可。

【说明】凡文言文预习，其参考品最好是提示简明注解本；如无之，或不易得，则令翻检普通预习时所用之字典辞书之类亦可。要之，须注意按照“两纲四目”的原则，纲乙目3：凡文言文，“预习时即可熟读”，偏重“记诵”，预备“质疑”；并不必要求其能完全了解。

今按：今后的中等学校既不再需要练习写作文言文，则教学讲读的文言教材时，对于纲乙的目3所谓“熟读”“背诵”，可以减轻其必要性（但本篇一〇七字，且是韵文，仍该照办）；对于目4所谓“彻底翻译”，倒是更应当强调的，假如今后的中等学校连讲读的文言教材也不需要，或只选授近代文言文而不选及像本篇这种古代作品，则本篇教材只适用于高等学校的文科，当然更要着重目4的“彻底翻译”，在预习“提示参考品”时，可径用“天下为公”的文法图解和译白本，文字音义，名物事实，文法修辞，以及语文改革问题，一串解决。

（夂）授课（第一时）

（壹）预习报告：

（一）全课大意（参照前教案甲上。因全文系一〇七字之短篇，又曾歌唱，故教案甲上之“要项列举”，亦不妨斟酌行之。）

（二）背诵或朗读全文（指名，约五人至十人。须令其用逻辑的读法，不复依谱歌唱。注意随时矫正其字音、词调、及语气之抑扬、文法之顿挫，例如文中“货”“力”两字必顿，如有连下读者，须矫正之。）

（贰）范读　二遍（一为逻辑式的美读示范；一为诗歌式的吟诵，即重读押韵各字，使能合辙即可。学生对书静听。）

（叁）齐读　一遍（同上。或循声，或自诵，酌办。）

（肆）个读　参照教案甲上。

（伍）质疑（并于下项列举。）

（陆）反问（有×者，备反问，俟其答而后告之；数码加（　）者，示属形式方面。）

1. ×大道　所以谋“最大多数之最大幸福”之道也。（参照“天下为公”文法图解和译白——以下简称“天下为公”1之一。）

【说明】此书可作“教材研究”一个范例：于词既有详释，于句且已彻底翻译，教员可酌择标记，以资究问，唯教学时须除去其文法名称耳。本案无烦重录；或更有胜义，则偶举之如上例。

2. 行　人之行动，引申为物之推行，事之实行。（参“天下为公”说明1之三。）

3. ×天下　古诸侯及凡首都皆为“国”，天子所统为“天下”。（参“天下为公”2之一。）

4. 为公　即“民有，民治，民享”之义。（参“天下为公”2 之二、三。）

(5) 与能　以公务委任能员也。“与”字今无此用法，今作文言，当云“任能”（参“天下为公”3。注意：凡授古文，尤其是古经传，其中词句有已废而不用，或训诂考订上尚有问题者，必须于讲解时声明“今无此用法”，而易以通常易解之字，俾合于现代应用之文言标准。此事关系甚大，不可忽略！往年有一学校发生风潮，即因此事，参看《比较文法·序》。）

6. 讲信修睦　兼国际与个人道德而言。（参“天下为公”3 之次段。）

(7) ×亲其亲子其子　在后之“亲”“子”二字为名词，在前者则名词当动词用，犹云“以其亲为亲，以其子为子”。（参“天下为公”5。凡遇此等费解之文句，须略讲明文法，使知古文词类活用之条例。）

8. 不独亲其亲，子其子　如何方为“不独”？举出事证！（须使了然下文即其事证也。）

(9) 使老有所终　谓“使老年人”“有”终养之“处所”也，下三“有所”同。（参“天下为公”7。此则不宜细讲文法，因“所”字问题太复杂也；只依上解，酌引其他“有所”之例句以证明之。）

(10) 矜　古“鳏”字多作此。（参“天下为公”9。）

(11) 男有分，女有归　句太简古，今不为法。“分”字音义不显，只好依旧注。（参“天下为公”10 之译白。）

(12) 恶　不愿意也，讨厌也，非恨嫉之意；不愿意如此，则不任之听之矣，故可解为白话“不让”。（参“天下为公”13 之译白。）

(13) ×其　代名词，但何以不用“之”字？（此须利用机会，讲明文言“其”字之用法，及用“其”字之句法，参“天下为公”12。）

(14) 是故　与前后两“故”字皆为表示由因及果之连词，此文用得太多，今作文言不可学。（参“天下为公”14、15 及 16 之译白。）

(15) ×三句三“而”字　首“而”字是平常用法，连接其下“不兴”二字以足“闭”字之意耳；次两“而”字全无意义，今不可为法，此文用之，仅为修辞起见，使三句形式相同，读之有节奏。（参“天下为公”16。）

(16) ×作　亦是“兴起”之义，非谓“作为”。

(17) ×是　代名词，“此”也。(通常多误解古文中“是”字与白话同义，认为同动词，不知古文中“是”字大都代名词也，可参《比较文法》页一五三。)

18. ×大同　如析文义，可说为“大众同享和平”(参“天下为公”17之译白。)

【说明】以上十八条，仅举课文中字句较重要、需究问者，其余随宜解答。所望国文教员对古文教材，皆能如“天下为公”之例，确依文法，细斟注释，以图解为统制，谋翻译之彻底，一切问题，自然解决，教案形式固不必备，支节饾饤的注解准备亦无所用之矣。要须视为自己的进修事业，已读之书，更求“甚解”，日积月累，便成著述，如此教学，至乐存焉；一有苟简、敷衍、对付之心理，定不能办。(参照前教案甲上同教段之说明3的ABC三条件。)

第二大阶段，练习应用(再分ㄇ、ㄈ)：

(ㄇ) 总结，深究与练习

(壹) 概括图解 (第二时)

(一) 形式　总图解(见“天下为公”。注意其中应以“或式”易本式，唯第三“或式”不用。教员参照教案甲上同教段之说明2，随讨论随板书，学生迅速照抄。唯图解左方标列之分段大意，俟概括“内容”时再写。)

(二) 内容：

(1) 全文主旨　“天下为公”之“大同”政治与社会。

(2) 每段大意(见“天下为公”总图解之左方，并参教案甲上。)

今按：今后的中等学校如不选授此等古代作品，而本篇只用于高等学校文科时，则径用“天下为公”为自学(预习)的资料，本项“概括图解”即可完全纳入下项“批评讨论”中，由各学习小组提出关于文法图解上不能了解的问题，予以解答，不需要“板书”和“照抄”了。(但如中等学校的高级班选授其他近代文言作品，而教员又能准备“天下为公”式的“总图解”时，则本项这种“形式”方面的教法仍可参考。)

(贰) 批评讨论

（一）形式：(1) 文言文，议论的说明文（旧属论辩类）。(2) 散文而叶韵，多骈句。（就“天下为公”所注音略授叶韵法。）(3) 二千年前汉儒所述之文，非是孔子自己的作品。

（二）内容：(1) 孔子之政治理想与春秋时代之关系。(2)《礼记》之来源、概略，及其应参读之篇名举目。

今按：依本教案篇首“今按”对于《礼记·礼运》篇“天下为公”章教材用新观点分析和批判的结果，在本阶段教学时，应当结合“社会发展史”“历史唯物论”等政治学习及其他文史科目，多设些批评讨论的问题（下边所拟的九个问题，有些就可以引导到下一阶段“发展与应用”上，阅读某些参考书和文件）：

1. 二千年前这种“大同世界”进步的思想，对其当前现实，究竟否定了一些什么？同时又反映了一些什么？

[就上“概括”项下的标目分说：

(1) 总标：“天下为公”——这是对于“夏传子，家天下”的否定。

(2) 政治：“选贤与能……”——可以说是对于当时贵族政治的否定。（当然也是一贯地反战争，也部分地反一味的“法治”）

(3) 社会：A、“不独亲其亲……”，B、“使老有所终……”，C、“男有分……”——这些都可以说是对于当时正在蜕化中的奴隶社会的基本观念（=人类差别观念）的否定，同时反映了当时唯知各亲其亲，各子其子，而老幼男女失业不能生活者无人照顾，这种氏族社会长期遗存的迹象和不平的情况。D、“货恶其弃于地……”——这只是要求生产力的提高和生产关系的扩大，有变更当时经济的家族私有制而成社会公有的理想。其他还可漫谈。]

2. 它这种进步思想，在当时以及后来都起了些什么进步作用？（当时在思想界领导起进步一派，只因它不是辩证的，后来不满现实的知识分子，大都只是驰骋着一种遥远的空想，直到近代还有借着它来拟构大同方案的——指导参考康有为的《大同书》。）

3. 礼运篇所说的“大同”，是和下文“小康”对立的，其相异之点何在？（指导略读“礼运”全篇。）

4. 它所拟构的理想世界，是不是和“道家”思想相近？（指导参读《老子》，使知这种理想，也许是从老子的“小国寡民”一章扩展出来的。）

5. 在儒家学说中，像它这样的思想，应属于哪一派？（指导参考郭沫若《十批判书》儒家八派的批判，他说《礼运》即孔门弟子子游之说，是子思孟子学说系统。到荀子一派，就非难思、孟所谓“五行”，这《礼运》后半篇就有许多关于五行的怪话。）

6. 它这种思想究竟是起于何时：孔子？战国？秦汉间？（《礼记》成于汉初，和孔子时代约有四百年间的距离；它也可能是汉人的说法，因为“大同”“小康”是战乱时一种“乌托邦”思想，可能是起于战国秦汉间，而为汉人所写定的。换一方面也可能看作秦汉统一局面下的新理想。）

7. 就《礼运》全篇看来，在中国社会发展史上反映了一些什么矛盾？（据近人研究，中国社会发展史有一特征，就是从每一社会形态，发展到另一形态，其变化是不完全的：氏族政权和奴隶生产同时存在；专制封建的汉代，在《史记》等书中还有奴婢和牛马同栏的记载。这篇文章，颇反映了一些像这样的矛盾。）

8. 就一般社会发展史看，从原始公社进到奴隶社会，发生一些什么矛盾？从奴隶社会逐渐蜕变为封建社会，又发生一些什么矛盾？试把《礼运》全篇做资料，指证一些出来。（“天下为公”一章，就是想标准着自己所向往的原始公社某些部分，来统一这些矛盾，以解决当前的一些问题，使社会经济提高一步。）

9. 对于毛主席纪念中共二十八周年的论文《论人民民主专政》第一段中“使人类进到‘大同’境域”的了解与深究。

（叁）比较翻译（第三时）

（一）文白异同对译［在本项上课前令自译白，为本课精读之练习题。上课时即发布“天下为公”之白话译文——见教案甲上，今其就上（壹）项所抄《礼记》原文之“总图解”，用铅笔逐字照改，有疑便问。然后各将自己所译，参校一遍。］

（二）白话译文朗读（指名数人个读；次范读，次齐读，各一遍；皆对看本译文。）

（三）文法要点讨论（教员参照“天下为公”图解和译白之说明各条，先令质疑，无疑则择要试问，以文白比较为主，唯必须就原文之“总图解”指点。）

（四）修辞体制比较（随宜联系已读之文，酌举，略说。）

今按：本项“比较翻译”，与前（壹）项“概括图解”同例，即：高等学校文科既径用“天下为公”为自学（预习）的资料，则白话译文和译白方法都已包括其中，本项工作即可完全纳入上项“批评讨论”中，由各学习小组提出关于文白对译上不能了解的问题，予以解答，也不需要“自译”和“参校”了。（但如中等学校高级班选授其他近代文言作品时，则仍须通过“文法总图解”，参照本项这种教法，“彻底翻译”为现代白话，勿稍含糊！）

（肆）分期温诵（注意统排时间，轮温多次。本案不详。）

（匚）发展与应用（参照前教案甲上。）

附录：《制定教案问题》（节李曙森《关于“先生教好”问题的一些初步意见》第五节，见哈尔滨知识杂志五十四期，一九四九年一月）

制教案是教学中，尤其是目前我们学校各方面具体条件下，非常重要，应该好好提倡一番。因为：

甲、教案的作用：（一）制教案可使政治与文化、思想与业务具体结合。它可以把教者的思想，纳入教育政策与方针的范围内，约束在教育的目的与要求限度内使政治与文化一致起来，使思想领导与业务知识结合为一，以一整体出现。可相互取长补短，使政治文化与教育完全在具体教学上统一起来。（二）制教案可使教员在制前必须运用思考，周密地计划布置，充分地准备。（三）制教案可发现教员在教学思想上的真实问题，更好地了解教员的业务知识和教学能力。从而易于对症下药，帮助他们进行改造与提高工作。（四）制教案可督促教员深入同学中去，研究了解同学情况、教学反映和教学效果。

乙、对教案内容的要求：（一）必须明确每一单元的教学思想、要达到的教学目的及预期的教学效果。（二）必须确定对教材之适当的处理，包括补充或减少教材内容的具体材料。（三）必须确定教学的方法。（四）必须确定与掌握教学的进度与时间。

丙、教案的具体实施：（一）开始时，原则上只重点课经教学研究小组充分讨论后制定教案（校长或教导主任须亲自出席参加指导），不普遍要求每科都做教案。（二）教案以课节章为单元，每一周或至多两周一次。（三）教案制定后，即推定或选定一个教员做观摩教学，要有组织有计划地领导观摩教学。观摩后要检查同学的反映和教学效果，加以整理，组织讨论研究，根据教学实践及效果，总结教学，改进教案。（四）有了经验证实之教学教案（如有必要可再组织观摩教学），可把它做示范教案，在教务会上介绍，逐渐推广及于其他课程上去。（五）教案内容所要求之精神虽基本上一致。但各科性质不同，各科教案不能雷同。（六）制教案及实施教案前后，须根据实际情况进行必要工作以克服思想上的问题，如认为“无必要”“嫌麻烦”“怕观摩”“不知从何着手”等等，须知有了开始，取得经验，坚持下去，慢慢就成为教学上的自然东西，才能巩固。

《天下为公》译文总图解

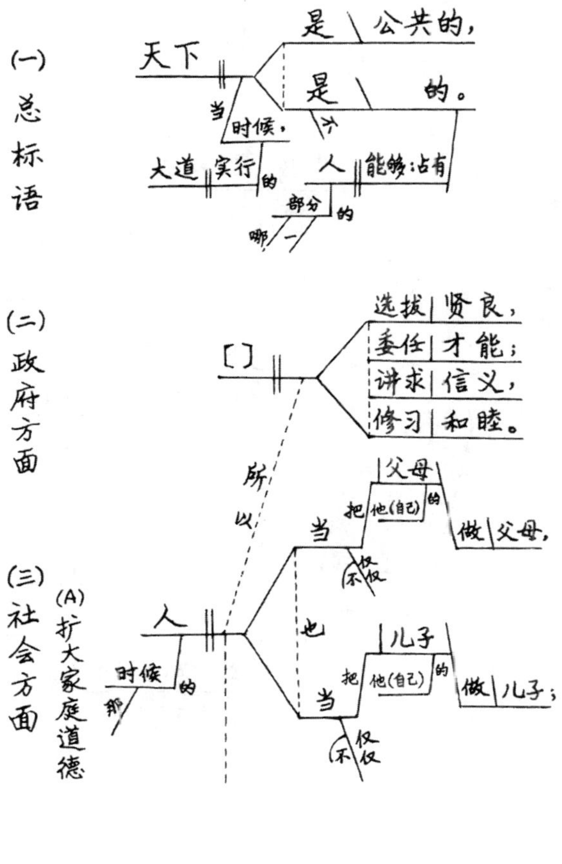

(B) 孝慈怎样推广

(C) 男女生活安定

(D) 财力民力归公

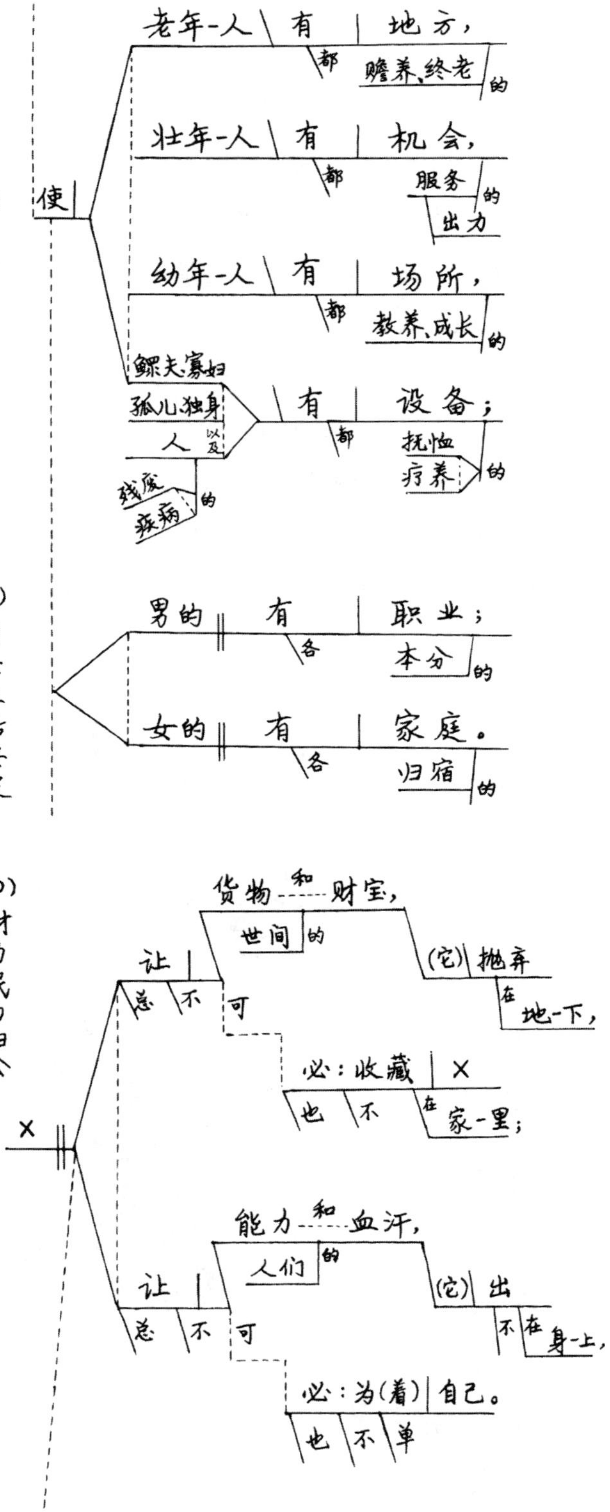

(四)效果

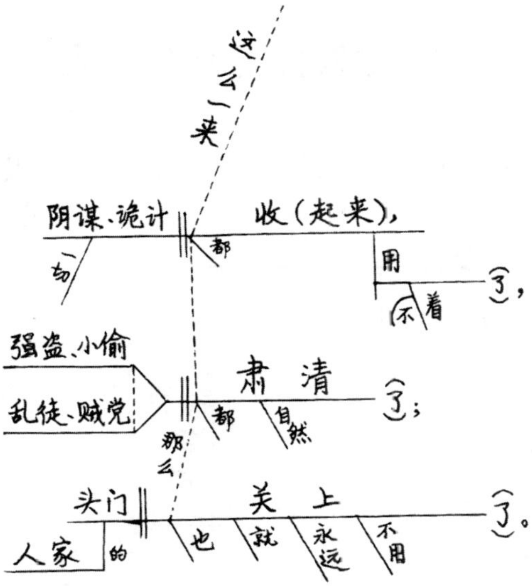
这么一来
阴谋、诡计
一切
收(起来),
都
用
不
着
了,
强盗、小偷
乱徒、贼党
肃清
都
自然
了;
那么
头门
人家
的
关上
也
就
永远
不用
了。

(五)总结束

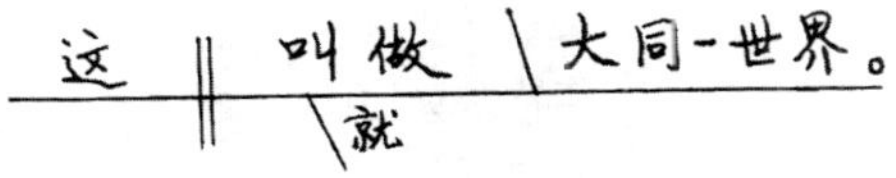
这
叫做
就
大同世界。

国文教材研究登记表

（文字音义，名物事实，文法修辞，段落篇章，以及作者生平等，另纸“注解”，不入此表。）

<table>
<tr><td colspan="2">篇
题</td><td colspan="2">出处
版本</td><td colspan="2">字
数</td></tr>
<tr><td>本篇
时代</td><td>作者
姓名</td><td>别号
笔名</td><td>籍
贯</td><td colspan="2">生于　　年
没于　　年</td></tr>
<tr><td>选本
调查</td><td colspan="5">总集（及旧课本）：
现代课本：</td></tr>
<tr><td>文体类别</td><td>1.
2.
3.
4.</td><td colspan="4">文学史上的
关系（如写
作背景及作
品地位等）</td></tr>
<tr><td>内容分析</td><td colspan="3">分标类码：

中心思想（每段大意，可拟
在本文上，不入此表）：</td><td colspan="2">（附）
图　书
类　码</td></tr>
<tr><td>依新观点与教育价值的
批判（亦可说明其表现
方法和特点，亦可试拟
本篇教法提纲）</td><td colspan="3"></td><td colspan="2">拟　定
年　级</td></tr>
<tr><td>待讨论
的问题</td><td colspan="2"></td><td colspan="3">与他篇及参考
读物的联系</td></tr>
</table>

（如纸不够，续写入背面，注明“转后”；如再不够，可续以他纸。）

登记人：　　　　　　　　　　　（系（科班）　年级　年　月　日）

国文教材文体分类图

（1936 年拟定于城固；1943 年修订并加“说明”于重庆。）

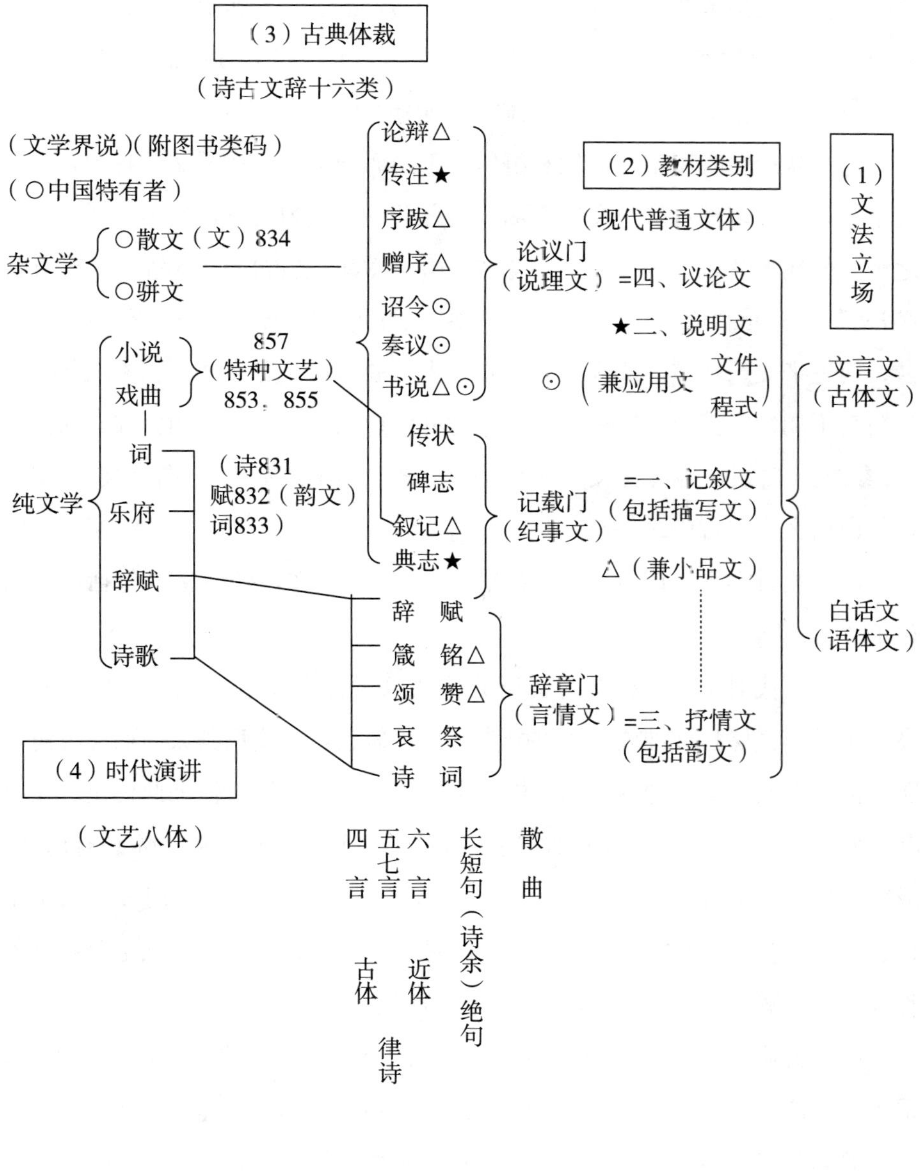

国文教材文体分类图的说明

（1943 年补订）

文体分类应有四个出发点；若于选文篇目每篇下标明，应标作 1、2、3、4 四项，每项举其名称，不嫌重复。文体分类的四个出发点如下：

（1）文法立场：文言文（古体文）；白话文（语体文）。

这是从行文时用字、遣词和组句之不同而分类的。在国文教材中，无论大小中学，每篇都可从这文法立场，判分两种，或为文言，或为白话，简单之至。但在大学，若选及旧文学中如先秦至六朝之古白话小品，如唐五代“俗文”及宋元“话本”，又如禅宗及宋元明儒“语录”之类，实多文白相参；而近来文坛新体、法令、报告和报志上的论评，尤多文白相参之作，有的简直不能判定其应属于哪一类。在这种情形之下，要先辨明大体，而注以“文参白”（白话化的文言文，如今法令、报告和论评）或“白参文”（文言化的白话文，如古语录）。

（2）教材类别：记叙文（包括描写文），说明文，抒情文（包括韵文），议论文。

这是现代对于国文教材的普通分体法（名称上略有出入），过去初级、高级中学国文课程标准内也大都分为这四种体裁，虽或病其太简而又分野不明，但新旧文白都可勉强适用，中小学国文教材之分别文体如此已足。又有“应用文”之名，普通又有所谓“小品文”，其实皆与前四种文体必有所属，或兼两体（如夹叙夹议之类），不必平标，致违逻辑。（如应用文，无论书信、报道、公文、会议录、报告书、意见书、讲演词等，只是加上公私文件程式，其措辞立体，皆不能出前四体之范围也。）

（3）古典体裁：一、论议门（说理为主）：论辩，传注，序跋，赠序，诏令，奏议，书说。二、记载门（纪事为主）：传状，碑志，叙记，典志。三、辞章门（言情为主）：辞赋，箴铭，颂赞，哀祭，诗词（诗分四言、六言、五七言；五七言各分古体与近体；近体复分律诗与绝句；词可酌附散曲）。三门共十六类。

这可名为“诗古文辞十六类”，现代国文教材之形式分类法不适用之，因包括不尽，如旧白话作品与新文艺作品及译品皆未之与也（详后）。此十六类系霸县高步瀛（阆仙）氏斟酌姚曾两家而定。其中唯“传注”“诗词”两类为新增；姚十三类，无“叙记”“典志”而有“杂记”耳；曾十一类，增“叙记”“典志”而无“赠序”，又合“箴铭”“颂赞”于“辞赋”，合“碑志”于“传状”耳。前如萧氏文选之分类，原非定本；后如吴氏（曾祺）文钞之分类，复太毛细；过去事实上皆用姚曾两选之分类法，后经高氏之调整，又进一步。前项普通教材上所分四体，仍可与此古典文分体之三门十六类相贯通，其比较系统亦甚简单：议论门即普通所谓议论文，记载门即叙记文，辞章门即抒情文；唯普通所谓说明文，其体介乎叙记与议论之间，则以“传注”与“典志”两类属之可也。“诏令”“奏议”“书说”三类，并属之应用文，下行、上行、平行皆具。所谓小品，则几乎无类不有矣。

（4）时代演进：一、纯文学：诗歌（起源最早，但通各时代，体有迁变），辞赋（盛于汉），乐府（汉后迄南北朝），词（唐、五代、宋），戏曲（元以后；话剧新体），小说（明，清；短篇新体）；二、杂文学：散文，骈文（此中国特有者，“八股”附之，兼纯文学；骈散二者皆通各时代，体有迁变）。

这可名为“文艺八体”，就中国文学史作鸟瞰的分类，是必要的。文艺八体与诗古文词之三门十六类，亦极其贯通：诗歌、乐府、词及戏曲（新体话剧除外），即辞章门之“诗词”类；辞赋即“辞赋”等四类；小说、戏曲亦即记载门之“传状”“叙记”等类；而散文骈文则包括论议记载两门诸类之全体。若大别为韵文与散文（包骈体言），则旧之所谓辞章门，大抵皆韵文也。辞章门皆纯文学，而现代纯文学之小说与话剧，则不为韵文。研究国文教材，首先要标明其文体类别：1. 从文法立场辨明文白两体；2. 准照普通教材的四体分；3. 准照古典文学的十六体分；4. 最后准照时代文艺的八体分。凡选文，每篇题下，并宜标注上列四项，不可缺一。此图是综合新旧而又贯通之。应用上，只须据上列的四个出发点，每一篇目皆以四项判注其文体，自能系统相连，纠纷悉解，且能与“文学史”等互相联络关照。但今后的选本总目，应当不再依文体分类排列，而略依内容分别部居。在内容分类的篇目中，亦须逐题注明文体，则必四项并举，使学者对于该篇：1. 从文法的立场，知文白的分判；2. 由简单的类别，作教材的控制；3. 依旧日的体裁，览古今的源流；4. 就时代的演进，具文艺的观念。

各级学校作文教学改革案

（1938年原订，1946年修订载上海开明国文月刊
五十二期，1950年3月2次修订）

（一）写作前的准备条件

（1）“通”与“美”的标准及其指导和认识——通与美是思想表达的正确方式与技巧，属于“文法”和“修辞学”的范围，与“逻辑学”和思想内容及“文艺学”都有关系，应于讲读时就所选教材设计指点，并以朗诵为基本的训练条件。另详《讲读教学改革案》。

（2）字体和词汇错误的矫正和通融——此属“文字形义”和“语言、声韵学”之范围，亦应于讲读时注意及之。但实施矫正错误的工作重心，则在作文时的批改。

（3）出题法及作文前的指导——要活用“作文法”，随意指示。

（二）写作时的批改过程和写作后的错误检讨

——使用“批改符号”和制布“错误表”的实际方案

作文批改及指导办法九条（1938——民二十七年八月城固西北联大国文教员周会议订。1943——民三十二年七月陕西省暑期中等教员讲讨会修订，1945——民三十四年九月兰州西北师院国文系第二次修订，1950年3月提出北京师大中文系的第三次修订草案）

一、批改中小学及专科以上学生作文，都应采用一定的符号，先让学生自行修改。

二、使用批改符号，以（1）用红笔，（2）标在字的下方或上方为原则。所用符号，务求简明，如下：

1. 字体错误，分二种：（1）b. 表示“白字”；（2）c. 表示“错笔”。

凡通行的行草便体、别体字或简体字（简体字可参照1935年公布的“第一批简体字表”凡三百二十四字），统叫“便体”字，都不以“白字”或

“错笔”论。但教员对于学生所写某些便体字，如需要测验他认识正体与否，则可在其右旁加红点，而令自行查明其“正体”，标写于该行的眉端，两两对照。若便体也有误写他字，或写错笔画，或个人杜撰的，仍须于红点之外，复标以“b”或“c”号。(“b”“c”就是“白”“错”两字拼音的第一字母，即可读为“白”“错”两音，同时可以把字的错误部分围绕在字母曲线中。“白字”一名“别字”，以有其字为准；“错笔”或系“笔误”，以不成字为准。二者的性质和轻重，原有不同，所以分用两种符号。)

2. 文法错误，分二级；(1) ×、表示“不通”(语句长的，引长其×；转行的，次行重×)；标点符号不通的，变形作＋。(2) ｜、表示“欠妥”(注同前)；标点符号欠妥的，变形作—(横行则互换)。

凡绝对说不过去的，才叫作“不通”；其犯浅率、幼稚、晦滞等病，须修改后才妥帖的，则以“欠妥”论。(“×”读为“叉”，“｜”读为“杠”，这是承用向来“打叉”“打杠子”的改文习惯。但用这“不通”与“欠妥”两种符号，都是专就文法和修辞说的。文法包括用字、遣词、造语、序句和标点符号，可分别错误的轻重，标在字旁(横行则在下)，唯标点符号之误号，标时宜小，使有区别。至于段落次第，篇章结构的错误，则标在起处之上，并在眉端批明。)

3. 事实错误：大者以“不通”论，小者以“欠妥”论，但需在两种符号上再加“sh”为记，如sh×或sh｜。(“事实”就是一般常识，或不足，或误认，或记错。符号“sh”即“事”字的字母。)

4. 思维错误：大者以“不通”论，小者以“欠妥”论，但需在两种符号上再加“S”为记，如S×或S｜。(“思维”有两方面：一、思想不正确，即腐陋或偏差等；二、推断不合逻辑。符号“S”即“思”字的字母。)

5. 一般错误：?(未明) ＜(有漏，横行作∧) ꙅ(颠倒) ℴ(重复)等。

上列的一般错误，多由匆促慌张所致，但教员仍须斟酌轻重，遇有确系错误，不应原恕的，可复标以“×”或“｜”号，以便统一评分。

6. 以上各种批改符号，只以四种为扣分之标准，即误字两种(b、c)，文理两种(×、｜；标点符号变形为＋、—，打小些)；其余若不复标这四种符号的，即不扣分。

三、教员于眉端或篇末仍可随意加批语，并可于句读断处随意加圈点表示嘉赏。但文中应改之处都不可遽改，必须一律先用色笔照上列符号仔细标明，以凭反省自改。

四、标明符号后，发还学生自改：(1) 用墨笔，(2) 改在字的右旁（横行则改在上方）。限期改毕复缴，然后核正记分（全班应分为若干小组，每组推定组长。每一学生必先用心自改，如有自改不成或虑有改得不对之处，即由本人提出小组讨论，集体订正；组长须作书面总结，并提出不能解决的问题连同全组文卷汇缴教员；教员逐卷作最后的核订，并评订分数)，发还指导，解答问题。

五、每作文一次，由各班教员于下次作文前制布全班“四种错误表”如下：

(1) 字体错误表（可简称误字表或错字表；但已承认的“便体字”亦可另表附于其后)。

(2) 文法错误表（可用“词类”为纲，便于看出词汇和语句错误的重点所在)。

(3) 事实错误表。

(4) 思维错误表（如材料不多，可省附于前表之后)。

每表须：①记出实例；②各按学理的系统种类，分别归纳（如第 1 表之白字错笔，须依“语文学”分形、音、义、归纳；第 2 表须依“文法”系统及“修辞学”种类，分别归纳)；③并分析其错误的原因。

六、前条“四种错误表”，除字体外，其余都可以有“×”的大错为限（若能连打“|”的都入表，自然更好)；应于每次作文批改后，即将材料分别登记，以资汇制；可令学生于“发还指导”时间内，各将所作篇中“错误”和“订正”，并必需的原文“实例”，分别照录于小纸片。每个错误为一行，每种符号为一纸，当堂交齐。教员即加整理（用剪贴法)，汇制成“四种错误表”，于下次作文前布知。(误者姓名不发表，但须于“实例”下注以符号，如姓字拼音的第一字母，或“学号”数字等，以备统计。)

(附注) 此项小纸片，名为“错误登记表片”，可印成五栏表式：最上一短栏为“作文次数”，但记一数码，表明为第几次作文。次栏为“订证”，照录卷中订正之字。三栏为“错误”，照录原文错误之字。四栏为“实例”，摘抄原文，其抄法须注意六点：(1)“误字”但举一词，如“己”误作“已”，实例中只须举“自己”一词；(2)误字如系错笔及不成体，无须上下字证明者，即可不举实例；(3)“不通”等始摘录其有关的语句实例；(4)凡所举实例，其中误处和订正之字，都已分列在上两栏，实例中只须作一短直线，如“己”误“已”的实例栏中只须写作“自丨”；(5)字句相同之错误，只须于“错误”栏中字的右上角，添注“2、3……”码，记出次数，不须重举实例，填占一行；(6)标点错误，只分别记明次数，不举实例。上六点登记实例手续，教员须随时训练，使渐熟习。五栏为“备注”，备教员分类归纳之用，学生登记时亦得自注其意见。又表外首行，上填“批改符号”，如“b”为一片，“c”另为一片，“×”为一片，“sh×”另为一片，必须分别登记，每片用完，换续新片；每行首行下填“姓名”。这样五栏的“错误登记表片”，是最科学的统计资料。但是每次作文，标号自改，小组讨论，复缴核正，发还指导，程序已多；假如不要再制“四种错误表”，也就算了，若还要做这种科学的统计研究，则必须于发还指导时，让每人各自当堂登记表片，仍须连卷交回（以后随时再发还），才能把这工作搞得精密、彻底。

七、相同之错误，于表中“错误”字句之右上角，用“二、三……”等小字记出人数，用“2、3……”等小码记出次数，以凭统计。（每人之次数，已由学生自行照卷登记于表片，此表但由教员据表片总计之。）

八、每人之错误，须按名分项逐次登记（只记每项错误的总数，参后附注），唯相同之错误至两次以上者，须注意予以递重之警惩。

（附注）此项登记用纸，每人一纸，依序汇订成册，名为“学生写作错误登记册”，亦可印成五栏表式：最上一栏为“作文次数”；次栏为“全篇字数（约计）”；中栏为“错误单位”，再分“字体”（又分 b、c）、“文法”（又分×、丨）、“标点”（又分＋、－）、“事实”（又分 sh×、sh 丨）、“思维”（又分 S×、S 丨）五项（如求简要，凡“丨”皆可省去），各记其错误单位的总数；下栏为“分数参考”；最下一栏“备注”。

九、每学期末，总汇各次的“四种错误表”及各生的“错误登记册”，制成各种登记表，并可加以评断，提出改进方案，师生集体发表为论文或专著。

（三）修养日记和业务笔记（包括读书札记）

从来中等以下学校，学生例有“周记”，于实用上的写作训练，颇有关系，但多流于形式。曾主张年级较高者，应改写“修养日记”。对于专科以上，亦曾主张兼写“读书札记”，或合并于修养日记而扩大充实之。现在应当把读书和业务结合，“读书札记”可改为“业务笔记”；又常把业务和生活联系，修养日记也可不必另写（另写也只能简单地登记个人要事，用备检查）。十多年前在大学普通国文习作课程中，拟订试行“日记写作办法十四条”（一九三八年八月西北联大国文周会议订，一九四五年九月西北师院教务处修订），摘录几条，做个参考。

（甲）修养日记

一、修养日记，以逐日于临睡前写讫为原则。以对于自己生活之反省与认识为主旨。每日起居、行动，思想、言语，修己、治学，应事、待人等，依全日生活过程略记，随件反省，述其迷悟。对于社会实际问题及时事校事等，亦可自由发表其感想。（体裁及作风，可参照国文略读教材古今中外名人日记选，或参考名人日记专书。）

二、写日记时，文言白话随便，但须养成随写随加标点之习惯。（如句读圈点系占一格时，须注意行末之圈点不得转行，即加于本字格内。）字体不忌行书及便体字，但须整洁入格，不可潦草难辨。

三、教员每周评阅一次，评阅时，于文字、文法、思想、事实四方面，均适用“作文批改符号”（偶予直接改订亦可，由教员酌行之），并可随加圈点，或加评语于眉端。按周记其成绩；其最优或太劣者，随时分别奖戒。

四、日记评阅后，发还各生。各生应依符号自行改订，慎重保存；并逐周依次汇订，每学期为一册，以作个人之历史。教员可随时调阅。

（乙）读书札记

五、读书札记，于每日听讲读书有得或有疑时，随手写记，一事为一条（如用纸片，则一事为一张，最便整理。如用册子，则可与“修养日记”合并；若不合并，则每条下须注明年月日）。所记长短多寡随意。最好以课外参考或浏览之书籍报志引其端绪，或记见闻实事，与所学互相印证，不可与听讲笔记重复，亦不可凭臆作空谈。（内容及体裁作风，可参照国文略读教材古今中外名人札记选，或参考札记体之专书。）

六、教员评阅及记成绩，准照前第三条之规定。唯札记中“有疑”各条，可随宜予以指导；其不属国文范围者，则批令持向他科教员请予指导。

七、教员评阅后，分别发还，各自检讨。如仍有疑不能自决，可随时持向教员请益；其不属“国文”范围者，分向他科教员请益。

八、札记各条，例无秩序，因每日所读书报，其内容不能限于一方面也。唯于每条的眉端可随时标一数目字，以资分类；其标类的数目字，即准世界古今学术及图书十大部的分类（如本校图书系采十进分类法，则此数码即其第一位数码，尤为有益）如下：（按：今在每大类下所注的例目上，加标第二位数目字，以便应用。）

（0）总部（01 目录学、03 新闻学及报、04 类书、辞典、05 杂志、08 丛书等；又如 07 统论“国学”及 09“群经”等，凡不能分析属于下列各部者，皆可标记此“0”码。）

（1）哲学（如“12 诸子”，又 15 逻辑学、17 心理学、19 人生哲学属之。又“修养日记”中所记“自己生活之反省”各条，皆属本类之人生哲学。）

（2）宗教（如 22 佛书、23 道教等，又 28 神话、29 术数属之。）

（3）社会科学（31 统计、32 政治、33 经济及交通、34 财政、35 法律、36 社会、37 教育、38 军事、39 礼俗。又“修养日记”中所记“社会实际问题及时事之感想”各条大都可属本类。）

（4）语文学（如 42 说文、字典、文法、音韵、国语、方言等，即旧时所谓“小学”，又 43 各国语言文字及 49 世界语皆属之。）

（5）自然科学（51 数学、52 天文学、53 物理学、54 化学、55 地质地文学及古生物学、56 生物学、57 植物学、58 动物学、59 人类学、解剖学及生理学。）

（6）应用科学（61 医学及卫生、62 家事即衣食住、63 农业、64 工程、65 化学工艺、67 制造、69 商业。）

（7）艺术（美学、72 建筑、73 雕刻、74 书画、77 摄影、78 音乐、79

游艺及体育。)

(8) 文学(如“83 总集、84 别集”、85 戏曲、小说等;又 86 各国文学皆属之。)

(9) 史地(包括中外“史籍”,史料考订及地志、游记、98 人物传记,又 99 考古学属之。)

九、札记届满一学期或一学年,即可按标类之数码,检集同类各条(成册者及异类相连者均须裁剪分开),组成单篇,分标题目(如顾炎武《日知录》、陈澧《东塾读书记》之例);积久即为各种专题研究论文之资料。

(四)结语

各级学校本国语文科,其水准颇有江河日下之势,原因全在教学方法的陈陈相因,不凭经验以谋改革。现在要求改进,谨拟教学上的三原则如下:

一、写作重于讲读

这本来是一般人都承认的,只因各级学校的国文教员,大多数因为负担太重,时间不够,对于学生作文的批改和指导,实在太轻忽了,所以特提出来,作为第一原则。但是,注重写作,并非单单地要学生作文的次数加多;教员的批改和指导,也须把握一个原则:

二、改错先于求美

一般改订作文,多属凭虚望气。对于四百号的“语文”基本工具,师生都还运用未熟,秕缪百出,乃但凭霎时间的主观私见,一味做八百号“文艺”上的笼统批评。“通”“不通”的问题还没解决,就净说些“美”“不美”的鬼话。今矫此弊,故以改错当先,求美居后。本篇前(二)节之批改指导实际方案,要义有二:一在使学生反省自改,如此方能“不贰过”,否则错误成习性者,不易转移。二在制布四种错误表,如此即是“师生合作”;为师者根据此种实际好材料,细心分析,统计研究,借以长养自身学识,并可发现自己错误,较之浏览浅尝,空谈无补,胜万万倍(鄙意以为“文法”“文字”“音韵”以及表现的“心理”等学术,学生作文簿中的错误,实是头等研究材料;从此等材料作不断的研究,必然对于上举诸种学术有创造的贡献);而学生之分别登记[见前(二)节办法第六条]实亦大有助益于其师之工作也。故师之勤勤恳恳，终宵摩挲学生作文簿，实是“为己”之学；生之一改再核，三检四登，彻底自省求进，亦大呈献其“为人”之效。彼此皆能人己交利，故乐莫乐于国文教员之改订作文；然而在现实的情况下则莫不大以为苦，这原因又安在？

三、日札优于作文

日记札记，有内容，重资源，比之堂上限时作文，偏重语文形式之正确无误者，当然益处更多，效用较大。日记札记，包括实际服务时写的报告、记录等，并包括堂下的拟题写作等，都应当积极地有目标、有用处，不像堂上作文仅是消极地备考核、供改订而已。前（三）节之日札写作实际方案，要义亦有二：一为实现“教导合一”，一般国文教师还不能和学生共同生活时，从每个学生每日生活的自白与课业心得的自述中，可以得到领导工作上较为切实的参考资料，更便于个别领导。二为专科以上之“论文准备”，读书积理，早定方针，从日札上即可作点滴的搜集和长期的浸润，免致像过去临到毕业才张皇抓题，胡乱抄袭，大学的毕业论文，竟成为徒备形式、无关课业的废物，毛病就出在平日缺少具有固定方式与轨道的指导。课业、泛览、生活与论文各不相联系，唯有日札才可使一元化。

总之，作文仍以讲读为基础，讲读教学方法若不改革，习作必受其影响。为互相照应计，别述之于专篇。

文法批评和作文修改

中国文法（语法）和各级学校国文国语教员以及各机关团体工作干部的修改作文以及稿件，向来是搭不拢的。原因在：一、文法（语法）书不够健全；二、文法（语法）的研究不够现实；三、语文教员和写作干部对于文法（语法）缺乏素养；四、教员多粗枝大叶地批改作文，不求仔细；五、干部多糊斯麻搭地拟核稿件，无暇推敲。

现在风尚渐将转移，如 1950 年 5 月 21 日北京人民日报号召“努力树立正确的文风。这种正确的文风的一个要素就是正确的文法”。叶圣陶先生于五月二十四发表“类乎‘喝饭’的说法”，举出二十二个例子，都是“相关的动词跟名词搭不拢的”；就文法上的术语说，这些例子，多数是外动词（及物动词）所涉及的宾语（目的格）没有射得中的。

师大的工农速成中学师资训练班国文组的第二小组讨论提出续解十条（就是叶先生“请读者自己去研究”的十个例子），现在连同叶先生已经解释的十二个例子，并把我和朋友们讨论的意见，加上私按，一并做个总结。

这个总结只把廿二例子“总”括做一二两大部分；但要点在有所“结”合，把“文法批评”结合到“作文修改”上去。每一个例子，经过批评作为问题提出，这虽然“决不是挑人家的眼儿”，但批评之后，究竟应当怎么样修改，大家还得继续发表意见。修改的责任比批评大，第一，不可“断章取义”，单就作为文法举例的这个孤立的句子来修改，等到一摆进原文篇章里去，又可以发现所改的倒跟上下文说不通；第二，不可“以辞害意”，单照一般的文法或修辞的原则来修改，等到一查原文所说的内容事实，又可以发现所改的并不是那么一回事。因此，修改时至少必须揣摩原件的题目，有时还得调看原件的全文。必须设身处地，让原件的写作者对于这个修改的意见可以采用，然后这次批评的意见才算是被接收。

语文教员批改学生的作文，自然需要有科学的文法根据，尤其需要有教学上确实有效的办法。这个办法就是采用一定的极简明的批改错误的符号，先让学生自行修改：文理不通的打个叉，词句欠妥的打个杠子，不通和欠妥都是就文法（组句和遣词）说的；至于事实上或思维上的错误，需在这两种符号上另加标识。（详见师大《各级学校作文教学改革案》。）机关团体的工作干部，报志的主编人，遇有不是急待发出的稿件，也可以采用这种办法。这样办，可以使习惯了错误的人经过一度反省和自改就可能不再犯，在树立正确文风的教育上有重大的意义和切实迅速的效果。（本篇各条在修改的意见后附带地注明怎么样“用批改符号”，错误要分别轻重、符号要打中要害，也就把这廿二个句子来做典型性的实例。）

（甲）修改在动词方面的（凡十二例）

（二）接待旅客行囊——四月六日第一版“中华全国总工会常务委员会批准搬运工会全国代表大会的决议”

叶云：（二）例的“旅客行囊”不需也不能像客人一样的给它“接待”，是不用细说的。

按：看题目，就可知这是说“搬运工人”的工作，自不能把“行囊”二字删去，只叫他们去“接待”客人。再查原文，下文是“不争夺”，更可知主要还是“行囊”。可把动词“接待”改为“接运”，假如“旅客行囊”解作客人和行李两个宾语，也都适用；最好是改为“接送”，一来一往，一下一上，意义更周到。（用批改符号可在“待”字旁打个叉。假如这句话并不说搬运工人而是说旅馆伙计，才可在“行囊”二字旁打个叉。）

（三）美国外交人员捏造各种诡计——4 月 6 日第一版“真理报记者报道美国在埋葬联合国”

叶云：再说（三）例。凡是“捏造”的东西都是准备公开的，如准备说给人家听的消息，准备拿给人家看的证件。“诡计”是藏在心里头决不肯公开的。“诡计”也可以说出来干出来，可是在说出来干出来的时候，决不肯说明我这个是“诡计”。这儿当然不是美国外交人员自己说，是咱们说，认定它是“诡计”。要搭得拢，说“想出”就成了。

按：这个毛病出在“捏造”的“捏”字上，改为“想出”，分量又嫌不够，似可改“捏”为“暗”，“暗造各种诡计”就是阴谋了。（用批改符号可在“捏”字旁打个叉。有人说，不如索性改为“暗使”。）但还要考虑这是译文，假如原文的意思是指进行“诽谤”和“诬蔑”而言，那就应把“诡计”改为“诡辞”——太文一点儿，有人说不如改作“谎言”——诡辞或谎言就正是捏造的了。

（五）我们的目标是可以提前实现的——4 月 4 日第一版“中苏合股创办公司有助我国经济建设首都人民咸表拥护”

叶云：“目标”是摆定在那里的。按照“目标”做到了，就是“达到”“目标”。可是（五）例用了“实现”。跟“实现”搭得拢的是“计划”“理想”一类的名词。

按：这句中“目标”是主语，不宜更改，可将“实现”改为“达到”。（用批改符号，在“实现”旁打个杠子。）假如说要保留“实现”这个动词才觉有力，那就可在“目标”方面添加一个和“实现”搭得拢的词儿作“我们的‘达到’目标”（这是把做主语的名词改成名词短语；在“目标”上加尖角，表“有漏”，外再打个杠子，表漏了就“欠妥”），或者把“我们的目标”改为“我们目标的达到”（这是把达到二字转动为名；“的”字旁画个表颠倒的钩转号，“目标”下加尖角再打杠子）。其实这句原文的毛病不算太大，因为一提“目标”，在“理想”和“计划”上总是要求“达到”的，无形中就把“达到”省略不说而包含着在“实现”的意思之内（所以要如何修改也都只打杠，不打叉）。

（六）各地编的冬学政治教材内容较深，为一般冬学教师所不能胜任——4 月 4 日第三版“山东怎样解决冬学师资问题”

叶云：（六）例说冬学教师不能“胜任”“政治教材”。凡是说“胜任”不“胜任”，都指工作而言。“政治教材”不是工作，教学“政治教材”才是工作。作者的意思当然也是教学“政治教材”，可是没有正确的说出来。

按：就把“教学”加在“胜任”之下（用批改符号，加尖角，再打杠）。正确了，可是又觉得没劲儿。这是因为“胜任”这个复合动词，是一动一名相属不成的（详见“复合词构成方式简谱”），要用在句子的煞尾处才觉有力。“胜任教学”实在是“胜教学之任”，既加“教学”为搭拢对象“政治教材”的动词，则“胜任”退为副词，力量减少（任字更成赘疣，若加语尾“地”作“胜任地教学”，较好。）。最好是把“教学”组成表示“胜任”对象的一个副词性的短语作“在教学上”，加在“为一般……”之上，使“胜任”最后一词，贯彻上文三面。这是进一步的修改法（只加尖角；如将两种修改法并标，则括其一）。

（七）改造负担——四月四日第二版“束鹿春耕形成自流”

叶云：关于（七）例：无论精神上的“负担”，物质上的“负担”，“加重”“减轻”或者“调整”是可以的，可是不能“改造”。

按：“改造负担”似已形成农村政治工作上一个有一定内容和条件的熟语。查原文云：“在布置工作时，仍以民主建政、改造负担、代耕等工作作为重心。”又云：“多数仍未强调当前抓紧领导生产，有些区仍宣布民主建政、改造负担是突击工作。”在文法习惯上，把“改造”改为“调整”自然妥当些，但在实际意义上，似已超越了调整，确是一种改造。同样的，如说“创造经验”已成熟语，经验是“积累”的，又怎么能“创造”呢？凡此熟语，约定俗成，虽可批评，毋庸修改。

（九）已取得显著成绩——4 月 16 日第一版“一个月来各地认真执行统一财经决定的成绩”

（十）已收到不少成绩——同上

叶云：（九）（十）两例都说“成绩”。“成绩”是做出来的，可以说“做出”。已经做出来了，可以说“有了”。“成绩”不是外在的东西，所以跟“取得”“收到”搭不拢。

按：看题目，应是叙述“已经做出来了”的成绩。“取得”“收到”改为“有了”如嫌太轻，（九）改为“表现了”，（十）改为“显示了”何如？

（十一）贯彻工程质量——4 月 16 日第二版“山东第一期治黄工程大部完成”

师训班小组的意见是："贯彻"这个动词不能和附着于实体的东西如"质量"这种名词相结合，主张改为"改进"或"提高"。

按：一般是常说"提高质量"的，查原文云："各地在修堤中并开展了立功运动，对民工进行随评随奖，对贯彻工程质量、提高工作效率起了很大的保证作用。"下文有"提高"，故不重复，则改为"改进"亦可。但我们看看原文，可知工程上的"贯彻质量"和（七）例农村工作上的"改造负担"都是有特殊意义的熟语。工程或制造上的"质"和"量"，改进与提高是有定准、有定额的逐步计划的，所以宜于用"贯彻"这个动词。这类关于某种业务的熟语，只要通行，就可认为在修辞上起了简省而赅括的作用，超越了文法，虽可批评，毋庸修改。

（十三）挽救了大批灾民——4 月 19 日第二版"寿张的第一期复堤"

师训班小组意见云：这错误发生在"挽救""灾民"两个词汇上。"挽救"只能用到一件工作或是一件事情上去，例如"为了要挽救民族的危亡……"，"挽救"这个动词用到"灾民"上，实不恰当，不如改为"救济"或是"拯救"。

按：看题目，是说"复堤"；查原文，是说以工代赈，"灾民有吃有得，达到了结合救灾的目的"，可改"挽救"为"救济"。（毛病只在"挽"字上，用批改符号只叉此一字。）

（十六）揭发了许多无人负责以及与此相关联的纪律松懈等现象——五月九日第二版"东北公营各工矿企业普遍建立生产责任制"

师训班小组意见云："现象"是事物形态已经显露于外的，用不着再行"揭发"，所以搭不拢，可改"揭发"为"发现"。

按：看题目是"建立生产责任制"，这些不负责任的现象，光"发现"是不够的，必须在发现后予以"揭示"；"揭发"的意思偏在暴露，所以和"现象没有搭得拢，似可把它分成相续性的两个动词，作"发现'并（或'与'）揭露'了……现象"。（用批改符号，尖角外只打杠。）

（廿一）它对全国的财政建设和经济建设将发生巨大的影响和有力的援助——五月九日第二版“生产建设性的东北财政”

（廿二）以严格建立和准确执行财政预决算制度——同上

叶云：前面的那些例子都是一个动词跟一个名词搭不拢。这儿（廿一）例是一个动词对两个名词，一个搭得拢，一个搭不拢，（廿二）例是两个动词对一个名词，一个搭得拢，一个搭不拢。“发生”“影响”是不错的，但是，“援助”怎么“发生”呢？说“建立”“制度”毫无问题，说“执行”“制度”就可以讨论。上级发下来的命令，会议作成的决议案，咱们照着办去，这是“执行”。“制度”是成套的规定，规定妥当了，叫作“建立”，照规定的办了，叫作“施行”。譬如机关社团都有会议制度，咱们从来不把参加会议说成“执行会议制度”，可以证明“执行”跟“制度”是搭不拢的。不过在（廿二）例里，如果把“施行”调去“执行”，就成“准确施行”，还是不妥当，毛病又在“准确”了。

按：（廿一）例应加一个动词，作“和‘给与’有力的援助”。（用批改符号，在尖角外打叉。）（廿二）例可以把“执行”改为“施行”，它的副词“准确”又似乎出了毛病，就把“准确”改为“切实”或“彻底”何如？（可改处只须打个小杠子，因为“制度”和决议案或某种决定，性质究竟是一类的，一般对于决议案或决定，都可以说“执行”，则“执行”某种“制度”也不能就算不通；并且副词“准确”对于执行“财政预决算”是有特殊关联的含义的，此句似可整个不改。）

（乙）修改在名词方面的（凡十个例）

（一）我国营贸易公司在全市开展零售店——四月十日第一版“统一财经工作发生显著效果京沪物价开始稳定”

叶云：（一）例里的“开展”平常只说“开”，用个双音词就是“开设”。大概作者的意思是在全市逐步的添设零售店，有发展的意味，所以用了“开展”。可是“开展”只能跟一种业务或者运动搭拢，零售店是店，不是业务，零售才是它的业务。

按：国营贸易公司要开展业务，“逐步地添设零售店”，但属于它的零售店并不都是它自己直接开设的，所以“开展”不便改为“开”或“开设”，以免又犯“事实”上之“欠妥”，似可在“店”字下添加“的业务”三字，包括公司自开和商家代办各零售店在内。（用批改符号，可加一尖角，尖角外加个杠子。凡欠妥比“不通”减轻一等，因为语言习惯上常爱“省略”，不爱啰唆，只要大家说惯了，有了社会性，“开展零售店”在文法上也是可能通得过的。）

（四）而且可以希望我国与苏联和其他友好国家的一般经济合作事业的光明前途——四月五日第一版“社论”

叶云：（四）例的骨干是“希望”“前途”，这叫人想不明白。咱们可以说“有”怎么样的“前途”，也可以说“希望”“有”怎么样的“前途”，可是没法说“希望”怎么样的“前途”。

按：查社论的原文的上文是“不但可以希望新疆富源的‘开发’和中国民用航空事业的‘兴起’”。因为“希望”这类动词，要用由动词或形容词转成的名词如“开发”“兴起”等来做它的宾语，而不大可以用纯粹的名词如“前途”等来作宾语，所以最好就原文“前途”上面的形容词“光明”钩转下来为“而且可以希望……事业前途的‘光明’”，就大通而特通了。（用批改符号可在“光明”二字旁加钩转号，再打个杠子就得。）

但如叶先生所评，则此例是句法构造问题。因为动词“希望”是带了“宾语”后往往还需要一个“补足语”的（《新著国语文法》说这是外动词所带补足语的第三种，这种补足语多半是“有”或“没有”等动词领着的一个形容语，见页二十；若就动词种类说，像“希望”这种性质的是属于“情意作用”的外动词，对于它的宾语，有时须再带补足语，见页一二四），所以这句话还有个修改法：把“事业”下“的”字换上一个“有”字，就把这个“的”字挪在“光明”底下，说为“有光明的前途”，也就大通而特通了。（用批改符号，只要在这个“的”字旁打个杠子，指明这句话应修改的重点所在，否则如何修改，还是“叫人想不明白”的，这在教员当然要能掌握规律性的文法观点，才一望而打得出来。这是把“经济合作事业”作为“希望”的宾语，按选词规则再带上“‘有’光明的前途”为补足语。有人以为如此改正后，应把从“我国……”到“……前途”整个地作为“希望”的宾语子句，这也说得通，只是文法要看重语气，不可流于形式，在用这一类动词的句法上尤其是口语，照这样讲就要差点劲儿，参看《国语文法》页二十一所举的三个例句，将语气揣摩一下，自然明白。

（八）保证了中国迅速增长的国民经济及国防的需要——4 月 12 日第一版“中苏经济合作的伟大意义”

叶云：（八）例的骨干是“保证”“需要”。比方说，张三有吃饭的需要，李四“保证”他的“需要”，是不是等于说李四“保证”给张三吃饭呢？这是够叫人糊涂的。李四答应给张三吃饭，是“保证”“供应”张三的“需要”，或者说“保证”“满足”张三的“需要”。（附按：这里两个“给张三吃饭”都应作“给张三饭吃”。）

按：这有两个修改法：一、加“供应”于“中国……”之上，把“供应需要”这个短语作为“保证”的宾语；二、和（一）例一样，加“的供应”于“需要”之下，“供应”由动转名，把这个名词作为“保证”的宾语，但“需要”上“的”字可删，再求明白，可改“的”为“等”，因为是保证“国民经济及国防”两种“需要”的供应。（加批改符号，都在应加字处画尖角，外只打个杠子，因为原文把“需要”做“保证”的宾语虽“够叫人糊涂”，但大体说来，还不算不通。有人以为既有“迅速增长的”这个形容语，就使得“国民经济”与“国防需要”都够“保证”。）

（十二）我们今天才体会到西北建设的光明——4 月 18 日第三版“到处是富源和勇敢的人民”

师训班小组意见云：“体会”含有“领悟”的意思，通常多与表示内在意识的字眼搭在一起，如“体会”到……的“本旨”或“意味”。“光明”已经有意识形象化的表示了，似乎用“看见”或“见到”恰当些。

按：照这样改，在这个孤立的句子自然是恰当了。但至少还须看看题目，“到处是富源和勇敢的人民”，这只是说西北建设工作有了充分的物力和人力，实际建设的成果还在将来；现在眼见了这种物力和人力，政治革新，充分利用，“才体会到西北建设‘前途’的光明”，这“光明”实在还是“意味”，客观方面还没有“意识形象化的表示”，只能“体会”，不能就把“体会”改为“看见”或“见到”，以免又犯“事实”上的不符。（西北建设的实际情况要了解，它确是这样的。）所以对于这句话的修改，至多只要在“建设”下加个“前途”，使“光明”有着，“体会”不难。（批改符号只加尖角。）

（十四）打败了蒋匪舰艇的巡逻——4 月 21 日第一版“告海南岛国民党军官兵书”

师训班小组意见云：这句话中“巡逻”是动词作名词用，与“打败了”合不拢，应该把“巡逻”作“形容词”用，改作“打败了蒋匪巡逻的舰艇”。（按：用批改符号，可在“舰艇”旁画个钩转号，“巡逻”旁打叉。）

（十五）严禁在地内乱踏、打闹等现象——4 月 21 日第四版“京市学校生产委员会第六次会议决定加强生产领导克服目前学校生产缺点”

师训班小组意见云：此例的骨干是“严禁”“现象”。“严禁”是严厉地禁止，只能应用在“行动”或“行为”上，如“严禁吸烟”“严禁小便”等（客气一些是用“请勿”两字）。“现象”是由于直接的感觉而认识的一种已经表现出来的事物形态，“严禁”是有点来不及了，所以“严禁”与“现象”搭不拢，似乎应把“现象”两字调换“行为”。

按：或调换为“举动”也可以。如觉“乱踏”“打闹”等等并不是有意损害生产的“行为”或“举动”，而只是一种不当心的“现象”，那么可加三字作“现象‘的发生’”。

（十七）凡挂名领薪之人员一律截止——5 月 9 日第一版“天津私营机器染整业劳资订协定克服困难”

师训班小组意见云：按惯例，“截止”是表明某件事情在一定期限内的终了，与“人员”搭不拢，可改为“裁撤”。

按：“裁撤”是连薪带名都取消了；（严格说来，“裁撤”只是撤销机构，

"人员"应说"裁汰"。）也许天津私营企业中还需要有些挂名而不领薪的人员，以资联络号召，若要照顾此点，不如把定限截止的事情具体地说出来，作"一律截止'领薪'"。（严格说来，"截止"还应改为"停止"。）

（十八）并望该厂全体人员防止任何自满情绪——5 月 9 日第二版"东北人民政府主席高岗检查沈阳冶炼厂"

师训班小组意见云："防止"大半限于过去曾经出现而现在尚未发生的事物，"情绪"是内在的东西，似乎无法防止，换为"克服"或"警惕"何如？

按："克服"是对已经发生的事情，此尚未发；"警惕"是以整个自己为对象，此仅情绪。这句话的意思是"防止'发生'……情绪"，照加两字即得；或照（十五）例的办法，在"情绪 "下加"的发生"三字。动词"防止"可不修改。

（十九）及时解决民工各种思想顾虑——5 月 12 日第一版"华东进行江淮干堤春修及导沂"

师训班小组意见云："思想顾虑"是需要"解除"的，"解决"是与"问题"有关，和"思想顾虑"合不拢。

按：题目是"修堤及导沂"，那么，民工的各种思想顾虑究竟是什么？查原文，他们是怕妨害春耕生产；所谓"解决"，是"抽出部分民工回家春耕，留堤民工与回家民工互订合同，以工抵工，双方保证做到'不荒秧田，不误修堤'……使修堤民工情绪迅速稳定"。可见确实是"解决""问题"，所以进一步的修改，可在"顾虑"下加"问题 "字样，并把"各种"两字钩冠其上，作"解决民工思想顾虑'上的各种问题'"，才圆满了逻辑。

（二十）民工送粮回家约解决了八万家属的灾荒——5 月 12 日第一版"苏北开凿唐豫河竣工"

师训班小组意见云："灾荒"是需要"救济"的，而"解决"只能和"问题"这样名词搭得拢；如用"解决"的话，可把"灾荒"改为"生活"。

按：看题目，是"开河竣工"；查原文，是"以工代赈"，确实有"灾荒”要渡过的，民工是把所发的工资粮带送回家，不比平常的“家属的生活”，最好也就是加“问题”两字在“灾荒”之下，既搭拢了文法，又不违乎情实。（以上五条的批改符号未注明，请依前例斟酌自打。）

1950年6月6日，纪念教师节

大学、师院《中等学校语文课“教材教法”》教学计划与教学大纲合表

（原名《中等学校国文科〈教材教法研究〉题目及材料表》，简称《题材表》。1939 年在西北联合大学师范学院国文系原订；1942 年在陕西省暑期中等学校各科教员讲习讨论会修订；1947 年在上海市暑期讲习会二次修订；1950 年 3 月在北京师大工农速成中学师资训练班三次修订；同年 8 月在师大中国语文系四次修订）。

（课程名称）　中等学校语文课教材教法（原多“研究”两字，又本年教育部定文法学院中国语文系课程草案名“中学国文教学法”，现照师大规程第五条定名如上。）

（修习系班）	（年级与必或选），学分	（每周上课时数）
中国语文系本部	三必 2、四必 2 }4　本学年度因补修课多，特精减为 2 学分，一年授完。	1、1 }（合班）
工农中学师训班	全年　2	1
中学教师轮训班	全年　2	1

（目标任务）　本课程的目标是：使学习者对于各种中等学校的语文科，能充分掌握分析、批判、选择和支配语文教材的能力，能适当运用革新而有效的教法进行语文读讲写作等教学，并获得通过语文教学贯彻政治思想教育的方法。因此，本课程的任务是：密切联系所学习的政治、文化、业务等全部课目，都综合地应用起来，具体地教育化起来，渗透到实际的语文教学工作中去。在本课程的全部教学过程中，以三大重点工作与“参观见习”“教学实习”配合进行。

（教学方法） 一、讲授（提纲或举例）；二、自学（预先指定主要的或参考的材料，个别精读，见下表）；三、讨论（凡自学的部分，须通过学习小组集体提出问题，随时解答）；四、实习（除联系“教学实习”“参观见习”两课目外，各单元中也多各有其实习，见下表）；五、中心工作（以三大重点工作为主，一切都围绕着它们进行，见下表；凡与中心工作关系很少的材料，都求精简，不细讲）。

（成绩考查） 测验、检讨，计共五次，见下表。考查方法多用“温课提纲”“理论测验”“教学检查”的三位一体制（另详）。主要的还在平时的各种实习报告（个别的与集体的配合总结报告）。

题目（内容大纲）	材料（课本或讲义图表文件等）		联系的课目，重点工作（注意）及附注	预计进度（每学期以十九周计）
	主要的	参考的		
（一）国文课教学的目的	（总：新国文教学法；国语新文字论：师大出版。）五能四益图（笔记）	（总）国文教学（叶圣陶，开明版） （一）（二）两章，解放后各报志关于语文教学的论著，都可以节参（照“主要材料”的内容分别联系），目录另编。以下例推。	联系“文教政策法令”及“教育学”（系共同必修） “新民主主义教育讲话”（班共必）	第一单元（理论）三小时
（二）一般教学的基本原则	四原则（笔记）		联系“教育心理学（系共必）	
（三）语文教学的基本工具	中国新文字字母发音对照表（句法总公式图） （词类大系）	国语新文字论前五节	联系“中国语言文字概论”（系必） “语文概要”（班必） 必须检查：如有对于上列的三种主要材料尚未通晓的，即当组织“补习”（即对于此项联系科目的补习）	

续表

题目（内容大纲）	材料（课本或讲义图表文件等）		联系的课目，重点工作（注意）及附注	预计进度（每学期以十九周计）
	主要的	参考的		
（四）讲读教学 ①教材的分析和批判（教师的准备工作）	国文教材研究登记表（格式；须举例说明登记法）		注意：这①节是本课目第一个重点工作，其目的在实际收获一种集体工作的果实，就是：把选定的中学（六年，工农三年）国文教材，全部分配，每篇“登记”，逐“项”研究，分组讨论，解决问题，综合成书，结业应用。（这就是本节工作的进行程序。）	第二单元（填表实习）三小时 （附注）填表时，如对于思想方面（乙子）或文艺方面（丙丑）遇有难解决的具体问题，可汇请专家解答，时间另定。
（甲）文体类别	国文教材文体分类图		联系“中国思想史”（系选）	
（乙）内容分析 （子）思想政治方面		苏联学生的政治思想教育（新华版）	联系“政治课”各科目（系班共同必修）	
（丑）业务文化方面	学术业务类码表（待订本，长沙版，或兰州西北师院简本）		联系“工具书使用法”（系必，班在“语文概要”中）。因此项联系课目未开的多，所以把参考材料挑出一种作为主要材料，以便进行教材分析工作。	
（丙）时代演进 （子）语文方面		中国文字与语言（师大出版部）	［联系同下（丁）项］	

续表

题目（内容大纲）	材料（课本或讲义图表文件等）主要的	材料（课本或讲义图表文件等）参考的	联系的课目，重点工作（注意）及附注	预计进度（每学期以十九周计）
（丑）文艺方面		中国文字与中国社会（叶丁易，中外版）	联系“中国及世界文学史”“中国新文字史”“民间文艺”，又“历代诗文选”“现代文选及名著选（散文诗，小说，戏剧）”又“文艺学”“文学批评”等（系）“文学史”“文艺学”及“各种文艺讲读指导”等（班）	
（丁）文字音义（包括名物事实等）	汉字形音大系（师大大辞典处编校中） 最常用三千五百字表（参用“注音汉字”及“增订注解国音常用字汇”，商务版） 学习辞典（师大大辞典处校印中）；国语新文字论六至九节（简要讲习）	新部首索引国音字典增注中华新韵国语辞典（以上商务版）辞海等（中华版） 解放后各书店出版关于社会科学新名词的词典，可酌采。	联系“文字学”（及“语文概论”）（系） （‘语文概要’——班） （附注）（丁）项所列主要的及参考的材料，大都是到了工作岗位上需要的工具书，其内容不是本课程所要讲授的。（其中已包括了一些主要的图表，例如“常用字汇”中附有“四呼四声拼法例字全表”“国语罗马字拼音法式”及“汉字四系七起笔新部首表”等。）	第三单元（注释实习）二小时

续表

题目 （内容大纲）	材料（课本或讲义图表文件等）		联系的课目，重点工作 （注意）及附注	预计进度 （每学期以十九周计）
	主要的	参考的		
（戊）文法修辞（包括作文法）	（总：中国语法与词类，师大版） 词类大系；句法总公式图（以上两种，都参用“新著国语文法”，商务版） 文法底科学研究法底简捷化“天下为公”图解和释白举例（大辞典处版） 国语新文字论十二节（节讲）	复合词构成方式简谱 近出各种语法、文法书（各书店，目录及书评另编） 比较文法（待重版）修辞格（唐钺，商务版）	联系“中国语法与修辞”（系）及“逻辑学”（系共必） （“语文概要”——班） （附注）（戊）项所列材料，都是属于联系的课程“中国语法”的；在本课程也不是要讲授的。但必须能运用。（其中如“国语文法”也包括了“新式标点符号”的用法，即第二十章。）	第四单元（图解实习）三小时 期中检讨一小时
②教材的支配（精读与略读） （甲）选文的标准和排列 （附）精读的每篇时数的估定和分配			注意：这②节是要把①节所登记研究的教材，决定最适宜的先后次序与分别精读或略读，并就选定的篇目再加调整与补充。（这是第一个重点工作的进一步的工作。但须在平时配合进行，不须另占时间。） （附注）此节尚可请专家作专题报告。	第五单元（课本）一小时（专题报告另定时间）

续表

题目（内容大纲）	材料（课本或讲义图表文件等）		联系的课目，重点工作（注意）及附注	预计进度（每学期以十九周计）
	主要的	参考的		
（乙）通行语文课本的检讨和选择		中等学校国文选本书目提要（待续本，师大版）		
（丙）略读的规定和指导		精读及略读指导举隅（朱自清，叶圣陶，商务）		
③教法的革新 （勹）预习（自学） （攵）授理（诵读；讲答） （冂）练习（讨论；深究） （匚）发展（应用；联系）	国文讲读教学改革案（纲要）又教案举例		联系“教学实习”和“参观见习”（分系分组必修） 注意：这③节是本课目第二个重点工作，目的在研讨并实验一套新的讲读教学方法出来，使中等学生的阅读能力迅速增进，并影响语言和写作技术的提高。（工作进行程序：一、在第一个重点工作中，尽先预备实习时要用的各篇教材；二、参照本节所讲“改革案”和“教案举例”编制教案；三、教案须经实习指导教员参核决定。）	第六单元（教案实习）四小时 期末测验一小时

续表

题目 （内容大纲）	材料（课本或讲义图表文件等）		联系的课目，重点工作 （注意）及附注	预计进度 （每学期以十九周计）
	主要的	参考的		
（五）语言训练 ①国语的标准和教学上的“因地制宜”	中国语言区域图说（师大油印本） 国语新文字论第十、第十一节（节讲）		联系“语言学”“中国现代语”（系选；及“语文概论”） （“语文概要”——班）	（以下第二学期） 第七单元（单训法）二小时
②讲读外的语言练习		新著国语教学法页106（商务版）	（附注）因为汉语的语言训练，大体上都应包含在语文讲读中；但较特殊的方言区和少数民族学习汉语，则须有此节的练习法。	
③新文字字母的三种教学法			（附注）这是矫正过去教学字母拼音在方法上的一般错误。但在实行教学时对于这三种教学法的区别，仍须斟酌对象，不可拘泥。（在师范学校和一般文教工作干部的短期讲习班，须注意讲明此节。）	第八单元（初训法）二小时
（甲）分析法（师资训练，知识分子补习用）	（中国新文字字母发音对照表）	国音字母拼音练习表（师大版）；国音四声练习谱（待订本）		

续表

题目 （内容大纲）	材料（课本或讲义图表文件等）		联系的课目，重点工作 （注意）及附注	预计进度 （每学期以十九周计）
	主要的	参考的		
（乙）综合法（儿童用）	小学新文字课本（校订中）	初小国语首册“注音符号课本”（中华版）		
（丙）折中法（失学成人用）	大众新文字课本（编订中）	近出各种新文字课本（各书店）；注音符号十八课		
④标准语和方言的比较教学法	（最常用三千五百字表） 全国方音符号总表（师大油印本）	同官（铜川）方音字谱（同官县志版，待校印） 陕北（洛川）关中（铜川）方言分类词汇		第九单元（复训法）二小时 期中检讨一小时
（六）**写作教学** ①“通”与“美”的标准——指导和认识	（国语新文字论第十二节末两段）		联系课目同前（四）讲读之（戊）项	第十单元（写作原则）三小时
②字体和词汇的核订——纠正或通融	简体字表（待订补本）			
③出题法（课前指法）			联系一切“课外活动”	

续表

题目（内容大纲）	材料（课本或讲义图表文件等）		联系的课目，重点工作（注意）及附注	预计进度（每学期以十九周计）
	主要的	参考的		
④批改过程和错误检讨（ ⑤日记和笔记 ⑥习字（书法）问题	各级学校作文教学改革案（附四种错误表举例） 同前）	文法批评和作文修改	联系“写作实习”（系）及“教学实习”中“改文”部分（系，班） 注意：这是本课目第三个重点工作，目的在革新作文教学方法，正确、迅速而有效地提高中等学生的写作能力。（工作进行要点：一、附校作文卷经常送供改文实习，约每月一次；二、在教学实习期间，须实习改文一次；三、“标明批改符号”后即须进行小组的讨论和指导教员的检核。）	第十一单元（批改实习）七小时 期末测验一小时 全年检讨一小时

（附言）一、表中第二栏所列主要材料，大都是准备印发的。第三栏所列参考的材料，一部分可印发，一部分须购用；另外还有，则待大家推选出来。（主要的材料求精简，以业务上随时备检之品为主；参考的材料可广博，故待大家推选，交流经验。）二、凡联系其他课目者，其他课目自身应有的主要材料，表中不备列。三、务须特别注意第四栏提明的三大重点工作。

附录

黎锦熙先生年谱*

黎泽渝

1890 年（零岁）

先父黎锦熙（字君绯、君劭、伯昕，号绍希、劭西、邵西，别号鹏庵等），1890 年 2 月 2 日（清光绪十六年庚寅正月十三日）生于湖南省湘潭县晓霞镇石潭坝。其族祖黎樾乔为清廷御史。其父黎培銮考取过贡生，但不愿做官，为乡里“名士”。

1894 年（4 岁）

始从塾师读书，以《诗经》为开蒙教材。

1899 年（9 岁）

参加“罗山诗社”。爱好作诗、绘画、刻印、吹洞箫。其绘画刻印的导师为齐璜（白石）。

1900 年（10 岁）

读完“十三经”；《昭明文选》也读完一半；诸子及唐宋文熟读数百篇；古今体诗读至万首。并进习“八股文”，每晚作一篇。

1901 年（11 岁）

始记日记，直至 88 岁去世，坚持每天写，未曾间断。

---

* 1979.2. 刊于南京师范学院《文教资料简报》总第 86 期（《纪念黎锦熙逝世一周年》专辑）；1980 年略订补刊于中国人民大学《语言文字研究》；1983.12. 核对先父部分日记及资料，重新订补刊于信阳师范学院《黎锦熙先生逝世五周年纪念文集》。以上三稿均附在《黎锦熙传略》后刊出。此次单独发表，故进行了较多补充。

1902 年（12 岁）

始看时务、洋务之类的书并自学算术、世界地理等。

1905 年（15 岁）

经县试、府试、院试，考中最后一届秀才（自次年起全国停止科举）。

1906 年（16 岁）

受湘赣萍浏醴起义影响，到长沙与张子平发起组织“德育会”，以王阳明的“致良知”为宗旨，鼓吹牺牲个人，努力救国。不久被官厅侦悉，出示拿办，因即逃匿还乡。

1907 年（17 岁）

在当时“实业救国”思潮影响下，考入北京铁路专修科。在课余学习研究社会学，主要书有《群学疑言》《社会学通论》等。

1908 年（18 岁）

铁路专修科毁于火，先父回湘考入湖南优级师范史地部。

1910 年（20）岁

优师肄业，被选任为附属高等小学和附属中学地理教员。

1911 年（21 岁）

优师史地部毕业，成绩列全校第一名。毕业时正值武昌起义，长沙响应建立军政府，先父被湖南都督谭延闿聘为秘书，到任数日，发现军队复杂，无法办事，旋辞职，办《长沙日报》，任主笔，鼓吹各省反清独立及资产阶级民主政治，后被迫停刊。

1912 年（22 岁）

创办《湖南公报》，任总编辑。由于批评时政，主张全国统一，绝对民治，因此该报被查封。是年始任湖南省立编译局编译员，翻译美国民主政治等书；并编辑小学教科书。他把《西游记》选入课文，这一创举引起教育界惊骇。他认为救国之路在于振兴教育，开发民智，教育要普及必改革教育，主张改革文言文教材为语体文。

1913 年（23 岁）

任湖南省立第四师范历史教员。当时毛泽东同志在预科一班读书。是年出版《教育学讲义》。

1914 年（24 岁）

“四师”与“一师”合并，改称湖南省立第一师范学校，先父继任历史教员。是年与杨怀中（昌济）、徐特立、方维夏等同人组织创办“宏文图书编译社”，先父任主任，以编辑共和国中小学各科教材为主要工作，与同人合作，编辑出版了《初等小学国文读本》第一册、《初等小学国文读本》二卷、《中等学校国文读本》四册、《初等小学国文教授法》二卷。他们还创办了《公言》月刊，发表公正言论，批评教育界的歪风，在当时颇有斗争性。但发行了三期就被迫停刊。

当时他与宏文图书编译社的同人们还共同发起组织哲学研究小组。英国留学的一师伦理课教员杨怀中为指导，经常讨论一些哲学问题。学生中毛泽东、陈昌、蔡和森常来参加。

1915 年（25 岁）

应聘赴北京任教育部教科书特约编纂员（后为编审员），提倡白话文，反对小学“读经”，开始了促成“国文科”改“国语科”的活动。是年至 1920 年，他与毛泽东同志常有书信往来，讨论各种问题。是年出版《初等小学国文读本》三卷（与徐特立、杨昌济等合编）。

1916 年（26 岁）

发起成立“国语研究会”，任委员，宣传“国语统一”（即推广普通话），“言文一致”（即普及白话文）。

1917 年（27 岁）

为“国语研究会”拟订《国语研究调查之进行计划书》。提出编订《国音字典》，调查全国方言，审查白话教科书及开办国语讲习所等任务。是年赴湖北、山西宣传注音字母。

1918 年（28 岁）

促成教育部成立国语统一筹备会，始任常驻干事。常到全国各地巡视调查国语讲习情况，并亲自讲学，推行国语。是年还促成教育部公布注音字母及常用汉字的标准读音。先父创制了注音字母草体。是年始任北京市完全科师范学校“国语”及“新文学”课的教员，后到 1927 年停止。当年的学生中有白涤洲、舒舍予（老舍）等。是年印出《国语学讲义》石印线装本，次年正式出版。

1920 年（30 岁）

始任北京高师（现在北京师范大学的前身）国文系教授。始创讲授“国语文法课”，这是以白话文的语言规律为研究对象的，目的是回击当时国粹派所谓的“你们有新文学而无新文法”的谬论；同时也为了促进国语运动。先父认为：在“五四”新文化革命旗帜下，要进行文字改革运动，必须找出写白话文的规律来。是年还授宋元明学术思想及国语国文教学法课。

在先父等人多年努力下，促使教育部在本年及以后几年，改定了小学至初中的“国文科”为“国语科”。小学教材取消了“读经”并且以白话文取代了文言文，捍卫了“五四”新文化。

是年兼任全国小学、初中白话文语法讲习会讲师及天津、保定、武昌、安庆、济南各讲习会国语讲师。从事文字改革，扫除文盲，改进语文教学运动，并调查江浙及天津等地小学国语教学情况。发表《国语文法表解草案》等论文。

1921 年（31 岁）

《黎锦熙的国语讲坛》出版。

1922 年（32 岁）

与钱玄同等人在国语统一筹备会上提出简省现行汉字笔画案，并与他人共组“汉字省体委员会”，为委员。是年还兼任天津、济南、上海、长沙暑期国语讲习所讲师。是年，开始改用注音字母、语体，记日记，以亲自检验其优劣。

1923 年（33 岁）

“国语会”组成“国语罗马字拼音研究委员会”，由先父、黎锦晖（我二叔）及钱玄同、赵元任等十一人为委员。首创并领导国语会下设的“国语辞典编纂处”（1928 年改名为“中国大辞典编纂处”），任总主任（直到 1955 年）。兼任北京大学、北京女子师范大学、燕京大学等校国文系教授，讲授国语文法、修辞学、目录学等课；并创立近代语研究课，集体搜集整理唐代以后的词汇资料与中国大辞典的工作联系。是年，教育部教材编审处改名为“图书编审委员会”，先父为文科主任。编辑出版《国语月刊》的特刊《汉字改革号》，发表了《汉字革命军前进的一条大路》，强调词类连书对汉语拼音文字的重要性。还发表了《京音入声字谱》。

1924 年（34 岁）

任国立北京女子师范大学国文系主任，兼保定第二女子师范学校国语文法及文学史课。又青岛暑期小学教员讲习会国文课。还兼任上海中华书局编辑所临时所长，审定《十三经新注疏》等。同年《新著国语教学法》《新著国语文法》出版，这两部书都是很有创造性、极有影响的学术专著，各自在我国近代教育史、白话语法学史上占开创地位。

1925 年（35 岁）

任北京女师大国文系代主任，教授国语文法课。是年女师大学生爆发驱赶反动校长杨荫榆的正义斗争，先父与鲁迅等进步教授站在学生一边，公开揭露反动校长迫害学生的阴谋；为被迫离校的学生义务授课，以实际行动支援进步学生。是年在报刊上公开上书司法总长兼教育总长章士钊，反对复古“读经”，谓读经“有百害而无一利”。还发动东南半壁（浙、皖、苏三省）的“焚烧小学文言文教科书运动”，以坚持“五四”运动以来的革命传统。是年还兼任开封、沈阳国语讲习会讲师。发表了《“读经问题”解嘲》《提宾篇》等十多篇专论。

1926 年（36 岁）

全国国语运动大会在北京召开，先父发表了《全国国语运动大会宣言》的长篇讲演。会上通过了《国语罗马字拼音法式》，并由“国语会”公布。先父由本年开始改用国语罗马字记日记。是年“国语字典增修委员会”六委员（先父、王璞、赵元任、钱玄同等）开会，始定北京音为国语标准音。出版《国语四千年来变化潮流图》。此图是把我国语言、文学的发展源流用图解表现出来，来龙去脉清晰而形象。1926 年在美国费城世界博览会展出时，曾获美国、比利时等国奖状、奖章，西方人见此图后对我国悠久文化赞叹不已。

1928 年（38 岁）

任国立北平大学第一师范学院（北京师范大学的前身）院长。任教育部国语研究会常务委员。《国语罗马字国语模范读本》《国语罗马字拼音法式》

（与赵元任合著）出版。

1930 年（40 岁）

注音字母“宣传周”和讲习所遍及全国，形成宣传热潮。先父继续投身此运动。是年，中国大辞典编纂处议定组织大纲，先父继续领导这项工作。是年发表了《审音通说》专论。

1931 年（41 岁）

任北平师范大学文学院院长，至 1937 年。兼国文系教授。是年编辑《中国大辞典》的第一册第一卷，与钱玄同任总编辑，钱氏负责字的形体声韵，先父负责义训和复合词。

1932 年（42 岁）

与同人合力出版了由“国语统一筹备会”议定的《国音常用字汇》，首次采用以北平地方的现代音系为标准音。使“字有定音，音有定调”。又公然收了几百个简化字，“以示提倡”。这些在当时都是创举。还发表了《“将”论》《说“把”》等专论。

1933 年（43 岁）

《比较文法》出版。此书是先父语法学的代表作之一，该书对白话文和文言文词位和句式进行比较，书中虽涉及英文或方言的例句，也是为了说明古今汉语语法的不同。是年除授国语文法外，加授音韵学、语言学概要等课。

1934 年（44 岁）

任教育部国语推行委员会常务委员。《国语运动史纲》出版。这本书详尽地汇述了自清末以来文字改革、注音字母、国语罗马字及大众语等的始末、性质、范围、目的、理论方法和纲领。是国语运动史上一部重要著作。是年《佛教十宗概要》出版。

1935 年（45 岁）

先父设计的注音汉字铜模由中华书局制成，作为印刷小学课本及民众读物之用。以实现他所主张的“先读书，后识字（汉字）”“忘其字（汉字），写其音”的主张。是年《注音汉字》《汉字新部首》出版。是年先父参加选定的三百一十四个简化字公布。他发表《简体字之原则及推行办法》《康熙字典部首省并谱》等十多篇论著。

1936 年（46 岁）

继任中国大辞典编纂处总主任，与钱玄同、魏建功、汪怡、刘复（半农）等完成了《中国大辞典长编》，出版各类字辞典多种，如《国语辞典》。该书按音序排列词条，逐词注音并广泛吸收以北方音为主的普通话。这些在当时均属创举。此处还有关于文字、声韵、戏剧、小说考证等“副产品”论著 200 余种，还搜集整理了 300 多万张资料卡片，可谓不成书的“大辞典”。同年还出版了《修辞学比兴篇》专著。

1937 年（47 岁）

抗日战争起，北师大、北京大学、天津北洋工学院迁校于西安，合为西安临时大学。先父任国文系教授、主任。是年出版了《三十年来中等学校国文选本书目提要》《卢戆章传略》。

1938 年（48 岁）

西安“临大”迁至汉中、城固，改称西北联合大学。先父随往，继任国文系教授、主任。是年教师节，经教育部核定发表为“部聘教授”（全国二十五科共十六名）。是年发表了《各级学校作文教学改革案》。

毛泽东同志从延安给先父寄赠《论持久战》一书，先父当即约集城固西北师院同人学习研究。

1939 年（49 岁）

西北临大改为西北师院，后陆续迁往兰州。先父兼任教务主任，奔波于城固、兰州两地授课。是年出版《钱玄同传》。

1940 年（50 岁）

“国语会”推选先父、卢前、魏建功三委员，在先父的《佩文新韵》基础上修订撰写《中华新韵》，于次年撰成，由教育部核定颁行。它是代表民国时期“审音正韵”的一部官书。同年参加城固县编修县志工作，由先父首订方案并总其成，撰成《方志今议》，该书论述新修地方史志的要旨、方法。此书次年出版，至今仍有现实意义（1978 年台湾商务重版，近年国内也两次重版）。

1943 年（53 岁）

照学校惯例休假一学年。在陕西一些县调查方言，广收农村词汇，用对应方法推行标准国语。是年出版了《洛川方言谣谚志》。

1944 年（54 岁）

在先父倡导下，国立西北师范学院、国立女子师范学院、国立社会教育学院创办了国语专修科。这个专修科毕业的一百余人在台湾光复后奔赴台湾，成了在台推行国语的骨干。是年出版了《同官方言谣谚志》《宜川县志》《洛川县志》《黄陵县志》。

1945 年（55 岁）

抗日战争胜利，被任命为西北师范学院（北京师范大学前身）院长。国语统一筹备会改名为国语统一推行委员会，先父仍为常务委员。是年发表了《词汇义类大系》《国字新部首》《学术业务类码简表》等二十余篇各类专论。

1946 年（56 岁）

在兰州参加西北师院师生的复大运动，即恢复更名为北平师范大学。同年冬，回北京任国文系主任、教务主任。是年发表了《语文学大系》《技术第一，创造至上》《说文古韵二十八部声系序》等。

在重庆与许德珩、潘菽、李公朴等人发起组织“九三学社”，把许多有影响、有名望的高级知识分子团结在共产党周围，为打倒蒋介石、解放全中国贡献了力量。

1947 年（57 岁）

任北平师范学院国文系主任兼教授。又借聘为湖南大学文学院院长兼教授，讲授新目录学课，出版《新目录学论丛》。还发表了《说文音母并部首通检小引》《中小学国文国语诵读之重要》等论文。同年，兼湖南省文献委员会委员，编修湖南省志，主方言志。同年，被选为联合国教育科学文化组织中国委员第一届委员。同年与中共军调部徐冰（邢西萍）同志秘密联系。

1948 年（58 岁）

北京师范大学恢复校称，继任国文系主任兼文学院长。还继任中国大辞典编纂处总主任。是年《汉字四系七起笔新部首表说》《从基本教育看国语运动史》等文发表，并出版了《齐白石年谱》（与胡适、邓广铭合编）。

1949 年（59 岁）

北京解放，当选为第一届全国政治协商委员会委员、北京市各界代表大会代表。同年被指派为北京师范大学校委会主席（即校长）。是年 5 月，文字改革研究会在先父等人建议下成立。同年 9 月，毛泽东同志指定先父、吴玉章、范文澜、成仿吾、马叙伦、郭沫若、沈雁冰等七人共组“中国文字改革协会”（现国家语言文字工作委员会的前身），先父任常务理事会副主席、汉字整理委员会主任。是年出版《国语新文字论》，为五十年来文字改革运动作了总结，并提出了改进工作的意见。还出版了《新部首索引国音字典》《增订注解国音常用字汇》等。

1950 年（60 岁）

继任北京师大教授兼中文系主任，中国大辞典编纂处总主任。《中国文字与语言》《中国语法与词类》《新国文教学法》《论注音字母》《中国语法教程》等在本年及下年相继出版。

1953 年（63 岁）

因心脏病，基本不到北师大讲课，但仍在家中担任北师大青年教师和研究生的指导工作，并从事学术研究，积极参加文改运动。毛泽东同志派人送来珍贵药饵：人参果、麝香、贝母、冬虫夏草等。是年《字母与注音论丛》《汉语语法十八课》《怎样教学中国语法》出版。

1954 年（64 岁）

当选为第一届全国人民代表大会代表，这是他一生中第一次参加国家政权工作，是年，毛泽东同志在给先父复函中说“同意推广注音字母”。发表了《注音汉字的拼音化》《文字改革后汉字是否完全废弃，文学遗产是否无法继承》等文。

1955 年（65 岁）

被聘为中国科学院哲学社会科学部第一届学部委员，兼国务院科学计划委员会语言组委员，国务院中国文字改革委员会委员。是年指导北师大中文系进修班研究汉语语法，写成《实践论语法图解》（1958 年出版）。继任中国大辞典编纂处总主任，编辑出版一批中小型字词典，如《学习辞典》《学文化字典》《同音字典》《增注中华新韵》等，对于我国扫除文盲普及教育，提高语文教学水平及推广普通话，都起了积极作用。又被聘为中国人民大学教授，指导语文教研室的教师进行语法教学研究。是年《从汉语发展过程说到汉语规范化》出版。

1956年（66岁）

当选为第二届全国政治协商委员会委员，被聘为四个中央单位组织的辞典计划委员会委员。是年，发表《四十多年来的注音字母和今后拼音字母》等。

1957年（67岁）

与吴玉章合写《六十年来中国人民创造汉字拼音字母的总结》，发表于《人民日报》，总结了我国文字改革的历史，其中对拉丁化新文字和国语罗马字的优缺点进行了分析；并对今后推行“汉语拼音方案”提出了具体办法。出版了一批文字改革的代表著作，如《文字改革论丛》《汉语规范化的基本工具——从注音字母到拼音字母》。是年，他始改用现行的汉语拼音方案写日记。同年指导北师大中文系青年教师进修语法课及编写《语法讲义》，并亲自为本科学生授课几个月，指导汉语构词法研究。这年出版了他的语法代表著作《汉语语法教材》（第一编，与刘世儒合作），书中修订《新著国语文法》的不足，如提出了“词有定类，类有定词”，在句中可以“转类”“兼类”“活用”等观点。此外还出版了训诂学专著《汉语释词论文集》，还发表了《汉语复句新体系的理论》《汉语语法的科学体系和学科（教学）体系》（与刘世儒合写）。

1958年（68岁）

当选为第二届全国人民代表大会代表。《汉语拼音方案》于本年公布，此后历年参加该《方案》的调查评论。是年《联合词组和联合复句》（与刘世儒合写）出版。

1960年（70岁）

在中国科学院学部会议上提出“各种辞书资料搜集整理的大协作”建议。发表了《语法再研究》等文。

1961年（71岁）

参加了四个中央单位组织的“汉字查字法整理工作组”的研究讨论，与丁西林合拟的“笔形查字法”，在1956年被选定为四种查字法方案之一。指导北师大中文系青年教师研究语法理论体系和教学法（直到“文化大革命”前夕）。是年发表了《四十多年来创拟“汉字新部首”的回忆》《从“七一”献礼说到档案工作》等。

1962年（72岁）

继续参加查字法研究工作。《汉语语法教材》（第三编）出版，此编把语法教学从复句扩展到句群、段落、篇章，至今有现实价值。此书是我国语法学的巨著，共三编，150万字，先父说此书是“提高化、理论化、科学化”的语法书，用来代替《新著国语文法》。这年春节受中央人民广播电台之约对台广播，归后填词《沁园春》，表达他对台湾回归、祖国统一的愿望。

1963年（73岁）

继任北师大中文系青年教师的汉语语法学习小组导师，兼任北师大校务委员会委员及该校学报编委。编写《语法通典》和《语法虚词通典》。是年出版《汉语规范化论丛》。

1964年（74岁）

当选为第三届全国人民代表大会代表。

1965年（75岁）

写成《诗歌新韵辙调研小结》和《诗歌新韵辙的通押总说》。

1966年（76岁）

“文化大革命”开始，先父在党中央关怀下为“保护”对象，但仍免不了受冲击。是年家藏书刊稿档被全部查封，住房被挤占，存款被冻结，工资被扣发，只发20元生活费。在此逆境下，先父依然坚持科研。在十年浩劫中，他撰写各类学术著作近三十余种。是年开始撰写《中国文字改革运动总评鉴和新进程》（两种、八册）。

1967年（77岁）

图书资料启封后，迁居到阜成门外白堆子。著《有关毛主席青年时代的回忆》。编写《中国历史大事编年》。

1968年（78岁）

迁居建国门外永安西里。《〈矛盾论〉语法图解分析》（三大册）初稿完成。

1969年（79岁）

《中国文改运动总评鉴和新进程》前四册完稿。是年上书中央《请中央组织〈中国百科大辞书〉的编写工作的建议》。

1970年（80岁）

试拟《中华人民共和国增附拼音字母表》，后又根据汉语声韵双拼的特点，在现行汉语拼音方案基础上，创拟出汉语双拼制草案，即以两个拉丁字母拼为一个汉字，以便于推行他几十年来所倡导的注音汉字。是年撰写出《汉字双拼体系全表》《汉字双拼例字详表》初稿。是年他开始改用自拟的双拼方案记日记。

1972年（82岁）

面呈周总理《文字改革概说》（征求意见排印本）。周总理指示要派助手帮助工作。同年年底在毛主席、周总理亲自关怀下，迁居朝阳门内北小街四合独院，使其有了安定的工作、生活环境。

1973年（83岁）

在国家派来的助手及家人协助下，着手集中整理七十余年家藏的图书资料，按类分放于六间书库。着手自订《年谱广记》分期大纲。同年，多次参加美籍学者关于中国文字改革拼音新字母的学术讨论会。是年草成《论现代汉语中的"量词"》，参加学术辩论。

1974年（84岁）

接待回答全国各地《鲁迅著作注释》工作的来访来函，整理他与鲁迅在教育部和女师大两度同事时有关鲁迅的文献资料。同年写完《八十岁后工作总汇报和展望》，提出三点建议：一、实验汉语双拼字母；二、推广注音汉字排印的书刊课本；三、采用教育革命的新综合教学法。最后他希望通过广大群众的科学实验和语文教学实践，观其成效，促其实现。同年，还校补《毛主席六札纪事》，即根据他的日记及回忆，补充说明毛泽东1915—1920年的六封来函（这六封原件及一些其他有关毛泽东的文献，先父珍藏了近半个世纪，于中华人民共和国成立初期捐赠给中央档案馆）。

1975年（85岁）

接待回答全国各地编辑词（字）典工作的来访来函。校补《〈矛盾论〉

语法图解分析》(三大册)。

1976 年(86 岁)

编辑《二十年纪事诗存》(续编)。整理旧稿、来往信件和资料杂记等。还接见首届来华访问的美国语言学代表团。

1977 年(87 岁)

修订《黎锦熙近著目录举要》,撰写并发表《峥嵘岁月中的伟大革命实践——回忆建党前夕毛主席在北京的部分革命活动》。同年年底参加中央统战部召开的各民主党派中央常务工作会。

1978 年(88 岁)

1 月:致书党中央,提出在发展自然科学的同时尽快发展社会科学的建议。还向社会科学院语言研究所书面汇报了汉字与机器翻译相结合的具体方案。

2 月:11 日参加"九三学社"中央常务委员会,被提名为第五届全国政协委员。18 日因病住进医院。24 日当选为第五届全国政协委员。

3 月:21 日口述致北京地区语言学科规划会上的书面发言稿(由我记录整理)。27 日上午修订上述书面发言稿。深夜 11 点 37 分逝世。享年 89 岁。

〔附白〕

先父去世周年时,南京师范学院(现名南京师大)《文教资料简报》编辑部约我撰写《黎锦熙先生传略及年谱》,成稿后,在京的许老(德珩)、叶老(圣陶)、顾老(颉刚)、潘老(菽)及孙楷第、高景成先生在百忙中详加审阅补正;许老还亲笔为此稿题笺。而今先父已谢世十六周年,上述四老及孙先生也都作古,更激起了我对先辈们的深切怀念与崇敬之情。

此次我参阅了先父亲笔手书的履历表、年谱广记提纲,以及我所搜集整编的 700 余种《黎锦熙著作目录》(1995 年书目文献出版社出版)等有关资料,对本年谱进行了订正与较多补充,但因时间和健康所限,未备之处在所难免,敬请读者批评指正。

1994.12.6.

黎锦熙先生语文教育论著目录

黎泽渝　马啸风　李乐毅

〔说明〕

黎锦熙先生一生辛勤笔耕，著述等身。据不完全统计，已发表及未发表的专著、论文、教材等共700余种。

本目录是从上述700余种著作目录中选取有关语文教育方面的著述目录，并参照相关材料编辑而成的。先生所编纂或参与编订的教材很多，我们只选取了早年有代表性的数种，因为它们反映了我国几千年来文言文一统教材的结束这一重大历史变革；先生为数可观的语法教材影响甚大，我们只选取了其中几种代表作的序文，因为它们论及了语法教学的若干重要观点。

本目录按所辑篇（书）目的汉语拼音音序排列，再按时序著录每种著述撰写发表的情况。受知见所限，难免有所疏漏，敬请读者补正。

B

北京师大改进研究的引言（三篇）

1949.11. 排印本

北京师大校史的四个时期——现代史开端

（1949.12.17. 师大47周年校庆致词）

师大排印本

北京师大"中国文字改革研究"学习提纲

1951.5. 油印本

北京师大中国语文概论

(附新文字学习、教学提纲表)

1950. 油印本

北京师大中国语文概要、中国文字改革研究温课提纲

1950.7. 油印本

北京师范学校国语科课程纲要

1925. 石印本

北京市二届三次各界人民代表会议的提案

1950.8. 手稿

本国文法教学改革案

1941. 国语周刊(南郑版),缺期号(据手抄稿)

本国语文教学法提要

1926. 商务印书馆《教育大辞书》;1945. 国语周刊(兰州版)第38、39期;1947. 上海教育第3卷第九期;1948.8. 教育部国语教育讲习会印

本国语文教学重要表谱书目

1945. 国语周刊(兰州版)第42期;

1946. 国语周刊(兰州版)第52期

比较文法(词位与句式)·后序

1963. 初稿;1973. 校订;1986.1. 收入《比较文法》(校订本),中华书局。该书初版于1933. 北平著者书店

笔谈难字注音

1961.《汉语规范化论丛》

边疆语文教育新书提要

1947.3.4. 语文第4期

编制中小学中国文法讲授参考书纲要

1935.3.22. 手稿

标点符号检讨(举例)

——还是要“请大家注意文法”

1950.11.《新国文教学法》

“标准草书”与普及教育

(四百号随笔之一)

1941.12.22. 国语周刊（南郑版）第19期

部定大学文学院中国文学系、师范学院国文学系科目实施纲要

1940. 油印件

C

初等小学国文读本（第一册）

与杨昌济、缪兆珩合编

1914. 长沙宏文图书社

初等小学国文读本（二卷）

与徐特立、余寿湘合编

1914.7. 长沙宏文图书社

初等小学国文读本（三卷）

黄锡卣、方维夏、徐特立编辑；杨昌济、黎锦熙校订

1915.7. 长沙宏文图书社

“初等小学国文”教授法·例言

1914.8. 长沙宏文图书社

初、高中国文选本（十二册）

罗根泽、高远公编著；黎锦熙校订

1933. 北平立达书局

初小国语教科书首册拟编范本

1936.1. 注音符号油印本

初中国文（第一册）

李兰坡辑注；黎锦熙校订

1924.8. 百城书店

从基本教育看国语运动史

1948.11.12. 国语周刊新30期；1950. 修订节录入《国语新文字论》

从旧师大到新师大

——北京师大 60 周年校庆致词（并诗）

1962. 手稿

从社会说到学校

——以湖南的国语教育为例

1948.1.16. 社会评论（长沙）第 58 期

D

大学国文之统筹与救济

1943. 高等教育季刊（重庆）第 2 卷第 3 期

大学课程“中国语文概论”的一个教学总结

1951. 新建设第 4 卷第 2 期；1953.12. 收入《中国文字与语言》（上）；1958.3. 收入《字母与注音论丛》

大学语文课程指导

1940. 高等教育季刊（重庆）第 1 期

大学、中学教科用书中音译之科学名词及地名、人名等应一律用注音符号拼写案

（与肖家霖合拟）

1943.6.2. 国语周刊（南郑版）第 28 期

“读经问题”解嘲

1925. 国语周刊第 24 期～26 期

读经问题“老话”

1935.5.18. 国语周刊第 190 期

短期国语讲习科课程表

1925. 石印件

短期国语讲习所课程表（及说明）

1922. 原拟；1936. 改定，油印件；1936.11.7. 国语周刊第 266 期；1936.11.14. 国语周刊第 267 期

短期义教和文字改革

1936.2.8. 国语周刊第227期；1936. 文化与教育第79、80期合刊

短小教员和学生的国音训练（通信）

1936.2.8. 国语周刊第227期；1937.2.13. 国语周刊第279期

对于注音符号的教学实验的意见（讲演）

1936.6.13. 国语周刊第245期；1936.7.4. 国语周刊第248期

对于《注音识字拼音教学大纲（初稿）》的调整意见

1961. 文字改革第1期；1963. 收入《汉语规范化论丛》

对“暂拟汉语课本语法系统”的审订意见

1956.3.29. 手稿

F

发动全校师生员工研究师大改进问题的引言

1949.11.18. 稿；收入《师大改进研究报告总目》

发刊词

1923. 教育研究第1期

复教育部张、雷两司长函

（与汪怡合撰）

1935.5.25. 国语周刊第191期

复兴说话教本

1933. 商务印书馆

G

高等师范国文学系所属科目及内容标准表

（附：“语言分组”及“国语专修科”科目）

1939. 拟订；1947. 北京师大修订印本

高级国文课本（古体文选）

1923. 北京师范、北京琉璃厂东南园铅印本

改学校国文科为国语科

选自1934.12.《国语运动史纲》，商务印书馆

各级学校作文教学改革案

（附：作文四种错误表〔举例〕）

1938. 原订，城固西北联大印本；1945.12. 西北师院学术季刊第2期；1946. 修订，上海开明国文月刊第52期（不附表）；1950.3. 第二次修订，收入《新国文教学法》

巩固速成识字的成果和扫除文盲工作问题

1953.6. 中国语文（《论注音汉字》一文的后三节）；1958. 收入《字母和注音论丛》

古汉语言语入门·序

1963. 手稿；1981. 淮阴师专活页文史丛刊第63期；1983. 延安大学学报第3期；1991.3. 陕西人民出版社

古今作品分析图解法简说

1983. 徐州师范学院学报第4期

关于“调整”

——为“汉语拼音方案”公布四周年而作

1962. 文字改革第2期；1963. 收入《汉语规范化论丛》

关于国语教育之重要书目

1924. 潞河学校油印本；1924. 北京师大石印本

关于中文系的培养目标和途径等问题的意见

——给北师大中文系领导的信

1971. 手稿

关于中文系“语言组（汉语专业）”改进教学的意见

1963.7. 手稿

广博与专精，提高与普及

1941. 教育通讯第4卷第6期

国民学校国文读本修改大纲

1915. 石印件

国文读本详释（卷三）

刘翰良、刘宗向编辑；黄锡卣、黎锦熙参订

1915.12. 长沙宏文图书社

国文国语公文应用标点符号

（又名："新式标点符号案"注补）

1942. 中国文化服务社陕西分社

国文讲读教学改革案附教案（举例）

1939. 原拟；1950. 重校并加"今按"，铅印本

国文讲读教学改革案述要

1935.5. 油印件

国文讲读教学改革案（纲要）

1938. 原订；1942. 补订；1945. 校订；1946. 上海开明国文月刊；1950.6. 察哈尔文教第2卷第5期，并加"今按"

国音四声练习谱（附说明）

1940. 教育部国语推行委员会石印件；1941. 国语周刊（南郑版）第17、18期；1944. 兰州西北师院重印；1948.9. 重订排印，并附《国音乡调论》

国音音素的发音部位

1921. 中华教育界第10卷第8期

国语边语对照"四行课本"建议

1943. 西北月刊；1945.4.25. 排印；1947.2.1. 文艺与生活第4卷第1期；1950. 收入《国语新文字论》

国语"不"统一主义

1933. 文化与教育第5期；1934. 文化与教育第6、7期；1934.3. 国语周刊第127、128期

国语的标准语与"话法"

1921. 教育杂志第13卷第6期

国语的"读法"教学法

1921. 中华教育界第11卷第2期；1922.1. 收入《国民教育》

国语的"作文"教学法

1924. 教育杂志第16卷第2期

国语法编辑与教授的纲要

1921. 中华教育界第10卷第8期

国语祸

1925. 手稿

国语教材与教法的新潮

1921.4.10.《学灯》；1924. 收入《新著国文教学法》

国语教授法

1920. 石印本，全一册

国语教学法讲演大纲

1925. 河南暑假小学教员讲习会，石印本

国语教学上的三个问题

1922.8. 油印件

国语教育的三步

1922. 国语月刊第1卷第6期；1922.10.9. 时事新报

国语教育的设施概况和改进

1948.11. 手稿

国语教育上应当解决的问题

1921.1. 教育杂志第13卷第2期；收入1921.3.《黎锦熙的国语讲坛》，中华书局

国语科"话法"教学的新案

1922. 教育杂志第14卷第4期

国语科教学法概要

1926. 讲义，石印本

国语练习四巧板及说明书

1926. 城固西北师院

国语罗马字模范课本

1928. 出首册，中华书局；1936. 蒋镜芙译为《小学国语科注音字母课本》；1967. 收入香港《语文汇编》

国语问答一束

选自 1921.3.《黎锦熙的国语讲坛》，中华书局

国语文学史

1925. 北京师范讲义，油印、石印本

国语学讲义

1918. 石印本；1919. 商务印书馆；1921. 商务印书馆英译本

国语旬刊发刊词

——两纲四目十件事

1929. 国语旬刊第 1 卷第 1 期；1931.9.19. 国语周刊第 3 期

国语研究调查之进行计划书

1917. 拟；1919. 收入《国语学讲义》，商务印书馆

H

汉语教学大纲草案报告经过

1956.8.3. 手稿

汉语语法初步教程（原名《中国语法教程》）·序例

1952. 大众出版社；1957. 重订，改名；1959. 商务印书馆

汉语语法的科学体系和学科体系

与刘世儒合撰

1957. 北京师大学报第 2 期；1975. 五次修订

汉语语法教材（共三编）

与刘世儒合著

1957. 商务印书馆，第一编；1959. 商务印书馆，第二编；1962. 商务印书馆，第三编

汉语语法教材和初中汉语课本语法术语对照表

缺日期，油印件

汉语语法十八课（原名：《怎样教学中国语法》）·序例

与刘世儒合著

1953. 商务印书馆；1957. 重订，十三版并改名；1963. 三订；1964. 第十四版

何谓国语教育

选自 1921.3.《黎锦熙的国语讲坛》，中华书局

J

基本教育中国语教育的范围和特质

1948.11.19. 国语周刊新 31 期

技术第一，创造至上

1947.1.1. 文艺与生活第 3 卷第 3 期

记对于祁建华同志“速成识字法”的两个建议

1952. 语文教学第 9 期；1958. 收入《字母与注音论丛》

教书和治学的体验

1962.5.5. 师大教学（报）

教育革命的语文新教法举例

1973.2.5. 油印本

教育学讲义

1913. 长沙宏文图书社

教育与人生

1919.12.15. 民铎杂志第 7 期

教育之根本问题

1916. 北京日报；1934.《国语运动史纲》引其中一段

解蔽篇

1926. 教育研究第 4 期

戒欺篇

1915.2.28. 教育杂志第 2 期

介绍三十年前语文教育界一个英雄

1945. 西北师范学院学术季刊第 2 期

L

黎锦熙的国语讲坛

1921. 中华书局

利用现存注音字母和注音汉字的印刷工具使扫盲工作迅速有效

(1950.8. 在北京市二届三次各界人民代表会议上的提案)

1958. 收入《字母与注音论丛》

论教育之根本问题

收入 1918. 国语研究会印《关于国语教育之杂录》; 1934.12. 部分内容收入《国语运动史纲》, 商务印书馆

论师范教育之中心工作

1945.12.24. 国语周刊(兰州版)第 44 期

M

民众学校初学注音符号的五种办法(通信)

1934.10. 油印件; 1937.4.3. 国语周刊第 286 期

P

拼音字母和文化革命

1960.4.14. 人民日报; 1960. 文字改革第 8 期; 1963. 收入《汉语规范化论丛》

S

三十年来中等学校国文选本书目提要·引言

1933.1.1. 师大月刊第 2 期; 1937.6. 收入《中等学校国文选本书目提要》, 北京师大文学院出版

扫除文盲与注音符号

1940. 重庆中国文化服务社, 铅印本

扫除文盲注音字母急读合音例字表

1939. 城固西北师院印; 1940. 国语推行委员会印; 1952. 收入《论注音字母》; 1958. 收入《字母与注音论丛》

瑟僩斋论学

1915. 公言第一卷第三号

社教中的国语教育

1948.10.18. 油印本；1948.11.12. 国语周刊新30期

社教中国语教育的设施概况和改进

1948.11. 手稿

师大改进的工作重点——课程

1950.2. 新建设第1卷第12期

师大四十七周年校庆致辞

1949.12.17. 手稿

师范大学国文系科目表及说明书

（与钱玄同合拟）

缺年月，油印本

诗朗诵和诗歌韵辙

1963.5.9. 光明日报

十八年来中等学校国文选本目录提要

1924. 潞河学校，油印本；1924. 北师大，石印本；1926.11.3. 北师大建校十八周年纪念周刊

速成识字法中的问题商讨

速成识字法教学上的问题商讨

1952. 中国语文第9期；1958. 收入《字母与注音论丛》，题目略有改动

所谓“黎派”语法诸书的评介

1964. 稿；1972. 重订；1984. 语言教学与研究第4期

T

谈汉语拼音方法的“音节化”

1960. 文字改革第13期；1963. 收入《汉语规范化论丛》

谈语法的图解法

1952. 语文学习第12期；1962. 收入《汉语语法教材》附录

谈字母分析教学法的“科学化”

——声介结合拼写音节全表

1960.12.29. 光明日报；1961. 文字改革第 1 期；1963. 收入《汉语规范化论丛》

谈字母和拼音教学的“综合化”

1960. 文字改革第 15 期；1963. 收入《汉语规范化论丛》

提出矛盾，开展争鸣

（以推广普通话与农村扫盲工作的矛盾；汉语语法研究与教学的矛盾为例）

1957.4.22. 光明日报

天下为公

——《礼记·礼运》篇一章文法、义训和译白研究

1939. 城固西北联大，石印本；1947. 北平中国大辞典编纂处排印本；1947.1.30. 国语小报第 3 期

W

为反对设“读经科”及中学废止国语事上教育总长呈文

1925. 中华教育界第 15 卷第 7 期；1925.11.8. 国语周刊第 22 期；1934.《近代中国教育史料》第三册；1934. 收入《国语运动史纲》

为什么师范学院要设立二年制的国语专修科

（述四十年来的国语运动，以证“提高与普及”相反相成）

1945.3.26. 国语周刊（兰州版）第 32 期

文法批评和作文修改

1950.6.6. 稿；1950.10. 收入《新国文教学法》

文学的国语教材之分类与支配

1921. 中华教育界第 11 卷第 2 期

文学史课程概况

1924. 油印稿

文学院概况

1932. 师大月刊第 2 期

文字改革和语言科学、语文教学三结合的建议（初等教育阶段）

1963. 稿；1966. 油印稿；1990. 语文建设第 1 期

X

现代汉语教学大纲初稿

1952. 油印稿

新国文教学法（黎锦熙选集之三）

1950. 北京师大出版部；1951. 修订三版

新小学初级国语读本

黎锦熙计划；陆费逵、黎锦晖编

1925. 中华书局

新中国教科书初级古文读本（全三册）

沈星一编；沈颐、黎锦熙、金兆梓校

1924. 中华书局

新著国语教学法

1924.7. 商务印书馆；1930. 重订三版；

1933.9. 商务印书馆国难后第一版；

1939. 补正

《新著国语教学法》图书提要

缺年月，手稿

新著国语文法·引论

1924.12. 商务印书馆；1959. 商务印书馆第 24 版；1969. 台湾商务印书馆“人人文库”版；1992. 商务印书馆新 1 版

小学国语科注音符号读本

1936. 中华书局

小学用语法课本要目及小学常用词汇的编选法

（在 1951.6.2. 教育部召开的语文、文学专家座谈会上的发言）

1951. 手稿

选文目录

北京女子高等师范学校讲义，铅印本

学习苏联“现代俄语教学大纲”试拟的“现代汉语”教育大纲

1952.9. 手稿

Y

言文科测验方法叙评

1924. 教育研究第2、3期合刊

音韵学讲义

（一名：《国语声韵沿革纲要》）

1927. 中国大学讲义，石印本；国立女子学院师范大学部讲义，石印本

Z

怎样教学中国语法

〔见《汉语语法十八课》〕

“怎样教学注音字母”介绍

1952.7. 中国语文创刊号

致北京平民教育促进会书

1924.7.16. 石印件，河南暑期小学教员讲习会

致北京师大中文系领导的信

1971.10. 手稿

中等学校的“国文科”要根本改造

1922.3.20. 国语周刊第1卷第2期

中等学校国文读本（四册）

与刘宗向、刘翰良合编

1914. 长沙宏文图书社

中等学校国文读本详释（二册）

刘翰良、刘宗向编辑；黄锡卣、黎锦熙参订

1914. 长沙宏文图书社

中等学校国文讲读教学改革案述要

（附：教案举例；国文教材研究登记表）

1939. 城固西北师院；1939. 中等教育季刊第1期；1945.12. 西北师院学术季刊第2期；1947. 国文月刊第51期；1950.8. 察哈尔文教第2卷第5期；1950.10. 重校并加“今按”，收入《新国文教学法》

中等学校国文教材与教法题材表

1947. 上海教育第3卷第7期

中等学校国文教学改革案

1940.12.17. 师大卅八周年纪念专刊

中等学校国文科教材教法教学计划与教学大纲合表

1940. 城固西北师院，油印件，题为《中等学校国文教材教法研究大纲》；1947. 修订，上海教育第3卷第7期，题为《中等学校国文教材教法题材表》；1950. 四次修订，收入《新国文教学法》

中等学校应系统地讲授语法

1951. 语文教学（天津）第1期；1952. 收入《中国语法教程》引言

中国国语教育进行概况

与蔡元培等合撰

1922. 国语研究会会刊油印本、铅印本

中国近代语研究法

1927. 稿；1928.8. 油印件；1928.10.10.～10.12. 新晨报66～67期；1929.8.10. 国语旬刊第1卷第2期；1929. 修订，文学论丛（河北大学）；1931. 北师大讲义，铅印本

中国《近代语研究课程》说明

1930. 手稿

中国文体分类图解

1939. 城固西北联大；1943. 修订并加“说明”；1950. 收入《新国文教学法》，题为《国文教材文体分类图》

中国学术论著集要目录（94篇）

缺日期，手稿

中国语法教材（7册）

与刘世儒合作

1953.～1955. 北京五十年代出版社；

1957.～1962. 修订改编，商务印书馆，改名《汉语语法教材》（三编）

中国语法教程

（见《汉语语法初步教程》）

中国语文概念（系）、问题（班）温课提纲表

1950.7. 油印件

中国语文教育之历史的演进

1937. 经世第1卷第9期

中小学国文国语诵读之重要

1947.2.27. 北平时报

中学语文基础知识的内容

（1962.3. 在北京中小学语文教学问题座谈会的发言）

1962.4.6. 文汇报

注音符号与国语教学

1947.9. 教育杂志第32卷第3期

注音汉字

1936. 商务印书馆《万有文库》本；1937. 商务印书馆《新中学文库》本；1949. 收入《国语新文字论》；1961. 台北商务印书馆，改名为《注音国字》

注音汉字的主旨在哪儿？

——识字运动和儿童教育的利器

1935. 文化与教育第53期；1935. 教育周刊第7期；1935. 收入《注音汉字》

注音字母问题答吴研因君

（“国语教育百论”之一）

1921.5.11. 时事新报

专题研究讲义

1939. 西北联大讲义，油印本

作文及文学教学法

与周德均合著

1925. 商务印书馆

作文教学改革案

——作文批改及指导办法九条

1947.11.6.，1947.11.13. 国语周刊新23期、新24期

在汉语语法学方面的创造与革新

——纪念先父黎锦熙诞辰110周年

黎泽渝

先父黎锦熙，字劭西（1890—1978），是我国现代著名的学者、教育家、社会活动家。今年（2000年）是他诞辰110周年。缅怀先父一生的业绩，突出的感受是：他无论进行学术研究、教育实践，还是从事其他社会活动，都勇于创新、有所发明、与时俱进、不断开拓。本文只就他在汉语语法学方面的贡献，谈个人的粗浅认识，以寄托对先父的怀念之情。

一、语法著作与语法教学

先父从事语法研究与语文教学近70年，撰写发表各类学术专著和论文有七百余种①。其中语法论著占的比例很大，有二百四十多种，最负盛名的是他34岁撰写出版的《新著国语文法》，在最艰难困苦的环境中撰写出的语法鸿篇巨制当属《〈矛盾论〉语法图解分析》，从该书1967年完成初稿到1976年油印出三大册，这十多年间我国正处在那段非常时期，先父被说成资产阶级反动学术权威，工资被扣，存款被冻结，家藏书稿被查封，每月只发20元生活费，七八十高龄的他又患严重的心脏病，三度阻塞，每分钟心跳常常不足40次，大夫已嘱咐我们他随时都有病故的可能；然而，他却顽强地与环境、病魔抗争，正如他的诗中所说："带着沉疴延寿命，拼将余力

---

① 《黎锦熙著述目录》，黎泽渝编，1996年11月，书目文献出版社出版。

写文章”①，撰写出了《〈矛盾论〉语法图解分析》。

1. 我国第一部最有影响的现代汉语语法专著——《新著国语文法》

《新著国语文法》是我国第一部以白话文为研究对象、有深远影响的现代汉语语法的开山之作，它有力地促进了我国现代汉语规范化，为现代汉语书面语的最后形成和发展奠定了基础，有筚路蓝缕之功。该书刚一问世，就被各级、各类学校所采用，行销全国。到了1959年国内已印行24版（1968年、1969年台北“商务”两次翻版尚不计在内），1992年商务印书馆将它收入《汉语语法丛书》（定为新一版），1997年上海书局又将它选入《民国丛书》。一本语言学科的学术著作竟印行25版之多，这在我国语言学发展史上是绝无仅有的。

书中关于汉语句法六大成分的命名和分析法，句本位的教学程序以及研究和教学语法的工具——图解法，得到了很多学者的认同，在语言学界有深远影响，有的图解方式，一直沿用至今，显示了顽强的生命力。尽管如此，先父并未止步不前，他每版都有修订补充。在该书出版40周年时，先父曾撰文声明：“几十年间《新著国语文法》的例句和观点几经修改，对它的品评应以22版以后的印本为准。”② 这显示了作者勇于创新、不断前进的可贵精神。

1984年该书出版60周年时，全国不少学术刊物、大学学报辟专栏纪念，北京还专门召开学术讨论会，五十多位语言学专家撰写论文，一致肯定其现实的积极作用。

1986年夏天，日中教育恳谈会副会长伊地智善继先生，来京参加“首届国际汉语教学讨论会”时，满怀深情地对我说：“与会者中百分之八十是吃过黎锦熙先生‘奶’的。”（指《新著国语文法》哺育了各国汉学专家——笔者注）他还从日本特意带来了1943年日译版本相赠。这件事一时被与会者传为中日文化交流史上的佳话。

2. 1920年首创“国语文法”课

轰轰烈烈的“五四”运动，推动了我国文化教育的革命，先父奋力拼搏

---

① 《黎锦熙纪事诗存》，158页，黎泽渝编，1998年10月，中国文史出版社出版。

② 《所谓“黎派”语法诸书的评价》，见1984年《语言教学与研究》第4期，北京语言学院。

在斗争的前线，把历来“不登大雅之堂”的白话文引入高等学府语法研究的课堂。他于1920年在北京高师（北京师范大学前身）首先开设了“国语文法”课，随后又在北大、清华、燕大等北京高校及外地暑期讲习班不断宣讲。这在当时有力地捍卫了新文化运动，推广了国语运动，并且使我国各级学校教学中从此有了现代汉语语法课的内容。从1920年到1952年，先父一直站在高校教学第一线，讲授国语文法课，1953年到1978年，他仍然在家中带研究生和培养青年教师，为我国语法学界培养出一批又一批的专家、学者与语文工作者。

二、黎派语法的科学体系与教学体系

黎氏语法科学体系可以用两句话概括：六大成分七实位，四级形态九词类。下面简述其内容和作用。

（一）黎氏语法教学体系的内容

1. 句法六大成分

汉语句法成分是黎氏语法体系的核心，它绝不只是在分析句子时才用得上，而是能够“控制”一切。比单句小的语言单位即词、词组都可以用句法成分来分析其种种规律。它还是区分单句和复句的唯一标准，主要看某一语言单位能不能划定为另一语言单位的成分：能，就是单句；不能，就是复句。《汉语语法教材》① 根据“成分划定法”把包孕句划为单句。再者，汉语“词序”（也叫语序）是由六大成分决定的，各个词在句子中的位置次序有一定规律，结构上的“正、变”“繁、省”也都由六大成分掌握。词类划分的重要标准之一还是句法六大成分。再有实体词的“七位”又是从六大成分出发，以六大成分为标准，等等。

先父最早提出汉语句法六大成分，并用它分析汉语语言的内部规律（成分分析法），成分分析法广泛深入地影响着我国现代传统语法学的各家，他们大都沿用20世纪20年代先父所创立的六种句法成分，分析汉语的语法结构，不仅对于语言教学有用（如它能起到“提纲挈领”的作用），对于科学

① 《汉语语法教材》，1—3编，与刘世儒合著，1957—1962年商务印书馆出版。

地理解某一种语言也是不可少的。

2. **实体词的“七位”**

在语法理论上先父创立了“实体词‘七位’”的学说。他认为名词、代名词，名词性的词、语、子句在句中都有一定的位置，称为主位、宾位、补位、领位、副位、同位、呼位，它是以六大成分为标准的，要是成分的排列次序有变动，实体词及名词性的语句的位置就跟着变动，这就是变式的句法。但词位在句中的排列地点虽变，词性的本质却不变，即所谓“句虽百变而词不离其位”。①

汉语语法学中设立“位”有什么意义呢？

（1）便于和外语比较，同时提高汉语在世界语言中的地位。印欧语系的语言重在词法上的词形变化（即格变），而汉语则重在句法上的词位、词序、词的组合等变化，这是二者的最大区别。先父认为印欧语的格变实在就是为着适应句子在结构上的需要才产生的。如俄语名词在主位就用第一格，在宾位一般就用第四格，等等。所以说汉语虽无发达的形态变化，却有词形变化的“发源地”。可见“位”的学说在理论上提高了汉语的地位，在实践上有利于中外文翻译，如“教育部”中的教育是领位，俄译时用名词第二格，而不用形容词“教育的”。

（2）便于比较古、今汉语。古、今汉语语法的不同除主要表现在句式、虚词上外，古文中还多词类活用。而以“七位”为纲，则可以总括一切古文今语的句法，因为词序虽百变而词不离其位。再说“虚词的功用就表现在句子各成分间的关系上，不搞清句法结构上的‘位’就搞不清虚词用法上的规律；并且虚词有限而复合的虚词无穷，复合词就得搞清‘构词法’，构词法在汉语更是从结构成分出发的”。至于词的转类、兼类、活用等，也都离不开“位”。《比较文法》就是以“七位”为纲来比较古、今文法的。

（3）把汉语实体词在句中的功能很合乎汉语特点地表达了出来，反映了汉语实际客观存在着的语法规律。如“七位”上的词、语、句都可以加定语，并且谁站在这七位上，谁就实体词化。“位”的学说是对于汉语语法学

---

① 《比较文法》1933 年北平著者书店初版；黎泽渝、张天佑据作者 1973 年校订本整理，1986 年中华书局再版。

理论的最大贡献。至于在现代汉语语法教学上，则无须大讲“位”。如《新著国语文法》第四章《实体词的七位》中，并没有大讲其“位”，而是从“位”的角度来讲变式句。

3. **词类划分的标准**

黎氏在《新著国语文法》中最先提出“凡词，依句辨品”，后来发展为“凡词，依靠结构，显示品类”；到《汉语语法教材》讲过“四级形态”。

(1) 最狭义形态：以词的语音声调变化表示词类的转化；双音词不同形式的重叠（即“词根”的变动），表示不同的词类。

(2) 狭义形态：词上加上一些小东西来表示不同的词类，如形容词词尾“的”、副词词尾“地”等。

(3) 广义形态：词和词的组合能力是不同的，某些词与一些词有组合能力，同时又排斥与另一些词的组合。用这种形态区分词类也叫作依词组来鉴别词类。

(4) 最广义形态；从词在句子中的功能来区分词类。

先父对词类划分标准的认识，有一个逐步深化的过程，从中可窥见黎氏体系的变化发展。

4. **九词类**

依据黎氏体系的分类标准，汉语的词分为五种九类。从词类的名称、定义和种类看，与其他体系大同小异，只有几种词类：如量词（也称单位词）、联结代名词（简称“联代”）、特别介词（“地”“得”“的”）、助词（语气词），等等，与某些语法体系差别较大。

最具特色的是先父主张词可以有转类、兼类、活用等。黎氏体系一方面认为汉语的词有定类，类也有定词，词类本质上是独立存在的；另一方面又认为一个词所属的类不是固定不变的，它可以发生转类、兼类、活用。当一个词的基本词义不变，而在六大成分的句法（注意：不是句子）中的作用和职能发生变化时，就不在词汇上视为两个词，而要视为从本类发展转用于他类而兼之。从发生方面说叫转类，从存在方面说叫兼类。形容词以形附为据点可以满转类；副词、介词、连词专用的词很少，它们从用法上敞开大门迎接各类词转来。转类、兼类体现了句法对词类的控制作用，这里的“控制”

词类绝不是“取消”词类，因为有定类才能说到转类，从定类到转类才能有兼类。

活看、活用是指几个语法规律同时成立时，则从章法上实地地客观地选择其中之一。这种活看、活用在词类和句法成分中都有。成分活看了，自然牵连到词类的活用。

（二）黎氏语法教学体系的作用

1. 摒弃了“词本位”的语法教学体系，创立了“句本位”的语法教学体系，这是一个重大的革新与进步

我国从先秦到清代的许多图书资料中，都曾有过语法概念和语法分析，但零散不成体系，或者是虽已谈及虚词在句中的位置，但尚未深究其语法功能，《马氏文通》虽已考虑到句法，但在全书十卷中也只有最后一卷“论句读”。

“五四”运动前夕，先父对大量涌现的白话著作及当时的口语，进行了全面而系统的研究，提出了汉语语法的“句本位”学说，“句本位”的观点渗透在他对汉语词法和句法的全部认识和分析之中。“句本位”可概括为三个基本原则：

（1）“先理会综合的宏纲——句子，然后再从事分析的细目——词类”。主张把词类和句子融会贯通起来，并且以句子为纲，带动词类教学。语法分析的重点在句。

（2）词类的划分与句法有密切的关系。词的句法功能是划分词类的重要标准之一，词类应放到句中去讲。

（3）“‘句本位’的文法，退而‘分析’，便是词类的细目；进而‘综合’，便成段落篇章的大观”①。从研究的对象说，不限于字、词、语、句，而要扩大到句群、段落和篇章，要以“章法控制句法”；从教学的内容方法说，不限于所谓的“纯语法”，而应结合语音、词汇、逻辑、修辞、写作等学科进行综合教学。

“句本位”教学体系有两个重要的特点：（1）符合汉语本身的特质，具

---

① 《汉语语法教材》，1—3编，与刘世儒合著，1957—1962年商务印书馆出版。

有民族性。他认为汉语的特质是“表现在语序和虚词上的，而这两方面基本是属于句法范畴的”。他还看到汉语的“构句”常多奇诡的变化，所以主张以句法为语法的重点。(2) 这种综合教学法具有实用性，能使学习者对选词造句不仅知其然，还能进一步知其所以然，这样才能有效地达到提高学习者阅读、写作能力的教学目的。

总之，“句本位”教学法具有民族性、实用性和科学性，因而几十年来对我国古今汉语语法教学产生了广泛而深远的影响。20 世纪 90 年代初，计算机处理自然语言的工程受到社会的广泛重视，在进行汉英机器翻译时，必须解决句法分析问题，这便涉及语法体系的选择，有一位专家①经过筛选，采用了黎派语法体系，并且获得了成功。此举在语法学界引起了震动和反思，这也显示了“黎派语法体系”的强大生命力。

2. 首创了句本位教学法的得力工具——图解法

图解法是研究、教学语法的一种工具。20 世纪初先父借鉴了英文文法图解并且根据汉语语言特质在《新著国语文法》中首创了汉语语法图解法。正如他自己说的：“图解法除了一长横两短竖之外，实在都是自创的规矩，跟英文法的图解方式并不相同。”它依靠线、号表示语言的结构、层次和词类，可分为单句图解、复句图解和总图解三类。在近 60 年的教学和科研中，他对图解法精研躬践，着力推广，并不断改进，使之日趋完善。如“变式变线法”订补了《新著国语文法》中图解变式（倒装）成分多只复原而缺少语序表示的缺点；“读书标记法”（加线法）作为图解法的准备，于 20 世纪 40 年代提出，它简便易画，运用时可简可繁，但对复杂句子的分析不如图解法形象、精细；其后又根据图解法的不同目的，提出“宽式”“严式”两种图解法。《比较文法》的出版，使图解法开始运用于古汉语语法分析。《天下为公》的“总图解”把文法、修辞、名物注释、文字音义和文白对译全部包括进来。《〈实践论〉语法图解》及晚年所著《〈矛盾论〉语法图解分析》把单句、复句的图解，扩展到字、词、语句、句群、段落、篇章、主题思想以及词汇、修辞和写作等诸方面，对这些做一番综合性的分析，使了解、欣赏和

---

① 电子工业部高级工程师吴蔚天研制“I＋Y－I”汉英机译系统。

评鉴都能全部落实。先父称这种图解为“一盘棋”“交响乐”。总图解主要是在提高师资的培训进程中进行的，它是非常精细的，如同现代尖端科学的制图一样，绝非烦琐。

图解法对语法分析有什么意义呢？

（1）能形象地反映语言的结构关系和层次关系。

（2）能反映语言的逻辑本质，帮助人们透过语言的文学层次（包括民族习惯形式）看清语言逻辑的本质次序，从而更清楚地理解语意。

（3）能显示出各种词的类别，并辨清词的构成、变化和运用。

（4）图解可以形象地体现语言形态的本质，避免不同语法体系中实同名异的术语分歧。

（5）能贯彻理论联系实际的原则，改革那种光讲不练、孤立无用的语法教学。

总之，图解法对于直观教学和精密科研都有所裨益。半个多世纪以来，图解法特别是单句图解在语法教学中被广泛应用。他的“读书标记法”后经其高足廖序东教授加以变通改进，逐渐推广，已成为当前使用最广泛、最有影响的句子结构的表示法。

从黎氏语法两体系的特点看，似可得出这样的结论：1. 具有创造性。20世纪20年代初《新著国语文法》的出版，使我国现代汉语语法体系从无到有；但他并不故步自封，墨守成规，而是在此之后几十年中，随着我国语言学的不断发展不断改进，使其体系逐步创新完善，以求“对于人类社会要有所贡献，有所发明、创造，为世界各种语言规范改进其理论和方法”①。2. 密切结合汉民族语言实际。词法、句法、章法互相联系的句本位语法体系，科学地反映了汉语特点，又反过来促进了汉语规范化。他对英文文法的态度是结合汉语特点“外为中用”，是借鉴而不是模仿，“不是比着葫芦画瓢，乃是画好了瓢再比一比葫芦”②。

① 《古汉语言语入门·序》，1983年3月《延安大学学报》。

② 《关于语法体系的批评与自我批评》，1958年12月发表于《中国语文》。

三、对于语法的教学体系和科学体系的区别、关系不断探索，卓有建树

先父曾说："所谓语法教程，是说明对某一民族语言在现代实用上的规律和教学这些规律的程序。"① 这清楚地表明一部语法教学专著跟一部学术性的语法专著一样，都要有理论，要有对于语言规律的认识。《新著国语文法》中对汉语词法、句法的理论阐述，正是他对汉语语言进行研究后所形成的科学体系。特别应指出，他是抱着"例不十，不立法"② 的严谨态度来整理归纳出这些规律的，而他倡导的"例不十，不立法"，已成为现代汉语语法研究中确立语法规律的准则。

语法教学专著和语法理论专著，在内容上、编排上都有很大的区别。在内容上，教学专著要从教学目的、教学对象出发，所要说明的规律必须是"现代实用上的"，有所选择，是可深可浅的，不同于语法理论专著一味求深、求细、求全。在编排上，理论专著往往划分为若干章节，系统地纯粹地探索一种语言各方面的规律。教学专著则要结合教育学和学习心理学原理，按照一定的教学程序编排各章节内容，要有步骤地揭示语法规律，还要有目的地安排练习和复习题。《新著国语文法》正是把他当时研究所获得的科学体系，拆开打散，分配到全书各章中，而形成了"句本位"的教学体系。

这两类著作在内容和形式虽有上述种种不同，但它们的关系十分密切。先父晚年，积几十年教学和研究语法的经验，总结说："所谓'两体系'只是一码事的两方面，科学研究和学科（教学）研究是应该同时进行、迭相改善的……可以说'学科（教学）体系'简直就是'科学体系'的加工。"③ 这里的"迭相改善"四个字非常精确地说出了两体系的内在关系：无论科学体系还是教学体系都要不断更新、不断发展，逐步"改善"，这种改善不是两者相互脱节的无关的，而是相互促进的。科学研究的发明创造不能是无目的无用处"学院式"的，而是能够运用于实践，包括教学实践，同时在实践

① 《新著国语文法》，1959 年商务印书馆 24 版。

② 《新著国语文法·原序》，1959 年商务印书馆 24 版。

③ 《关于语法体系的批评与自我批评》，1958 年 12 月发表于（中国语文）。

中得到检验，并不断提高。教学体系则是要把自己研究而取得的较好的理论方法运用于教学实践，它同样是要有所发明和创造的。好的教学体系要建立在先进的科学体系之上，并根据需要进行“加工”，它不是比科学体系更粗糙、简陋的东西。所以两体系是互相促进、同时并举、“迭相改善”的。

先父对于“两体系”不仅以专文从理论上进行精辟论述，而且他平生撰写了大量的教材，为我们今天编写语法教材提供了理论依据和实际范例。当然，随着人类社会的不断发展，语言科学的不断进步，黎氏语法体系的优缺点都将进一步显露出来，更科学、更现代化的语法体系一定会产生。

编辑后记

庄文中

黎锦熙先生的女儿黎泽渝女士邀请她的老同学、老同事马啸风、李乐毅两先生合编《黎锦熙语文教育论著选》。三位都怀着对黎先生的深厚感情，用一年时间，做这件劳苦而薄酬的善事，把这本书编了出来。

现在，《黎锦熙语文教育论著选》已奉献在读者面前。古代哲人曰：天地有大美而不言。论著在前，不必多说。然而，我仍禁不住想谈谈学习和编后的收获。

黎锦熙先生（1890—1978年）是我国现代史上第一代的语言学家、文字学家、语文教育家，作出了开创性的杰出的贡献。他的语文教育思想具有极大的理论价值，对当前的语文教学改革仍然有指导意义。

一、国家必须推广标准语“国语”，“国语统一”；书面语言和口头语言必须一致，“言文一致”

黎氏1910年（20岁）肄业于湖南优级师范史地部（第二年毕业），即被选任为附属高等小学和附属中学的地理教员；1913年任湖南省立第四师范的历史教员，开始了教育生涯。1914年，与杨怀中（昌济）、徐特立等创办“宏文图书编译社”，与同人合作编写《初等小学国文读本》《中等学校国文读本》和《初等小学国文教授法》；1915年，赴北京应聘任教育部教科书特约编纂员（后改任编审员），与徐特立、杨怀中等编写《初等小学国文读本》；1916年发起成立“国语研究会”，任委员（蔡元培任会长）；开始了语文教材编审和语文教育研究活动。

在国语运动早期（1916—1924），黎氏是中坚分子。在理论上，他从国家共和、国民发展、儿童需要等方面，阐述“国语统一”的重要性；从汉语发展方面，揭示“国语统一”的必然性；从学术方面，揭示国语的范围和“国语统一”的目的——“国语的范围，是包括‘国音’‘词类’‘语法’三大部”，“它的目的，就是要整理改良中国特有的语言，使它统一而易于普及”。（《何谓国语教育》，1921年）在实践上，他于1915年提倡改小学国文科为国语科，提倡白话文。1917年拟《国语研究调查之进行计划》，建议在全国范围调查语音、词汇、语法，并编写标准音、国语辞典、国语文法，“三项既经编定，即可将小学国文科改为国语科”。并赴湖北、山西等地宣传注音字母。1918年促成教育部成立国语统一筹备会，任常驻干事。当年任北京市完全科师范学校国语和新文学课的教员，直至1927年。1920年1月，教育部训令全国，改小学国文科为国语科，使用白话文。黎氏参与审定中小学语文教材，到天津、保定、武昌、安庆、济南、杭州等地讲学，宣传文字改革，推广国语，研究小学国语教学，又始任北京高师（北京师范大学前身）国文系教授，始创讲授国语文法课。1924年出版了《新著国语文法》《新著国语教学法》，独树一帜。

《新著国语教学法》是黎氏在1921年至1923年“宣传国语”的演讲稿结集，是“我这三年来牺牲驰突的生涯”之记载。这本教科书开宗明义，改国文为国语、推广国语，目的是“要使文字和语言一致”，“要使全国的语言统一”；卒章显志，最后结论是：

> “要真做到言文一致，才能逼迫着国语使不能不统一；要真做到国语统一，才能使言文一致不至于发生危险。言文一致乃是国语统一的驱策者；国语统一便是言文一致的保护人。”

黎氏与钱玄同、赵元任等人在“五四”前后的国语运动中作出了贡献，为现代语文教育打下了基础。

二、文字和语言，都是代表事物和思想的符号；国语教育目的有四个

黎氏在 1924 年明确地表述了语言文字的性质：

> 语言的用处：（一）是表情达意；（二）是人类共同生活的唯一媒介物。他产生在文字之先；文字就是帮助他能“行远”而“持久”的。
>
> 所以文字和语言，都是代表事物和思想的符号：文字这种符号，是用手写、用眼看的；语言这种符号，是用口说、用耳听的；不过我们运用的官能有不同罢了。（《新著国语教学法》第一章）

改国文科为国语科，目的是言文一致；所以，国语教学包括书面语言和口头语言的教学。语言文字都是符号，“夫文字，工具也，利器也”（1924 年），语言文字的工具性质决定了国语教学的目的。黎氏认为国语教学的目的有四个，并且用表分解：

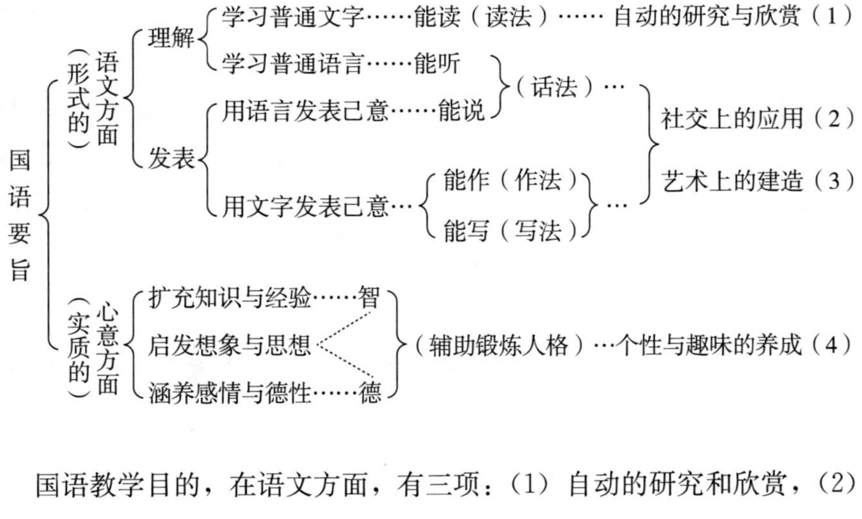

国语教学目的，在语文方面，有三项：（1）自动的研究和欣赏，（2）社交上的应用，（3）艺术上的建造。在心意方面，有一项：（4）个性与趣味的养成。为了达到语文方面的目的，理解，则要学习普通文字（书面语）、学习普通语言（口头语）；发表，则要用语言发表己意（用口头语）、用文字发表己意（用书面语）；以便使学生具有能读、能听、能说、能作、能写（书

法）等五项能力。为了使学生具有五项能力，则要用读法、话法、作法、书法等四个方法来训练。为了达到心意方面的目的，则要扩充知识与经验、启发想象与思想、涵养感情与德性，以便在智、德两方面养成个性和趣味。用现在的术语说，黎氏揭示了语文的语言知识能力教学和思想品质教育之教学目的，提出了能读、能听、能说、能作、能写（书法）等五种能力和读法、话法、作法、书法等四种教学方法，并且把能听能说提到了显著的地位。这是黎氏语文教育思想的一大特色，也是他的一大贡献。

三、设计听说读写书的语文教学法

黎氏借鉴外国流行的教学法，继承我国传统的教学方法，精心设计了读法、话法（听和说）、作法（缀法）、书法。

（一）读法。取消“指名逐句‘直译讲’的法子”，提出“自动主义的教段”：

- 自动主义的教段
  - 理解（第一段）
    - 预习
      - 指示目的，唤起学习的动机
      - 预备的指导
      - 儿童预习（并欣赏）
    - 整理
      - 儿童问疑
      - 教师试问
      - 儿童发表
  - 练习（第二段）
    - 比较（并概括）
    - 应用（表演等）
  - 发展（第三段）
    - 创作
    - 活用

这个理解、练习、发展三教段的教学法，突出“引导”和“使用”，“养成儿童到图书馆自由参考的习惯”，养成“读书能力和研究兴味”。

1950 年重订的《新国文教学法》提出国文讲读改革意见，即区别白话文和文言文的教学法，提出讲读教学的“两纲四目”。

纲一　白话文须与语言训练相联系：

目（一）　通过“耳治”（初讲时，学生不可看本文）

目（二）　注重“朗读”（须用美的说话式，并随时矫正字音、词调和语气）

纲二　文言文视与外国语文同比例：

目（三）　必须“背诵”（预习时，即可熟读；已读者，分期背默）

目（四）　彻底“翻译”（逐字按句，译成白话，确依文法，勿稍含糊）

并且把26年前读法三教段发展为四教段：预习，整理，总结、深究或练习，发展与应用。

预习：①准备完整的便利“自学（预习）”的精读教材。②报告大意及分段要点。③组织学习小组。④教师随时指导。

整理：①报告预习内容。②教员范读。③学生齐读。④学生个读。⑤学生质疑。⑥教员试问（反问其应疑而不知疑者）。这个教段“教员主导，启发自动”。教员范读和学生“齐读”“个读”之，主要意义是把“语言训练”有效地融合在“诵读”中。此教段“须使对课文词句完全理解”。

总结、深究或练习：①概括图解：形式方面，篇章词句之文法总图解；内容方面，全篇主旨及每段大意之标题。②批评讨论。③比较翻译（文言文篇篇翻译成白话文）。④分期温诵（白话文对文朗读，文言文背文诵默），以求复习和检查。

发展与应用：①创作，读写结合。②活用，活用于一切课外活动，“将精读所得之基本规律结合于略读所收之广博知识，进而据以研讨解决工作中生活上各种实际问题”。

这四教段读法明显地强调诵读，训练语言，即作者所说“‘通过耳治’并训练‘朗读’以结合语言”，把语言训练有效地融合在诵读之中。

（二）话法。黎氏认为，对儿童话法“要用在读法教学之先”。黎氏认为话法教学是基础，“话法教学实在是一切教学入手的基础；而一切教学又处处都有施行话法教学的机会”。他认为，话法教学贯串于国语教学过程，如

（一、二、三年级：设计、音字；四年级：行楷，简体；五、六年级：行草，临帖。）

四、建立黎氏汉语语法教学体系

黎氏区别语法的科学体系和语法的学科（教学）体系。他指出两者方向是不同的，但是两者又是互相促进的，“迭相改善”的。他指出中小学的语法教学是“一种规范之学”，对语言“分析因素，建立规则，区别正变”，解决“错不错”“通不通”的问题。因此，不能与语法科学体系“纠扰不清”，以致“目迷五色，反而忽略了达到目标的切实训练”。（《本国文法教学改革案》，1941 年）

黎氏提出，根据中小学语法教学目标和学生语言实际，对语法科学体系进行“加工”，精选出实用的语法内容，并加以科学的组合。所谓“‘学科（教学）体系’，就是要‘少而精’；所谓‘少而精’就是在高度的科学体系中突出实际需要的重点，以简驭繁，简而不漏；由浅入深，浅而不陋”。

黎氏还指出“黎派”语法体系的特点：

> 所谓“黎派”语法，在“科学体系”上是没有什么的，是大家都在研究讨论中的，是跟各家“大同小异”的，这小异只是强调民族化，偏重创造性；这“学科（教学）体系”上是有所主张又有所反对的，是“小同大异”的，这大异就是坚持“从造句讲到用词，以句法控制词类”（《所谓“黎派”语法诸书的评介》，1964 年初稿，1972 年重校）

黎氏语法教学体系的特点是：用句法控制词法，以章法控制句法，而以词法贯串于句法、章法之中。黎氏的语法教学体系，以“句本位”为中心，把章法、句法、词法结合起来，以达到“结合语言实际”“确有实用价值”的教学效果。黎氏的语法教学体系和教学法，对当前的中学语法教学仍有指导作用。

庄文中

1995 年 1 月 13 日

“水银泻地，无孔不入”。他还极力主张要以国语作为话法教学的标准语，促成言文一致。

黎氏把话法分为“读法‘前’的话法”和“读法‘内’的话法”。

读法“前”的话法：要教牙牙学语的幼儿和幼稚园孩子说标准语。初年级小学生先从话法教学入手（利用实物进行谈话、问答）。

读法“内”的话法：对初级小学的学生，在读法教学（学课本）的同时相机进行话法教学，即在预习、整理、比较、应用等教段中指导小学生的语言活动。

这样，黎氏把学前和学后的话法教学贯串起来，引导儿童“向标准语的进程练习去”，提高听说能力，并促进读写教学。

（三）作法（缀法）。第一，作文教学要与语法知识教学相结合，即“国语文法”“乃是教师教作文时的指针和尺度”（但是，不必教给小学生）。第二，要以口语为背景，要用统一的标准语，即是“国语统一”和“言文一致”。第三，提出“缀法外的缀法”，即与口语教学（如演讲等）配合，与阅读教学（编剧、演剧等）配合。还提出“缀法与读法的联络教学法”“出题法”“批改法”等。第四，提出小学作文的训练序列。一、二年级，以“简单语言的记录发表”为主，组织语句。三、四年级，以“通信、条告，或记录等的设计和实用文或说明文的作法研究、练习”为主。要求做到：“真切”，要“不以词害意”；“迅速”，要“不以文（即字）害词”。五、六年级，以“实用文、记叙文、说明文、议论文的作法研究、练习、设计”为主。实用文，要“化繁为简，黜虚崇实”。记叙文，要“重在客观的描写，以‘真实’为第一义”。说明文，要“重在科学的分析，以‘有条理’为第一义”。议论文，要“重在批评的精神，以‘有见解’为第一义”。

在《新国文教学法》中，黎氏提出教学三原则：一、“写作重于讲读”；二、“改错先于求美”，“改错当先，求美居后”；三、“日札优于作文”，日记札记比课堂作文“益处更多，效用较大”。黎氏认为，实施这三原则，可以改变教学质量不高的局面。

（四）书法。黎氏设计出国音字母的书法体式，国音字母草书教学法，还阐述字体间架和楷书“笔法”的教学，设计出书法新教程和测验的尺度。